Dokumentation 5

Wohin steuert die stationäre Erziehungshilfe?

Mit Beiträgen von
Ulrich Bürger
Ilona Fuchs
Peter Gerull
Nicola Gragert
Wolfgang Graßl
Sabine Handschuck
Sabine Hartig
Andreas Krämer
Hans-Ullrich Krause
Alfred L. Lorenz
Johannes Münder
Karin Mummenthey
Liane Pluto
Thomas Rauschenbach
Thomas Röttger
Eric van Santen
Reinhild Schäfer
Hubertus Schröer
Mike Seckinger
Wolfgang Sierwald
Hans-Georg Weigel
Mechthild Wolff

 Sozialpädagogisches Institut
im SOS-Kinderdorf e.V.

Dokumentation 5 der SPI-Schriftenreihe

Sozialpädagogisches Institut im SOS-Kinderdorf e.V. (Hrsg.) (2007).
Wohin steuert die stationäre Erziehungshilfe?
Mit Beiträgen von Thomas Rauschenbach; Ulrich Bürger; Mechthild Wolff, Sabine Hartig; Reinhild Schäfer; Sabine Handschuck; Nicola Gragert, Mike Seckinger; Alfred L. Lorenz, Karin Mummenthey; Wolfgang Graßl; Liane Pluto, Eric van Santen; Hubertus Schröer; Hans-Ullrich Krause; Thomas Röttger, Andreas Krämer; Peter Gerull; Ilona Fuchs; Wolfgang Sierwald, Hans-Georg Weigel; Mechthild Wolff; Johannes Münder.

München: Eigenverlag

ISSN 1435-3016
ISBN 978-3-936085-62-4

Redaktion: Dr. Kristin Teuber, Ernst-Uwe Küster, SPI

© 2007 SOS-Kinderdorf e.V. Alle Rechte vorbehalten.

Herausgegeben vom Sozialpädagogischen Institut im
SOS-Kinderdorf e.V.
Renatastraße 77, 80639 München
Tel. 0 89/1 26 06-4 32
Fax 0 89/1 26 06-4 17
info.spi@sos-kinderdorf.de
www.sos-kinderdorf.de/spi

Titeltext entnommen aus dem Beitrag von Hans-Ullrich Krause.

Schutzgebühr 3,50 Euro

Inhalt

5 Vorwort des SPI

8 Thomas Rauschenbach
Fremdunterbringung und gesellschaftlicher Wandel

40 Ulrich Bürger
Stationäre Erziehungshilfen – ein Auslaufmodell der modernisierten Kinder- und Jugendhilfe?

60 Mechthild Wolff und Sabine Hartig
Beteiligung in der stationären Erziehungshilfe

83 Reinhild Schäfer
Geschlechtergerechtigkeit in der stationären Erziehungshilfe

107 Sabine Handschuck
Die interkulturelle Öffnung der stationären Erziehungshilfen ist überfällig

119 Nicola Gragert und Mike Seckinger
Die Bedeutung der Resilienzforschung für die stationären Hilfen zur Erziehung

149 Alfred L. Lorenz und Karin Mummenthey
Die Kooperation von stationärer Erziehungshilfe und Psychiatrie – ein Werkstattbericht

168 Wolfgang Graßl
Die familienähnliche Betreuung im Angesicht aktueller Herausforderungen

188 Liane Pluto und Eric van Santen
Was können wir von anderen lernen? Denkanstöße zur Gestaltung erzieherischer Hilfen aus anderen europäischen Ländern

208 Hubertus Schröer
    Stationäre Hilfen zwischen Kindeswohl und Kostendruck aus der Perspektive eines öffentlichen Trägers

229 Hans-Ullrich Krause
    Stationäre Hilfen zwischen Kindeswohl und Kostendruck aus der Perspektive eines freien Trägers

245 Thomas Röttger und Andreas Krämer
    Stationäre Erziehungshilfe im Sozialraum

259 Peter Gerull
    Qualitätsmanagement im sozialen Sektor – Kontext und Gegenstand einer andauernden Debatte

270 Ilona Fuchs
    Qualitätsarbeit im SOS-Kinderdorf e.V.

293 Wolfgang Sierwald und Hans-Georg Weigel
    Wirksamkeit stationärer Hilfen überprüfen

322 Mechthild Wolff
    Zwischen Fürsorge und Eigenverantwortung – Überlegungen zu einem pädagogischen Spannungsfeld der stationären Erziehungshilfe

335 Johannes Münder
    „Zukunft braucht Herkunft" – 50 Jahre SOS-Kinderdorf e.V.

345 Die Autorinnen und Autoren

351 Der Herausgeber

Vorwort des SPI

Wohin steuert die stationäre Erziehungshilfe? Diese Frage ist von zentraler Bedeutung für den SOS-Kinderdorf e.v., der als bundesweit tätiger Jugendhilfeträger mit seinen stationären Angeboten Lebensorte für Kinder und Jugendliche schafft. Dies geschieht in Kinderdorffamilien, in Wohngruppen und in geringer betreuten Wohnformen. Daher beteiligt sich der SOS-Kinderdorf e.v. in besonderem Maße an den Fachdiskussionen im stationären Bereich der Kinder- und Jugendhilfe. Sein fünfzigjähriges Bestehen war ein willkommener Anlass, den Blick nicht nur zurück, sondern auch nach vorne zu richten, die Frage nach der Zukunft der stationären Erziehungshilfen aufzugreifen und im Rahmen einer bundesweiten Fachtagung auch das eigene Engagement in der Heimerziehung zu reflektieren. Für diese Veranstaltung im Oktober 2005 in Berlin konnten wir eine Reihe von renommierten Referentinnen und Referenten aus der Kinder- und Jugendhilfe sowie von Kolleginnen und Kollegen des SOS-Kinderdorfvereins gewinnen, die sich mit interessanten Beiträgen an der Tagung beteiligt haben. Die meisten von ihnen haben trotz allseits hoher Arbeitsbelastung ihren damaligen Vortrag schriftlich ausgearbeitet. Daraus ist die vorliegende Dokumentation entstanden, die Anregungen für weitere Entwicklungen in der Heimerziehung geben soll. Wir danken allen sehr herzlich, die daran mitgewirkt haben.

Die stationären Hilfen zur Erziehung haben sich seit der Einführung des Kinder- und Jugendhilfegesetzes (KJHG) erheblich professionalisiert und ausdifferenziert. Der Anteil an akademisch ausgebildeten Fachkräften ist gestiegen; die Palette der unterschiedlichen Fremdunterbringungsformen wurde erweitert; es steht mehr Praxiswissen zur Verfügung, das sich für die Theoriebildung und die Methodenentwicklung nutzen lässt; die Fachkräfte haben ihr Rollenverständnis weiterentwickelt,

Demokratisierungsprozesse haben zu einer höheren Akzeptanz der stationären Hilfe aufseiten der Kinder und Jugendlichen und ihrer Familien geführt; neue Managementformen, dialogische Qualitätsentwicklung und an der Praxis orientierte Evaluationsmethoden fundieren sukzessive auch den stationären Bereich, und nicht zuletzt gilt die Beteiligung der Betroffenen als entscheidende Voraussetzung für das Gelingen einer Hilfe. Fachlich gesehen ist die Fremdunterbringung also recht gut für zukünftige Aufgaben gewappnet.

Trotzdem sieht sich die stationäre Erziehungshilfe zunehmend kritischen Anfragen ausgesetzt. Die Kosten für diese Hilfen sind gestiegen, obwohl der Anteil von Mädchen und Jungen, die in einer Einrichtung der Erziehungshilfe leben, im Vergleich zur altersentsprechenden Bevölkerung zurückgegangen ist. Und so wird gefragt, ob Aufwand und Ertrag in einem vernünftigen Verhältnis zueinander stehen, ob der Bedarf die Höhe der Kosten rechtfertigt und ob die kostenintensiven stationären Erziehungshilfen überhaupt notwendig sind. Der Legitimationsdruck nimmt für alle erzieherischen Hilfen, besonders aber für die stationären, zu. Die Diskussion über Sinn und Zweck der stationären Hilfen einerseits und deren Finanzierbarkeit andererseits wird zunehmend polarisiert geführt – politische und fiskalische Interessen werden gegen fachliche Beurteilungen und Argumente ausgespielt. Fremdunterbringung ist ein Politikum.

Wohin steuert also die stationäre Erziehungshilfe? Auf diese Frage gibt es keine einfache Antwort, dafür ist das Arbeitsfeld Heimerziehung zu komplex, und die Interessen, die damit verbunden sind, gehen zu weit auseinander. Die Autorinnen und Autoren dieses Bandes greifen das breite Spektrum der Themen auf und liefern wichtige Denkanstöße für die Zukunft. Sie befassen sich in ihren Beiträgen mit den Belastungen von Familien und ihren Kindern, mit der Inanspruchnahme von stationären Hilfen, mit Querschnittsthemen, wie Bildung, Beteiligung, Geschlechtergerechtigkeit oder interkulturelle Aspekte, mit Struktur- und Qualitätsfragen, mit ausgewählten Betreuungsformen, mit der Schnittstelle zur Psychiatrie oder aktuellen Forschungsergebnissen und nicht zuletzt mit der Wirksamkeit stationärer Hilfen. So verschieden die Beiträge auch sind, sie laufen immer wieder auf eine Schlussfolgerung hinaus: Da es hauptsächlich von politischen Entscheidungen abhängt, wie sich der stationäre Bereich entwickeln wird, ist die entscheidende Frage, ob es gelingen wird, die verschiedenen Steuerungslogiken von Fachlichkeit und Wirtschaftlichkeit in ein ausgewogenes Verhältnis zu bringen.

Selbstverständlich hat die Jugendhilfe keine Füllhörner mehr auszuschütten, und die Hilfen zur Erziehung sind stets in ressourcenschonender Weise zu gewähren und zu erbringen. Dennoch, Hilfeentscheidungen müssen auch in Zukunft zuallererst sozialpädagogisch begründet erfolgen, so wie es das KJHG vorsieht. Die Hilfen, die zur Verfügung gestellt werden, sind am Bedarf und an den Lebenslagen der jungen Menschen und ihrer Familien zu orientieren und haben die nach fachlichem Wissen wirkungsvollste Unterstützung zu leisten. Menschen, die aufgrund gesellschaftlicher Entwicklungen in prekäre Lebensverhältnisse geraten und infolgedessen auf eine stationäre Erziehungshilfe angewiesen sind, darf eine fachlich kompetente und differenzierte stationäre Hilfe nicht aus Kostengründen verweigert werden. Es geht nicht darum, was uns Kinder und Jugendliche kosten, sondern darum, was sie uns wert sind. Die Kinder- und Jugendhilfe hat unumstößlich den Auftrag, für junge Menschen Teilhabechancen in unserer Gesellschaft zu erschließen und sie sozial zu integrieren. An dieser Aufgabe ändern auch leere Kassen nichts.

Thomas Rauschenbach

Fremdunterbringung und gesellschaftlicher Wandel

Es ist unverkennbar: Das Themenbündel Bildung, Betreuung und Erziehung ist heute kein Randthema mehr und aus seinem Schattendasein herausgetreten, es ist zu einem Gegenstand auch jenseits fachlicher Zirkel geworden, füllt die Gazetten der Tagespresse so stark wie schon lange nicht mehr, veranlasst berufene und selbstberufene Politprofis ebenso wie sendungsbewusste Promis, sich zu diesen Themen zu äußern. Unsere Kinder, so wird immer wieder lautstark verkündet, sind das soziale Kapital unserer Zukunft, sind das Humanvermögen, das über das Wohl und Wehe unserer Gesellschaft entscheidet. Diesem allgemein gehaltenen Statement ist augenscheinlich nur wenig entgegenzuhalten, denn wenn es nicht gelingt, Kinder und Jugendliche zu befähigen, dass sie als Erwachsene in der Lage sind, ihr eigenes Leben und die gesellschaftlichen Herausforderungen, die sich in einer immer rasanter wandelnden Welt stellen, zu meistern, dann steht in der Tat die Zukunftsfähigkeit einer Gesellschaft selbst zur Debatte. Allerdings, wenn in dieser Pauschalität von *den* Kindern, von *unseren* Kindern die Rede ist, wer ist dann eigentlich gemeint? Samt und sonders *alle* Kinder und Jugendlichen? Oder nur die, die morgen zu den Stützen der Gesellschaft gehören, die gebraucht werden, um den Wirtschaftskreislauf am Laufen und das soziale Gefüge zusammenzuhalten?

Zu schnell wird in diesen allgemeinen Debatten übergangen, dass sich in der nachwachsenden Generation Deutschlands nicht nur Gewinner des sozialen Wandels ausmachen lassen. So zeigten etwa die PISA-Studien (Programme for International Student Assessment), dass sich in Deutschland Schülerinnen und Schüler in einer Größenordnung von zwanzig bis fünfundzwanzig Prozent identifizieren lassen, die als sogenannte Risikogruppe beziehungsweise als risikogefährdet anzusehen sind, da sie mit fünfzehn Jahren, also gegen Ende der Pflichtschulzeit, mit Blick auf die gemessenen Kompetenzen gerade mal auf dem Stand der vierten Klasse der Grundschule sind (PISA-Konsortium Deutschland 2004). Allein dieser Umstand macht deutlich, dass ein erheblicher Handlungsbedarf besteht, wenn auch diesen Kindern eine Zukunftschance gegeben werden soll. Und wenn man dann noch zur Kenntnis nehmen muss, dass in dieser Gruppe Kinder aus bildungsfernen Schichten ebenso deutlich überrepräsentiert sind wie Kinder mit Migrationshintergrund, dann zeigt sich einmal mehr, dass sich hier Bildungsbiografien jenseits individueller Dispositionen und Beeinträchtigungen offenbaren, deren sozialer Kontext als problematisch, belastet, prekär, jedenfalls nicht als durchschnittlich und normal bezeichnet werden kann (Ehmke, Siegle und Hohensee 2005).

Zu dieser Gruppe benachteiligter Heranwachsender müssen auch jene rund 170.000 Heranwachsenden hinzugerechnet werden, die in Fremdunterbringung leben, das heißt zumindest zeitweilig nicht in der eigenen Herkunftsfamilie aufwachsen. Sie bilden jene Gruppe, die entweder in Vollzeitpflege (§ 33 SGB VIII) oder aber in Heimerziehung beziehungsweise in sonstigen betreuten Wohnformen (§ 34 SGB VIII) aufwächst, weil der Verbleib im eigenen Elternhaus vorübergehend nicht möglich ist. Der Ort der Fremdunterbringung wird zum Mittelpunkt des alltäglichen Lebens für die betroffenen Kinder.

Diese Form der Fremdunterbringung kostet viel Geld, sodass immer wieder Stimmen laut werden, die fragen, ob diese relativ teure Form der Betreuung denn sein müsse, ob die Kosten tatsächlich so hoch sein müssten, wie sie sind, ob der Ertrag den damit verbundenen Aufwand am Ende ernsthaft rechtfertige. Diese kritischen Fragen haben unübersehbar zugenommen. Sie haben letztlich dazu geführt, dass kommunale Entlastungsgesetze als Kostendämpfungsinstrumente eingefordert wurden, um die damit verbundenen, in den letzten Jahren unaufhaltsam gestiegenen staatlichen Aufwendungen in den Griff zu bekommen.

Fremdunterbringung ist von daher gegenwärtig in keiner einfachen Lage. War sie in den Fünfzigerjahren des letzten Jahrhunderts, also zu Zeiten der Gründung der SOS-Kinderdörfer, in der damals noch wenig entwickelten Jugendhilfe die wichtigste

Säule der Jugendfürsorge, so dominiert inzwischen der Bereich der Kindertageseinrichtungen die Arbeit der kommunalen Jugendämter und prägt zugleich das öffentliche Bild der Kinder- und Jugendhilfe. Im Vergleich dazu sind die Hilfen zur Erziehung etwas in den Hintergrund geraten. Unter Kostengesichtspunkten ist allen voran die Fremdunterbringung heute zu einem Zankapfel geworden, und zugleich wird sie immer weniger als ein sozialstaatlicher Beitrag zur Sicherung des Kindeswohles angesehen. Denn sie kann zumeist keine strahlenden Sieger oder einfache und rasche Lösungen präsentieren. Aber auch wenn das Stimmungsbarometer in der Öffentlichkeit zwischen Skandalisierung und öffentlicher Anklage aufgrund (angeblich) unzureichender Leistungen auf der einen Seite und am anderen Ende der Skala Bewunderung für die schwierige Arbeit mit zum Teil unfassbar misshandelten und vernachlässigten Kindern auf der anderen Seite hin und her schwankt, muss Fremdunterbringung unter dem Strich – wie alle anderen sozialstaatlichen Leistungen auch – mehr als früher Rechenschaft darüber ablegen, wo sie heute steht, was sie leistet beziehungsweise wohin sie sich entwickeln will.

Vor diesem Hintergrund wird nachfolgend ausführlich Bilanz gezogen: Es werden ausgewählte Facetten des Themas kritisch beleuchtet sowie empirische Befunde zusammengetragen, die klären können, wo die stationären Hilfen zur Erziehung heute stehen. Dabei wird zum einen berücksichtigt, was der gesellschaftliche Wandel für die Adressatinnen und Adressaten der Fremdunterbringung, also die Kinder und Jugendlichen, die zumeist in schwierigen Lebensumständen aufwachsen, bedeutet, zum anderen, welche Folgen der gesellschaftliche Wandel für die Organisation und Institutionen der Fremdunterbringung hat. Beide Perspektiven muss man im Blick behalten, wenn man dem Thema gerecht werden will. Damit ist es aber nicht getan: Will man sich den Stellenwert, die Entwicklung und das Leistungspotenzial der Fremdunterbringung in Deutschland genauer vergegenwärtigen, so rücken die Fragen nach dem Umfang der Hilfen und nach der Entwicklungsdynamik in den letzen Jahren fast zwangsläufig in den Vordergrund; mit dem quantitativen Aspekt des Themas beschäftigt sich der zweite Teil des Beitrages. Die Frage nach der „richtigen" Hilfe, also nach der Indikation, darf hierbei nicht außer Acht gelassen werden. Denn wenn man das empirische Ausmaß der Fremdunterbringung – gemessen an den Fallzahlen, der Personalentwicklung und den Finanzausgaben – betrachtet, so muss die Frage nach dem Verhältnis von Aufwand und Ertrag und damit auch die Frage nach Alternativen zur Fremdunterbringung, nach anderen Hilfeformen zumindest gestellt werden. Um aber die Notwendigkeit von Alternativen überhaupt beurteilen zu können, bieten sich Vergleiche an. Deshalb wird in einem dritten Teil zunächst ein international vergleichender Blick auf England geworfen, um anschließend anhand eines interkommunalen Vergleiches innerhalb Deutschlands nach dem Grad gleichförmigen Handelns in Sachen Fremdunterbringung zu fragen. Um den Kreis zu schließen, werden in einem vierten Teil die aufgezeigten Befunde vor dem Hintergrund konzeptionell-strategischer Überlegungen und der auf verschiedenen Ebenen intensiv geführten Diskussion über Bildung verortet.

Eine Bilanz zur gesellschaftlichen Lage der Fremdunterbringung kann sich am Ende nicht damit begnügen, nur das Bestehende und Vergangene darzustellen. Aus diesem Grund werden abschließend drei sich abzeichnende Herausforderungen benannt, denen sich die Erziehungshilfen auf dem Weg in die Zukunft stellen müssen: die Frage nach der Bedeutung von Wissen und Forschung, die Folgen der Reform durch das Kinder- und Jugendhilfeweiterentwicklungsgesetz (KICK) sowie die möglichen Auswirkungen der Einführung der Ganztagsschule in Deutschland.

**Aufwachsen im gesellschaftlichen Wandel –
Fremdunterbringung im Wandel**

Man kann die Frage des Aufwachsens in Fremdunterbringung aus zwei Perspektiven betrachten: aus der Perspektive der Kinder und Familien sowie aus der Perspektive der Fremdunterbringung.

Herausforderungen und Problemstellungen für Familien, Kinder und Jugendliche

Auch wenn dementsprechende Diagnosen schwierig sind und sich einer empirischen Prüfung entziehen, also notgedrungen etwas Spekulatives an sich haben: Es entsteht der Eindruck, dass das Projekt Erziehung unter den heutigen Rahmenbedingungen schwieriger geworden ist, da die, wie das Siegfried Bernfeld (1973) formulierte, „Reaktion auf die Entwicklungstatsache" optionaler, unbestimmter, ungewisser geworden ist. Lange Zeit war das Erziehungsgeschehen in mehr oder weniger stabile Milieus eingebunden und insoweit in seinem kollektiven Zusammenhang einigermaßen überschaubar – man wusste, was man zu tun hatte. Die Erziehungspraktiken waren im Vergleich zu heute wenig ausgefeilt bis unzulänglich und einfach strukturiert – es wurde nicht so viel Aufhebens um Erziehungsfragen gemacht. Heute sind die früher unhinterfragten Standardisierungen der Erziehung in der Familie aufgeweicht, die hierfür bereitstehenden Geländer für die Lebensführung sind abgebaut, die intentionale Erziehungsmacht der Familie ist zerbröselt. Das Erziehungsgeschehen muss jeweils eigens hergestellt, gewissermaßen als Einzelfall neu erzeugt werden – „doing education". Dabei geht es schon lange nicht mehr nur um die Weitergabe kulturell tradierter und tradierbarer Lebensweisheiten, Haltungen, Werte oder Erziehungspraktiken an die Kinder und Kindeskinder. Dieser innerfamiliale, milieuspezifisch abgestützte intergenerative Transfer wird heutzutage durch verschiedene Instanzen und Miterzieher aufgeweicht und mehrfach gebrochen.

Erziehung ist insofern zu einem schwierigen Geschäft geworden. Hierzu hat auch die spürbare und folgenreiche Vermehrung pädagogischer Expertinnen und Experten, die sich von Berufs wegen um Erziehungsfragen kümmern, beigetragen. Diese neuen Experten führen nicht nur zu einer Ausweitung und Popularisierung öffentlicher Erziehungskulturen, wie sich dies zuletzt an einem entsprechenden medialen Massenformat wie „Super Nanny" gezeigt hat (Wahl und Hees 2006), sondern sie tragen auch zu einer Professionalisierung der alltäglichen Erziehungspraxis und den damit verbundenen Erziehungsansprüchen bei – und damit zu einer latenten Expertenherrschaft mit Blick auf ein öffentlich kommuniziertes Erziehungsverständnis.

Trotz dieser gewandelten Rahmung des privaten Erziehungsgeschehens kommt der Familie immer noch eine Schlüsselstellung in Sachen Erziehung zu. Obwohl das familiale Erziehungsgeschehen in den deutlich erweiterten Rahmen dieser reflexiven Form von Erziehung eingebunden ist, besitzt die Familie aus strukturellen Gründen das höchste Potenzial an tatsächlicher Erziehungswirkung. Dabei ist sie allerdings durch eine spezifische

Ambivalenz gekennzeichnet: Auf der einen Seite zeichnet sich Familie dadurch aus, dass in diesem Rahmen „alles möglich" ist; auf der anderen Seite muss man aber auch konstatieren – und das ist die Kehrseite der privaten, familialen Erziehung –, dass dabei eben „nichts sicher" ist. Aufwachsen in der Familie ist eine riskante Chance, mit der viel erreicht werden kann, die aber auch scheitern kann. Zugleich ist die Aufmerksamkeit für kritische Lebensereignisse und unangemessene Erziehungspraktiken deutlich gestiegen, Erziehungshandeln wird früher und häufiger als nichttolerabel identifiziert. Das bedeutet, dass – sofern die Erziehungspraxis nicht durchgängig moderner, sensibler und reflexiver wird – der Umgang mit Kindern in der Familie von einer Heerschar von Fachkräften ungleich schneller als inakzeptabel oder auch nur defizitär eingeschätzt wird. Von daher ist es nicht verwunderlich, wenn eine erhebliche Zahl von Eltern nicht in der Lage ist oder sich nicht in der Lage fühlt, die höhergelegte Messlatte angemessenen Erziehungshandelns zu überspringen. Insofern ist vermutlich nicht die Erziehungspraxis in der Familie schlechter geworden, sondern haben sich vor allem die Maßstäbe für angemessenes Erziehungshandeln nach oben verschoben.

Spätestens an dieser Stelle muss man den Blick auf strukturell benachteiligte Familien richten. Familien in sozioökonomisch prekären Lebenslagen beziehungsweise die Kinder und Jugendlichen aus solchen Familien haben wesentlich begrenztere Ressourcen und damit auch geringe Chancen zur Bewältigung schwieriger Lebensumstände. So erlangt die immer stärker auf die Individuen verlagerte Verantwortung für eine gelingende soziale Integration, die auch an „Normalbiografien" heute hohe Anforderungen stellt, für Familien in problematischen Lebenssituationen eine besondere Brisanz. Ulrich Bürger hat oft darauf hingewiesen, dass strukturelle, lokale Rahmenbedingungen, wie eine hohe Arbeitslosenquote oder ein hoher Anteil an Sozialhilfeempfängerinnen und -empfängern in der Bevölkerung, mit einem höheren Anteil an Fremdunterbringungen in einer Region einhergehen (Bürger, Lehning und Seidenstücker 1994). Sozialstrukturelle Bedingungen sind also mitverantwortlich für das Brüchigwerden des alltäglichen Erziehungshandelns in Familien, die massiv von sozioökonomischen Benachteiligungen betroffen sind.

Herausforderungen für die Institutionen der Fremdunterbringung

Fremdunterbringung ist ein Bereich, der auf eine lange Geschichte im Umgang mit Kindern und Jugendlichen zurückblickt, bei denen die Herkunftsfamilie völlig fehlt(e) beziehungsweise bei denen die Kinder aufgrund unterschiedlicher Problemlagen oder einer problematischen Situation in der Herkunftsfamilie kurz-, mittel- oder langfristig familienersetzende Unterstützung benötigen und in einer anderen Lebensumgebung aufwachsen sollten (Kuhlmann und Schrapper 2001). Sowohl die Problemlagen als auch die institutionellen Antworten darauf haben sich im Zuge des gesellschaftlichen Wandels verändert. Heute sind beispielsweise Waisenkinder – im Vergleich zu früheren Jahrhunderten – nicht mehr die wesentliche Klientel der Heimerziehung, und sie spielen nicht mehr die Rolle, die sie noch bei der Gründung des ersten SOS-Kinderdorfes 1949 hatten. Andere Problemlagen und schwierige Familienverhältnisse spielen für eine Unterbringung in Pflegefamilien beziehungsweise in Heimen oder sonstigen betreuten Wohnformen demgegenüber eine wesentlich größere Rolle.

Aber auch die Hilfen selbst haben sich im Laufe der Zeit verändert. So war zum Beispiel die Reformentwicklung in den 1950er-Jahren in der Heimerziehung durch die verstärkte Einführung des „Familienprinzips" gekennzeichnet – eine Entwicklung, die vor allem mit dem Namen Andreas Mehringer (1976) verbunden, aber auch in den Grundideen der damals entstehenden SOS-Kinderdörfer (Sauer 1979) verankert ist. Darüber hinaus haben auch die massive Heimkritik in den späten 1960er-Jahren sowie der anschließende Professionalisierungsschub in der Heimerziehung das Profil des traditionellen Fürsorgewesens und der kasernenähnlichen Anstaltserziehung ab den 1970er-Jahren erheblich verändert beziehungsweise eine umfassende Reform und wichtige Prozesse der Ausdifferenzierung in Gang gesetzt, die Ende der 1980er-Jahre dann in einem neuen Kinder- und Jugendhilfegesetz ihren Niederschlag fanden. Aus Fürsorgeerziehung wurde nun ein modernes, ausdifferenziertes Angebot an Hilfen zur Erziehung, aus einer obrigkeitsstaatlichen Interventionsideologie ein dienstleistungsorientiertes Leistungsgesetz. Großheime wurden aufgelöst und in kleine, wohngruppenähnliche Formen überführt, neben den Angeboten der stationären Jugendhilfe etablierten sich vielfältige Formen teilstationärer und ambulanter Erziehungshilfen. In nur wenigen Jahrzehnten der Modernisierung wurden, wenn man so will, die anstaltsförmige Heimerziehung abgebaut und Alternativen dazu neu erfunden.

Spezifische Problemlagen, neue politische Rahmenbedingungen sowie ein modernes Angebotsprofil kennzeichnen die heutige Situation der Fremdunterbringung, die von einer in den 1950er-Jahren noch völlig unbekannten Palette an Hilfen zur Erziehung umrahmt ist (Trede und Winkler 2000).

Wie viel Hilfe? Empirische Eckwerte zur Fremdunterbringung in Deutschland

Einen Überblick über die Größenordnung liefern zunächst die amtlichen Daten mit ihren Eckwerten zu Fallzahlen, Personal und Ausgaben (siehe Tabelle S. 17).

- *Fallzahlen:* Im laufenden Jahr 2004 wurden nicht ganz 75.000 Kinder und Jugendliche in Deutschland gemäß Paragraf 34 SGB VIII in stationären Einrichtungen betreut, über 57.000 Kinder und Jugendliche lebten darüber hinaus gemäß Paragraf 33 SGB VIII in einer Pflegefamilie. (1) Das entspricht einer Gesamtsumme von rund 132.000 Minderjährigen, die fremduntergebracht sind, beziehungsweise einem Anteil von etwa einem Prozent aller unter Achtzehnjährigen – mit einem Spitzenwert von knapp zwei Prozent bei den Fünfzehn- bis unter Achtzehnjährigen (jeweils als Jahressummenwerte).

- *Personal:* Als pädagogisch Berufstätige arbeiteten in den stationären Einrichtungen (§ 34 SGB VIII) der Erziehungshilfe Ende 2002 bundesweit knapp 39.000 Personen, was einem Vollzeitstellenäquivalent von rund 34.000 Stellen beziehungsweise einem Anteil von knapp sieben Prozent an den Beschäftigten der Kinder- und Jugendhilfe insgesamt entspricht. Zur Zahl der Pflegeeltern enthält die amtliche Kinder- und Jugendhilfestatistik keine Angaben. Gleichwohl kann man aufgrund von Schätzungen zumindest annäherungsweise eine Größenordnung bestimmen. Eine Untersuchung zur Vollzeitpflege für das Land Niedersachsen aus dem Jahr 2003 kam zu dem Ergebnis, dass zum 31. Dezember 2001 6.532 Kinder in 4.897 Pflegefamilien gemäß Paragraf 33 SGB VIII lebten (Gesellschaft für innovative Sozialforschung und Sozialplanung e.V. 2003, S. 29). Dies entspricht einem statistischen Wert von 1,3 Kindern pro Pflegefamilie. Überträgt man dieses Verhältnis auf die Bundesrepublik insgesamt, so wäre bei zirka 54.000 Hilfen gemäß Paragraf 33 SGB VIII zum 31. Dezember 2002, dem Stichtag der letzten Einrichtungs- und Personalstatistik, von rund 41.500 Pflegefamilien auszugehen. Da bei dieser Schätzung die Situation in Niedersachsen auf die gesamte Bundesrepublik, also auch auf die ostdeutschen Bundesländer, übertragen wird, kann es sich bei dieser Zahl vorerst nur um einen groben Annäherungswert handeln.

- *Ausgaben:* Für Betreuungsleistungen im Rahmen der Fremdunterbringung wurden 2004 bundesweit insgesamt zirka 600 Millionen Euro für Vollzeitpflege (§ 33 SGB VIII) und 2,6 Milliarden Euro für Heimerziehung und betreutes Wohnen (§ 34 SGB VIII) (2) ausgegeben.

Demzufolge sind die Hilfen zur Erziehung heute der zweitgrößte Aufgabenbereich in der Kinder- und Jugendhilfe und auch der zweitkostenintensivste: Wenn man ganz schematisch Hilfen zu Kosten ins Verhältnis setzt, so ergibt sich ein Durchschnittswert für die Hilfen nach Paragraf 34 SGB VIII von knapp 35.000 Euro pro Hilfe im Jahr beziehungsweise von zirka 2.900 Euro pro Monat. (3) Addiert man dabei die nicht über die Leistungs- und Entgeltvereinbarungen abgedeckten Ausgaben hinzu, so kommt man auf eine Größenordnung von etwa 38.000 Euro pro Hilfe und Jahr beziehungsweise rund 3.200 Euro pro Monat. Bei einer Befragung der Verantwortlichen vor Ort ergab sich im Fall von zehn mittelgroßen Kommunen durchschnittlich ein Tagessatz von etwa 112 Euro beziehungsweise etwa 3.400 Euro pro Hilfe und Monat; dabei sind die Eigenanteile der freien Träger noch nicht eingerechnet. Irgendwo zwischen 35.000 und 41.000 Euro pro Jahr – vermutlich mehr, kaum aber weniger – können somit als durchschnittliche Kosten für eine stationäre Erziehungshilfe jährlich veranschlagt werden. Das sind erhebliche Fallkosten, die zwangsläufig Nachfragen nach Notwendigkeit und Wirkung dieser Hilfen provozieren.

Schaut man auf die Entwicklungen und Veränderungen der letzten Jahre, so finden sich hier divergierende Trends. Dies kann an den Fallzahlen, am Personal und an den Kosten verdeutlicht werden.

Tabelle
Fallzahlen, Personal und Kosten der Hilfen für Erziehung nach Hilfeformen in Deutschland nach Art der Hilfe (2002, 2004)

		Hilfen zur Erziehung insgesamt (§§ 28–35 SGB VIII)	darunter: familienersetzende Hilfen (§§ 33–34 SGB VIII)	davon: Vollzeitpflege (§ 33 SGB VIII)	davon: Heimerziehung (§ 34 SGB VIII)
Fallzahlen[1]	n	583.137	132.324	57.554	74.770
(2004)	%	100,0	22,7	43,5	56,5
Personal	n	61.745	38.484	(~41.500)[3]	38.484
(2002)	%	100,0	62,3		
Ausgaben in Mio. €	n	4.357,2	3.193,6	602,9	2.590,7
(2004)[2]	%	100,0	73,3	18,9	81,1

[1] Berücksichtigt werden hier nur die Fälle von jungen Menschen im Alter von unter achtzehn Jahren einschließlich der Kinder in Familien, die durch eine Sozialpädagogische Familienhilfe unterstützt werden. Insgesamt ist für das Feld der Hilfen zur Erziehung von einem Fallzahlenvolumen von 660.481 Hilfen auszugehen (Fendrich und Pothmann 2005).

[2] Ausgewiesen werden hier die öffentlichen Ausgaben zu den Leistungen der Hilfen zur Erziehung gemäß den Paragrafen 27 ff. SGB VIII. Nicht mitberücksichtigt werden die finanziellen Aufwendungen im Rahmen der Hilfen für junge Volljährige sowie für Einrichtungen der Hilfen zur Erziehung, Inobhutnahme- und Beratungsstellen. Bezieht man die Ausgaben für diese Positionen mit ein, so beliefen sich die Gesamtausgaben für die Hilfen zur Erziehung im Jahr 2004 auf fast 5,4 Milliarden Euro (Fendrich und Pothmann 2005).

[3] Dieser Schätzwert wird beim Gesamtwert zum Personal bei den familienersetzenden Hilfen oder auch den Hilfen zur Erziehung insgesamt nicht mitberücksichtigt. Er wurde aus den vorliegenden Fallzahlen abgeleitet.

Quellen: Statistisches Bundesamt: Statistiken der Kinder- und Jugendhilfe aus den Jahren 2004 und 2005, zusammengestellt und berechnet von der Arbeitsstelle Kinder- und Jugendhilfestatistik Dortmund.

Fall- und Platzzahlen

1990/1991 wurden in Deutschland im Laufe eines Jahres insgesamt 123.000 Fälle der Fremdunterbringung in Vollzeitpflege oder stationärer Erziehungshilfe (ohne Hilfen für junge Volljährige) gezählt, 2004 waren dies die besagten rund 132.000. (4) Dieser Entwicklung liegt ein Anstieg sowohl in den alten als auch in den neuen Bundesländern zugrunde. Geht man zeitlich etwas weiter zurück und betrachtet man nur die alten Bundesländer, so zeigt sich im Stichtagsvergleich, dass Fremdunterbringungen in den 1970er- und 1980er-Jahren anteilsmäßig noch deutlich häufiger anzutreffen waren: Lag die Zahl der stationären Unterbringungen für Minderjährige in Pflegefamilien und Heimerziehung in der Bundesrepublik in den 1970er-Jahren noch bei zirka neunzig Fällen pro 10.000 der unter Achtzehnjährigen, so sank dieser Wert in den 1980er-Jahren bis auf fünfundsiebzig und zu Beginn der 1990er-Jahre in den alten Bundesländern auf etwa sechsundsechzig Fälle (Wiesner 2000, S. 1623), um dann bis Ende des Jahres 2000 schließlich wieder – leicht – auf neunundsechzig Fälle pro 10.000 der unter Achtzehnjährigen anzusteigen. (5) Auch die aktuellen Entwicklungen schließen nicht aus, dass diese Werte gegenwärtig weiter leicht steigen.

Die Zahl der genehmigten Plätze in der Heimerziehung stieg bundesweit seit 1990 von 75.500 auf 114.000 im Jahr 2002. Schaut man noch weiter zurück, so werden für die alten Bundesländer jedoch stärkere Schwankungen deutlich. Vergleicht man nur die alten Bundesländer und die beiden Eckjahre 1974 und 2002, so scheint die Anzahl der Plätze in der Summe mit 83.000 beziehungsweise 81.000 nahezu konstant geblieben zu sein. Erhebliche Unterschiede zeigen sich jedoch, wenn man die Zeit dazwischen anschaut: Anfang der 1980er-Jahre war die Anzahl zwischenzeitlich auf rund 60.000 Plätze zurückgegangen. Das heißt zumindest, dass die Heimkritik vorübergehend zu einem spürbaren Rückgang geführt hat, dass sich aber seit der Einführung des Kinder- und Jugendhilfegesetzes kein erkennbarer Zusammenhang zwischen dem Ausbau teilstationärer beziehungsweise ambulanter Angebote und einem Rückgang der stationären Fremdunterbringung zeigt, da ansonsten die Zahlen im stationären Bereich in den 1990er-Jahren nicht wieder so stark gestiegen wären.

Somit ist zwar die absolute Zahl der Plätze zwischen den 1970er-Jahren und heute nicht wesentlich zurückgegangen – dies hat unter anderem mit der Ausweitung der stationären Erziehungshilfen im SGB VIII auf die Achtzehn- bis Einundzwanzigjährigen zu tun –, gleichwohl hat sich aber der Anteil der Fremdunterbringung an der altersentsprechenden Bevölkerung spürbar verringert.

Personalsituation

In den stationären Erziehungshilfen waren 2002 bundesweit knapp 39.000 Personen auf fast 34.000 Stellen beschäftigt. Vergleicht man auch hier die Entwicklung in den alten Bundesländern, so zeigt sich – bei leichten Schwankungen – mit knapp 35.000 Beschäftigten im Jahr 1982, über 36.000 im Jahr 1990 mit bis zuletzt zirka 32.000 Beschäftigen 2002 doch eine gewisse Konstanz des Personals in der stationären Erziehungshilfe (im Gruppendienst und mit gruppenübergreifenden Tätigkeiten).

Insoweit scheint sich in Sachen Personal nichts Wesentliches verändert zu haben. Aber der Schein trügt. Über die Zeit lässt sich nämlich ein deutlich gestiegener Akademisierungsgrad nachweisen: So hat sich der Gesamtanteil der Diplomsozialpädagoginnen und -pädagogen sowie Diplomsozialarbeiterinnen und -arbeiter (FH) beziehungsweise Diplompädagoginnen und -pädagogen (Uni) von einst elf Prozent im Jahr 1982 innerhalb von zwanzig Jahren auf immerhin achtundzwanzig Prozent erhöht. Mit anderen Worten: Seit 1982 ist in den alten Bundesländern durchgängig eine deutliche Tendenz zur Verfachlichung und zur Akademisierung der stationären Erziehungshilfen zu beobachten. Besser und formal höher ausgebildete Fachkräfte prägen heute das Bild einer stationären Erziehungshilfe, die noch in den 1960er-Jahren mit dem Image einer kasernenähnlichen und qualifikationsarmen Anstaltserziehung zu kämpfen hatte.

Gewandelt hat sich in Sachen Personal aber auch das Betreuungsverhältnis, das heißt das Verhältnis zwischen Personal und zu betreuenden Kindern beziehungsweise zwischen Vollzeitäquivalenten und Plätzen: Kamen 1974 im Westen rein rechnerisch auf eine beschäftigte Person rund 2,5 Plätze, so verbesserte sich diese Relation bis 1990 auf eins zu 1,4 und bis 2002 auf eins zu

1,3; in Vollzeitäquivalenten liegt dieser Wert für 2002 sogar bei eins zu 1,5. Betrachtet man bei dieser Relationierung lediglich die pädagogischen Fachkräfte, so hat sich der Wert von eins zu 3,6 im Jahr 1974 auf zuletzt eins zu 2,0 im Jahr 2002 verbessert – eine pädagogische Fachkraft ist damit rechnerisch für zwei junge Menschen zuständig.

Somit ist unter dem Strich in den letzten dreißig Jahren sowohl die personelle Ausstattung der stationären Erziehungshilfe, sprich: die Betreuungsrelation, erkennbar besser geworden als auch die formale Qualifikation des Personals nachhaltig gestiegen.

Ausgabenentwicklung

Mit Blick auf die Entwicklung der Ausgaben bei den gesamten Hilfen zur Erziehung für unter Achtzehnjährige zeigt sich, dass diese in Deutschland zwischen 1995 und 2004 von etwa 2,6 Milliarden auf fast 3,2 Milliarden Euro gestiegen sind. Beschränkt man sich auf die Entwicklung bei den stationären Erziehungshilfen gemäß Paragraf 34 SGB VIII, so lagen die entsprechenden Ausgaben 1992 noch bei rund 1,7 Milliarden Euro, während sie 2004 bereits 2,6 Milliarden Euro umfassten, was selbst bei Berücksichtigung der Inflationsrate immer noch einen Kostenanstieg von 26 Prozent in rund zehn Jahren bedeutet.

Noch deutlicher wird die Kostenexpansion, wenn man die Ausgaben für die Heimerziehung in den alten Bundesländern bis 1980 zurückverfolgt. Auch wenn dieser Vergleich aufgrund unterschiedlicher Erfassungsmodalitäten notgedrungen ungenau ausfallen muss: Hier zeigt sich in der Tendenz ein Anstieg der Ausgaben in Höhe von damals umgerechnet 1,1 Milliarden Euro auf heute 2,6 Milliarden Euro, also weit mehr als eine Verdoppelung – und das, obwohl in den 1980er- und vor allem 1990er-Jahren der Ausbau ambulanter Hilfen zur Erziehung hinzukam, der hier noch gar nicht mit eingerechnet ist. So stiegen die Ausgaben für ambulante Hilfen zur Erziehung in ganz Deutschland zwischen 1995 und 2004 zusätzlich von einst 390 Millionen Euro auf zuletzt 1,1 Milliarden Euro; inflationsbereinigt ist das ein Anstieg um fast das Dreifache.

Schließlich ist festzuhalten, dass – bezogen auf die unter Achtzehnjährigen – bei den Gesamtausgaben für die verschiedenen Fremdunterbringungsformen das Verhältnis von Pflegefamilien zu stationären Erziehungshilfen in Deutschland bei etwa eins zu vier liegt – für stationäre Erziehungshilfen wird also viermal so viel ausgegeben, während das Kostenverhältnis zwischen Vollzeitpflege und stationären Hilfen für unter Achtzehnjährige mit etwa eins zu 1,3 deutlich ausgeglichener ist. Das bestätigt noch einmal den bekannten Befund, dass Pflegefamilien erheblich weniger kosten. Von daher ist es nicht verwunderlich, dass die Politik auch in dieser Hinsicht nach der Notwendigkeit und nach den Vorteilen stationärer Erziehungshilfen fragt.

Fazit: Mit Blick auf die Empirie in puncto Fremdunterbringung kann unter dem Strich festgestellt werden, dass – erstens – in den letzten fünfundzwanzig Jahren das Leistungsgefüge der Hilfen zur Erziehung deutlich modernisiert, verfeinert und ausgeweitet wurde, dass – zweitens – die Platz-Kind-Relation in dieser Zeit bei den stationären Hilfen zunächst spürbar besser geworden, in den letzten zehn Jahren allerdings gleich geblieben ist, dass – drittens – beim Personal ein deutlicher Trend zur Verfachlichung und Akademisierung zu verzeichnen war und dass – viertens – zugleich aber auch die Kosten erheblich gestiegen sind. Eine wesentlich verbesserte Strukturqualität, so könnte man bilanzieren, hat auch in der Fremdunterbringung ihren Preis. Bliebe nur noch zu klären, ob diese Qualitätsverbesserung sich fachlich auszahlt, sprich: ob es nachvollziehbare Plausibilitäten für eine Qualitätssicherung in der stationären Erziehungshilfe gibt.

Welche Hilfe? Zur Frage der „richtigen" Hilfeform

Spätestens seit dem Waisenhausstreit zum Ende des achtzehnten Jahrhunderts wurde in der Geschichte der Fremdunterbringung immer wieder darum gerungen, was denn nun die bessere Hilfeform für Waisenkinder beziehungsweise für Kinder und Jugendliche aus schwierigen Familienverhältnissen sei: die Pflegefamilie oder die institutionelle Anstaltserziehung. Dieser Streit soll hier nicht neu angefacht werden, zumal man sich auf fachlicher Ebene heute sehr wohl über die unterschiedliche Reichweite und Bedeutung sowie die jeweiligen Vorzüge der unterschiedlichen Formen der Fremdunterbringung einigen kann. Dennoch, die Frage, wann überhaupt Fremdunterbringung angezeigt ist, verlangt zumindest empirisch belastbare beziehungsweise wissenschaftlich besser begründete Antworten, als sie gegenwärtig gegeben werden. In diesem Kontext soll daher der Blick zum einen auf den internationalen Vergleich zwischen Deutschland und England, zum anderen auf einen interkommunalen Vergleich mittelgroßer Städte in Deutschland gelenkt werden.

Fremdunterbringung im Ländervergleich

Der Frage, in welchem Umfang eigentlich Fremdunterbringung notwendig und angezeigt ist, lässt sich entweder im diachronen oder aber im synchronen Vergleich, also im historischen Nacheinander oder im länderspezifischen Nebeneinander, nachgehen. Während vor allem nach der Kritik an der Heimerziehung in den 1970er-Jahren ein starker Abbau von Fremdunterbringung gefordert und in der Folge auch ansatzweise erreicht wurde, liegen bislang kaum Erkenntnisse über das Volumen von Fremdunterbringung im internationalen Vergleich vor.

Einer der wenigen Befunde hierzu wurde vor einigen Jahren vorgelegt (Janze 1999): Am Beispiel eines Vergleiches mit England konnte Nicole Janze zeigen, dass dort mit 0,3 Prozent, also drei von tausend Kindern, ein anteilsmäßig insgesamt deutlich geringerer Anteil von Kindern im vergleichbaren Alter in Pflegefamilien oder Heimerziehung untergebracht ist als in Deutschland mit einem Anteil von 0,7 Prozent. Damit waren in England zu diesem Zeitpunkt nicht einmal halb so viele Kinder von Fremdunterbringung betroffen wie in Deutschland. Wenn man davon ausgeht, dass zwischen diesen beiden Staaten keine grundlegenden ökonomischen oder kulturellen Differenzen bestehen und dass Kinder und Jugendliche in Deutschland auch nicht häufiger als in England in schwierigen Verhältnissen aufwachsen, dann muss man diese erheblichen Unterschiede anders erklären.

Zwei einfache Deutungsmuster bieten sich hierfür an: Zum einen wäre es denkbar, dass in England andere Formen der Unterbringung außerhalb der Herkunftsfamilie stärker in Anspruch genommen werden, sodass vor allem deshalb stationäre Erziehungshilfen nicht so stark nachgefragt werden wie in Deutschland. So hat England beispielsweise eine ganz andere und umfangreichere Internatstradition; aber auch durch Unterschiede in der Kinder- und Jugendpsychiatrie oder im Jugendstrafvollzug wären Abweichungen denkbar. Die Fallzahlen hinsichtlich Fremdunterbringung wären demnach möglicherweise gar nicht wesentlich geringer, sondern gingen zum Teil lediglich in anderen Unterbringungsformen auf, die hierzulande nicht als Fremdunterbringung gezählt werden. Zum anderen spricht aber auch manches dafür, dass sich hier zwischen Deutschland und England in der Tat unterschiedliche kulturelle Muster des Umganges mit problematischen Familienverhältnissen beobachten lassen, die zu einem ungleichen Ausmaß an Nichtintervention beziehungsweise zu unterschiedlichen Hilfeformen im Falle einer Intervention führen. Für diese These spricht, dass sich auch im Vergleich zwischen den Unterbringungsformen *Heim* oder *Pflege* zeigt, dass in Deutschland die Heimerziehung Ende der 1990er-Jahre etwa sechzig Prozent der Fremdunterbringungen ausmachte, während es in England zu diesem Zeitpunkt nur sechzehn Prozent waren; umgekehrt lag der Anteil von Kindern in Pflegefamilien in Deutschland bei vierzig Prozent, in England jedoch bei über achtzig Prozent. Diese Differenz macht deutlich, dass England vor allem auf das Konzept der Pflegefamilie setzt.

Im Grunde genommen müsste man vor dem Hintergrund derartiger Ergebnisse in einem aufwendigen kulturvergleichenden Forschungsprojekt diesen erheblichen Differenzen nachgehen und dabei mögliche Unterschiede in den fachlichen und kulturellen Traditionen sowie in den wohlfahrtsstaatlichen Regimes, in der rechtlichen Kodierung und den finanzpolitischen Restriktionen der nationalen Sozialpolitiken prüfen; das ist bislang nicht geschehen. Nichtsdestotrotz weist der deutliche Unterschied im Binnenverhältnis von Familienpflege und Heimunterbringung darauf hin, dass die eingespielten Muster des Umganges in den jeweiligen Hilfesystemen der Fremdunterbringung vermutlich einige nationalstaatliche Besonderheiten aufweisen.

Vor dem Hintergrund der deutlich höheren Fremdunterbringungsquoten in Deutschland und einer deutlich ausgeprägteren Fallzahl stationärer Erziehungshilfen drängt sich spätestens an dieser Stelle die Frage auf: Ist man in Deutschland „zu gut" in Sachen Fremdunterbringung? Hat Deutschland vielleicht ein zu sensibles, zu empfindliches Problemdefinitions- und Frühwarnsystem, ist die Fachpraxis hier vielleicht zu aufmerksam, zu interventionsfixiert und vertraut zu wenig auf die Selbstregulationskräfte der Familie? Ist man in England einfach nachlässiger, oder greift die deutsche Erziehungshilfe zu häufig in die Familie ein? Auch wenn derartige Fragen bislang nicht schlüssig zu beantworten sind, sollte die deutsche Kinder- und Jugendhilfe diese Unterschiede als Referenz und Vergleichsmaßstab aufnehmen. Es sollte zumindest zu denken geben, dass ein anderer, nicht gänzlich unterschiedlicher Staat wie England erheblich weniger Fremdunterbringungen zu verzeichnen hat und damit auch deutlich weniger Eingriffe in problembehaftete Konstellationen des Aufwachsens von Kindern vornimmt, als dies in der Bundesrepublik geschieht.

Hilfen zur Erziehung im interkommunalen Vergleich

Mit Blick auf die Bedeutung und den Stellenwert der Fremdunterbringung beziehungsweise mit Blick auf die richtige Form der Hilfe stellt sich die gegenwärtige Datenlage aber noch uneindeutiger dar, wenn man innerhalb von Deutschland – also auf der Basis einer gemeinsamen und einheitlichen Gesetzeslage – die Praxis der Hilfegewährung und darin insbesondere der Fremdunterbringung genauer in den Blick nimmt. Im Rahmen der interkommunalen Vergleiche der Kommunalen Gemeinschaftsstelle für Verwaltungsvereinfachung (KGSt) zeigen sich in der Gegenüberstellung von zehn mittelgroßen Städten (mit einer Größenordnung von 150.000 bis 270.000 Einwohnern) sehr deutliche Unterschiede im Volumen und in der Art der gewährten Hilfen zur Erziehung. Dabei wird deutlich, dass sich ein Mehr oder Weniger an Fremdunterbringung nicht allein mit dem Hinweis auf eine unterschiedliche Anzahl problematischer Fälle plausibilisieren lässt, also etwa mit Bezug auf die lokal disparaten Daten zur Jugendkriminalität, zum Sozial- und Arbeitslosenhilfebezug oder zur Einkommensverteilung (Interkommunaler Vergleichsring der mittleren Großstädte 2002).

So schwankte 2004 in den zehn untersuchten Kommunen die Zahl der Kinder und Jugendlichen in Pflegefamilien zwischen 44 und 91 Fällen pro 10.000 der unter Achtzehnjährigen; bei der Heimerziehung und dem betreuten Wohnen nach Paragraph 34 SGB VIII gab es eine Spannbreite zwischen 49 und 110 Fälle pro 10.000 der unter Einundzwanzigjährigen. (6) Diese Unterschiede können nur zum Teil damit erklärt werden, dass die geringe Zahl bei der einen Hilfeform durch eine deutlich höhere Fallzahl bei der anderen Hilfeform ausgeglichen wird oder aber dass beide Hilfeformen etwa gleich stark ausgeprägt sind. Vielmehr entsteht beim Blick auf die Werte der Eindruck einer gewissen Zufälligkeit und Beliebigkeit der entsprechenden Anteile. Mit anderen Worten: Unter dem Strich ist mit Blick auf die unterschiedlichen Häufigkeiten kein System, keine innere Logik erkennbar. Insoweit wäre es sicher hilfreich, diese Anteile über einen längeren Zeitraum zu beobachten, um möglicherweise lokale Fremdplatzierungspolitiken, unterschiedliche Muster der Fachlichkeit und der professionellen Umgangsweisen zu identifizieren.

Unterschiedliche professionelle Kulturen der Hilfegewährung deuteten sich jedenfalls an, als – gewissermaßen in einem experimentellen Design – Verantwortliche in den beteiligten Kommunen gebeten wurden, für drei reale Fallbeispiele entsprechend ihrer eigenen alltäglichen Praxis im Amt konkrete Hilfeformen vorzuschlagen (Pothmann 2003, S. 344 f.). Es zeigte sich im Rahmen dieser Simulation eine variationsreiche Praxis bei ein und demselben Fall, ohne dass in dieser Simulation fiskalische Argumente beziehungsweise das Wunsch- und Wahlrecht der Adressatinnen und Adressaten eine Rolle gespielt hätte. So wurden bei einem Fallbeispiel verschiedenste Vorschläge – von einer angeratenen Nichtintervention bis hin zur Unterbringung nach Paragraf 34 SGB VIII – unterbreitet.

Im Lichte derartiger Befunde stellt sich unweigerlich die Frage: Ist die Entscheidung Pflegefamilie oder Heimerziehung beziehungsweise stationär, teilstationär oder ambulant eigentlich ein Indiz für die richtige Diagnosepraxis, oder stimuliert in der Praxis der Fremdunterbringung möglicherweise auch das Angebot (an Plätzen) die Nachfrage (nach Plätzen)? Was hat es zu bedeuten, dass es offenbar starke lokale Präferenzen gibt und eine einigermaßen einheitliche Diagnostik bislang kaum gegeben zu sein scheint? Deutet dies auf eine gewisse Beliebigkeit, auf ein eher im Berufsverständnis verankertes als ein sich an den realen Problemen orientierendes Diagnoseverhalten hin? Überwiegen hier lokale Nutzer- und Nutzungspräferenzen? Liegt hier ein zumindest nicht verallgemeinerbares Fallverstehen zugrunde?

Wenn trotz einer gemeinsamen rechtlichen Grundlage die Praxis der Fremdunterbringung zwischen den Kommunen so stark variiert, dann kann dies fachlich jedenfalls nicht zufriedenstellen, scheint es doch an gemeinsamen Standards beziehungsweise professionellen Referenzpunkten zu fehlen. Auch in der Jugendhilfe-Effektstudie, kurz: JES-Studie, wurde darauf hingewiesen, dass ein Teil der erfolgten Hilfen zur Erziehung falsch ausgewählt waren (15 Prozent) und ein größerer Teil nur als bedingt geeignete Hilfe betrachtet wurde; Martin Schmidt und Mitautoren (2002) sprechen in diesem Zusammenhang für die Heimerziehung von lediglich sechzehn Prozent und für die Hilfen zur Erziehung insgesamt von nur zwanzig Prozent ideal ausgewählten Hilfen.

Es kann bei der Frage nach den „richtigen" Hilfen nicht um eine pauschale Infragestellung der eingeleiteten Maßnahmen gehen; derartig weitreichende Folgerungen lassen diese Daten vorerst nicht zu. Gleichwohl ist es wichtig, dass Fragen dieser Art überhaupt gestellt werden und dass versucht wird, sie durch entsprechende Forschungsvorhaben präziser zu beantworten.

Bildung – diesseits oder jenseits der Fremdunterbringung?

Der vor kurzem erschienene Zwölfte Kinder- und Jugendbericht (Bundesministerium für Familie, Senioren, Frauen und Jugend 2005) hat sich zwar mit Bildung, nicht jedoch mit den Hilfen zur Erziehung beschäftigt. Heißt das, dass diese beiden Dinge nichts miteinander zu tun haben, die Verfasser es sich zu einfach gemacht haben oder der Zusammenhang dieser beiden Themen einfach noch nicht klar genug ist? Vielleicht von allem etwas.

Grundsätzlich weist die Sachverständigenkommission auf die nach wie vor verengte Perspektive eines stark schulorientierten Bildungsverständnisses hin und plädiert für eine Erweiterung der Sichtweise. Bildung ist eben nicht nur das, was man in der Schule lernt oder was man als Allgemeinbildung zum Besten geben kann, Bildung muss vielmehr verstanden werden als ein Prozess der Entwicklung und Herausbildung verschiedener Kompetenzen, die als instrumentelle, kulturelle, soziale und personale Kompetenzen unterschieden werden können. Weitet man den Blick dementsprechend aus, so wird rasch deutlich, dass diese

Kompetenzen nicht samt und sonders in der Schule, schon gar nicht im Unterricht, also nicht allein im offiziellen Bildungssystem, sondern prinzipiell an allen Orten des alltäglichen Lebens und bei allen Gelegenheiten vermittelt und erworben werden können.

Eine bislang unterschätzte, aber zugleich herausragende Rolle spielen hierbei informelle Bildungsprozesse und nonformale Bildungswelten, allen voran die Familie (Büchner und Wahl 2005). Sie ist der zentrale Ort des Bildungsgeschehens, an dem – verwoben in entsprechende Betreuungs- und Erziehungsprozesse – alltagsnahes, informelles, nichtgeplantes Lernen stattfindet.

Was hat dies nun mit dem Verhältnis von Bildung und Fremdunterbringung zu tun? Auch bei den stationären Erziehungshilfen geht es – wie in der Familie – nicht nur um die bloße Alltagsgestaltung und -bewältigung, sondern um, wie Hans Thiersch (1986) dies formuliert hat, einen „gelingenderen Alltag". Strukturanalog zur Familie ist somit das Setting der Fremdunterbringung ebenfalls ein spezifisch gestalteter Lernort, in dem sich vielfältige Bildungsprozesse vollziehen. Infolgedessen ist etwa auch die Entwicklung personaler und sozialer Kompetenzen explizites Ziel der Heimerziehung.

Wenn also davon auszugehen ist, dass Bildung mehr als Schule ist, dass Bildung an vielen verschiedenen Orten stattfindet und dass, wie dies der Wissenschaftliche Beirat für Familienfragen eindrucksvoll gezeigt hat (Wissenschaftlicher Beirat für Familienfragen 2002), die Familie einen wichtigen, wenn nicht gar den zentralen Ort für die Herausbildung instrumenteller, kultureller, sozialer und personaler Kompetenzen darstellt, dann haben auch die stationären Hilfen zur Erziehung diese Bildungsleistungen ersatzweise, also stellvertretend, zu erbringen. Stationäre Hilfen übernehmen die Funktion der Familie mit der ihr eigentümlichen Vermengung von Bildung, Betreuung und Erziehung und sind insoweit auch als ein alltagsnah gestalteter Lernort zu verstehen (Sauer 1979). Infolgedessen müssen erzieherische Hilfen so konzipiert werden, dass sie diese familialen Bildungsleistungen erbringen können, dass sie zu einer Förderung der alltagsnahen Bildung beitragen – auch wenn die Situation paradox erscheint: einerseits möglichst familienähnlich und damit alltagsnah zu sein, andererseits jedoch zugleich notgedrungen weitaus stärker simulieren und „gestalten" zu müssen, als das die Bildungswelt Familie tut. Dies ist die besondere Hypothek und spezifische Herausforderung eines sekundär inszenierten Bildungs-, Betreuungs- und Erziehungssettings, wie sie für die stationären Erziehungshilfen typisch ist.

Um nicht falsch verstanden zu werden: Hilfen zur Erziehung stellen keineswegs nur Interventionen zum Zwecke der – unter ihren Möglichkeiten gebliebenen familiären – Bildung dar. Familiäre Problemkonstellationen, die zu Fremdunterbringung führen, weisen in aller Regel deutlich darüber hinaus, ergeben sich aus Schicksalsschlägen, strukturellen Ursachen, fehlenden Ressourcen und menschlichen Tragödien, mit deren Auswirkungen die Hilfen zur Erziehung ebenfalls konfrontiert sind. Aber dennoch verfolgen die stationären Erziehungshilfen – bei allen strukturellen Unterstützungsbedarfen der betroffenen Familien – am Ende immer auch das Anliegen, die persönliche Handlungskompetenz der Kinder und Jugendlichen zu verbessern. Damit zielt Fremdunterbringung immer auch auf die Herausbildung von individuellen Fähigkeiten und Fertigkeiten sowie auf die Förderung einer eigenverantwortlichen Persönlichkeit, eben auf Bildung.

Zukünftige Herausforderungen der Fremdunterbringung

Wenn bislang vor allem eine sich empirisch vergewissernde Bilanz und Bestandsaufnahme im Mittelpunkt standen und der Frage nach dem Stellenwert der Bildung im Rahmen der Fremdunterbringung nachgegangen wurde, so soll abschließend ein Blick auf kommende Herausforderungen geworfen werden. Von außen betrachtet drängen sich gegenwärtig mit Blick auf die Hilfen zur Erziehung beziehungsweise Fremdunterbringung drei Problembereiche auf: zum Ersten das Defizit an Forschung und empirisch gesichertem Wissen, insbesondere zu den Wirkungen der Fremdunterbringung, zum Zweiten die Folgen des neuen Kinder- und Jugendhilfeweiterentwicklungsgesetzes, KICK genannt, sowie zum Dritten die möglichen Folgen des Ausbaues der Ganztagsschulen für die Hilfen zur Erziehung.

Defizite an Forschung und empirisch gesichertem Wissen

Eine zentrale Herausforderung für die Hilfen zur Erziehung generell und – unter Kostengesichtspunkten – speziell für die Heimerziehung scheint der Bedarf an belastbaren Erkenntnissen über die Prozess- und Ergebnisqualität der Arbeit zu sein. Es muss künftig sowohl darum gehen, mehr über konkrete Bildungs- und Entwicklungsprozesse während der laufenden Hilfen in Erfahrung zu bringen, als auch darum, das Wissen über längerfristige Folgen und Wirkungen dieser Hilfen zu erhöhen. Dabei ist die Frage nach den Wirkungen der durchgeführten Hilfen nicht nur eine fiskalisch-politisch induzierte, sondern zuallererst auch eine fachliche Selbstvergewisserung.

Die politische Frage nach der Wirksamkeit der Erziehungshilfen stellt insoweit kein unangemessenes Ansinnen dar, zumal auch die anderen Bereiche der Kinder- und Jugendhilfe, also die Kindertageseinrichtungen oder die Angebote der Jugendarbeit, heutzutage ebenfalls kritischer denn je daraufhin geprüft werden, inwieweit sie pädagogische Ziele nicht nur formulieren, sondern diese zumindest auch teilweise erreichen. In Anbetracht der Höhe der gesellschaftlich aufgewendeten Ressourcen erscheint die Frage nach der Wirksamkeit legitim; strittig ist jedoch, ob für die Hilfen zur Erziehung solche Ziele überhaupt adäquat formuliert und operationalisiert werden können und ob ein angemessenes Instrumentarium zur Bewertung der Zielerreichung existiert.

Die vorliegenden Versuche, die Wirksamkeit der Hilfen zur Erziehung näher zu untersuchen, wie Jule (Baur, Finkel, Hamberger und Kühn 2002) oder JES (Schmidt 2000), zeigen, dass ein längerer Verbleib mit positiven Hilfeverläufen einhergeht. Eine längere Verweildauer der Kinder und Jugendlichen in der Hilfe, verbunden mit einer Kontinuität der Betreuungsperson, korreliert positiv mit fortschrittlichen, individuellen Entwicklungen und verbesserten sozialen Teilhabechancen (Baur, Finkel, Hamberger und Kühn 2002). Auch wird insbesondere die Kooperation mit dem Kind, aber auch mit den Eltern als bedeutsam eingestuft. Hilfeformen, in denen beides gelingt und die stärker bedarfsorientiert ausgerichtet sind, haben deutlich bessere Erfolgsaussichten im Hinblick auf eine reguläre Beendigung der Hilfe und die Bewertung der Hilfeverläufe (ebd.). Darüber hinaus wird die Bedeutung der Nachbetreuung im Anschluss an die stationäre Hilfe betont, die ebenfalls in hohem Maße zum Gelingen beiträgt. Jule weist des Weiteren auf den Zusammenhang zwischen der Einhaltung fachlicher Standards und den Erfolgsaussichten in den individuellen Entwicklungen hin. Sofern also Heimerziehung die genannten Bedingungen erfüllt, ist sie, und das ist eines der zentralen Ergebnisse, bezogen auf Symptomatik und Kompetenz des Kindes, eine überdurchschnittlich wirksame Intervention. Sie ändert jedoch zumeist wenig bis gar nichts an der Situation der Familie selbst; das ist ihr Dilemma.

Mit Blick auf die Einschätzung adäquater Hilfen wird in den Studien betont, dass die diagnostischen Fähigkeiten im Rahmen der Hilfen noch weiterer Entwicklung bedürfen, dass fachlich diesbezüglich möglicherweise einfach noch nicht genügend Anhaltspunkte zur Verfügung stehen, um jeweils die beste Hilfe ausfindig zu machen und Prognosen für erfolgreiche Strategien zu erhalten. Dieses Manko zu beseitigen, ist nicht nur eine Herausforderung für die Fachkräfte, sondern auch für die Forschung und die Politik. Die genannten Forschungsprojekte haben zweifellos wertvolle Anregungen gegeben. Im Anschluss daran muss aber eine noch stärkere fachpolitische Verständigung darüber erfolgen, was eine mögliche „Ergebnisqualität" der Fremdunterbringung sein könnte und wie diese zu operationalisieren und zu erfassen ist, um den Verantwortlichen für die Hilfen zur Erziehung auch starke Argumente für die Notwendigkeit entsprechender Investitionen in die Hand zu geben.

Folgen der veränderten Gesetzgebung

Als eine zweite, gegenwärtig noch nicht wirklich absehbare Herausforderung stehen die Hilfen zur Erziehung vor der Umsetzung der Novelle zum Kinder- und Jugendhilfegesetz, dem sogenannten KICK. Ohne hier auf die Neuerungen im Detail einzugehen, von denen die erhöhte „fachliche und wirtschaftliche Steuerungskompetenz" der Jugendämter immer wieder am deutlichsten herausgestellt wird, scheinen einige davon doch auch neue Herausforderungen für die Hilfen zur Erziehung mit sich zu bringen (Wiesner 2005).

Ein zentraler Punkt des KICK, über dessen Nebenwirkungen noch wenig Klarheit herrscht, ist die stärkere Heranziehung der

Eltern zu den Kosten an den Hilfen zur Erziehung. Auch wenn der alte Paragraf 91 SGB VIII bereits die Heranziehung der Eltern zu den Ausgaben für die Hilfen zur Erziehung vorsah, kam er bislang in der Praxis nur selten zur Anwendung. Nun wird im neuen Paragrafen 91 die Erhebung von Kostenbeiträgen zu stationären und teilstationären Leistungen festgelegt und in den Paragrafen 92 bis 94 mit entsprechenden Durchführungsregelungen näher beschrieben. Eltern sollen künftig entsprechend ihrer Leistungsfähigkeit an den Kosten der Kinder- und Jugendhilfe beteiligt werden, wozu zum 1. Oktober 2005 auch eine Kostenbeitragsverordnung veröffentlicht worden ist. (7) Abzuwarten bleibt, welche Folgen diese Neuregelung für die Hilfen zur Erziehung hat, was sich dadurch etwa mit Blick auf das Wunsch- und Wahlrecht der Adressatinnen und Adressaten im Rahmen des Hilfeplanverfahrens verändert. Es wäre denkbar, dass Kostenaspekte künftig in der Hilfeplanung eine stärkere Rolle spielen und die Hilfen in Zukunft auch von den Personensorgeberechtigten verstärkt unter Kostengesichtspunkten gewählt beziehungsweise abgelehnt werden. Dies könnte unter dem Strich gewissermaßen einen doppelten Kostendruck – vonseiten der Kommunen und vonseiten der Eltern – auf die Fremdunterbringung hervorrufen und anstelle fachlicher Argumente zur Entscheidung für die eine oder andere Hilfeform beitragen. Es wird sich zeigen, welche Rolle die Heranziehung der Eltern zu den Kosten in der Fremdunterbringung künftig spielen wird.

Folgen des Ganztagsschulausbaues für die Erziehungshilfen

In den 1990er-Jahren haben der Ausbau der ambulanten Hilfen und die Entwicklung eines Systems verschiedener Hilfen – bis hin zu den flexiblen Hilfen – stattgefunden. Dieser ist mit der Hoffnung verbunden, Fremdunterbringung der Zahl und der Dauer nach zu reduzieren, sprich: im Vorfeld zu intervenieren und eine Heimeinweisung so möglicherweise zu vermeiden. Ulrich Bürger hat wiederholt gezeigt, dass genau dieser Effekt nicht eingetreten ist (Bürger 1998). Der Ausbau der ambulanten Hilfen ging eben nicht mit einem Rückgang an Fällen bei den stationären Erziehungshilfen einher.

Der Ausbau ganztägiger Angebote der Schule könnte in diesem Zusammenhang eine neue Zäsur darstellen. Es bleibt abzuwarten, was geschieht, wenn sich für eine nennenswerte Zahl von

Kindern und Jugendlichen der Zeitanteil erhöht, den sie in öffentlichen Bildungs- und Erziehungseinrichtungen verbringen. Derzeit vollzieht sich in vielen Bundesländern in puncto Schule ein fundamentaler Systemwechsel, dessen Auswirkungen auf den Alltag wir momentan noch nicht wirklich abschätzen können. Dies gilt auch mit Blick auf die Hilfen zur Erziehung (siehe auch Merchel 2005). Vorstellbar ist diesbezüglich, dass durch die Entlastung des Familienalltags – zum Beispiel Wegfall der notwendigen Über-Mittag-Versorgung, von Teilen der Hausaufgabenbetreuung sowie anderer alltäglicher Bildungsanforderungen – insbesondere Kinder und Jugendliche in benachteiligten Lebenslagen beziehungsweise deren Familien vom Ganztagsangebot profitieren können. Dies könnte durchaus dazu führen, dass bestimmte Hilfen zur Erziehung nicht in dem bisherigen Maße notwendig werden. Daran allerdings die Hoffnung auf deutlich sinkende Fremdunterbringungszahlen zu knüpfen, scheint bei Weitem zu hoch gegriffen. Zu erwarten wäre vielmehr ein wachsender Druck auf die teilstationären Erziehungshilfen, insbesondere die Erziehung in Tagesgruppen (nach § 32 SGB VIII) und vielleicht auch auf die soziale Gruppenarbeit (nach § 29 SGB VIII).

Eine Ganztagsschule, die nicht nur als Betreuung von Kindern und Jugendlichen beziehungsweise als Erholungsprogramm am Nachmittag organisiert wird, sondern die sich systematisch der Bildung, Betreuung und Erziehung sowie der individuellen Förderung im Sinne des skizzierten Bildungsbegriffes zuwendet und die auch entsprechend qualifiziertes Personal für solche Bildungs- und Erziehungsprozesse bereitstellt, birgt vermutlich ein verbessertes Potenzial, das auch Kindern und Jugendlichen mit besonderen Problemstellungen zugute kommt: Sie kann möglicherweise deren individuelle Förderung und Unterstützung in einer mehr oder weniger alltäglichen Umgebung – und eben nicht in einem besonderen und herausgehobenen Setting wie bei den stationären oder teilstationären Hilfen zur Erziehung – leisten. Vorhandene Ansätze der Zusammenarbeit von Schule und Erziehungshilfe, etwa bei den traditionsreichen Heimsonderschulen oder der Kooperation im Rahmen der Erziehungsberatung, könnten hier die Richtung weisen. Auf jeden Fall wird man die Entwicklung der Ganztagsschule in Deutschland auch innerhalb der Hilfen zur Erziehung aufmerksam beobachten müssen und in diesem Zusammenhang die Frage zu klären haben, ob sich in diesem neuen schulischen Setting Möglichkeiten der alltagsnahen Unterstützung und Förderung von Kindern eröffnen, die ansonsten zu Adressatinnen und Adressaten der herkömmlichen Hilfen zur Erziehung werden würden.

Ausblick

Die Fremdunterbringung hat in den letzten fünfzig Jahren einen erheblichen Gestaltwandel durchlaufen. Hier ist weit mehr passiert, als öffentlich bisweilen wahrgenommen wird. Ihre Akteure haben aber auch nach wie vor noch eine ganze Menge von unerledigten Hausaufgaben zu machen, die sie in die Lage versetzt, nicht nur genauer über sich selbst Bescheid zu wissen, sondern auch Rechenschaft gegenüber Dritten ablegen zu können, warum es notwendig und unter dem Strich auch hilfreich ist, dass Kinder in einer anderen Umgebung, einer anderen Alltagskonstellation, in anderen Bildungs-, Betreuungs- und Erziehungssettings als in der eigenen Familie aufwachsen. Bis diese Aufgaben zufriedenstellend gelöst sind, werden sicher noch ein paar Jahre vergehen, ein paar Jahre, die für die Hilfen zur Erziehung und für die stationären Erziehungshilfen nicht unbedingt einfacher werden.

Anmerkungen

1

Hinzu kommen noch fast 50.000 Hilfen für junge Volljährige gemäß Paragraf 41 SGB VIII in Verbindung mit den Paragrafen 33 und 34 SGB VIII. Diese jungen Menschen sind in der Regel achtzehn bis einundzwanzig, in Ausnahmefällen bis siebenundzwanzig Jahre alt. Etwas weniger als 10.000 von ihnen haben 2004 in einer Pflegefamilie gelebt, gut 40.000 in stationärer Erziehungshilfe (Heimerziehung beziehungsweise betreutes Wohnen).

2

Dieser Wert bezieht sich auf die leistungsbezogenen Aufwendungen für Maßnahmen gemäß Paragraf 34 SGB VIII. Nicht mit eingerechnet sind hier die öffentlichen Ausgaben für Einrichtungen der Heimerziehung, also die einrichtungsbezogenen Ausgaben.

3

Diese Berechnungen beziehen sich durchgängig auf die unter Achtzehnjährigen.

4

Die Zahl der Hilfen für junge Volljährige, also der über Achtzehnjährigen, betrug Anfang der 1990er-Jahre noch etwas mehr als 21.000 Fälle und steigerte sich bis 2004 auf nicht ganz 50.000. Diese Entwicklung ist nicht zuletzt auf die rechtliche Kodifizierung von Hilfen für junge Volljährige (§ 41 SGB VIII) zurückzuführen. Sie ist zu großen Teilen aber auch einer fehlerhaften Bestandsfortschreibung geschuldet (Rauschenbach und Schilling 1997), da vergessen wurde, beendete Hilfen statistisch zu erfassen und zu melden. Dieser Fortschreibungsfehler wurde mit der Bestandszählung zum 31. Dezember 2005 korrigiert. Mit ersten Ergebnissen ist Ende 2006 zu rechnen.

5

Die hier genannte Kennziffer von sechsundsechzig Fällen pro 10.000 unter Achtzehnjährigen liegt etwas unter dem oben genannten Wert, da es sich hier um eine Stichtagsgröße handelt, während oben die aufaddierten Jahresgesamtzahlen zugrunde gelegt wurden. Um eine größere Vergleichbarkeit der Angaben aus den verschiedenen Erhebungsjahrgängen zu erzielen, wurden zu den familienersetzenden Maßnahmen 1991 und 2000 die intensiven sozialpädagogischen Einzelbetreuungen gezählt.

6

Diese Angaben wurden aus einer unveröffentlichten Auswertung von interkommunalen Vergleichszahlen für das Jahr 2004 zur Verfügung gestellt. Die Kommunen des Vergleichsringes haben sich darauf verständigt, dass nur anonymisierte Daten aus dem Vergleichsring veröffentlicht werden dürfen (Interkommunaler Vergleichsring der mittleren Großstädte 2002); infolgedessen werden hier keine Städtenamen genannt. Sie spielen allerdings für den hier zur Debatte stehenden Gedankengang auch keine Rolle.

7

Wesentliche Punkte der Neuregelung der Heranziehung sind einerseits die Einführung einkommensabhängiger Kostenbeiträge (unabhängig von zivil- beziehungsweise sozialhilferechtlichen Grundlagen) durch eine eigene Kostentabelle und andererseits die grundsätzliche Ermöglichung des Zugriffes auf das Kindergeld als Mindestbeitrag bei Leistungen über Tag und Nacht (§ 94 Abs. 3 SGB VIII).

Literatur

Baur, Dieter, Finkel, Margarete, Hamberger, Matthias & Kühn, Axel D. (2002).
Leistungen und Grenzen von Heimerziehung: Ergebnisse einer Evaluationsstudie stationärer und teilstationärer Erziehungshilfen. Forschungsprojekt Jule. Schriftenreihe des Bundesministeriums für Familie, Senioren, Frauen und Jugend, Band 170.
Stuttgart: Kohlhammer.

Bernfeld, Siegfried (1973).
Sisyphos oder die Grenzen der Erziehung.
Frankfurt am Main: Suhrkamp.

Büchner, Peter & Wahl, Katrin (2005).
Die Familie als informeller Bildungsort. Über die Bedeutung familialer Bildungsleistungen im Kontext der Entstehung und Vermeidung von Bildungsarmut. Zeitschrift für Erziehungswissenschaft, 3, 356–373.

Bürger, Ulrich, Lehning, Klaus & Seidenstücker, Bernd (1994).
Heimunterbringungsentwicklung in der Bundesrepublik Deutschland. Theoretischer Zugang, Datenlage und Hypothesen.
Frankfurt am Main: Institut für Sozialarbeit und Sozialpädagogik e.V.

Bürger, Ulrich (1998).
Ambulante Erziehungshilfen und Heimerziehung. Empirische Befunde und Erfahrungen von Betroffenen mit ambulanten Hilfen vor einer Heimunterbringung.
Frankfurt am Main: Internationale Gesellschaft für erzieherische Hilfen.

Bundesministerium für Familie, Senioren, Frauen und Jugend (Hrsg.) (2005).
Zwölfter Kinder- und Jugendbericht. Bericht über die Lebenssituation junger Menschen und die Leistungen der Kinder- und Jugendhilfe in Deutschland; Bildung, Betreuung und Erziehung vor und neben der Schule.
Berlin: Bundestagsdrucksache 15/6014.

Ehmke, Timo, Siegle, Thilo & Hohensee, Fanny (2005).
Soziale Herkunft im Ländervergleich.
In PISA-Konsortium Deutschland (Hrsg.), PISA 2003. Der zweite Vergleich der Länder in Deutschland – Was wissen und können Jugendliche? (S. 235–268).
Münster: Waxmann.

Fendrich, Sandra & Pothmann, Jens (2005).
Mehr Hilfen für weniger Geld. KomDat, 3, 2–3.

Gesellschaft für innovative Sozialforschung und Sozialplanung e.V. (GISS) (2003).
Strukturen der Vollzeitpflege in Niedersachsen.
http://www.giss-ev.de/pdf/pflegekinder-niedersachsen.pdf (2.2.2006).

Interkommunaler Vergleichsring der mittleren Großstädte (2002).
Vom anderen Lernen heißt…? Eine Zwischenbilanz aus vier Jahren interkommunaler Vergleichsarbeit in der Kinder- und Jugendhilfe.
Zentralblatt für Jugendrecht, 89, 423–429.

Janze, Nicole (1999).
A Comparative Approach to Public Childcare for Children Living Away from Home in Germany and England. European Journal of Social Work, 2, 151–163.

Kuhlmann, Cornelia & Schrapper, Christian (2001).
Geschichte der Erziehungshilfen von der Armenpflege bis zu den Hilfen zur Erziehung.
In V. Birtsch, K. Münstermann & W. Trede (Hrsg.), Handbuch Erziehungshilfen (S. 282–328).
Münster: Votum.

Mehringer, Andreas (1976).
Heimkinder. Gesammelte Aufsätze zur Geschichte und zur Gegenwart der Heimerziehung.
München: Ernst Reinhardt.

Merchel, Joachim (2005).
Strukturveränderungen in der Kinder- und Jugendhilfe durch die Ausweitung von Ganztagsangeboten für Schulkinder.
In Sachverständigenkommission Zwölfter Kinder- und Jugendbericht (Hrsg.), Materialien zum Zwölften Kinder- und Jugendbericht, Band 4: Kooperationen zwischen Jugendhilfe und Schule (S. 169–238).
München: Deutsches Jugendinstitut e.V.

PISA-Konsortium Deutschland (Hrsg.) (2004).
PISA 2003. Der Bildungsstand der Jugendlichen in Deutschland – Ergebnisse des zweiten internationalen Vergleichs.
Münster: Waxmann.

Pothmann, Jens (2003).
Kennzahlen in der Kinder- und Jugendhilfe. Zur Bedeutung und Verwendung eines Messinstrumentes für Soziale Dienste. Dissertation am Fachbereich Erziehungswissenschaft und Soziologie der Universität Dortmund.
http://hdl.handle.net/2003/2910 (12.10.2004).

Rauschenbach, Thomas & Schilling, Matthias (1997).
Die Kinder- und Jugendhilfe und ihre Statistik, Band 1.
Neuwied: Luchterhand.

Sauer, Martin (1979).
Heimerziehung und Familienprinzip.
Neuwied: Luchterhand.

Schmidt, Martin (2000).
Neues für die Jugendhilfe? Ergebnisse der Jugendhilfe-Effekte-Studie. Herausgegeben vom Deutschen Caritasverband e.V. und vom Bundesverband Katholischer Einrichtungen und Dienste der Erziehungshilfen e.V.
Freiburg im Breisgau: Deutscher Caritasverband.

Schmidt, Martin u.a. (2002).
Effekte erzieherischer Hilfen und ihre Hintergründe. Schriftenreihe des Bundesministeriums für Familie, Senioren, Frauen und Jugend, Band 219.
Stuttgart: Kohlhammer.

Thiersch, Hans (1986).
Die Erfahrung der Wirklichkeit. Erfahrungen einer alltagsorientierten Sozialpädagogik.
Weinheim: Juventa.

Trede, Wolfgang & Winkler, Michael (2000).
Stationäre Erziehungshilfen: Heim, Wohngruppe, Pflegefamilie.
In H.-H. Krüger & T. Rauschenbach (Hrsg.), Einführung in die Arbeitsfelder des Bildungs- und Sozialwesens (S. 251–267).
Opladen: Leske + Budrich.

Wahl, Klaus & Hees, Katja (2006).
Helfen „Super Nanny" und Co? Ratlose Eltern: Herausforderungen für die Elternbildung.
Weinheim: Beltz.

Wiesner, Reinhard (Hrsg.) (2000).
SGB VIII – Kinder- und Jugendhilfe. Erläutert von Reinhard Wiesner (2., völlig überarbeitete Auflage).
München: Beck.

Wiesner, Reinhard (2005).
Das Gesetz zur Weiterentwicklung der Kinder- und Jugendhilfe (Kinder- und Jugendhilfeweiterentwicklungsgesetz – KICK).
Forum Erziehungshilfen, 4, 245–249.

Wissenschaftlicher Beirat für Familienfragen (2002).
Die bildungspolitische Bedeutung der Familie – Folgerungen aus der PISA-Studie. Schriftenreihe des Bundesministeriums für Familie, Senioren, Frauen und Jugend, Band 224.
Stuttgart: Kohlhammer.

Ulrich Bürger

Stationäre Erziehungshilfen – ein Auslaufmodell der modernisierten Kinder- und Jugendhilfe?

Sind stationäre Erziehungshilfen ein Auslaufmodell der modernisierten Kinder- und Jugendhilfe? Dieser Eindruck drängt sich in der Tat auf, wenn man die Fachdiskussionen um die Entwicklungserfordernisse und die Entwicklungsperspektiven der erzieherischen Hilfen in den vergangenen zehn, fünfzehn Jahren zurückverfolgt und die dabei prominent verhandelten Themen und Leitlinien rekonstruiert. Die Grundsatzdebatten um die zukunftsträchtigen Praxisentwicklungen des Feldes kreisen vorrangig und zunächst um Begriffe und Konzepte flexibler Hilfen, sie wurden unter der Prämisse integrierter und sozialraumorientierter Arbeitsansätze und Strukturen modifiziert, und sie setzten bei alledem vor allem auf eine Stärkung der ambulanten und der teilstationären Hilfen als konstitutive Elemente einer modernisierten Kinder- und Jugendhilfe, wie sie mit dem Inkrafttreten des Kinder- und Jugendhilfegesetzes (KJHG) in den Jahren 1990/1991 dem Grunde nach als ein zentraler Reformimpuls für das Feld der Hilfen zur Erziehung auch fachpolitisch intendiert war. Die stationären Hilfen wurden in diesen Fachdiskursen in erster Linie als verdächtiges Relikt eines überholten Fürsorgesystems gehandelt, dessen Rolle und Bedeutung im Zuge der Neustrukturierung des Feldes über die Implementierung neuer Konzepte und Arbeitsweisen möglichst zu reduzieren sei. Zusätzlich gerieten die stationären Hilfen und dabei namentlich die Hilfen in Heimerziehung und sonstigen betreuten Wohnformen im Laufe der 1990er-Jahre zunehmend unter Druck, weil sie vermeintlich zu teure Hilfen seien, deren Inanspruchnahme angesichts knapper öffentlicher Kassen schon allein aus Kostengründen auf ein Minimum zu begrenzen sei. Und vor allem dieser Druck kennzeichnet vielerorts die Debatten um die Erziehungshilfen und deren Umsteuerungserfordernisse in der jüngeren Zeit. Vor dem Hintergrund dieser Grundlinien und Rahmungen wäre es also zumindest plausibel, in sachlogischer Konsequenz letztlich zwingend, die stationären Hilfen als ein Auslaufmodell der modernisierten Kinder- und Jugendhilfe zu kategorisieren; und dies, obwohl der Gesetzgeber die ambulanten, die teilstationären und die stationären Hilfen ganz bewusst nicht in ein Verhältnis von Vor- und Nachrangigkeit, sondern als offene Hilfeoptionen, zur Ausgestaltung ausschließlich nach den individuellen Hilfeerfordernissen des Einzelfalles, gleichberechtigt nebeneinandergestellt hat (Bundesministerium für Jugend, Familie, Frauen und Gesundheit 1989).

Nun ist es mit Programmatiken und Postulaten aber immer so eine Sache. Die Vehemenz und auch die Konsistenz, mit der sie im öffentlichen Fachdiskurs propagiert werden, müssen nicht unbedingt Indiz für ihren Realitätsgehalt sein. Deshalb ist es als Einstieg in die Thematik sinnvoll, in einem ersten Zugang einen empirisch basierten Blick auf die tatsächlichen Veränderungen in der Inanspruchnahme der erzieherischen Hilfen seit Inkrafttreten des KJHG zu werfen, um den faktischen Stellenwert der stationären Hilfen einschätzen zu können, gewissermaßen als Standortbestimmung zu Kongruenzen und Inkongruenzen von Programmatiken und Wirklichkeit.

Daran anknüpfend wird es dann etwas ausführlicher um das Bedingungsgefüge der beobachteten Entwicklungen gehen. Im Zentrum steht dabei die Frage, ob sich aus Analysen der Ursachen für die bisherigen Veränderungsdynamiken in der Inanspruchnahme der stationären Hilfen substanzielle Hinweise darauf ableiten lassen, ob und inwieweit auch zukünftige Entwicklungen durch eben diese Ursachen beeinflusst werden könnten. Im Anschluss daran wird schließlich noch, sehr knapp gehalten, erörtert, was der Umbruch im Altersaufbau unserer Gesellschaft und der damit bereits heute faktisch einhergehende Rückgang der Population der bis unter 21-Jährigen für die Inanspruchnahme der stationären Hilfen in mittelfristiger Perspektive bedeuten könnten. Immerhin ist es naheliegend zu vermuten, dass dieser demografische Wandel eine rückläufige Inanspruchnahme der stationären Hilfen begünstigt. Auch dazu wird eine empirisch gestützte Einschätzung vorgenommen, zumal es geradezu nachlässig wäre, die Metapher vom Auslaufmodell zu verhandeln, ohne diese objektive Rahmung der Veränderungsdynamiken des Feldes zumindest grob zu vermessen.

Gegen Ende der Ausführungen werden die mittels dieser drei empirischen Zugänge herausgearbeiteten Befunde gebündelt und zu einem Gesamtresümee bezüglich der zukünftigen Bedeutung der stationären Hilfen in der Kinder- und Jugendhilfe verdichtet zu einer Antwort auf die Frage, ob ihre Zukunft mit dem Bild des Auslaufmodells angemessen beschrieben ist – oder ob sie möglicherweise doch auch andere Optionen und Funktionen in einer modernisierten Kinder- und Jugendhilfe haben könnten.

Im Sinne definitorischer Klärungen ist noch zu erwähnen, dass, wenn im Folgenden von stationären Erziehungshilfen die Rede ist, damit stets sowohl die Hilfen nach Paragraf 34 SGB VIII in der ganzen konzeptionellen Vielfalt der Angebotsformen wie auch die Hilfen in Vollzeitpflege nach Paragraf 33 SGB VIII gemeint sind. Denn wenn es um den Standort und die Perspektiven der stationären Hilfen geht, steht damit letztlich die Frage im Raum, ob und in welchem Umfang das System Jugendhilfe Orte für Kinder und Jugendliche bereitstellen muss, die aus verschiedensten Gründen – und eben dies ist ihr zentrales gemeinsames Merkmal – nicht in ihren Herkunftsfamilien verbleiben und dort aufwachsen können, und zwar zunächst einmal völlig unabhängig davon, ob sie dann einen geeigneten alternativen Lebensort in einer Pflegefamilie oder in einem der Betreuungssettings in Heimerziehung oder sonstigen betreuten Wohnformen finden.

Quantitative Veränderungen in der Inanspruchnahme erzieherischer Hilfen

Die ersten empirischen Betrachtungen gelten nun einigen Daten und Fakten zur Veränderungsdynamik der Inanspruchnahme der erzieherischen Hilfen und dabei insbesondere einem Blick auf die Wechselwirkungen zwischen dem Ausbau des ambulanten und des teilstationären Bereiches und der zeitgleichen Entwicklung bei der Inanspruchnahme der stationären Hilfen. Als Ausgangspunkt dieser Betrachtungen bietet sich der Sachstand der Fallzahlen von 1991 an, da das 1990 beziehungsweise 1991 in Kraft getretene KJHG zweifellos als ein zentraler Modernisierungsimpuls zur Ausgestaltung eines differenziert angelegten Angebots- und Leistungsspektrums der erzieherischen Hilfen – jenseits und in Überwindung des historisch überkommenen Primates stationärer Hilfen für junge Menschen in schwierigen Erziehungssituationen – betrachtet werden muss. Zur Abbildung des jüngsten Sachstandes hinsichtlich der Inanspruchnahme der Hilfen standen Auswertungen aus dem Jahr 2003 zur Verfügung, sodass insgesamt ein Zeitraum von zwölf Jahren überblickt werden kann. Dieser Zeitraum wird im Interesse differenzierterer Erkenntnismöglichkeiten in zwei zeitliche Phasen unterteilt. Zunächst wird die Veränderungsdynamik in der ersten Dekade der Umsetzung des KJHG, also über den Zeitraum von 1991 bis 2000, und daran anknüpfend gesondert die jüngere Veränderungsdynamik betrachtet. Diese zweite Phase umfasst aus Gründen von Unschärfen, die der Kinder- und Jugendhilfestatistik innewohnen (Rauschenbach und Schilling 1997), den Zeitraum von 1998 bis 2003, weil die im Datenmaterial prinzipiell angelegten Verzerrungen durch diesen methodischen Kniff zumindest deutlich verringert werden können.

Im Zeitraum von 1991 bis 2000 vollzogen sich sowohl in den alten wie auch in den neuen Bundesländern ein enormer quantitativer Ausbau und damit auch Bedeutungszuwachs der nichtstationären Hilfen im Sinne der Paragrafen 28 bis 32 SGB VIII. Die alten Bundesländer verzeichneten – neben einem Anstieg der Fälle der Erziehungsberatung von 142.000 auf 225.000 Fälle, somit um 58 Prozent – in der Summe der Hilfen nach Paragrafen 29 bis 32 SGB VIII eine Zunahme von 40.000 auf 74.000 Hilfen, was mit einem Plus von 86 Prozent nahezu einer Verdoppelung der Inanspruchnahme dieser Hilfen entspricht. Noch drastischer fielen – einzuordnen natürlich vor dem Hintergrund der völligen Neuausrichtung des Jugendhilfesystems nach dem Beitritt der DDR zum Bundesgebiet – die Fallzahlentwicklungen in den neuen Bundesländern aus. Bei der Erziehungsberatung stellte sich ein Anstieg von 12.000 auf 49.000, damit ein Plus von 310 Prozent, ein. Die Hilfen nach Paragrafen 29 bis 32 SGB VIII legten von knapp 7.000 auf 22.000 Fälle zu, dies entspricht einer Zunahme um 232 Prozent, somit einer Verdreifachung gegenüber 1991. Diese Befunde gelten in ihrer eindeutigen Grundtendenz auch dann, wenn man die Entwicklung der absoluten Fallzahlen unter Hinzuziehung des demografischen Faktors, also als relative Inanspruchnahme der Hilfen je tausend der bis unter 21-Jährigen, gewichtet. Darüber hinaus lässt sich mittels bundesländerspezifischer Analysen zeigen, dass es sich bei diesen Entwicklungen tatsächlich um einen flächendeckenden Trend handelte, der, bezogen auf alle Hilfearten, nahezu ausnahmslos für alle Bundesländer galt (Bürger 2004).

Angesichts dieser Entwicklungen können die ersten zehn Jahre der Umsetzung des KJHG hinsichtlich dessen programmatischer Leitlinien in Bezug auf die Stärkung der ambulanten und der teilstationären Hilfen sicherlich als Paradebeispiel für eine nachhaltige Veränderung eines Praxisfeldes durch gesetzgeberische Impulse bilanziert werden. In dieser Betrachtungsweise kann tatsächlich von einer Erfolgsgeschichte einer insoweit flächendeckend modernisierten Kinder- und Jugendhilfe gesprochen werden – ein Resümee, das die öffentlichen und die freien Träger sicher zu Recht und mit gewissem fachlichem Stolz in gemeinsamer Rückschau so ziehen konnten.

Allerdings ist dies nur die eine Hälfte der Bilanz zu Modernisierungsprozessen und Modernisierungsfolgen in der Umstrukturierung der erzieherischen Hilfen. Die andere Hälfte dieser Bilanz fiel demgegenüber, zumindest für viele Akteure in Praxis und Politik der Jugendhilfe, einigermaßen überraschend und durchaus auch ernüchternd aus. Entgegen der verbreiteten Erwartung, dass ein derart deutlicher Ausbau des nichtstationären Sektors einen spürbaren Rückgang bei den stationären Hilfen zeitigen müsse, war genau dieser Effekt nicht eingetreten. Die absoluten Fallzahlen der Hilfen in Vollzeitpflege und Heimerziehung nahmen in den alten Bundesländern zeitgleich um vier Prozent und in den neuen Ländern um dreizehn Prozent zu (ebd.). Unter Gewichtung des demografischen Faktors entsprach dies, bezogen auf die alten Bundesländer, einem minimalen Rückgang der stationären Hilfequote um etwa ein Prozent, sodass hier im Grunde von einem konstanten relativen Hilfebedarf gesprochen werden kann. In den neuen Bundesländern entsprach der Zuwachs bei den absoluten Fallzahlen unter Berücksichtigung der dortigen Geburtenrückgänge und Wanderungsverluste einer Zunahme der relativen Hilfehäufigkeit um 42 Prozent (Fendrich und Pothmann 2003).

Nachdem diese Befunde bereits eine erste Antwort auf die Frage nach dem Realitätsgehalt der Metapher vom Auslaufmodell geben, sollen ergänzend dazu noch kurz und lediglich in zentralen Kernbefunden die jüngeren Entwicklungen über den Zeitraum von 1998 bis 2003 skizziert werden. Denn immerhin könnte man vermuten, dass es eines gewissen zeitlichen Vorlaufes und eines Mindestausbaustandes der nichtstationären Hilfen bedurfte, um die Basis für eine dann nachhaltige Reduzierung der stationären Hilfen zu legen.

Aber auch eine solche Hypothese hat angesichts der tatsächlichen Entwicklungen über den hier ausgewerteten Fünfjahreszeitraum keinen Bestand. Einerseits zeigt sich eine Kontinuität im weiteren deutlichen Ausbau des nichtstationären Sektors. Bezogen auf die westlichen Bundesländer, legten die Hilfen in Erziehungsberatung um 24 Prozent und die nach Paragrafen 29 bis 32 SGB VIII um 48 Prozent zu. Parallel dazu stiegen aber auch die stationären Fallzahlen um etwa zehn Prozent an. Die östlichen Bundesländer verzeichneten bei den Hilfen nach Paragraf 28 SGB VIII einen Anstieg um neun Prozent und bei den übrigen nichtstationären Hilfen um 25 Prozent. Die stationären Fallzahlen gingen hier zeitgleich zwar absolut um 15 Prozent zurück – was aber ausschließlich ein Effekt des Bevölkerungsrückganges in der Alterspopulation der bis unter 21-Jährigen war. Die relative Inanspruchnahme je tausend der bis unter 21-Jährigen nahm auch in diesen Bundesländern zu (Bürger 2005 a).

Wenngleich die hier referierten Befunde nun in mancher Weise noch differenzierter eingeordnet und gelegentlich auch noch der einen oder anderen Relativierung unterzogen werden könnten, soll es hier bei der Betrachtung dieser Entwicklungen bleiben, zumal sich auf dieser für den hier zu verhandelnden Zusammenhang hinreichend abgesicherten Grundlage ein erstes, im Kernbefund eindeutiges Zwischenresümee ziehen lässt: Anders als von vielen erwartet, haben sich die stationären Hilfen seit Inkrafttreten des KJHG faktisch nicht zu einem Auslaufmodell entwickelt, sondern sie erweisen sich als ein unverändert bedeutsames Element auch innerhalb einer insoweit modernisierten Kinder- und Jugendhilfe.

Gerade wegen der Eindeutigkeit dieser Befunde stellt sich aber umso drängender die Frage nach den Ursachen und dem Bedingungsgefüge der vorgefundenen Entwicklungen, zumal der Erwartung einer rückläufigen Inanspruchnahme der stationären Hilfen unter dem Eindruck des ganz erheblichen Ausbaues des nichtstationären Bereiches ja eine gewisse Plausibilität nicht von vornherein abgesprochen werden kann. Darüber hinaus lohnt die Beschäftigung mit dieser Frage aber auch deshalb, weil aus Überlegungen und Analysen im Hinblick auf die Ursachen der seitherigen Veränderungsdynamiken – das wurde schon eingangs erwähnt – möglicherweise fundierte Einschätzungen darüber abgeleitet werden können, ob und inwieweit bedeutsame

Bedingungsfaktoren der seitherigen Entwicklungen auch die zukünftige Inanspruchnahmeentwicklung der stationären Hilfen beeinflussen könnten. Deshalb wird dieser Frage nun etwas ausführlicher nachgegangen.

Ursachen und Bedingungen der Veränderungsdynamik

Im Kern sind die Gründe für das Ausbleiben der erhofften – und zum Teil auch offensiv und fachpolitisch betrachtet leichtfertig propagierten – Reduzierungseffekte in dem Umstand angelegt, dass solchen Erwartungen (Kommunale Gemeinschaftsstelle für Verwaltungsvereinfachung 1994) die Annahme einer monokausalen Koppelung zwischen dem Ausbau der nichtstationären Hilfen einerseits und einem quasi automatischen Rückgang der stationären Hilfen andererseits zugrunde lag. Damit wurde übersehen, dass die Inanspruchnahme stationärer Erziehungshilfen nicht nur etwas mit dem Vorhandensein oder dem Fehlen alternativer Hilfeoptionen zu tun hat, sondern dass deren Entwicklungsdynamik ausschließlich in der Gesamtschau und im Zusammenwirken einer Vielzahl von bedarfsbeeinflussenden Faktoren angemessen verstanden werden kann, in der das Wechselspiel aus der Verfügbarkeit nichtstationärer und stationärer Hilfen zwar ein Einflussfeld ist, dabei aber keineswegs das bedeutsamste.

Da es den Rahmen dieses Beitrages sprengen würde, dieses komplexe Bedingungsgefüge ausführlich zu erläutern, sei hier zumindest erwähnt, dass sich die Entwicklungen der Inanspruchnahme stationärer Hilfen – wie im Übrigen die diesbezüglich disparaten Verhältnisse im Vergleich von Bundesländern, aber auch im Vergleich von Kreisen innerhalb eines Bundeslandes – unter dem Einfluss

- der Bedingungen sozialstruktureller Gegebenheiten, unter denen Familien ihre Erziehungsleistung erbringen und gestalten müssen,

- der je spezifischen hilfebedarfskonstituierenden Wahrnehmungs-, Definitions- und Entscheidungsprozesse in den Jugendämtern,

- der politisch-fiskalischen Einflussnahmen, unter denen sich diese Prozesse vollziehen,

- des Vorhandenseins oder des Fehlens primär-präventiver Leistungsstrukturen der Jugendhilfe im Sinne einer familien- und kinderfreundlichen sozialen Infrastruktur und schließlich auch

- der demografischen Strukturen

vollziehen, die alle – und zwar zeitgleich mit dem Ausbau der ambulanten Hilfen – ihrerseits Wandlungsprozessen und wechselseitigen Beeinflussungen unterworfen sind (Bürger, Lehning und Seidenstücker 1994). Im Folgenden soll lediglich auf die Bedeutung der sozialstrukturellen Bedingungen und ihres Wandels etwas näher eingegangen werden, weil sich gerade aus den Analysen dieser Prozesse Erkenntnisse erschließen, die durchaus von einiger Bedeutung für eine empirisch basierte Einschätzung zukünftiger Entwicklungsdynamiken hinsichtlich der Notwendigkeit der stationären Hilfen sind.

Prinzipiell gibt es zwei methodologische Zugänge, unter denen man die Bedeutung sozialstruktureller Belastungen für die Inanspruchnahme stationärer Hilfen untersuchen kann, von denen der eine – das Überprüfen und der Nachweis eines tendenziellen Zusammenhanges zwischen den sozialen Belastungen von Räumen (also beispielsweise Bundesländern oder Kreisen) und der Höhe ihres stationären Hilfebedarfes – angesichts zahlreicher Untersuchungsergebnisse inzwischen als umfassend und sicher belegt gelten kann (zusammenfassend siehe Bürger 1999; Menne 2004; aktuell: Darius, Rock und Teupe 2004; Schilling, Pothmann und Fischer 2005). Deshalb soll darauf verzichtet werden, auf Ergebnisse aus diesen Forschungskontexten näher einzugehen. Stattdessen sollen aktuelle Befunde aus einem komplementären Forschungsansatz vorgestellt werden.

Dieser komplementäre Zugang ist dadurch gekennzeichnet, dass er nicht die unterschiedlichen sozialstrukturellen Belastungen von Räumen und die darauf bezogenen Häufigkeiten von stationären Erziehungshilfen untersucht, sondern dass er die Population der in diesen Hilfen tatsächlich betreuten jungen Menschen und deren Herkunft aus unterschiedlichen sozialen Milieus und familialen Konstellationen in das Zentrum der Analysen stellt. Diese Herangehensweise erfordert im empirischen Zugang ein methodisch mehrfach gestuftes Verfahren, auf das hier nicht näher eingegangen werden kann (Bürger 2005 a). Im Kern geht es um die Berechnung von sogenannten lebenslagenspezifischen Eckwerten zur Inanspruchnahme der Hilfen je tausend der bis unter 21-Jährigen in der Differenzierung ihrer Herkunft aus den spezifizierten Lebenslagen.

Da eine derart komprimierte Beschreibung des Untersuchungsgegenstandes nicht ohne Weiteres nachvollziehbar ist, folgen nun zwei Datenaufbereitungen, anhand deren es leichter fallen dürfte, die Ergebnisse und die Aussagekraft dieser im Rahmen einer aktuellen Untersuchung in Baden-Württemberg gewonnenen Befunde (ebd., S. 102 ff.) nachzuvollziehen.

Abbildung
Im Jahr 2003 begonnene stationäre Hilfen (Summe §§ 33, 34 SGB VIII) je tausend der bis unter 18-Jährigen nach Familienstand der Eltern und materieller Lebenslage in Baden-Württemberg

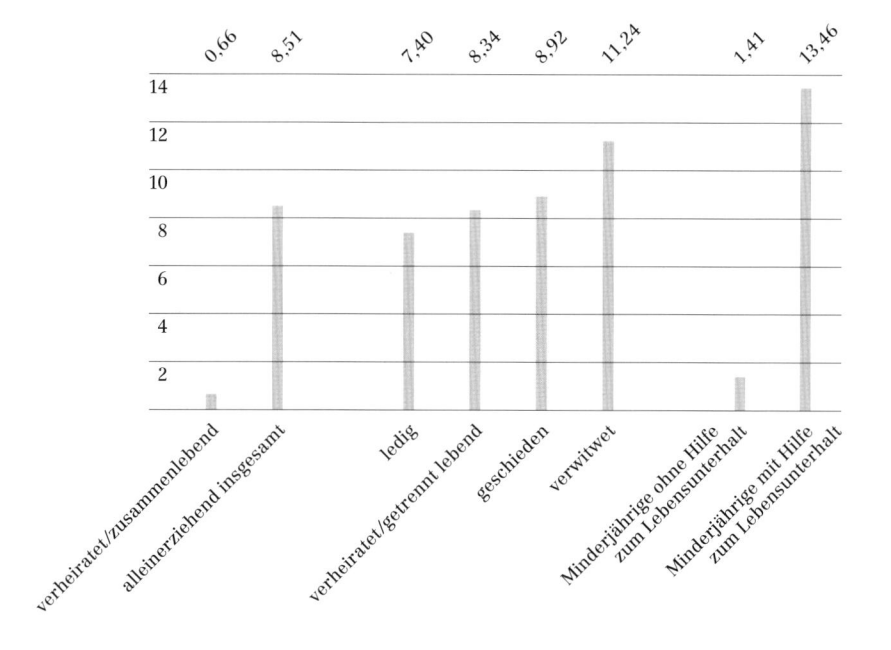

Kategorie	Wert
verheiratet/zusammenlebend	0,66
alleinerziehend insgesamt	8,51
ledig	7,40
verheiratet/getrennt lebend	8,34
geschieden	8,92
verwitwet	11,24
Minderjährige ohne Hilfe zum Lebensunterhalt	1,41
Minderjährige mit Hilfe zum Lebensunterhalt	13,46

Das Balkendiagramm bildet die relative Häufigkeit stationärer Hilfen für Kinder und Jugendliche ab. Dabei werden die jeweils benannten Lebenslagen unterschieden nach dem Aufwachsen bei verheirateten/zusammenlebenden Elternteilen einerseits und bei alleinerziehenden Elternteilen („alleinerziehend insgesamt") andererseits, wobei die Alleinerziehenden noch einmal nach ledigen, verheirateten/getrennt lebenden, geschiedenen und verwitweten Eltern binnendifferenziert sind. Ergänzend dazu ist im rechten Balken die relative Hilfehäufigkeit von Kindern ausgewiesen, die an der Armutsgrenze, hier operationalisiert über den Bezug laufender Hilfe zum Lebensunterhalt, aufwachsen. Die jeweiligen Balken bilden die spezifischen Wahrscheinlichkeiten oder auch Risiken ab, mit denen die Minderjährigen aus den genannten Konstellationen in Baden-Württemberg im Jahr 2003 zu Adressaten stationärer Erziehungshilfen wurden.

Im Blick auf die Bedeutung familialer Konstellationen erschließt sich der zentrale Befund dahingehend, dass von allen Minderjährigen, die in Baden-Württemberg im Jahr 2003 bei verheirateten/zusammenlebenden Elternteilen aufwuchsen, 0,66 je tausend in eine stationäre Erziehungshilfe kamen, was sich als eine Hilfewahrscheinlichkeit von einem Fall je 1.500 dieser Gruppe junger Menschen beschreiben lässt. Dieser Relation steht bei der Gesamtpopulation der Kinder und Jugendlichen, die bei einem alleinerziehenden Elternteil aufwachsen, ein lebenslagenspezifischer Eckwert von 8,51 Hilfen je tausend gegenüber, der sich in der Binnendifferenzierung dieser Gruppe nach den im Schaubild ausgewiesenen weiter spezifizierten Lebenslagen partiell noch einmal etwas unterschiedlich ausprägt.

Hier soll lediglich exemplarisch der Befund zur Hilfewahrscheinlichkeit in Bezug auf alle Kinder, die bei Alleinerziehenden aufgewachsen sind, kommentiert werden. Der Wert von 8,51 Hilfen übersteigt die Hilfewahrscheinlichkeit von Kindern bei verheirateten/zusammenlebenden Eltern (0,66) drastisch, nämlich um das Vierzehnfache. Während dort 2003 eines von 1.500 Kindern eine stationäre Hilfe erhielt, war es aus der Grundgesamtheit der Kinder bei Alleinerziehenden eines von 115 Kindern.

Noch stärker prägt sich die Repräsentanz von Kindern aus, die an der Armutsgrenze leben. Mit einem lebenslagenspezifischen Eckwert von 13,46 Hilfen kam 2003 eines von 85 Kindern aus diesen Lebenslagen in stationäre Hilfen, sodass faktisch mehr als ein Prozent dieser Kinder – und dies nur bemessen an den begonnenen, nicht an der Gesamtzahl aller 2003 laufenden Hilfen – auf eine solche Jugendhilfeleistung angewiesen waren. Allein diese Fakten belegen bereits, dass spezifische Rahmenbedingungen der Sozialisation eine herausragende Bedeutung für das Entstehen eines Bedarfes an stationären Hilfen haben.

Was diese Befunde letztlich aber tatsächlich für die Veränderungsdynamik der Inanspruchnahme erzieherischer Hilfen bedeuten, erschließt sich erst richtig, wenn man nun ergänzend dazu analysiert, wie sich diese insoweit offenkundig besonders hilfebedarfsrelevanten Faktoren in den zurückliegenden Jahren verändert haben. Im Blick darauf folgt nun (siehe folgende Seite) eine Tabelle, die die hier herausgestellten Kernbefunde in eine Längsschnittperspektive zur Veränderungsdynamik der betrachteten Lebenslagen in den näher untersuchten zweiundzwanzig Stadt- und Landkreisen des Landesteiles Württemberg stellt.

Beim Merkmal der minderjährigen Empfänger von laufender Hilfe zum Lebensunterhalt zeigt sich für den untersuchten Zeitraum von 1994 bis 2003 – dies ist der Zeitraum, der inzwischen auf der Grundlage regelmäßiger Untersuchungen differenziert überblickt werden kann –, dass in zwei Dritteln der Kreise überwiegend deutliche Steigerungsraten zwischen 13 Prozent und 118 Prozent im Anteil der davon betroffenen Minderjährigen eingetreten sind. In ihrer Eindeutigkeit geradezu bestechend sind die Befunde bezüglich der Veränderungsdynamiken beim Anteil der von Scheidung ihrer Eltern betroffenen Kinder und beim Anteil der Minderjährigen, die bei Alleinerziehenden aufwachsen. Bezüglich dieser beiden Merkmale handelt es sich um eine geradezu flächendeckende Tendenz deutlicher Zuwächse zwischen 21 Prozent und 99 Prozent, der sich offensichtlich kein Kreis entziehen kann.

Tabelle
Prozentuale Veränderungen des Anteils von Kindern in ausgewählten Lebenslagen im Zeitraum von 1994 bis 2003 (Dynamik im Verhältnis zu deren jeweiliger Ausgangsquote im Basisjahr 1994)

Stadt-/ Landkreis	Minderjährige Empfänger von Hilfe zum Lebensunterhalt	Scheidungskinder	Kinder bei Alleinerziehenden
	in Prozent	in Prozent	in Prozent
SK 1	+ 32	+ 46	k. A.*
LK 1	+ 18	+ 60	+ 32
LK 2	+ 29	+ 22	+ 41
LK 3	+ 64	+ 52	+ 42
LK 4	– 1	+ 64	+ 39
LK 5	+ 40	+ 39	+ 30
SK 2	+ 15	+ 43	+ 30
LK 6	+ 52	+ 54	+ 38
LK 7	– 18	+ 80	+ 26
LK 8	– 9	+ 68	+ 47
LK 9	– 7	+ 91	+ 33
LK 10	+ 41	+ 59	k. A.*
LK 11	– 15	+ 98	+ 42
LK 12	+ 23	+ 21	+ 43
LK 13	– 17	+ 74	+ 45
LK 14	+ 3	+ 74	+ 53
SK 3	+ 13	+ 42	+ 27
LK 15	+ 118	+ 99	k. A.*
LK 16	+ 26	+ 56	+ 43
LK 17	+ 14	+ 54	+ 39
LK 18	+ 42	+ 43	+ 39
LK 19	+ 18	+ 51	+ 47

* keine Angaben

Geringfügig verändert entnommen aus: Ulrich Bürger (2005). Bericht zur Entwicklung von Jugendhilfebedarf und sozialstrukturellem Wandel in den Stadtkreisen und Landkreisen der Regierungsbezirke Stuttgart und Tübingen im Zeitraum 1999 bis 2003 (S. 95). Stuttgart: Kommunalverband für Jugend und Soziales Baden-Württemberg/Landesjugendamt.

In der Gesamtschau dieser Fakten mit den in der Abbildung (siehe Seite 48) aufbereiteten lebenslagenspezifischen Eckwerten erschließt sich nun eine wesentliche Erkenntnis im Blick auf das Bedingungsgefüge der im ersten Teil der Ausführungen skizzierten Dynamik der Inanspruchnahmeentwicklung der erzieherischen Hilfen. In diesem Gesamtbefund spiegelt sich die Faktizität grundlegender Wandlungsprozesse von Lebenslagen und Sozialisationsbedingungen vieler junger Menschen, mit deren Konsequenzen letztlich auch die Jugendhilfe konfrontiert ist und vor deren Hintergrund die veränderte – und das wiederum heißt faktisch ja: die insgesamt deutlich gestiegene – Inanspruchnahme der erzieherischen Hilfen insgesamt eingeordnet werden muss. Angesichts dieser Dynamiken ist es im Grunde erstaunlich, dass die Fallzahlentwicklungen der stationären Hilfen in dem eingangs beschriebenen Umfang konsolidiert werden konnten, und es ist naheliegend zu vermuten, dass dieses Ergebnis überhaupt nur möglich war, weil die ambulanten und teilstationären Hilfen in so starkem Maße ausgebaut wurden und damit einem andernfalls zu erwartenden wesentlich spürbareren Anstieg der stationären Hilfen erfolgreich entgegengewirkt haben. Im Kern hat der starke Ausbau des nichtstationären Sektors somit einen Anstieg der stationären Fallzahlen nachhaltig abbremsen, aber eben keine darüber hinausgehenden Wunder bewirken können.

Trotz, aber gerade auch angesichts der Eindeutigkeit der empirischen Befunde zur Relevanz spezifischer familialer Konstellationen und materieller Lebenslagen für die Genese des Bedarfes an stationären Hilfen dürfen diese Erkenntnisse nun keinesfalls dahingehend interpretiert werden, dass Eltern in sozial benachteiligten Verhältnissen oder alleinerziehende Eltern im Allgemeinen ihre Kinder schlechter versorgten und erzögen, als andere Eltern dies tun, und dass junge Menschen und Familien, die ihr Leben unter diesen Bedingungen bewältigen, deshalb unvermeidbar oder auch nur mehrheitlich zu Adressaten von Jugendhilfeleistungen würden. Ein solcher Umkehrschluss wäre geradezu absurd, zumal viele dieser Familien ihre Lebenslagen mit bemerkenswerter Kompetenz bewältigen. Prekär wird es jedoch dann, wenn sich Belastungen verdichten und überlappen und damit auch die Wahrscheinlichkeit steigt, dass das Erziehungsgeschehen durch diese Mehrfachbelastungen beeinträchtigt wird. Eine Phase von Arbeitslosigkeit, die ein temporäres Problem ist, mag eine Familie verkraften, solange Perspektiven auf Veränderung bestehen. Entwickelt sich daraus aber Langzeitarbeitslosigkeit, kommt es infolgedessen zum Bezug von Arbeitslosengeld II und Sozialgeld und die Familie damit an die Armutsgrenze, und kommt dann möglicherweise hinzu, dass man sich die seitherige Wohnung nicht mehr leisten kann – wenn sich also Probleme derart verdichten, dann gerät das System Familie enorm unter Druck. Das Risiko des Scheiterns nimmt zu und damit die Wahrscheinlichkeit, dass Eltern, weil sie die Anforderungen nicht mehr allein bewältigen können, auf Erziehungshilfeleistungen angewiesen sind.

Aus diesem Blickwinkel betrachtet, sind die Befunde zur gravierenden Überrepräsentanz von Kindern aus spezifisch belasteten Lebensverhältnissen auch ein Hinweis darauf, dass das Maß und die Qualität der Fürsorge und Unterstützung, die Eltern ihren Kindern zu geben vermögen, eben nicht allein von einem frei verfügbaren „guten Willen" abhängen, sondern von den Ressourcen, über die Eltern selbst – vermittelt durch ihre soziale Situation, ihre gesellschaftliche Position und ihre sozialen Beziehungen und Einbindungen – verfügen und die ihnen selbst im Laufe ihres Lebens zuteil wurden. Damit Eltern ihre Kinder gut, verlässlich und mit Kraft versorgen und betreuen können, brauchen sie Geld und ausreichenden Wohnraum, Gesundheit und Entlastung, Selbstvertrauen und gesellschaftliche Wertschätzung. In der Regel entstehen diese Ressourcen zur Bewältigung familialer Aufgaben – und gegebenenfalls auch Krisen – nicht unabhängig voneinander, und sie gehen nicht unabhängig voneinander verloren, zumindest aber darf es nicht an all dem fehlen. Wenn in dieser Gesellschaft aber der Anteil der Eltern wächst, denen der Zugang zu diesen Ressourcen strukturell verschlossen bleibt oder verstellt wird, dann wird dies unausweichlich vermehrte Überforderung und vermehrtes Scheitern in familialer Sozialisation zeitigen, was seinerseits nicht folgenlos für die Handlungsbedarfe der Kinder- und Jugendhilfe bleiben kann.

Unter der Prämisse dieser wichtigen inhaltlichen Rahmung rechtfertigen die referierten Einsichten in diesen Ausschnitt des Bedingungsgefüges der Inanspruchnahmeentwicklung der stationären Erziehungshilfen nun aber gleichwohl ein zweites, empirisch fundiertes Zwischenresümee im Blick auf die Fragestellung nach dem „Auslaufmodell" stationäre Hilfen. Bringt man den

Zusammenhang von spezifischen familialen Konstellationen beziehungsweise vom Aufwachsen an der Armutsgrenze und dem erhöhten Bedarf an stationären Hilfen in Verbindung mit den derzeitigen und aus heutiger Sicht erwartbaren sozioökonomischen Entwicklungen, dann wird eines deutlich: Die sozialen Belastungen für bestimmte Familien und ihr daraus resultierender Hilfebedarf werden in absehbarer Zeit nicht abnehmen. Die Polarisierung der sozialen Verhältnisse in dieser Gesellschaft hält an beziehungsweise verschärft sich noch, weil weder konjunkturelle Entwicklungen noch die – nach wie vor erzielten – enormen Kapitalerträge Perspektiven für eine verbesserte gesellschaftliche und soziale Teilhabe für viele derer erschließen, die von Arbeitslosigkeit, Armut und anderen Formen der Ausgrenzung betroffen oder bedroht sind. Vielmehr steht zu befürchten, dass die verstärkt zu beobachtende Erosion der Idee einer sozial gerechten und solidarischen Gesellschaft verstärkt und unaufhaltsam auch als Erosionsprozess in die Herkunftsmilieus zumindest vieler sozial belasteter Familien und damit potenzieller Adressaten von Jugendhilfeleistungen durchschlagen werden und dass die damit einhergehende und über den individuellen Rechtsanspruch gebotene Notwendigkeit der Bereitstellung von Hilfen zur Erziehung tendenziell eher einen weiter zunehmenden Unterstützungs- und Hilfebedarf zur Folge haben dürfte. Und eben dies spricht faktisch nicht für, sondern recht eindeutig gegen die Erwartung eines rückläufigen Bedarfes an Jugendhilfeleistungen auch in stationären Settings.

Demografischer Wandel und Inanspruchnahme stationärer Erziehungshilfen

Angesichts der bisherigen Zwischenresümees wäre somit hinsichtlich möglicher Anhaltspunkte für eine rückläufige Inanspruchnahmeentwicklung stationärer Hilfen nur noch auf die eingangs als dritte Ebene empirischer Analysen erwähnten Folgen des demografischen Wandels zu setzen. Fakt ist immerhin, dass die Population der bis unter 21-Jährigen seit Beginn dieses Jahrzehntes in allen Bundesländern rückläufig ist, sodass insoweit zumindest auf den ersten Blick eine verminderte Inanspruchnahme dieser Jugendhilfeleistungen zu erwarten ist.

Knapp gefasst ist jedoch zu konstatieren, dass auch ein solcher Effekt, insbesondere was die Hilfen in Heimerziehung und sonstigen betreuten Wohnformen betrifft, jedenfalls für den weit überwiegenden Teil der Republik, nämlich die westlichen Bundesländer, zumindest in einer mittelfristigen Perspektive etwa bis 2010, in manchen Regionen auch bis 2015, kaum eintreten wird. Hintergrund dafür ist die Tatsache, dass der Altersklassenaufbau innerhalb der Population der bis unter 21-Jährigen in den westlichen Bundesländern dem Grunde nach so strukturiert ist, dass die älteren Jahrgänge – insbesondere die über 15-Jährigen, die ihrerseits eine besonders starke Inanspruchnahme dieser Hilfen aufweisen – noch zulegen werden. Das führt zu dem paradoxen Befund, dass die Inanspruchnahme dieser Hilfen im laufenden Jahrzehnt, was die Auswirkungen des rein demografischen Faktors betrifft, eher noch steigen wird, *obwohl* die Alterspopulation insgesamt bereits rückläufig ist. Im Übrigen ist auch danach keineswegs mit einem schlagartigen Rückgang der Inanspruchnahme der Hilfen zu rechnen, sondern die Rückläufigkeiten werden, was den demografischen Einfluss betrifft, eher sukzessive und moderat zum Tragen kommen. Anders sieht dies allerdings in den östlichen Bundesländern aus, in denen sich schon in den zurückliegenden Jahren zum Teil erhebliche Verluste in diesen Altersgruppen vollzogen haben, die allerdings auch dort nicht zu einem entsprechenden linearen Fallzahlrückgang der stationären Hilfen führen, weil zeitgleich infolge des Wandels von Lebenslagen Hilfe- und Unterstützungsbedarfe im Sinne der relativen Inanspruchnahme von Erziehungshilfen zugenommen haben. Allein diese sehr knapp gehaltenen Anmerkungen (ausführlich siehe Bürger 2005 b) zu den Auswirkungen des demografischen Wandels machen im Blick auf die westlichen Bundesländer bereits deutlich, dass zumindest mittelfristig auch aus diesem Blickwinkel faktisch nichts dafür spricht, dass weniger stationäre Hilfen benötigt würden.

Resümee

Damit soll die Ebene der empirischen Analysen verlassen und die darüber herausgearbeiteten Befunde nun abschließend gebündelt werden, um vor deren Hintergrund ein Gesamtresümee im Blick auf die im Thema dieses Beitrages angelegte Fragestellung zu ziehen. Mit Ausnahme der Auswirkungen der demografischen Entwicklung in den östlichen Bundesländern sprechen alle Fakten nicht nur gegen die These von dem „Auslaufmodell" stationäre Hilfen, sondern sie lassen vielmehr auf eine noch verstärkte Inanspruchnahme dieser Jugendhilfeleistungen in Gestalt verlässlicher Orte des Aufwachsens und der Erziehung für jene Kinder und Jugendlichen schließen, deren Herkunftsmilieus auf Zeit oder auch auf Dauer aus unterschiedlichen, in Teilen hier skizzierten Gründen nicht in der Lage sind, diesen jungen Menschen ihrerseits Lebens- und Entwicklungsperspektiven zu bieten, die reele Chancen auf soziale Teilhabe eröffnen.

Allerdings basiert diese Gesamtbewertung auf der Grundannahme, dass Kinder und Jugendliche auch zukünftig nicht nur in der funktionalen Perspektive eines knapperen Gutes im ökonomischen Kontext einer überalternden Gesellschaft, sondern prinzipiell in ihren Rechten auf soziale Teilhabe in einer insgesamt nach wie vor enorm reichen Gesellschaft gesehen werden. Und dies bedeutet im Blick auf die spezifischen Aufgaben und die Verantwortung der Jugendhilfe, gerade auch denjenigen jungen Menschen Perspektiven auf – in breitem Sinne verstanden – unversehrtes Aufwachsen, Bildung und gelingende Integration zu erschließen, die ihnen andernfalls infolge der biografischen Bürde sozial benachteiligter Lebensverhältnisse oder anderweitig belasteter oder beeinträchtigter Sozialisationsbedingungen verwehrt blieben.

Insofern soll zum Abschluss dieser Ausführungen nicht verhehlt werden, dass es trotz der Eindeutigkeit der Ergebnisse aus den Analysen zurückliegender Entwicklungen letztlich keine Gewissheit darüber geben kann, ob und in welchem Maße die Erkenntnisse über das Wesen seitheriger Hilfedynamiken ungebrochen Bestand für die Zukunft haben werden. Die Befunde sind als Begründung zur Einschätzung zukünftiger Entwicklungen nur so lange tragfähig, wie sich eine modernisierte Kinder- und Jugendhilfe im Sinne der gültigen Rechtslage nach dem KJHG unverändert einer Praxis verpflichtet sieht, die dem Grundprinzip primär sozialpädagogisch zu begründender Hilfeentscheidungen folgt. Somit eine Praxis, die dafür steht, dass Familien und Kindern tatsächlich diejenigen Hilfen zur Verfügung stehen, die, orientiert an den vorgefundenen Lebenslagen, die nach fachlichem Wissen voraussichtlich wirkungsvollste Unterstützung ermöglichen, gleichgültig, ob sie nun ambulanter, teilstationärer oder stationärer Art sind. Wenn aber Modernisierung – und es mehren sich in jüngster Zeit die Anzeichen dafür, dass dem so ist – aufgrund subtiler oder auch offensiver Strategien zur Neuausrichtung des Feldes mehr und mehr zu einem Synonym für die Ökonomisierung der Jugendhilfe wird, dann allerdings könnten die stationären Hilfen in die Rolle eines Auslaufmodells in einer solcherart modernisierten (aber dann sollte man es auch offen so sagen: einer ökonomisierten) Kinder- und Jugendhilfe geraten, die allerdings – und das wäre der Preis – ihrer historischen Wurzeln, ihres sozialpädagogischen Auftrages und letztlich auch ihrer professionsspezifischen Ethik enteignet wäre.

Literatur

Bürger, Ulrich (1999).
Die Bedeutung sozialstruktureller Bedingungen für den Bedarf an Jugendhilfeleistungen.
In Institut für soziale Arbeit e.V. (ISA) (Hrsg.), Soziale Indikatoren und Sozialraumbudgets in der Kinder- und Jugendhilfe (S. 9–34). Münster: Votum.

Bürger, Ulrich (2004).
Zur Zukunft ambulanter Erziehungshilfen. Einschätzungen auf der Grundlage retrospektiver Analysen und reflexiver Betrachtungen. Nachrichtendienst des Deutschen Vereins für öffentliche und private Fürsorge, Teil 1: 7, 241–246, Teil 2: 8, 277–282.

Bürger, Ulrich (2005 a).
Bericht zur Entwicklung von Jugendhilfebedarf und sozialstrukturellem Wandel in den Stadtkreisen und Landkreisen der Regierungsbezirke Stuttgart und Tübingen im Zeitraum 1999 bis 2003.
Stuttgart: Kommunalverband für Jugend und Soziales Baden-Württemberg/Landesjugendamt.

Bürger, Ulrich (2005 b).
Weniger Kinder – weniger Krisen? Die Inanspruchnahme erzieherischer Hilfen im Kontext des demografischen Wandels. Zentralblatt für Jugendrecht, 4, 131–143.

Bürger, Ulrich, Lehning, Klaus & Seidenstücker, Bernd (1994).
Heimunterbringungsentwicklung in der Bundesrepublik Deutschland. Theoretischer Zugang, Datenlage und Hypothesen.
Frankfurt am Main: Institut für Sozialarbeit und Sozialpädagogik.

Bundesministerium für Jugend, Familie, Frauen und Gesundheit (1989).
Gesetzentwurf der Bundesregierung. Entwurf eines Gesetzes zur Neuordnung des Kinder- und Jugendhilferechts (Kinder- und Jugendhilfegesetz – SGB VIII).
Bonn: Eigenverlag.

Darius, Sonja, Rock, Kerstin & Teupe, Ursula (2004).
Hilfen zur Erziehung in Rheinland-Pfalz. Die Inanspruchnahme erzieherischer Hilfen im Kontext sozio- und infrastruktureller Einflussfaktoren. 1. Landesbericht. Schriftenreihe Erziehungshilfen in Rheinland-Pfalz.
Mainz: Ministerium für Arbeit, Soziales, Familie und Gesundheit Rheinland-Pfalz.

Fendrich, Sandra & Pothmann, Jens (2003).
Fremdunterbringung zwischen empirischen Gewissheiten und weiterem Forschungsbedarf (Teil I) – Eine Analyse auf der Grundlage der amtlichen Kinder- und Jugendhilfestatistik. Zentralblatt für Jugendrecht, 6, 205–219.

Kommunale Gemeinschaftsstelle für Verwaltungsvereinfachung (KGSt) (1994).
Outputorientierte Steuerung der Jugendhilfe.
Köln: Eigenverlag.

Menne, Klaus (2004).
Scheidung, Beratung und die Hilfen zur Erziehung. Zentralblatt für Jugendrecht, 9, 327–332.

Rauschenbach, Thomas & Schilling, Matthias (1997).
Die Kinder- und Jugendhilfe und ihre Statistik. Band I: Einführung und Grundlagen.
Neuwied: Luchterhand.

Schilling, Matthias, Pothmann, Jens & Fischer, Jörg (2005).
Inanspruchnahme und Gewährung von Hilfen zur Erziehung in Nordrhein-Westfalen. HzE Bericht 2003. Herausgegeben vom Landschaftsverband Rheinland/Landesjugendamt Köln & Landschaftsverband Westfalen-Lippe/Landesjugendamt und Westfälische Schulen Münster.
Dortmund: Eigenverlag.

Mechthild Wolff und Sabine Hartig

Beteiligung in der stationären Erziehungshilfe

Die Fragestellung im Tagungstitel „Zwischen Fürsorge und Eigenverantwortung – wohin steuert die stationäre Erziehungshilfe?" ist eng mit dem alltäglichen Spagat verbunden, den Professionelle in der Arbeit mit Kindern und Jugendlichen, die nicht in ihren Herkunftsfamilien leben, vollführen müssen. Denn in professionellen Begegnungen mit Kindern stellen sich immer die grundsätzlichen Fragen: Wo fängt Fürsorge an, wie weit darf sie reichen und wo wird Fürsorge gar zur Bevormundung? Fachkräfte sind gefordert, Kinder in ihrer Eigenverantwortung zu stärken, aber auch die Grenzen dieser Eigenverantwortung zu erkennen. Damit aber Kinder und Jugendliche Eigenverantwortung übernehmen können, müssen Professionelle Verantwortung an sie abgeben. Wenn man bedenkt, dass Kinder und Jugendliche unter Eigenverantwortung und damit auch unter dem Begriff „Beteiligung" etwas ganz anderes verstehen als Erwachsene, wird deutlich, wie kompliziert der alltägliche Spagat in stationären Erziehungssettings tatsächlich ist.

Das Thema Beteiligung in den stationären Erziehungshilfen auf die Agenda zu setzen, bedeutet darum eine große Herausforderung, weil es um viele Ambivalenzen und persönliche Erfahrungen geht. Eine Auseinandersetzung mit den eigenen Werten und Grundhaltungen ist somit gefragt, denn diese sind dafür verantwortlich, auf welche Art und Weise ich mit Kindern in Interaktion trete. Wir gehen grundsätzlich davon aus, dass Kinder und Jugendliche ein Recht darauf haben, über alles, was mit ihnen geschieht und was man mit ihnen tun möchte, informiert zu werden. Schließlich haben Kinder und Jugendliche eigene Vorstellungen davon, wie mit ihnen gearbeitet werden soll und womit sie sich beschäftigen möchten.

Im folgenden Beitrag werden einige Erkenntnisse und Erfahrungen zusammengefasst, die wir im Rahmen des Projektes „Beteiligung – Qualitätsstandard für Kinder und Jugendliche in der Heimerziehung" erarbeitet haben. Das Projekt wurde am Fachbereich Soziale Arbeit der Fachhochschule Landshut durchgeführt, vom SOS-Kinderdorf e.V. gefördert und von der Internationalen Gesellschaft für erzieherische Hilfen (IGfH) fachlich unterstützt. Im Folgenden werden wir den Stand der Partizipationsdiskussion in verschiedenen Feldern der Erziehung und Bildung von Kindern und Jugendlichen aufzeigen und einige Eckpunkte der fachpolitischen und wissenschaftlichen Diskussion zum Thema Beteiligung in der Heimerziehung herausstellen. Letztlich wird vor dem Hintergrund eigener Beobachtungen, die wir im Rahmen eines Workshops mit Jugendlichen aus Heimen zum Thema Beteiligung gesammelt haben, die These vertreten, dass Jugendliche – wenn sie nach ihren eigenen Definitionen von Beteiligung gefragt werden – einen alltagsbezogenen und emotionalen Zugang haben. Für sie spielen Aspekte der Integration und des Wohlbefindens in ihrem Lebensumfeld eine weitaus größere Rolle als geregelte Beteiligungsverfahren. Um dem Rechnung zu tragen, ist wieder die Haltung der Professionellen von Bedeutung, wenn sie ein Beteiligungsklima in Einrichtungen stationärer Erziehungshilfe herstellen möchten.

Partizipation – ein unterschiedlich verwendeter Begriff

Partizipation bedeutet Teilhabe und Beteiligung. Begriffe wie „Teilnahme", „Mitwirkung", „Mitbestimmung" oder „Einbeziehung" werden in der Fachdiskussion und der Praxis schnell synonym verwandt. Der Begriff „Partizipation" dient also als Sammelbecken für unterschiedliche Begrifflichkeiten. Roger Hart und Wolfgang Gernert (Schröder 1995) haben ein Stufenmodell entwickelt, das es erlaubt, Praxisansätze danach einzuschätzen, in welchem Ausmaß sie Beteiligung realisieren. Die Bandbreite reicht von Nichtbeteiligung (Fremdbestimmung) über Alibiteilhabe, Teilhabe, Mitwirkung, Mitbestimmung, Selbstbestimmung bis hin zur Selbstverwaltung (Selbstorganisation und Entscheidungsfreiheit). Die Autoren zeigen mit ihrer Stufenleiter, dass Beteiligung sehr unterschiedlich aufgefasst werden kann, je nachdem wie viel Spielraum Kindern und Jugendlichen, aber auch Erwachsenen gelassen wird. Das Ausmaß beziehungsweise die Intensität der zugestandenen Beteiligung dient als Richtschnur, nach der Praxismodelle eingestuft werden können. Andere Autoren schlagen die Kategorisierung „Nichtbeteiligung", „Quasibeteiligung" und „Partizipation" vor (zum Beispiel Petersen 2002). Bei dieser Einteilung steht eher der Befähigungs- und Aktivierungsprozess im Vordergrund.

Auch an anderer Stelle zeigt sich die unbestimmte Verwendung des Beteiligungsbegriffes. Im Sozialgesetzbuch Achtes Buch Kinder- und Jugendhilfe (SGB VIII) wird an vielen Stellen der Beteiligungsaspekt explizit genannt (unter anderem § 5 SGB VIII Wunsch- und Wahlrecht, § 8 SGB VIII Beteiligung von Kindern und Jugendlichen, § 36 SGB VIII Mitwirkung, Hilfeplan), ebenso wie im Rahmen der Kinderrechtskonvention der Vereinten Nationen Wert auf die Meinungsäußerungen von Kindern und Jugendlichen gelegt wird (Artikel 12 Berücksichtigung des Kindeswillens). Damit ist noch lange nicht ausgesagt, nach welchem Modell Kinder beteiligt werden beziehungsweise ihnen die Möglichkeit zur Meinungsäußerung eingeräumt wird. Zudem sagt die rechtliche Festschreibung von Beteiligung noch nichts über den Grad ihrer Umsetzung im Alltag aus. Festzustellen ist jedoch, dass das Thema in den letzten Jahren zunehmende Aufmerksamkeit erfahren hat. Im Rahmen des oben genannten Projektes haben wir darum recherchiert, wie das Thema Beteiligung in verschiedenen Bereichen der Bildung und Erziehung von Kindern und Jugendlichen rezipiert und umgesetzt wird.

Das wachsende Interesse am Thema Beteiligung von Kindern und Jugendlichen

In verschiedenen gesellschaftlichen Bereichen und auf unterschiedlichen Ebenen wird die Beteiligung von Kindern und Jugendlichen zum Thema gemacht. Hier sind vor allem die Bundes- und Kommunalpolitik, die Medien sowie die Bildungs- und Erziehungsbereiche Schule und Jugendhilfe, insbesondere Heimerziehung, zu nennen.

Im Folgenden soll auf einige Entwicklungen in diesen Feldern aufmerksam gemacht werden.

Bundesweite Entwicklungen

Insbesondere Ende der 1990er-Jahre wurden vonseiten des Bundes viele Initiativen zur Verbesserung der Beteiligungschancen für Kinder in Kommunen, Verbänden, Schulen und Kindertagesstätten gestartet (Bruner, Winklhofer und Zinser 1999, 2001). Aus den Ergebnissen unserer diesbezüglichen Recherchen konnten wir schließen, dass in politischen Kontexten das Thema Beteiligung von Kindern und Jugendlichen mit der Vision einer Zivilgesellschaft verbunden wird. Durch die Initiierung großer öffentlichkeitswirksamer Kampagnen, die in den letzten zwei Jahren gestartet wurden, sollen Jugendliche in ihrem Status als Staatsbürgerinnen und -bürger anerkannt und ihre Teilnahme und Teilhabe an eigenen und selbstbestimmten Räumen befördert werden. So wurde beispielsweise auf Initiative des Bundesministeriums für Familie, Senioren, Frauen und Jugend (BMFSFJ), der Bundeszentrale für politische Bildung (bpb) und des Deutschen Bundesjugendrings (DBJR) das bundesweit angelegte „Projekt P – misch dich ein" konzipiert, das Organisationen finanziell fördert, die Lernorte für Jugendliche schaffen im Hinblick auf ein demokratisches Miteinander, auf Beteiligung und bürgerschaftliches Engagement. Diese Bemühungen sind im Rahmen der Erziehung und Bildung vor dem Hintergrund eines demokratisch verfassten und selbstbestimmten Gemeinwesens zu sehen, das von mündigen Bürgerinnen und Bürgern gestaltet wird beziehungsweise gestaltet werden soll. Politik und Pädagogik hängen demnach eng miteinander zusammen, und es ist darum kein Zufall, dass das Thema Partizipation in der Bundespolitik hoch angesiedelt und mit vielen Erwartungen verbunden ist.

Kommunalpolitische Entwicklungen

Kommunen müssen heute Standortsicherung betreiben. Viele ländliche und kleinstädtische Regionen haben derzeit mit der Abwanderung von Menschen zu kämpfen. Vor diesem Hintergrund geht es bei der Beteiligung von Kindern und Jugendlichen in der Kommunalpolitik unter anderem auch darum, diese als Bürgerinnen und Bürger ernst zu nehmen und ihre Region für sie attraktiv zu gestalten. Gerade die regionale und kommunale Politik etablierte in den letzten Jahren verstärkt Beteiligungsmöglichkeiten von Kindern und Jugendlichen. Kinder werden hier in Entscheidungsprozesse, die sie betreffen, eingebunden (Bartscher 1998; Knauer, Friedrich, Herrmann und Liebler 2004). Die Ausformungen und Angebote sind von Ort zu Ort sehr unterschiedlich, in einigen Regionen gibt es bislang keine oder wenig Initiativen in dieser Richtung. Die verbreiteten Beteiligungsformen lassen sich zusammenfassend wie folgt darstellen:

- repräsentative Beteiligungsformen (Jugendgemeinderäte, Jugendstadträte, Jugendbeiräte, Stadtteiljugendräte, Kinder- und Jugendparlamente),

- offene Beteiligungsformen (Kinder- und Jugendforen, Jungbürgerversammlungen, Kinderkonferenzen, Jugendhearings),

- projektorientierte Beteiligungsformen (zum Beispiel die Gestaltung von Spiel- und Freizeitflächen betreffend),

- Vertretung von Kindern und Jugendlichen in Erwachsenengremien, teilweise sogar mit Stimmrecht (zum Beispiel in Stadtteilarbeitskreisen, bei runden Tischen, in Bürgerinitiativen und sonstigen kommunalen Planungsgruppen),

- Kontaktmöglichkeiten mit Politikerinnen und Politikern (Sprechstunden, Rathausbesuche, sonstige Gesprächsmöglichkeiten).

Entwicklungen im Schulbereich

Die Schule stellt für Kinder und Jugendliche einen immer wichtiger werdenden Lebensort dar. Ein Grund dafür besteht darin, dass die Institution Schule wichtige Weichen für die Biografie der Kinder stellt, das heißt, hier wird über die späteren beruflichen Chancen und damit über gesellschaftliche Teilhabemöglichkeiten entschieden. Ein weiterer Grund besteht darin, dass sich die Aufenthaltszeiten für Kinder und Jugendliche in dieser Institution künftig vermutlich verlängern werden (Stichwort „Ganztagsschule").

Die Institution Schule stellt aber für Kinder nicht nur einen Lebens-, sondern auch einen entscheidenden Lernort im Hinblick auf das soziale Zusammenleben mit anderen und damit auch auf Formen der Beteiligung dar. Vor dem Hintergrund unserer demokratischen Grundordnung wird im schulischen Bereich das Thema Schülermitwirkung auf nationaler Ebene unterstützt und forciert, zum Beispiel durch Projekte wie das Schulentwicklungsprogramm „Demokratie lernen und leben – Utopie oder Wirklichkeit?" der Bund-Länder-Kommission (BLK).

Entwicklungen in den Medien

In Deutschland existiert nicht nur ein eigener TV-Kinderkanal („KiKa"), der von Kindern mitgestaltet wird, auch auf Kinder- und Jugendseiten der Tagespresse können Kinder über ihre eigenen Belange schreiben oder schreiben lassen. Aus der Jugend- und Kindheitsforschung wissen wir, dass Medien zu einer wichtigen Sozialisationsinstanz geworden sind. Zur Nutzung des Internets verweist beispielsweise die Shell-Jugendstudie auf eine Erhebung aus dem Jahr 2001, die feststellte, dass achtzig Prozent der Vierzehn- bis Siebzehnjährigen das Internet genutzt haben (Deutsche Shell 2002, S. 224). Entsprechend gibt es im Internet viele Foren, die Kindern und Jugendlichen Informationen und die Möglichkeit zum Austausch und zur Meinungsäußerung bieten. Als Beispiele seien genannt: Deutsches Kinderhilfswerk (www.kindersache.de), Verein Kinder haben Rechte e.V. (www.kinderrechte.de), Aktion Jugendschutz Landesarbeitsstelle Baden-Württemberg (www.deine-rechte.de).

Wir haben daraus geschlossen, dass das Internet eine wichtige Ressource darstellt, um Informationen zum Thema Partizipation unter Kindern und Jugendlichen zu verbreiten und zum Meinungsaustausch darüber anzuregen. Kritisch muss man allerdings einräumen, dass gerade das Internet auch viele Möglichkeiten des Missbrauches bietet und dass dieses Medium – wie auch alle anderen Medien – nicht frei von wirtschaftlichen Interessen ist. Interessant erscheint uns zudem die Beobachtung bei unserem Workshop mit Jugendlichen aus Heimen, dass es längst keine Selbstverständlichkeit ist, dass Jugendliche in ihrer Einrichtung Zugriff auf einen Computer haben.

Die lange Liste von vorliegenden Initiativen belegt, dass gerade in den Bereichen der Erziehung und Bildung viele Anstrengungen unternommen werden, um Kinder und Jugendliche über ihre Rechte zu informieren und ihnen Wege der Mitwirkung aufzuzeigen. Mitwirkung stößt als normatives Grundprinzip auf allen gesellschaftlichen Ebenen auf hohe Akzeptanz, erfährt viel Aufmerksamkeit und ist mit großen Erwartungen verbunden. Die bestehenden Initiativen sind von einer generellen demokratischen Leitidee getragen und mit der zivilgesellschaftlichen Vision von mündigen Bürgerinnen und Bürgern mit Engagement und Gestaltungswillen für das Gemeinwesen verbunden.

Herausstellen möchten wir in diesem Zusammenhang folgendes Problem: Kinder und Jugendliche in stationären Wohnformen scheinen vielfach wenig bis keinen Zugang zum Internet zu haben. Dies bestätigen die Aussagen von Jugendlichen aus Heimen, die an unserem Workshop teilgenommen haben. Wenn dem so ist, sind sie in ihren gesellschaftlichen Teilhabechancen partiell beeinträchtigt, da der freie Zugang zu Informationen teilweise Voraussetzung für die zivilgesellschaftliche Mitwirkung beziehungsweise die Teilhabe in unserer Wissensgesellschaft ist.

Beteiligung in Theorie und Praxis der Heimerziehung

Ein genauer Blick auf den Diskurs über Beteiligung in der Heimerziehung lässt die Reform des Kinder- und Jugendhilfegesetzes (KJHG) Anfang der Neunzigerjahre des letzten Jahrhunderts als wichtigen Eckpunkt der Entwicklung erkennen. Im SGB VIII sind einige Beteiligungsverpflichtungen von Kindern und Jugendlichen gesetzlich festgeschrieben worden (§§ 5, 8, 11, 12, 17, 18, 36, 80 SGB VIII). Dazu gehören vor allem das Wunsch- und Wahlrecht, das allgemeine Recht auf Beteiligung sowie das Recht auf Beteiligung im Rahmen der Hilfeplanung. Diese Rechte wurden nicht nur aufgrund der innerdeutschen Debatten über das Thema aufgenommen, sie stellten auch vor dem Hintergrund der völkerrechtlich verbindlichen Kinderrechtskonvention der Vereinten Nationen, aber auch des Europäischen Übereinkommens über die Rechte von Kindern eine gesetzliche Notwendigkeit dar. In den genannten Paragrafen kommt das Bemühen zum Ausdruck, Kinder und Jugendliche nicht als Objekte von Planungen und Entscheidungen zu sehen, sondern sie als Subjekte mit Rechten sowie persönlichen Wünschen und Bedürfnissen zu respektieren.

Schaut man sich die Veröffentlichungen an, die wir im Rahmen einer systematisierten Bibliografie zum Thema Beteiligung in der Heimerziehung zusammengestellt haben, so ergeben sich einige Trendthemen in der Debatte. (1)

Beteiligung als Konzept

Ende der Neunzigerjahre des letzten Jahrhunderts finden sich viele konzeptionelle Debatten über die Verbesserung der Beteiligungspraxis in der Heimerziehung (Blandow 1999; Blandow, Gintzel und Hansbauer 1999; Kriener und Petersen 1999). Ziele von Beteiligung werden operationalisiert, und es wird die Notwendigkeit betont, den gesetzlichen Auftrag des KJHG in den Ausführungsbestimmungen auf Länderebene einzulösen (Bundesarbeitsgemeinschaft der Landesjugendämter 1998). Den jahrelang geführten Diskurs hat die Internationale Gesellschaft für erzieherische Hilfen (IGfH) in einem Positionspapier mit dem Titel „Kinderrechte in der Erziehungshilfe" (IGfH 2005) erneut aufgegriffen. Das Papier zeigt konkret auf, welche Schutz- und Beteiligungsrechte in den Hilfen zur Erziehung gewährleistet sind, aber auch welche ausgebaut werden müssen. Es enthält Aussagen zu rechtlich-gesellschaftlichen, zu organisatorisch-strukturellen sowie zu professionell-konzeptionellen Aspekten. Auch hier wird unter anderem die Notwendigkeit herausgestrichen, Beteiligungsrechte in den landesrechtlichen Vorschriften zu verankern, außerdem gewählte Interessenvertretungen in den Heimen zu schaffen, Mitarbeiterinnen und Mitarbeiter für diese Aufgabe zu qualifizieren und Partizipation als Bestandteil der Leitbildentwicklung in Jugendämtern und bei Trägern festzuschreiben.

Beteiligung als Qualitätsstandard

Eine weitere Facette des Themas bildet sich in der Forderung ab, Beteiligung als Qualitätsstandard in der Heimerziehung zu etablieren (Blandow, Gintzel und Hansbauer 1999). Zur selben Zeit, in der Partizipation als Konzeptbaustein diskutiert wird, finden intensive Debatten zum Qualitätsmanagement in der Jugendhilfe statt. Mit dem Qualitätsmanagement wird die Hoffnung auf eine Leistungssteigerung, aber auch auf eine transparentere Beschreibung von erbrachten Leistungen durch die Träger verbunden. Partizipation als Qualitätsmerkmal auszuweisen (Bundesministerium für Familie, Senioren, Frauen und Jugend 2002), bedeutet nicht nur, die Betroffenen zu stärken, sondern Qualität aus der Perspektive der Betroffenen zu denken.

Auszugehen ist davon, dass Beteiligungsformen für junge Menschen in den Leistungsbereichen der Jugendhilfe bis dato unterschiedlich stark ausgeprägt sind, sodass ein Entwicklungsbedarf, insbesondere was die konkrete Umsetzung betrifft, besteht.

Beteiligung in der individuellen Hilfeplanung

In der Mitwirkung von Kindern und Jugendlichen an der individuellen Hilfeplanung wird ein wichtiger Indikator für die Umsetzung von Beteiligung in den Hilfen zur Erziehung insgesamt gesehen. In der Praxis hatte sich jedoch gezeigt, dass die Beteiligung von Kindern und Jugendlichen, aber auch von ihren Eltern zu wünschen übrig lässt. Als ein Grund dafür wird das strukturell angelegte Spannungsfeld zwischen Hilfe und Kontrolle angesehen (Schefold, Glinka, Neuberger und Tilemann 1998; Urban 2004).

Das Bundesministerium für Familie, Senioren, Frauen und Jugend war der Auffassung, dass die potenziellen Möglichkeiten des Hilfeplanverfahrens als Steuerungs- und Beteiligungsinstrument in der Praxis nicht ausgeschöpft werden. Um die Weiterentwicklung des Verfahrens anzuregen, hat das Ministerium ein Modellprogramm in Auftrag gegeben. Dazu gehörte ein eigenständiges Forschungsprojekt der Universität Koblenz mit dem Titel „Hilfeplanung als Kontraktmanagement?". (2)

Wir haben aus den bisherigen Beobachtungen geschlossen, dass der gesamten Debatte um die Beteiligung in der stationären Erziehungshilfe eine gewisse Janusköpfigkeit nicht abzusprechen ist, denn schaut man in die Praxis, so wird Beteiligung eher als Kür denn als Pflicht betrachtet. Sie ist abhängig vom Goodwill der Professionellen und wird nur dann umgesetzt, wenn man es sich leisten kann, das heißt, wenn man zeitliche, finanzielle und personelle Ressourcen bereitstellen will oder kann. Es besteht daher Gefahr, dass sich Beteiligung zu einem schmückenden Ornament oder zu einer Alibiveranstaltung entwickelt.

Ergebnisse aus Forschung und Entwicklung

Forschungsarbeiten zum Themenbereich „Beteiligung von Kindern und Jugendlichen in der stationären Erziehungshilfe" sind ausgesprochen rar. Bislang liegen drei Studien und ein Modellprojekt vor: die qualitative Studie „Partizipation im Kontext erzieherischer Hilfen – Anspruch und Wirklichkeit" (Pluto, Mamier, van Santen, Seckinger und Zink 2003), die quantitative Studie „Entwicklungen (teil)stationärer Hilfen zur Erziehung" (Gragert, Pluto, van Santen und Seckinger 2005), die explorative Studie „Partizipation in der Heimerziehung – PartHe" (Babic und Legenmayer 2004) und das Modellprojekt „Erziehung braucht eine Kultur der Partizipation" des Diakonieverbundes Schweicheln e.V. in Kooperation mit der Fachhochschule Münster (Kriener 2005).

Angesichts der Ergebnisse dieser Studien und des Modellprojektes kann man zusammenfassend folgende Aussagen treffen: Die Studien kommen zu dem Ergebnis, dass der Begriff „Beteiligung" einerseits auf hohe Resonanz bei den Professionellen stößt, dass andererseits aber dringender Handlungsbedarf im Hinblick auf die konkrete Umsetzung von Beteiligung im Alltag der stationären Erziehungshilfe besteht. Es besteht offensichtlich eine Diskrepanz zwischen der Akzeptanz und Umsetzung von Beteiligung.

Die formale Absicherung durch Gremien (wie zum Beispiel Heimräte) stellt nur eine Facette der Umsetzung von Beteiligung in der stationären Erziehungshilfe dar.

Die Studien rekrutieren ihre Erkenntnisse aus kleinen Befragungsgruppen (mit Ausnahme der DJI-Studie, Gragert, Pluto, van Santen und Seckinger 2005). Keine der Studien erhebt auf einer breiten Basis, was die Nutzerinnen und Nutzer konkret mit dem Begriff der Beteiligung inhaltlich verbinden, das heißt, keine Studie geht von Definitionen aus, die von den Adressatinnen und Adressaten selbst vorgenommen oder autorisiert wurden.

Das Modellprojekt „Erziehung braucht eine Kultur der Partizipation" setzt an dem in den Studien sich andeutenden Manko fehlender Umsetzungspraxis an. Der Zugang dieses Projektes besteht in der Ausgangshypothese, dass Beteiligung nur dann gelingt, wenn in Einrichtungen ein Organisationsentwicklungsprozess in Gang gesetzt wird. So hat der Träger im Sinne eines solchen Prozesses einen intern gültigen Kinderrechtekatalog erarbeitet und verabschiedet, ein Beschwerdeverfahren installiert und intern zuständige Beauftragte geschult, um die Beteiligung von Kindern in den Einrichtungen des Verbundes zu befördern (Kriener 2005).

Die Autorinnen und Autoren der Studien schreiben zu den Hemmnissen der Umsetzung: „Die Empirie zeigt, dass an vielen Stellen noch keine adäquate institutionelle Verankerung einer Beteiligungskultur von Partizipation vorhanden ist" (Pluto, Mamier, van Santen, Seckinger und Zink 2003, S. 46). In einer anderen Studie heißt es dazu: „Insgesamt gibt es eine positive Einstellung zu der Anforderung, Kinder und Jugendliche zu beteiligen; in der konkreten Umsetzung zeigen sich jedoch noch Hindernisse" (Gragert, Pluto, van Santen und Seckinger 2005, S. 40). In einer auf Bayern bezogenen Studie wird geäußert, dass einiges darauf hindeutet, „dass Partizipationsstrukturen, die Kindern und Jugendlichen umfassende und effektive Möglichkeiten bieten, sich im Sinne der §§ 8 und 9 SGB VIII einzubringen, in der bayerischen Heimerziehung wohl eher dünn gesät sind" (Babic und Legenmayer 2004, S. 7).

Interessant erschienen uns auch die Hinweise darauf, woran die Umsetzung offenbar oft scheitert. In einer der DJI-Studien (Pluto, Mamier, van Santen, Seckinger und Zink 2003, S. 76) fanden wir dazu die Beobachtung, dass Kinder und Jugendliche wenig zur Beteiligung motiviert werden: „Es wird zu wenig unter einer Empowermentperspektive darüber nachgedacht, welche Methoden den Fachkräften zur Verfügung stehen, um Partizipationsprozesse zu initiieren." Andererseits scheitert Beteiligung an einem eingeschränkten Verständnis der Professionellen: „[...] bei den Mitarbeitern kam [...] ein sehr eingeschränktes und instrumentelles Partizipationsverständnis zum Ausdruck. In den vorhandenen Beteiligungsmöglichkeiten geht [...] die tatsächliche Partizipation [...] häufig nicht über die Möglichkeit zur bloßen Meinungs- bzw. Wunschäußerung hinaus" (ebd., S. 33). In der DJI-Studie fand sich zudem die Sorge bei den Fachkräften, „Partizipation könne zu einer Entwertung der eigenen Fachlichkeit führen" (ebd, S. 48). Später hieß es, „die Forderung nach mehr Beteiligung von Kindern und Jugendlichen wird als eine Umkehrung der Machtverhältnisse begriffen" (ebd., S. 52), und letztlich wurde festgestellt, „Kinder und Jugendliche würden sich gegen die MitarbeiterInnen stellen, wenn Partizipation ernst genommen würde" (ebd., S. 53).

Angesichts dieses Forschungsstandes muss man Folgendes schließen: Das Thema Beteiligung im Alltag der stationären Erziehungshilfe findet insgesamt in der Forschung wenig Beachtung, und es liegen bislang keine repräsentativen Befragungen von Nutzerinnen und Nutzern vor, die darüber Aufschluss geben würden, welche Beteiligungsbedürfnisse Jugendliche in stationären Wohnformen haben. Es gibt auch keine empirischen Befunde darüber, wie Jugendliche Beteiligung selbst definieren.

Auf der konkreten Handlungsebene im Alltag der stationären Erziehungshilfe zeigt sich hinsichtlich der Beteiligung ein erheblicher Entwicklungsbedarf. Dennoch liegen kaum pädagogisch aufbereitete Materialien vor, die die gezielte Umsetzung von Beteiligung im Alltag unterstützen.

Es existiert bislang keine nationale Diskussionsplattform, in deren Rahmen Fachorganisationen und Personen, die an der Thematik arbeiten, ihre Erfahrungen und ihr Know-how ressourcenschonend bündeln und Interessierten zur Verfügung stellen mit dem Ziel, die Beteiligungschancen von Kindern und Jugendlichen in der stationären Erziehungshilfe zu befördern.

Mit Blick auf unsere gesamte Recherche kommen wir zu folgenden Einschätzungen: Beteiligung von Kindern und Jugendlichen

– gilt in allen Bereichen der Erziehung und Bildung als demokratische Leitidee und ist mit der zivilgesellschaftlichen Vision von mündigen Bürgerinnen und Bürgern mit Engagement für das Gemeinwesen und Gestaltungswillen verbunden;

– stößt als normatives Grundprinzip auf allen gesellschaftlichen Ebenen auf hohe Akzeptanz, erfährt viel Aufmerksamkeit und ist mit großen Erwartungen verbunden;

– wird von vielen Initiativen und Organisationen befördert, und es werden Fördermittel insbesondere für die Bereiche Kommunalpolitik und Schule bereitgestellt, um Modellprojekte zu initiieren und zu unterstützen. Die Heimerziehung steht dabei nicht im Fokus der Aufmerksamkeit;

- in der Heimerziehung ist nur selten Forschungsgegenstand, und es gibt wenig empirisches Material;
- hat in der Heimerziehung in Deutschland eine lange Tradition, und es existiert eine Reihe von konzeptionellen und theoretischen Ansätzen dazu, Partizipation als Qualitätsmerkmal zu verstehen. Die Umsetzung von Beteiligung im Heimalltag lässt jedoch zu wünschen übrig.

Worin liegen aber mögliche Gründe dafür, dass Mädchen und Jungen noch immer zu wenig in der Heimerziehung beteiligt werden? Liane Pluto und Mike Seckinger (2003) haben Argumente von Skeptikerinnen und Skeptikern herausgearbeitet und eine Liste von scheinbaren Gründen zusammengestellt, die gegen die Beteiligung von Kindern in der Jugendhilfe sprechen. „Die Wilde 13", so der Name der Auflistung, umfasst Argumente, die sich auf die Bereiche „Inkompetenz der Kinder und Jugendlichen", „institutionelle Bedingungen" und die „Fachlichkeit der Mitarbeiterinnen und Mitarbeiter" beziehen (ebd., S. 62–78). Die Autoren widerlegen die Scheinargumente gegen Beteiligung systematisch und liefern damit einen wichtigen Beitrag für die Partizipationsdebatte in der Praxis.

Aspekte der Beteiligung aus der Sicht von Jugendlichen

Im Rahmen des Projektes „Beteiligung – Qualitätsstandard für Kinder und Jugendliche in der Heimerziehung" haben wir einen Workshop durchgeführt, an dem fünfzehn Jugendliche im Alter zwischen fünfzehn und achtzehn Jahren teilgenommen haben. Alle Jugendlichen lebten aktuell in sechs verschiedenen Heimen oder Wohngruppen in unterschiedlichen Städten Deutschlands. In den Heimen war die Beteiligung von Kindern und Jugendlichen entweder konzeptionell festgeschrieben, oder Beteiligungsstrukturen befanden sich im Aufbau. Bei diesem Workshop wollten wir bewusst der Frage nachgehen, was Jugendlichen an der Beteiligung in ihrem Alltag wichtig ist beziehungsweise wie sie selbst Beteiligung definieren – Aspekte, die in der Forschung bislang außen vor geblieben sind.

Zunächst arbeiteten die Mädchen und Jungen die Bereiche heraus, in denen Beteiligung in ihrer Einrichtung stattfindet oder stattfinden sollte. Dazu zählten sie die Gruppe, die Räume, das Essen, das Zusammenleben an sich, die Freizeitgestaltung, feste Abläufe in der Einrichtung und Gremien. Die Jugendlichen entwickelten zudem Kriterien, die besonders zum Gelingen von Beteiligung beitragen, und ordneten diese je nach Priorität.

Tabelle
Kriterien für das Gelingen von Beteiligung

Ranking in Punkten (n = 15 Jugendliche)	Kriterium
100	sich wohlfühlen, gutes Verhältnis
90	Gespräche
85	Meinungsfreiheit
80	Privatsphäre
70	Vertrauen, angehört werden
60	Ehrlichkeit, freundliches Umfeld, Freunde
50	nette, sympathische Betreuerinnen und Betreuer, Aufgeschlossenheit
50 bis 30	Interesse
40	Regeln
30	Gremien
30 bis 10	Essen
20	Religionsfreiheit

Die Prioritätenliste zeigt, dass die Jugendlichen vor allem folgende Aspekte für eine gelingende Beteiligung verantwortlich machen: die Atmosphäre in der Gruppe und in der Beziehung zwischen Betreuerinnen beziehungsweise Betreuern und Jugendlichen sowie die Haltungen und Persönlichkeitsaspekte ihrer Betreuerinnen und Betreuer. Ihre Wünsche nach Beteiligung richten sich vorzugsweise auf Aspekte des Alltags im Heim

Beteiligung in der stationären Erziehungshilfe

(Freizeit, Zimmergestaltung, Zusammenleben, Essen), während sich institutionalisierte Beteiligungsverfahren nicht in den beiden oberen Dritteln des Rankings befinden.

Nachfolgend schlüsseln wir die Kriterien, die aus der Sicht von Jugendlichen für gelingende Beteiligung im Alltag der Heimerziehung stehen, auf. Die hier und im Folgenden kursiv gesetzten Aussagen stehen stellvertretend für die Grundhaltung der Jugendlichen. Sie sind sinngemäß im Workshop geäußert worden.

Empowerment und Beteiligungsklima

„Man muss sich in seinem Heim wohlfühlen."

Für die Jugendlichen hängt eine gelingende Beteiligung mit einem beteiligungsoffenen und -freudigen Klima zusammen. Sie machen die Frage des Klimas vor allem an dem Gefühl fest, ob und wie sie in der Gruppe beziehungsweise in der Einrichtung integriert sind und ob sie sich wohlfühlen. Zudem wünschen sie sich gute Beziehungen zu den Betreuerinnen beziehungsweise Betreuern und anderen Jugendlichen. Beteiligung, so könnte man schließen, ist in den Augen der Jugendlichen auch ein Indikator für ihre Integration.

Für die Jugendlichen ist es zudem von Belang, ob sie Informationen über Beteiligungsmöglichkeiten erhalten und wie sie motiviert werden, sich zu beteiligen. Alters- und entwicklungsgerechte Formen der Information über ihre Rechte und klar geregelte und schriftlich festgehaltene Verfahren gehören darum ebenfalls zu einem Klima der Beteiligung. Außerdem tragen Leitungspersonen mit ihren Haltungen und Überzeugungen zu einem beteiligungsoffenen Klima bei. Dies zeigt sich besonders, wenn sie den Mitarbeiterinnen und Mitarbeitern ihrer Einrichtung Beteiligungsmöglichkeiten einräumen. Nur Mitarbeiterinnen und Mitarbeiter, die selbst in ihrer Organisation Einfluss nehmen können und beteiligt sind, werden dies auch Kindern und Jugendlichen zugestehen. Top-down- und Bottom-up-Prozesse sind für gelingende Beteiligung ausschlaggebend.

Pädagogische Grundhaltung

„Das sind halt Sachen, die machen den Menschen aus, die machen den Charakter aus, die kann man nicht lernen."

In einem Spiel, in dem es um die Vergabe einer Medaille an eine Betreuerin oder einen Betreuer ging, die oder der aus Sicht der Jugendlichen die besten Voraussetzungen hat, um Jugendliche zu beteiligen, wurden folgende Eigenschaften, nach ihrer Wichtigkeit geordnet, genannt. Ihre Wunschbetreuerin beziehungsweise ihr Wunschbetreuer sollte

- ehrlich und authentisch sein,
- zuhören können,
- vertrauenswürdig sein,
- Jugendlichen freundlich begegnen,
- sich für Jugendliche interessieren und sich einsetzen und
- ermutigen und motivieren können.

Kinder und Jugendliche wünschen sich authentische Erzieherinnen und Erzieher, die Beteiligungsangebote auch ernst meinen. Sie wünschen sich neben erzieherischen Kompetenzen vor allem eine Beziehung zu ihren Betreuerinnen und Betreuern, die den oben genannten Kriterien gerecht wird. „Daheim sein", „sich daheim fühlen" implizieren neben körperlichem auch soziales und emotionales Wohlbefinden. Es sind demnach weiche Faktoren, die Jugendliche nachfragen. Ihnen geht es um Aspekte, die auf die Persönlichkeit von Professionellen und auf Grund- und Werthaltungen abzielen. Die Jugendlichen haben die Vorstellung, dass zum Beispiel Ehrlichkeit, Authentizität, Empathie nicht verordnet und nicht gelernt werden können, sie sollten vielmehr eine Charaktereigenschaft einer Betreuerin beziehungsweise eines Betreuers im Heim darstellen.

Beteiligung im pädagogischen Alltag

„Es wird nach unserer Meinung gefragt."

Beziehung und das Zusammenleben insgesamt, die Gestaltung von Freizeitaktivitäten und Räumen sowie das Essen sind die Bereiche des Heimalltags, in denen Jugendliche beteiligt werden wollen. Ob Beteiligung ernst gemeint ist beziehungsweise gelingt, zeigt sich im unmittelbaren Miteinander in der Einrichtung. Die kleinen Dinge des Alltags – was sie essen, wie sie ihr Zimmer dekorieren, wie und mit wem sie ihre Freizeit verbringen, und wie sie ihr Leben mit den Menschen, mit denen sie zusammenleben, organisieren – möchten sie selbst entscheiden. Sie reklamieren nicht nur, beteiligt zu werden, sondern sie wollen die verantwortlichen Gestalter ihres Alltags und ihres Lebensumfeldes sein. Sie fordern ihr Recht auf eine eigene Privatsphäre ein und wollen Entscheidungen für ihr Leben selbst treffen und individuelle Gestaltungsmöglichkeiten und -räume in der Einrichtung haben. Zugleich möchten sie auf empathische, verlässliche und vertrauensvolle Beziehungen zurückgreifen können.

Konzeptionelle Festschreibung und Beteiligungskultur

„Es hat sich bewährt, es hat sich wirklich gelohnt, dass es den Sprecherrat gibt."

Die Jugendlichen, die am Workshop teilgenommen haben, kennen aus ihren Einrichtungen institutionalisierte Beteiligungsformen auf Gruppenebene, auf individueller Ebene (Hilfeplanverfahren) und in Form von Gremien beziehungsweise in Form konzeptionell verankerter Verfahren.

Jugendliche sehen die institutionelle Verankerung von Beteiligungsmöglichkeiten als eine abgesicherte und verbindliche Möglichkeit zur Beteiligung. Regeln und Verfahren sind den Jugendlichen wichtig, vorausgesetzt, sie existieren nicht nur auf dem Papier. Somit sehen die Jugendlichen eine hohe Verbindlichkeit, Ernsthaftigkeit und Regelmäßigkeit sowie ausreichende institutionelle Rahmenbedingungen (Zeit, Raum, Personal, Geld) als Voraussetzungen an, damit sich eine Beteiligungskultur entwickeln kann. Formalisierte Verfahren und Gremien sollten nicht zu einer Alibiveranstaltung verkommen, sondern sie sollten integriert sein in einen von allen Beteiligten mitgetragenen Organisationsentwicklungsprozess. So muss im anderen Extrem berücksichtigt werden, dass im Übereifer der Pädagoginnen und Pädagogen Kinder und Jugendliche nicht „hinterherpartizipieren" sollten. Eine angemessene und umfassende Information und ein individuelles Maß und Tempo sind Voraussetzung, dass Jugendliche sich beteiligen könnten.

Fazit und Ausblick

Unsere Beobachtung war, dass Jugendliche lebensnahe und alltagspraktische Vorstellungen von Beteiligung in ihren Einrichtungen haben. Sie argumentieren vor dem Hintergrund ihres alltäglichen Zusammenlebens mit anderen Jugendlichen und ihren Betreuerinnen beziehungsweise Betreuern. Sie verbinden ihren Wunsch nach Beteiligung mit dem Gefühl von Zugehörigkeit, Integration und Wohlbefinden in ihrem Lebensumfeld. Diese weichen Faktoren zeigen sich auch in den Vorstellungen von ihrer Wunschbetreuerin beziehungsweise ihrem Wunschbetreuer: Die Jugendlichen schätzen primär die emotionalen Qualitäten und Kompetenzen der Professionellen. Alltagsnahe Formen von Beteiligung in allen – manchmal auch belanglos erscheinenden – Aspekten sind für sie entscheidender als geregelte und festgeschriebene Beteiligungsmöglichkeiten. Nimmt man die Jugendlichen ernst, so stellen Letztere nur eine Seite der Medaille dar. Auf der anderen Seite der Medaille steht die persönliche Haltung der Professionellen, die sich letztlich in der Eignung festmacht. Eine wesentliche Herausforderung stellt darum die Frage dar, welche Eignung bei Professionellen vorliegen muss, um ein Beteiligungsklima in Einrichtungen stationärer Erziehungshilfe herstellen zu können. Der Aspekt der Eignung erscheint uns wesentlich, weil uns deutlich geworden ist, dass die Umsetzung von Beteiligung im Alltag der Heimerziehung auch stark mit Fragen der Qualifikation von Professionellen zusammenhängt. Wir haben gelernt, dass Beteiligung im Heim sowohl personale, soziale, fachliche als auch methodische Kompetenzen bei den Professionellen voraussetzt. Damit wird das Thema der Beteiligung auch zu einer wichtigen Aufgabe für die Ausbildung von pädagogischen Fachkräften sowie für die Personalentwicklung in den Einrichtungen. Letztlich sind wir der Auffassung, dass nur eine von den Interessen, Vorstellungen und Definitionen der Jugendlichen ausgehende Beteiligungskultur dazu beitragen wird, ein Klima herzustellen, in dem eine gelingende Beteiligung umsetzbar ist.

Bislang fehlt empirisches Wissen über die Sichtweisen der Nutzerinnen und Nutzer stationärer Erziehungshilfen, diese Forschungslücke gilt es zu schließen. Wir wissen wenig über ihre Definitionen von Beteiligung, ihre Wünsche nach Beteiligung und ihre Zufriedenheit. Dieses Wissen wird benötigt, um daraus Aussagen über die konkrete Eignung von Fachkräften, aber auch über Zugangsvoraussetzungen für die Ausbildung treffen zu können. Die größte Herausforderung sehen wir darin, dass eine beteiligungsfördernde Haltung nicht verordnet werden kann, sondern nur in reflexiven Persönlichkeitsentwicklungsprozessen erarbeitet werden kann und muss.

Anmerkungen

1
Die Bibliografie zur Beteiligung in der Heimerziehung kann unter http://people.fh-landshut.de/~hartig/ergebnisse/index.html eingesehen werden.

2
Nähere Informationen zum Bundesmodellprojekt sind unter http://www.hilfeplanverfahren.de zu finden.

Literatur

Babic, Bernhard & Legenmayer, Katja (2004).
Partizipation in der Heimerziehung. Abschlussbericht der explorativen Studie zu den formalen Strukturen der Beteiligung von Kindern und Jugendlichen in ausgewählten Einrichtungen der stationären Erziehungshilfe in Bayern.
München: Bayerisches Landesjugendamt.

Bartscher, Matthias (1998).
Partizipation von Kindern in der Kommunalpolitik.
Freiburg im Breisgau: Lambertus.

Blandow, Jürgen (1999).
Beteiligung als Qualitätsmerkmal in der Heimerziehung.
In M. Kriener & K. Petersen (Hrsg.), Beteiligung in der Jugendhilfepraxis (S. 45–62).
Münster: Votum.

Blandow, Jürgen, Gintzel, Ullrich & Hansbauer, Peter (1999).
Partizipation als Qualitätsmerkmal in der Heimerziehung. Eine Diskussionsgrundlage.
Münster: Votum.

Bruner, Claudia Franziska, Winklhofer, Ursula & Zinser, Claudia (1999).
Beteiligung von Kindern und Jugendlichen in der Kommune – Ergebnisse einer bundesweiten Erhebung. Herausgegeben vom Bundesministerium für Familie, Senioren, Frauen und Jugend.
München: Deutsches Jugendinstitut e.V.

Bruner, Claudia Franziska, Winklhofer, Ursula & Zinser, Claudia (2001).
Partizipation – ein Kinderspiel? Beteiligungsmodelle in Kindertagesstätten, Schulen, Kommunen und Verbänden. Herausgegeben vom Bundesministerium für Familie, Senioren, Frauen und Jugend.
München: Deutsches Jugendinstitut e.V.

Bundesarbeitsgemeinschaft der Landesjugendämter (1998).
Positionspapier „Beteiligung von Kindern und Jugendlichen".
http://hessen.junetz.de/partizipation/docs/papier_bag_lja_98.doc
(27.2.2006).

Bundesministerium für Familie, Senioren, Frauen und Jugend
(Hrsg.) (2002).
Elfter Kinder- und Jugendbericht. Bericht über die Lebenssituation
junger Menschen und die Leistungen der Kinder- und Jugendhilfe in
Deutschland.
Berlin: Bundestagsdrucksache 14/8181.

Deutsche Shell (Hrsg.) (2002).
Jugend 2002. Zwischen pragmatischem Idealismus und robustem
Materialismus. 14. Shell Jugendstudie.
Frankfurt am Main: Fischer Taschenbuch Verlag.

Gragert, Nicola, Pluto, Liane, van Santen, Eric & Seckinger, Mike
(2005).
Entwicklungen (teil)stationärer Hilfen zur Erziehung. Ergebnisse und
Analysen der Einrichtungsbefragung 2004.
München: Deutsches Jugendinstitut e.V.

Internationale Gesellschaft für erzieherische Hilfen (Hrsg.) (2005).
Positionspapier „Kinderrechte in der Erziehungshilfe".
Weinheim: Juventa.

Knauer, Raingard, Friedrich, Bianca, Herrmann, Thomas & Liebler,
Bettina (2004).
Beteiligungsprojekte mit Kindern und Jugendlichen in der Kommune.
Vom Beteiligungsprojekt zum demokratischen Gemeinwesen.
Wiesbaden: VS Verlag für Sozialwissenschaften.

Kriener, Martina (2005).
Erziehung braucht eine Kultur der Partizipation. Ein Modellprojekt
zur Sicherung von Partizipation in Einrichtungen der Erziehungshilfe. Dialog Erziehungshilfe, 3, 19–28.

Kriener, Martina & Petersen, Kerstin (Hrsg.) (1999).
Beteiligung in der Jugendhilfepraxis. Sozialpädagogische Strate-
gien zur Partizipation in Erziehungshilfen und bei Vormundschaften.
Münster: Votum.

Petersen, Kerstin (2002).
Partizipation.
In W. Schröer, N. Struck & M. Wolff (Hrsg.), Handbuch Kinder- und Jugendhilfe (S. 909–924).
Weinheim: Juventa.

Pluto, Liane, Mamier, Jasmin, van Santen, Eric, Seckinger, Mike & Zink, Gabriela (2003).
Partizipation im Kontext erzieherischer Hilfen – Anspruch und Wirklichkeit. Eine empirische Studie.
München: Deutsches Jugendinstitut e.V.

Pluto, Liane & Seckinger, Mike (2003).
Die Wilde 13 – scheinbare Gründe, warum Beteiligung in der Kinder- und Jugendhilfe nicht funktionieren kann.
In Sozialpädagogisches Institut im SOS-Kinderdorf e.V. (Hrsg.), Beteiligung ernst nehmen, Außer der Reihe, Materialien 3 (S. 59–81).
München: Eigenverlag.

Schefold, Werner, Glinka, Hans-Jürgen, Neuberger, Christa & Tilemann, Friederike (1998).
Hilfeplanverfahren und Elternbeteiligung. Evaluationsstudie eines Modellprojektes über Hilfeerfahrungen von Eltern im Rahmen des KJHG. Herausgegeben vom Deutschen Verein für öffentliche und private Fürsorge e.V.
Frankfurt am Main: Eigenverlag.

Schröder, Richard (1995).
Kinder reden mit! Beteiligung an Politik, Stadtplanung und -gestaltung. Herausgegeben von der LBS-Initiative Junge Familie.
Weinheim: Beltz.

Urban, Ulrike (2004).
Professionelles Handeln zwischen Hilfe und Kontrolle. Sozialpädagogische Entscheidungsfindung in der Hilfeplanung.
Weinheim: Juventa.

Reinhild Schäfer

Geschlechtergerechtigkeit in der stationären Erziehungshilfe

Mit ihren Angeboten und Maßnahmen zur Herstellung von Geschlechtergerechtigkeit beizutragen, ist für die Kinder- und Jugendhilfe kein neues Ziel. Spätestens seit dem Kinder- und Jugendhilfegesetz von 1990 sind die Einrichtungen der Kinder- und Jugendhilfe auch rechtlich gebunden, Chancengleichheit der Geschlechter zu verwirklichen. In Paragraf 9 Absatz 3 SGB VIII ist festgeschrieben: „Bei der Ausgestaltung der Leistungen und der Erfüllung der Aufgaben sind [...] die unterschiedlichen Lebenslagen von Mädchen und Jungen zu berücksichtigen, Benachteiligungen abzubauen und die Gleichberechtigung von Mädchen und Jungen zu fördern." Mit der Aufnahme des Gender-Mainstreaming-Konzeptes in die Förderrichtlinien des Kinder- und Jugendplanes des Bundes wurde dieses Ziel im Jahr 2000 bekräftigt. Seitdem sind die Organisationen, die Mittel aus dem Kinder- und Jugendplan erhalten, aufgefordert, die Geschlechterperspektive durchgängig zu berücksichtigen und in ihren Sachberichten Auskunft über ihre Aktivitäten zur Umsetzung von Gender Mainstreaming zu geben. Im vorliegenden Beitrag wird die Frage verfolgt, welche Anregungen Gender Mainstreaming für eine geschlechtergerechte Gestaltung des Bereiches der stationären Erziehungshilfe bietet. Meines Erachtens birgt der Ansatz gute Chancen, dem Ziel der Geschlechtergerechtigkeit näher zu kommen, da Gender Mainstreaming sowohl die strukturelle als auch die personelle Ebene und die Ebene der fachlichen Praxis als Handlungsebenen einbezieht. Der Anspruch, Geschlechtergerechtigkeit in der stationären Unterbringung zu realisieren, richtet sich an all diese Ebenen.

Einleitend werde ich zunächst auf die Begriffe „Geschlechtergerechtigkeit" und „Gender Mainstreaming" eingehen, um deren Zielrichtung zu veranschaulichen. Beide Begriffe verweisen auf soziale Ungleichheit im Geschlechterverhältnis. Sie enthalten in sich das Versprechen oder doch wenigstens die Hoffnung, das Geschlechterverhältnis, das als ein grundlegendes gesellschaftliches Verhältnis anzusehen ist, gerechter gestalten zu können. In ihrer Bedeutung lassen sie sich folgendermaßen bestimmen: Wenn Geschlechtergerechtigkeit das Ziel ist, kann Gender Mainstreaming verschiedene Instrumente zur Erreichung des Zieles liefern. In einem zweiten Schritt sollen einige dieser Instrumente vorgestellt werden.

Geschlechtergerechtigkeit

Geschlechtergerechtigkeit ist ein schillernder Begriff. Er ist eindeutig positiv konnotiert – wer möchte schon etwas einwenden gegen die Gerechtigkeit, die doch als eine Kardinaltugend menschlichen Handelns gilt? „Gerechtigkeit fordert bei konkurrierenden Ansprüchen wie bei der Rivalität um knappe Ressourcen die angemessene Berücksichtigung aller Interessen mit dem Ziel, einen Ausgleich zu schaffen und jedem das Seine zu geben." Mit dieser Definition aus dem „Kleinen Lexikon der Politik" (Rieger 2003, S. 168), der ich unbedingt noch „und jeder das Ihre" hinzufügen möchte, ist auch schon eine Schwierigkeit benannt, die dem Begriff innewohnt: Wer definiert, was genau das Seine und das Ihre ist? Diese Problematik haftet auch dem Begriff der Geschlechtergerechtigkeit an. Entsprechend variiert das Verständnis davon, was alles mit Geschlechtergerechtigkeit gemeint sein kann. Während sie für manche schon mit einer zahlenmäßig gleichen Beteiligung von Mädchen und Jungen, Frauen und Männern an Angeboten und Maßnahmen erreicht zu sein scheint (zur Kennzeichnung dieses Aspektes wird aktuell gern von „sex-counting" gesprochen), verbinden andere damit sehr viel weiter reichende Forderungen nach Teilhabe, bezogen etwa auf eine Verbesserung der Teilhabe an Bildung und Ausbildung und der Verteilung von bezahlter und unbezahlter Arbeit, insbesondere der unentgeltlich geleisteten fürsorgenden Arbeit für andere. Letztere ist noch immer eine Domäne der Frauen und ein Beispiel dafür, wie veränderungsresistent die herrschende Form geschlechtsspezifischer und -hierarchischer Arbeitsteilung wirkt. Eine Verbesserung der Teilhabe von Männern an dieser gesellschaftlich notwendigen Arbeit erweist sich unter den gegebenen Voraussetzungen – geringer Status und mangelnde

materielle Absicherung – als besondere geschlechterpolitische
Herausforderung.

Eine Verbesserung der Teilhabe an Bildung hingegen wird im
Gefolge von PISA (Programme for International Student Assessment) derzeit vor allem in Bezug auf Jungen und männliche
Jugendliche diskutiert. Mit der Frage „Jungen, die neuen Verlierer?" fasst der Titel eines im Herbst 2005 von Lotte Rose und
Ulrike Schmauch herausgegebenen Sammelbandes die aktuell
geführte Diskussion um Benachteiligung von Jungen zusammen.
„Wo noch vor kurzem die Notwendigkeit von Förderprogrammen für Mädchen selbstverständlich war, werden jetzt ebensolche für Jungen gefordert, setzen sich Sichtweisen zum Geschlechterverhältnis durch, in denen nun auch Jungen Bedürftige sind",
heißt es dazu in der Einleitung (Rose und Schmauch 2005, S. 8).
Es ist tatsächlich eine relativ neue Sichtweise, spezifische Problematiken, wie etwa die, dass es mehr Jungen sind, die im
System Schule Schwierigkeiten haben und die aufgrund von wie
auch immer gelagerten Verhaltensauffälligkeiten kaum dem
Unterricht folgen können, als geschlechtsbezogene Problematik
und als Benachteiligung von Jungen zu thematisieren. Damit
rückt diese Problematik ins Blickfeld von Geschlechtergerechtigkeit und zeigt gleichzeitig spezifischen Handlungsbedarf auf.

Angebote einer wenn auch noch zögerlich, so doch zunehmend
sich ausbreitenden Jungenarbeit sind ein Indiz dafür, dass das
Geschlecht nicht mehr nur bezogen auf Mädchen, sondern nun
auch auf Jungen zu einer anerkannten Strukturkategorie in der
Praxis der Kinder- und Jugendhilfe geworden ist. Anerkannt
wird, „dass die Zugehörigkeit zu dem einen oder anderen Geschlecht – in Verbindung mit und in Überlagerung durch weitere
Dimensionen sozialer Differenzierung wie die ökonomisch-soziale Situation der Herkunftsfamilie, Bildung, ethnische Zugehörigkeit bzw. Zuschreibung, Hautfarbe und nationale Herkunft – auch
die Lebensphase Jugend strukturiert" (Dackweiler 2005, S. 4).
Die Definition von Geschlecht als Strukturkategorie bringt zum
Ausdruck, dass mit der Zugehörigkeit zum männlichen oder
weiblichen Geschlecht nach wie vor unterschiedliche Teilhabechancen an den zur Verfügung stehenden gesellschaftlichen Ressourcen verbunden sind. Um bei dem Beispiel Bildung zu bleiben: Mädchen haben zwar aufgeholt im Bereich der schulischen
Bildungsabschlüsse, sie verfügen im Durchschnitt sogar über

bessere und höhere Abschlüsse als Jungen, im Bereich der Ausbildung und beruflichen Einmündung können sie diesen Vorsprung aber offensichtlich noch nicht so recht geltend machen beziehungsweise gereicht er ihnen (noch?) nicht zum Vorteil. So finden sich weniger junge Frauen als junge Männer in den betrieblichen, das heißt vergüteten Ausbildungen des dualen Systems, während in den rein schulischen Ausbildungen – in denen häufig Schulgebühren anfallen – junge Frauen deutlich stärker vertreten sind als junge Männer. In den Berufsfachschulen beträgt der Frauenanteil sechzig Prozent, in den Schulen des Gesundheitswesens liegt er gar bei achtzig Prozent (Stürzer 2005, S. 44).

Mit Blick auf die Verwirklichung von Geschlechtergerechtigkeit kann es nun nicht darum gehen, Benachteiligungen im Geschlechterverhältnis gegeneinander aufzuwiegen, sie sozusagen konkurrent zu betrachten, um dann jeweils herauszustellen, „aber den Jungen geht es doch viel schlechter" respektive „aber insgesamt sind die Mädchen doch viel schlechter gestellt". Angemessener scheint vielmehr eine reflektierte Sicht auf die Lebenslagen, spezifischen Problematiken, auf Wünsche und Bedürfnisse, die in geschlechterrollenstereotypen wie auch in den von solchen Rollenerwartungen abweichenden Inszenierungen von Mädchen und Jungen zum Ausdruck kommen. Eine solche Sichtweise bedeutet aber nicht, die Perspektive sozialer Ungleichheit aufzugeben und so zu tun, als gäbe es keine Benachteiligungen. In einigen Stellungnahmen zum Gender Mainstreaming in Sachberichten der aus dem Kinder- und Jugendplan geförderten Organisationen, die vom Projekt „Gender Mainstreaming in der Kinder- und Jugendhilfe" am Deutschen Jugendinstitut in München ausgewertet wurden (Helming und Schäfer 2004), klingt eine solche Haltung an. Da heißt es zum Beispiel: „Wir arbeiten geschlechterübergreifend" oder „Mädchen und Jungen werden gleichermaßen angesprochen". In anderen Stellungnahmen ist zu erfahren: „Die Gleichbehandlung der Geschlechter wird besonders beachtet" oder auch „Gender Mainstreaming ist ein Thema, das bei uns nicht diskutiert werden muss, da alle gleiche Chancen haben – unabhängig vom Geschlecht". In solchen Statements wird Chancengleichheit postuliert, ohne dass etwas darüber zu erfahren ist, wie sie realisiert wird. Die Frage drängt sich auf, ob diese Aussagen möglicherweise auf eine durchaus verbreitete Gleichheitsideologie oder ein Ungleichheitstabu verweisen, vielleicht auch Ausdruck einer Art „Strukturvergessenheit" sind.

In der Frauen- und Geschlechterforschung setzte in den Neunzigerjahren eine Diskussion darüber ein, ob der Geschlechterdifferenz tatsächlich beziehungsweise noch immer der Status einer „Leitdifferenz" zugesprochen werden könne oder ob nicht die sozialen, ökonomischen und kulturellen Unterschiede jeweils innerhalb der sozialen Gruppe der Frauen und der Männer viel gravierender seien. Während einige Geschlechterforscherinnen vom relativen Bedeutungs- oder Wirksamkeitsverlust der Kategorie Geschlecht (Pasero 1994) oder gar von der Auflösung der Geschlechterdifferenz sprachen (Heintz 1993), beharrten andere wiederum auf Geschlecht als einer die gesellschaftlichen Verhältnisse grundlegend strukturierenden Kategorie. Für Letzteres finden sich zahlreiche empirische Belege: Geschlechtsspezifische Arbeitsteilung in der Familie zum Beispiel scheint sich in den vergangenen zwei Jahrzehnten kaum grundsätzlich verändert zu haben (Wetterer 2003), und es gibt noch immer eine große Differenz in den Erwerbsarbeitseinkommen von Frauen und Männern: Arbeiterinnen verdienen durchschnittlich rund fündundzwanzig Prozent weniger als Arbeiter, weibliche Angestellte sogar bis zu dreiunddreißig Prozent weniger als männliche Angestellte (Statistisches Bundesamt 2004 a, S. 49 ff.). Gleichzeitig hat sich aber offensichtlich das alltagsweltliche Wissen über die soziale Bedeutung der Geschlechterdifferenz und das Geschlechterverhältnis verändert – es ist, so sagt die Sozialwissenschaftlerin Angelika Wetterer, „den Strukturen des Geschlechterverhältnisses und großen Teilen der sozialen Praxis ein ganzes Stück vorausgeeilt" (Wetterer 2003, S. 289). Kulturelle Deutungsmuster und Selbstkonzepte, Geschlechterdiskurse haben sich erkennbar von den „alten" Selbstverständlichkeiten verabschiedet – es ist zum Beispiel entschieden begründungsbedürftig geworden, warum in einer heterosexuellen Paarbeziehung die Frau für die Hausarbeit zuständig sein soll.

Die Idee der Gleichheit im Geschlechterverhältnis hat sich also auf einer breiten Ebene durchgesetzt. Die grundlegende Struktur der gesellschaftlichen Institutionen indes vermochte sie offensichtlich noch nicht erkennbar zu verändern. Helga Krüger fasst diese Ungleichzeitigkeit folgendermaßen zusammen: „Geschlecht ist in den Struktur- und in den Kulturzusammenhang der Gesellschaft zugleich eingelagert. Beide Kontexte können sich aber historisch gegeneinander verschieben bzw. verschoben haben: was qua kulturellem Wandel im Bewußtsein ‚out' ist [soziale Ungleichheit im Geschlechterverhältnis, R.S.], kann sich strukturell, in Geschlechter-Segmentierungen im System der Berufe und/oder der beruflichen Bildung z.B. verfestigt haben und nun von hier zurückwirken" (Krüger 1999, S. 38). Eine geschlechterreflektierte Perspektive in der Arbeit mit Kindern und Jugendlichen beinhaltet das Wissen darum, dass gesellschaftliche und soziale Entwicklungen durch Ungleichzeitigkeiten und Brüche gekennzeichnet sind, die – wie Kirsten Bruhns es in einem 2004 von ihr herausgegebenen Band zur Geschlechterforschung in der Kinder- und Jugendhilfe ausdrückt – „in den Lebenswirklichkeiten und Wahrnehmungsmustern von Individuen als Ambivalenzen und Widersprüchlichkeiten aufscheinen" (Bruhns 2004, S. 16). Angesichts der gleichzeitig neuen und beharrenden Tendenzen in den Geschlechterorientierungen sei die Kinder- und Jugendhilfe gefordert, sich umfassend mit Fragen der Geschlechterdifferenzierung und angesichts der Implementierung von Gender Mainstreaming der Geschlechtergerechtigkeit auseinanderzusetzen, argumentiert Bruhns weiter. Die bisherigen Ergebnisse des Projektes des Deutschen Jugendinstitutes e.V. (DJI) „Gender Mainstreaming in der Kinder- und Jugendhilfe" (Helming und Schäfer 2004) zeigen, dass dieses geschlechterpolitische Prinzip tatsächlich neuen Schwung in die Diskussion um den Stand der Gleichberechtigung zu bringen vermag. Dies trifft insbesondere auf solche Organisationen zu, in denen die Geschlechterthematik bereits eine gewisse Tradition hat. Es lässt sich aber auch feststellen, dass Gender Mainstreaming Diskussionsprozesse in Organisationen anstößt, die sich bislang wenig bis gar nicht mit Genderfragen befasst haben. Bevor ich nun der Frage nachgehe, wie Gender Mainstreaming zur Schaffung einer geschlechtergerechten Praxis in der stationären Erziehungshilfe beitragen kann, sollen das Konzept, seine Zielrichtung und sein rechtlicher Rahmen umrissen werden.

Gender Mainstreaming

Das Konzept des Gender Mainstreamings ist in den 1980er-Jahren im Kontext der internationalen Frauenbewegungen in Auseinandersetzung mit Entwicklungspolitik und Entwicklungszusammenarbeit (Callenius 2002) entstanden. In den Neunzigerjahren avancierte es zu einem zentralen Element der Gleichstellungspolitik der Europäischen Union und wurde schließlich 1999 im Amsterdamer Vertrag verankert. Im selben Jahr noch erklärte das deutsche Bundeskabinett die Gleichstellung von Männern und Frauen zu einem durchgängigen Leitprinzip der Regierung und beschloss, diese Aufgabe mittels der Strategie des Gender Mainstreamings umzusetzen (Bundesministerium für Familie, Senioren, Frauen und Jugend 2002). Seit Dezember 2000 ist Gender Mainstreaming Teil der Förderrichtlinien des Bundes im Kinder- und Jugendplan, der verpflichtend festschreibt: „Der Kinder- und Jugendplan soll [...] darauf hinwirken, dass die Gleichstellung von Mädchen und Jungen als durchgängiges Leitprinzip gefördert wird (Gender Mainstreaming)" (Bundesministerium für Familie, Senioren, Frauen und Jugend 2001, S. 19). Zur Umsetzung dieses Leitprinzipes führt das Bundesministerium für Familie, Senioren, Frauen und Jugend (BMFSFJ) an anderer Stelle erläuternd aus: „Gender Mainstreaming ist eine kinder- und jugendpolitische Strategie, die die Anliegen und Erfahrungen von Frauen und Mädchen ebenso wie die von Männern und Jungen in die Planung, Durchführung, Überwachung und Auswertung der Maßnahmen selbstverständlich einbezieht. Ausgehend davon soll sie tradierte patriarchale Wahrnehmungsmuster, Werthaltungen und Vorgehensweisen und in Folge vorherrschende Geschlechterrollen verändern helfen" (zitiert nach Rauw 2003, S. 254).

Gender Mainstreaming verweist auf die Intention, die Geschlechterperspektive in den Mainstream – die Hauptströmung – der Arbeit zu bringen, also weg von den Rändern, Nischen und der Marginalisierung hinein in die Mitte. Es wird daher auch als Querschnittsaufgabe beschrieben. Bislang gilt die Berücksichtigung der Geschlechterperspektive häufig noch als Aufgabe von Frauen- und Mädchenreferaten beziehungsweise Gleichstellungsbeauftragten und hängt oft vom Engagement einzelner Mitarbeiterinnen und Mitarbeiter ab, die beispielsweise spezifische Angebote für Mädchen machen. Gender Mainstreaming bringt demgegenüber zum Ausdruck, dass es bei diesem Prinzip um Frauen und Männer, Mädchen und Jungen beziehungsweise um das Geschlechterverhältnis geht.

Der Begriff „Gender" meint – etwas verkürzt ausgedrückt, denn es gibt unterschiedliche Interpretationen, was genau darunter zu verstehen ist – das sozial definierte Geschlecht. Aus der Grammatik kommend, wurde er in den Sechzigerjahren in den englischsprachigen sozialwissenschaftlichen Kontext eingeführt (Frey 2003, S. 31) in Abgrenzung zu dem Begriff „sex", der das biologisch anhand zum Beispiel der primären und sekundären Geschlechtsmerkmale und der Chromosomenstruktur bestimmte Geschlecht meint. In einer für den Elften Kinder- und Jugendbericht erstellten Expertise hat Albert Scherr (2002, S. 299) eine die unterschiedlichen Dimensionen von Gender ansprechende Definition erarbeitet: „Soziales Geschlecht (Gender) steht für die auf biologische Geschlechterunterschiede (Sex) bezogene, durch diese aber nicht determinierte soziale Festlegung von geschlechtsspezifischen Eigenschaften, Fähigkeiten und Verhaltenserwartungen. Es handelt sich um ein ‚umfassendes, geschlossenes Bündel sozialer Glaubensvorstellungen', das ‚Idealbilder von Männlichkeit und Weiblichkeit' umfasst (Goffmann 1997, S. 106) und auf dessen Grundlagen Selbst- und Fremdbewertungen von Eigenschaften und Verhaltensweisen als typisch ‚männlich/weiblich' oder aber ‚unmännlich' vorgenommen werden".

Die Unterscheidung zwischen „sex", gleich biologisch-physischem Geschlecht, und „gender", gleich soziokulturellem Geschlecht, galt in der Frauenforschung der Siebziger- und Achtzigerjahre in gewisser Weise als Konsens. Das Sex-Gender-Modell geht wie gesagt davon aus, dass das soziokulturell definierte Geschlecht zwar auf biologische Geschlechtsunterschiede bezogen, durch diese aber nicht vorherbestimmt ist. Mit dieser Unterscheidung war die Hoffnung verbunden, vorherrschende Auffassungen etwa über eine „natürliche" Bestimmung der Frau zur Hausfrau und Mutter als historisch gewachsenes Produkt sozialer und kultureller Prozesse auszuweisen, denen nichts „Naturwüchsiges" anhaftet. Das in den Neunzigerjahren in der Frauen- und Geschlechterforschung sich dann etablierende Konzept der sozialen Konstruktion von Geschlecht stellte den Nutzen der in kritischer Absicht erfolgten Sex-Gender-Unterscheidung infrage mit dem Argument, dieses Erklärungsmodell basiere letztlich doch auf der Annahme, „ein Teil der vorfindbaren Geschlechtsunterschiede wäre nach wie vor der Natur zuzuordnen, eben dem biologischen Geschlecht" (Gildemeister und Wetterer 1992, S. 206). Dies zeige sich etwa an der häufig diskutierten Frage, wie viel denn im Einzelnen durch die biologische Fixierung festgelegt sei und wo genau im Zuge von Sozialisationsprozessen die kulturelle Prägung einsetze. Konzepte der sozialen Konstruktion von Geschlecht versuchen diese Aporie zu umgehen, indem sie nach den Herstellungsprozessen beziehungsweise Reproduktionsweisen kultureller Zweigeschlechtlichkeit fragen, also danach, „wie Frauen und Männer zu verschiedenen und voneinander unterscheidbaren Gesellschaftsmitgliedern werden und zugleich das Wissen miteinander teilen, dass dies natürlich, normal und selbstverständlich ist" (Wetterer 2004, S. 123).

Ein Grundgedanke der sozialen Konstruktion von Geschlecht findet im Konzept des „Doing Gender" (West und Zimmerman 1987) seinen Ausdruck. Für dieses Konzept ist die Perspektive zentral, dass wir unser Geschlecht als Frau und als Mann nicht einfach haben, sondern dass wir es „tun" müssen, dass Geschlecht also nicht ein Merkmal ist, „das eine Person ein für alle Mal hat, sondern eine in Interaktion immer wieder aufs Neue herzustellende Leistung" (Meuser 2004, S. 326). Demzufolge vollzieht sich Doing Gender in allen Lebensbereichen, im Privaten wie im Öffentlichen. In seinen unterschiedlichen Dimensionen, wie zum Beispiel Kommunikationsstilen (wer darf wen unterbrechen?), Körperstrategien (raumgreifend versus selbstbegrenzend) und Berufswahlen, kommen die bestehenden Machtstrukturen wie auch die soziale Ungleichheit im Geschlechterverhältnis deutlich zum Ausdruck. So hängt die trotz aller Veränderungen im beruflichen Bereich noch immer stattfindende geschlechtstypische Berufswahl junger Frauen und Männer eben auch mit den Vorstellungen davon zusammen, was Frauen können, was Männer können, was Frauen und Männern jeweils angemessen ist. Die Vorstellungen davon, was jeweils angemessen ist, variieren; die Muster sozial erwünschter Weiblichkeit und Männlichkeit verändern sich. „Gender" beschreibt daher keine feststehenden Kategorien und auch keine individuellen Charaktereigenschaften. Regina Frey, die unterschiedliche Bedeutungsdimensionen von Gender analysiert hat, spricht von Gender als „Ausdruck und Effekt einer gesellschaftlichen Ordnung, die (nicht nur Frauen) ausgrenzt und die es deshalb zu überwinden gilt" (Frey 2003, 72 f.). In diesem Sinn kann Gender Mainstreaming als ein Ansatz verstanden werden, der die Überwindung einer ausgrenzenden, von gesellschaftlicher Teilhabe ausschließenden gesellschaftlichen Ordnung intendiert. Damit komme ich zum zweiten Teil meiner

Ausführungen: Welche Anregungen kann Gender Mainstreaming der stationären Unterbringung bieten?

Gender Mainstreaming in der stationären Erziehungshilfe

Die Implementierung von Gender Mainstreaming setzt die Kenntnis der bestehenden Verhältnisse in der eigenen Einrichtung voraus. Dazu bedarf es einer Analyse der jeweiligen Istsituation. Für eine solche Analyse sind verschiedene Instrumente entwickelt worden, wie etwa die in Schweden im Rahmen kommunaler Gleichstellungspolitik entwickelte und erprobte „3-R-Methode". Diese fragt zunächst nach der *Repräsentation* der Geschlechter sowohl bezogen auf die Kinder und Jugendlichen, also die Bewohnerinnen und Bewohner, als auch auf die Position der Mitarbeiterinnen und Mitarbeiter. Als zweiter Schritt wird untersucht, wie die vorhandenen *Ressourcen* (Geld, Raum, Zeit) zwischen männlichen und weiblichen Kindern und Jugendlichen, zwischen Mitarbeiterinnen und Mitarbeitern verteilt sind und in Anspruch genommen werden. Und zuletzt fragt die 3-R-Methode nach den Gründen und Ursachen für die vorgefundene *Realität*: „Der Zweck besteht darin, ausgehend von den zwei ersten R zu diskutieren und folgende Fragen zu beantworten: Wer bekommt was zu welchen Bedingungen? Welche Normen und Werte liegen den verschiedenen Tätigkeiten zugrunde? Wird den Interessen beider Geschlechter in gleich großem Umfang Rechnung getragen?" (Stepanek und Krull 2001, S. 61). Neben der 3-R-Methode gibt es viele weitere Instrumente, wie Checklisten und Leitfäden, die dabei helfen, die Bereiche mit dem größten Handlungsbedarf herauszuarbeiten und zu Entscheidungen über mögliche Schwerpunktsetzungen zu gelangen. Für den Bereich der Kinder- und Jugendhilfe stehen mittlerweile auch schon zahlreiche Analyseinstrumente zur Verfügung. So haben einige auf Bundes- oder Landesebene organisierte Verbände und Arbeitsgemeinschaften Raster, Checklisten und Leitfäden zur geschlechtergerechten Gestaltung von Angeboten und Maßnahmen wie auch im Hinblick auf die Organisations- und Personalstruktur entwickelt, die über deren Homepages abrufbar sind oder in Form von Broschüren beziehungsweise in Buchform vorliegen (siehe hierzu unter anderem AWO Arbeiterwohlfahrt Bundesverband e.V. 2004; Bundesarbeitsgemeinschaft Evangelische Jugendsozialarbeit e.V. 2003; Deutscher Bundesjugendring 2004; Howe und Schön 2004; Sozialpädagogische Fortbildungsstätte Jagdschloss Glienicke 2005).

Istanalysen können aber nicht nur Aufschluss über Teilhabechancen, Repräsentation und Ressourcenverteilung, also über die vorgefundene Realität in Bezug auf Geschlechterverhältnisse, in der Einrichtung bieten. Sie bergen in sich gleichzeitig auch die Gefahr eines Genderparadoxes, auf das die US-amerikanische Sozialwissenschaftlerin Judith Lorber (1999, S. 52) aufmerksam macht: Bevor Geschlechterverhältnisse verändert werden können, müssen sie erst einmal ganz sichtbar und zu einem relevanten Thema gemacht werden. Dabei besteht die Gefahr, dass Zuschreibungen und Geschlechterrollenstereotype bestätigt statt abgebaut werden, dass Klischees also letztlich bedient statt überwunden werden. Diese Gefahr gilt es im Umsetzungsprozess von Gender Mainstreaming zu reflektieren – eine besondere Herausforderung, zumal Gender Mainstreaming nicht nur die institutionelle, sondern auch die personelle Ebene und die Ebene der fachlichen konzeptionellen und pädagogischen Arbeit tangiert. Beginnend mit der konzeptionellen Ebene, werden nachfolgend einige Fragestellungen für eine Analyse dieser Ebenen im Bereich der stationären Unterbringung aufgezeigt.

Gender Mainstreaming auf der konzeptionellen Ebene

Im Rahmen eines Projektes zur Implementierung und Vernetzung von Jungenpädagogik, welches von 1998 bis 2000 im Institut für regionale Innovation und Sozialforschung Tübingen durchgeführt wurde, entwickelten Gunter Neubauer und Mitarbeiter ein Arbeitspapier zu jungenbezogener Konzeptentwicklung, wobei sie auch den Bereich der stationären und teilstationären Hilfen einbezogen. Gerade in diesem Bereich hätten sich, so Neubauer (2002), sowohl ein hoher Bedarf als auch eine hohe Bereitschaft zur Entwicklung und Umsetzung jungenpädagogischer Konzepte gezeigt. Anknüpfend an Neubauers Vorschlag, den ich um die soziale Gruppe der Mädchen wie auch um einige von Reinhard Winter (2001) übernommene Fragen ergänzt habe, stehen am Beginn einer geschlechterpädagogischen Konzeption in einer Einrichtung Fragen zur Situation der betreuten Mädchen und Jungen:

- Situationsbeschreibung der Jungen und Mädchen:

  Warum sind die Jungen, warum die Mädchen da? Womit kommen sie? Was bringen sie mit? Welche Bedeutung hat ihre je spezifische „Zugangsgeschichte" für die Interaktion mit den anderen Jungen und Mädchen wie auch mit den Erzieherinnen und Erziehern? Was brauchen (eher) die Mädchen, was brauchen (eher) die Jungen? Was sind die relevanten Themen und Bereiche? Welche Verhaltensbandbreiten gibt es unter den Jungen? Welche unter den Mädchen? Wie wirkt sich dies auf die Arbeit aus?

- Potenziale der Jungen und Mädchen:

  Wie entwickeln sich die Jungen, wie die Mädchen bei uns? Welche Potenziale können sie hier entfalten? Welche Perspektiven haben sie nach ihrer Zeit in der Einrichtung?

- Situationsbeschreibung der Institution:

  Was bieten wir den Jungen „als Jungen", den Mädchen „als Mädchen" bereits an? Womit machen wir gute Erfahrungen, was gelingt gut? Wo liegen diesbezüglich die Stärken der Einrichtung?

- Perspektiven, nicht genutzte Ressourcen und Potenziale:

  Was sollten beziehungsweise könnten wir Jungen „als Jungen" und Mädchen „als Mädchen" noch anbieten? Welche Bereiche müssen wir noch stärker berücksichtigen oder konzeptionell umsetzen?

- Jungenpädagogik und Mädchenpädagogik als Leistungs- und Qualitätsmerkmal:

  Für die Berücksichtigung welchen spezifischen Bedarfes auf der Jungenseite beziehungsweise auf der Mädchenseite ist unsere Einrichtung ausgewiesen? Womit kann sich unsere Einrichtung in Zukunft profilieren? Was machen wir im Jungenbeziehungsweise Mädchenbereich besser als unsere Konkurrenz? In welchen Bereichen gibt es (künftig) Geld?

– Qualitätssicherung und Evaluation:

Wo kann die jungen- beziehungsweise mädchenpädagogische Qualität unserer Arbeit (strukturell abgesichert) thematisiert werden? In welchen (kommunikativen, statistischen) Zusammenhängen wird unsere jungen- und mädchenpädagogische Arbeit evaluiert? Woran messen wir den „jungen- beziehungsweise mädchenpädagogischen Erfolg"? Was zeigt uns, dass wir wirksam und erfolgreich mit den Jungen oder Mädchen gearbeitet haben?

Der hier präsentierte Vorschlag für eine Analyse der konzeptionellen Ebene enthält Fragen, deren Beantwortung nicht nur für die Entwicklung geschlechterpädagogischer Konzeptionen in der stationären Unterbringung bedeutsam ist, sondern auch zur Klärung einer Kenntnislücke beitragen kann, die geschlechterdifferenzierende Statistiken über begonnene Hilfen gemäß Paragraf 34 SGB VIII (Heimerziehung und sonstige betreute Wohnformen) offenbaren: „Während bei den 15- bis unter 18-Jährigen, der Altersgruppe mit den meisten begonnenen Hilfen, geringfügig mehr Mädchen und junge Frauen gezählt werden, können bei den 6- bis unter 9- sowie vor allem bei den 9- bis unter 12-Jährigen erheblich mehr Jungen registriert werden." Diese vom Informationsdienst der Dortmunder Arbeitsstelle Kinder- und Jugendhilfestatistik, bezogen auf Daten des Jahres 2002, erhobenen Befunde „werfen einmal mehr die Frage auf, wie geschlechtersensitiv inzwischen die Kinder- und Jugendhilfe in Bezug auf die unterschiedlichen Entwicklungsverläufe und Problemverarbeitungsstrategien von Jungen und Mädchen ist. Zugleich deuten die Ergebnisse aber auch Erkenntnisdefizite mit Blick auf die Definition von geschlechtsspezifischen Bedarfslagen in der Jugendhilfe an [...], ist doch bis heute unklar, ob mit diesen Differenzen reale Unterschiede zwischen Jungen und Mädchen zum Ausdruck kommen oder aber lediglich Wahrnehmungsunterschiede der Fachkräfte." (Fendrich, Overmann und Pothmann 2003, S. 2) Warum Mädchen erst in vergleichsweise höherem Alter zu Adressatinnen stationärer Unterbringung werden, verweise Margarete Finkel (Finkel 1998, S. 118) zufolge einerseits zwar auf die sich vorrangig in der Pubertät auswirkenden Widersprüchlichkeiten im weiblichen Lebenszusammenhang, lasse sich aber auch auf unterschiedliche Formen der Konfliktbewältigung von Mädchen und Jungen und damit einhergehende typische professionelle Wahrnehmungs- und Handlungsmuster zurückführen. Vor diesem Hintergrund konstatiert Finkel: Es „muss die immer noch bestehende mangelnde Aufmerksamkeit der Jugendhilfeinstanzen für die Problemlagen jüngerer Mädchen – oder anders formuliert – die vorherrschende Fixierung in der professionellen Wahrnehmung auf Abweichungen von weiblichen Rollen- und Verhaltensvorgaben im Jugendlichenalter kritisch bewertet werden" (ebd.). Im Kontext von Gender-Mainstreaming-Prozessen erhobene und ausgewertete Zugangsgeschichten von Mädchen und Jungen können wesentlich dazu beitragen, das bestehende Erkenntnisdefizit zu überwinden. Die an traditionellen Geschlechterrollenvorstellungen orientierten Wahrnehmungsmuster der Fachkräfte, wie sie in den obigen Zitaten vermutet werden, verweisen zudem auf genderbezogenen Aus- und Fortbildungsbedarf und damit auf die personelle Ebene stationärer Unterbringung.

Gender Mainstreaming auf der personellen Ebene

Gender Mainstreaming bezieht sich immer auch auf die personelle Ebene. Da es sich bei diesem geschlechterpolitischen Handlungsprinzip um ein Top-down-Prinzip handelt, bedarf der Umsetzungsprozess der Unterstützung durch die Leitung (Weg 2005). Die Unterstützung muss dabei über Lippenbekenntnisse hinausgehen; Gender Mainstreaming birgt umso mehr Chancen, realisiert zu werden und damit zur Herstellung von Geschlechtergerechtigkeit beizutragen, wenn dafür personelle Ressourcen und Mittel zur Verfügung gestellt werden. Ein wesentlicher Baustein, der den Umsetzungsprozess fördert, sind genderbezogene Fortbildungen, sei es zum Gender Mainstreaming im Allgemeinen oder zu geschlechterreflektierter pädagogischer Arbeit im Besonderen. Dass entsprechender Fortbildungsbedarf besteht, zeigen nicht nur die oben zitierten Vermutungen über Wahrnehmungsunterschiede der Fachkräfte, sondern auch die Ergebnisse einer vom Projekt „Jugendhilfe und sozialer Wandel" am Deutschen Jugendinstitut 2004 durchgeführten Einrichtungsbefragung zur Entwicklung (teil-)stationärer Hilfen zur Erziehung (Gragert, Pluto, van Santen und Seckinger 2005, S. 83). Immerhin einundzwanzig Prozent, also gut ein Fünftel der vierhundertzwei Befragten, sehen Fortbildungsbedarf zu geschlechtsspezifischer Arbeit beziehungsweise zum Gender Mainstreaming. Durchgeführt beziehungsweise geplant waren entsprechende Fortbildungen im Jahr 2004 den Angaben zufolge aber lediglich in zwölf Prozent der Einrichtungen.

Den Ergebnissen dieser Studie zufolge sind ungefähr zwei Drittel der angegebenen hauptamtlich Beschäftigten Frauen. Der Anteil an Teilzeitbeschäftigten in den befragten vierhundertzwei Einrichtungen liegt im Durchschnitt bei vierunddreißig Prozent. In fünfundachtzig Prozent der Einrichtungen stellen die hauptamtlichen Mitarbeiterinnen und Mitarbeiter nicht das einzige Personal dar. Dort sind zudem Jahrespraktikantinnen und -praktikanten, Honorarkräfte, geringfügig Beschäftigte, Zivildienstleistende oder junge Menschen im Freiwilligen Sozialen Jahr tätig. Diese Zahlen sind leider nicht mehr nach Geschlecht aufgeschlüsselt. Dabei wäre es äußerst interessant zu sehen, ob es unterschiedliche Bereiche sind, in denen Frauen und Männer in der stationären Unterbringung geringfügig beschäftigt beziehungsweise ehrenamtlich engagiert sind. Einer Zusammenstellung von Daten des Statistischen Bundesamtes zu Einrichtungen und tätigen Personen in der Jugendhilfe zufolge waren 2002 in der Heimerziehung im Gruppendienst insgesamt 34.317 Personen tätig, 24.381 davon weiblich. Das heißt, der Anteil der männlichen Beschäftigten lag bei neunundzwanzig Prozent. Etwas mehr, nämlich fünfunddreißig Prozent, betrug der Anteil der männlichen Beschäftigten in der Heimerziehung mit gruppenübergreifenden Tätigkeiten (insgesamt 4.167, davon 1.455 Männer und 2.712 Frauen). Insgesamt lag der Anteil der männlichen Beschäftigten in den Hilfen zur Erziehung bei knapp dreißig Prozent (Statistisches Bundesamt 2004 b und eigene Berechnungen).

Ausgehend von der Überrepräsentanz von Frauen in diesen Bereichen, findet sich mitunter die Forderung, mehr Männer für diese Arbeit zu gewinnen, teilweise mit Begründungen etwa dahingehend, den Jungen geschlechteradäquate Identifikationsmöglichkeiten zu bieten. Unter den gegebenen Bedingungen ist aber nicht davon auszugehen, dass die Unterrepräsentanz von Männern im Bereich der Erziehungshilfen sich in den nächsten Jahren spürbar verändern wird. Ein Indiz dafür dürfte der geringe Männeranteil an der Erzieherausbildung an Berufsfachschulen sein, der 2003/2004 bei mageren sechseinhalb Prozent lag (Stürzer 2005, S. 54). Meines Erachtens kommt es allerdings vielmehr darauf an, dass die Beschäftigten, egal ob Frauen oder Männer, geschlechterreflektiert arbeiten. Das setzt voraus, dass sie um die Bedeutung von Gender wissen. Konkret: Es setzt Genderkompetenz voraus. Diese Kompetenz umfasst Kenntnisse über die unterschiedlichen Rahmenbedingungen der Lebenswelten von Frauen und Männern, Mädchen und Jungen (Wissen), die Fähigkeit, die Geschlechterperspektive in die eigene fachliche Arbeit einzubeziehen (Können), und zudem die Bereitschaft, auf das Ziel Gleichstellung hinzuarbeiten (Wollen). Die Aneignung von Genderkompetenz erfordert Reflexionsprozesse, wobei der Selbstreflexion eine große Bedeutung beizumessen ist. Denn „Fachkräfte der sozialen Arbeit begegnen ihren Klienten oder Klientinnen, ihren Kolleginnen und Kollegen als Frauen oder Männer und sie werden von ihren jeweiligen Interaktionspartnern als solche wahrgenommen. Geschlechterbezogene Deutungen schwingen mit bei der Gestaltung der Zusammenarbeit im Team, beim Umgang mit Konflikten, bei der Entwicklung von Leitungskompetenzen und dem Umgang mit Macht wie auch bei der Gestaltung der jeweiligen Einrichtungs- und Organisationskultur", konstatiert Hildegard Mogge-Grotjahn (2004, S. 20). Das Gleiche gelte für den Umgang mit Klientinnen und Klienten. Hier sei zusätzlich zu berücksichtigen, dass die sozioökonomischen Risiken, denen Menschen unterliegen und die sie potenziell hilfebedürftig werden lassen, von den historisch entstandenen Geschlechterverhältnissen mitbestimmt seien. Somit gehöre das Hinwirken auf eine größere Geschlechtergerechtigkeit auch zum politischen Auftrag der Sozialen Arbeit.

Von solchen Überlegungen ausgehend, kann im Hinblick auf die personelle Ebene der Einrichtung zum Beispiel danach gefragt werden, welche genderrelevanten Kenntnisse und Qualifikationen die Mitarbeiterinnen und Mitarbeiter bereits haben und wo es noch Qualifikationsbedarf gibt. Spielt Genderkompetenz eine Rolle bei der Auswahl von neuem Personal? Weiter kann gefragt werden, wer für welche Arbeit zuständig ist beziehungsweise wer welche Aufgaben übernimmt. Welche Umgangsweisen zeigen sich, wie gehen die Mitarbeiterinnen und Mitarbeiter miteinander, aber auch mit den Mädchen und Jungen um? Zeigen sich unterschiedliche Umgangsweisen? Wenn ja, kann man voneinander lernen, von den anderen Umgangsweisen profitieren? Wie wird Geschlecht von den Mitarbeiterinnen und Mitarbeitern thematisiert? Bezogen auf die unmittelbare Arbeit mit den Mädchen und Jungen, hat Reinhard Winter noch einige nützliche Fragen herausgearbeitet: „Was macht der Mitarbeiterin/dem Mitarbeiter Spaß und Freude in der Arbeit mit Mädchen? Was in der Arbeit mit Jungen? Gibt es bei den Mitarbeiterinnen, bei den Mitarbeitern Wertmaßstäbe und Zielvorstellungen für die Mädchen, für die Jungen in der Einrichtung? Welche Zielvorstellungen haben die Mädchen/die Jungen selbst? Wie können Diskrepanzen ausgehalten oder verhandelt werden? Gibt es Formen des Abgleichs bzw. der Verifizierung mit den Annahmen der Adressaten?" (Winter 2001, S. 141). Winter schlägt außerdem vor, auch danach zu fragen, welche Mitarbeiterinnen und Mitarbeiter sich in welchen institutionellen Bereichen am wohlsten fühlen. Damit soll abschließend noch auf die Ebene der Organisationsstruktur und -kultur eingegangen werden.

Gender Mainstreaming auf der Ebene der Organisationsstruktur und -kultur

Mit dieser Ebene ist unter anderem die Raumfrage verbunden. Wie sind die Räume verteilt beziehungsweise aufgeteilt? Zeigt sich etwa ein auffälliger Unterschied in der Größe der Zimmer von Mädchen und Jungen? Falls ja, wie ist dieser Unterschied erklärbar? Welche Möglichkeiten haben Mädchen und Jungen, ihre Zimmer individuell zu gestalten? Gibt es da Unterschiede? Sind Mittel für die Zimmergestaltung vorhanden? Weiter kann gefragt werden, wie die Räume verteilt sind, die in der Freizeit zur Verfügung stehen, sowohl im Haus als auch draußen? Wird der zur Verfügung stehende „Frei-Raum" gleichermaßen von Mädchen wie von Jungen genutzt? Wer besetzt welchen Raum? Werden Mädchen und Jungen bei der Gestaltung des Außenraumes mit einbezogen? Was kann unternommen werden, um spezifischen Wünschen von Mädchen oder Jungen besser gerecht zu werden? Diese Fragen beziehen sich alle auf die räumlichen Bedingungen der Institution und auf die Interaktion, die unter diesen Bedingungen zwischen Erzieherinnen beziehungsweise Erziehern und Mädchen und Jungen wie auch unter den Mädchen und Jungen möglich ist. Beispiele für weitere Themen und Leitfragen in Bezug auf die Einrichtung können sein (Zusammenstellung nach Winter 2001, S. 142): Was bietet die Einrichtung insgesamt an freizeitkulturellen, pädagogischen und beruflich qualifizierenden Angeboten? Wie wirken diese Angebote für Mädchen beziehungsweise für Jungen, engen sie ein, öffnen sie neue Optionen? Welche Tradition gibt es in Bezug auf Geschlechterthemen? Welches „genderbezogene Leitbild" gibt es in der Einrichtung (verdeckt oder explizit)? Welche institutionellen Strukturen gibt es, die geschlechterbezogen wirksam sind (zum Beispiel Teamstrukturen, Kooperations- und Hierarchieformen)? Welche symbolische Wirkung entfalten institutionelle Strukturen jenseits des pädagogischen Bereiches? (Zum Beispiel: In der Küche und im Wäschebereich arbeiten ausschließlich Frauen, in der Leitung, als Hausmeister, Gärtner, in der Werkstatt oder Landwirtschaft dagegen nur Männer.)

Die aus unterschiedlichen Quellen zusammengestellten Leitfragen können Anregungen für eine geschlechterbezogene Analyse der Einrichtung bieten und dazu beitragen, die Bereiche zu erkennen, in denen geschlechterpolitischer wie auch geschlechterpädagogischer Handlungsbedarf besteht.

Resümee

Bei einer Durchsicht der (bislang überschaubaren) Literatur zum Gender Mainstreaming in der stationären Unterbringung fällt auf, dass für diesen Bereich erzieherischer Hilfen ganz offenbar noch keine Umsetzungsbeispiele aus der Praxis vorliegen. Daraus sollte aber nicht der Schluss gezogen werden, die Geschlechterperspektive finde in den Einrichtungen der Heimerziehung keine Berücksichtigung. Zumindest für die Ebene der fachlichen pädagogischen Arbeit lassen sich geschlechterspezifische Ansätze ausmachen. Solche Ansätze werden bisher jedoch hauptsächlich in Mädchenwohngruppen verfolgt; darüber hinaus scheinen sie aber ebenso wenig verbreitet zu sein wie Konzepte geschlechterreflektierter koedukativer Arbeit. Jungenspezifische Ansätze gewinnen erst allmählich an Bedeutung.
So kommt Michael Behnisch (2004, S. 132) zu dem Schluss: „Die geschlechtsspezifische Betrachtung von Problemlagen bleibt in der Heimerziehung – vor allem bezogen auf die Arbeit mit Jungen – weitgehend ausgeblendet." Was fehlt, ist eine Bestandsaufnahme über den Stand von Geschlechtergerechtigkeit und Gender Mainstreaming in der stationären Unterbringung, die Auskunft über die tatsächliche Verbreitung geschlechterreflektierter Arbeit und Erfahrungen damit gibt.

Literatur

AWO Arbeiterwohlfahrt Bundesverband e.V. (Hrsg.) (2004).
Gender Mainstreaming. AWO-Qualität in Jugendsozialarbeit und
Beschäftigungsförderung. Eine Arbeitshilfe.
Bonn: Eigenverlag.

Behnisch, Michael (2004).
Wo bleibt die Jungenarbeit in der Heimerziehung?
Problemskizze über eine vernachlässigte Perspektive.
Forum Erziehungshilfen, 3, 132–141.

Bruhns, Kirsten (2004).
Geschlechterforschung als Grundlage von Geschlechtergerechtigkeit in der Kinder- und Jugendhilfe.
In K. Bruhns (Hrsg.), Geschlechterforschung in der Kinder- und Jugendhilfe. Praxisstand und Forschungsperspektiven (S. 13–48).
Wiesbaden: VS Verlag für Sozialwissenschaften.

Bundesarbeitsgemeinschaft Evangelische Jugendsozialarbeit e.V. (Hrsg.) (2003).
Gender Mainstreaming: Das geht alle an! Informationen,
Einschätzungen, Anregungen und Praxisbeispiele aus der Arbeit
der BAG EJSA. Materialheft 2.
Stuttgart: Eigenverlag.

Bundesministerium für Familie, Senioren, Frauen und Jugend (2001).
Richtlinien vom 19.12.2000, Kinder- und Jugendplan des Bundes
(KJP). Gemeinsames Ministerialblatt, 2, 18–31.

Bundesministerium für Familie, Senioren, Frauen und Jugend (Hrsg.) (2002).
Gender Mainstreaming. Was ist das?
Berlin: Eigenverlag.

Callenius, Carolin (2002).
Wenn Frauenpolitik salonfähig wird, verblasst die lila Farbe. Erfahrungen mit Gender Mainstreaming im Bereich internationaler Politik.
In S. Bothfeld, S. Gronbach & B. Riedmüller (Hrsg.), Gender
Mainstreaming – eine Innovation in der Gleichstellungspolitik.
Zwischenberichte aus der politischen Praxis (S. 63–80).
Frankfurt am Main: Campus.

Dackweiler, Regina (2005).
Von Jungen und Mädchen, die Jungen und Mädchen sein wollen: Bedingungen einer geschlechtergerechten Jugendhilfe und Jugendarbeit.
Vortragsmanuskript zur Jahrestagung 2005 der Gilde Soziale Arbeit.

Deutscher Bundesjugendring (Hrsg.) (2004).
Der Gender-Selbstcheck des Deutschen Bundesjugendring.
Jugendpolitik, 1, 25–26.

Fendrich, Sandra, Overmann, Ruth & Pothmann, Jens (2003).
90.000 Neufälle bei den Hilfen zur Erziehung. Einblicke in Entscheidungen über Hilfebedarf und Leistungsarten. KomDat, 3, 1–2.

Finkel, Margarete (1998).
Zentrale Ergebnisse der Aktenanalyse.
In BMFSFJ (Hrsg.), Leistungen und Grenzen von Heimerziehung. Ergebnisse einer Evaluationsstudie stationärer und teilstationärer Erziehungshilfen (S. 115–165).
Stuttgart: Kohlhammer.

Frey, Regina (2003).
Gender im Mainstreaming. Geschlechtertheorie und -praxis im internationalen Diskurs.
Königstein im Taunus: Helmer.

Gildemeister, Regine & Wetterer, Angelika (1992).
Wie Geschlechter gemacht werden. Die soziale Konstruktion der Zweigeschlechtlichkeit und ihre Reifizierung in der Frauenforschung.
In G.-A. Knapp & A. Wetterer (Hrsg.), TraditionenBrüche. Entwicklungen feministischer Theorie (S. 201–254).
Freiburg im Breisgau: Kore.

Gragert, Nicola, Pluto, Liane, van Santen, Eric & Seckinger, Mike (2005).
Entwicklungen (teil)stationärer Hilfen zur Erziehung. Ergebnisse und Analysen der Einrichtungsbefragung 2004, Projekt Jugendhilfe und sozialer Wandel – Leistungen und Strukturen.
München: Deutsches Jugendinstitut e.V.

Heintz, Bettina (1993).
Die Auflösung der Geschlechterdifferenz – Entwicklungstendenzen in der Theorie der Geschlechter.
In E. Bühler (Hrsg.), Ortssuche: Zur Geographie der Geschlechterdifferenz (S. 17–48).
Zürich: eFeF-Verlag.

Helming, Elisabeth & Schäfer, Reinhild (2004).
Gender Mainstreaming in der Kinder- und Jugendhilfe.
Teilbericht 2.
München: Deutsches Jugendinstitut e.V.

Howe, Nicole & Schön, Franz K. (Hrsg.) (2004).
Gender Mainstreaming pass(t) genau.
Hannover: edition aej.

Krüger, Helga (1999).
Geschlecht – eine schwierige Kategorie. Methodisch-methodologische Fragen der „Gender"-Sensibilität in der Forschung.
In A. Neusel & A. Wetterer (Hrsg.), Vielfältige Verschiedenheiten. Geschlechterverhältnisse in Studium, Hochschule und Beruf (S. 35–60).
Frankfurt am Main: Campus.

Lorber, Judith (1999).
Gender-Paradoxien.
Opladen: Leske + Budrich.

Meuser, Michael (2004).
Gender Mainstreaming: Festschreibung oder Auflösung der Geschlechterdifferenz? Zum Verhältnis von Geschlechterforschung und Geschlechterdifferenz.
In M. Meuser & C. Neusüß (Hrsg.), Gender Mainstreaming. Konzepte – Handlungsfelder – Instrumente (S. 322–336).
Bonn: Bundeszentrale für politische Bildung.

Mogge-Grotjahn, Hildegard (2004).
Geschlechterforschung, Gender Mainstreaming und Gender-Kompetenzen. EREV-Schriftenreihe, 1, 16–22.

Neubauer, Gunter (2002).
Stationäre Unterbringung: Jungenbezogene Konzeptentwicklung.
Erfahrungen im stationären und teilstationären Bereich.
In B. Sturzenhecker & R. Winter (Hrsg.), Praxis der Jungenarbeit.
Modelle, Methoden und Erfahrungen aus pädagogischen
Arbeitsfeldern (S. 117–126).
Weinheim: Juventa.

Pasero, Ursula (1994).
Geschlechterforschung revisited: konstruktivistische und systemtheoretische Perspektiven.
In T. Wobbe & G. Lindermann (Hrsg.), Zur theoretischen und institutionellen Rede vom Geschlecht (S. 264–296).
Frankfurt am Main: Suhrkamp.

Rauw, Regina (2003).
Gender Mainstreaming in der Jugendarbeit – eine neue Strategie,
aber kein neues Thema.
In M. Jansen, A. Röming & M. Rohde (Hrsg.), Gender Mainstreaming: Herausforderung für den Dialog der Geschlechter
(S. 253–269).
München: Olzog.

Rieger, Günter (2003).
Gerechtigkeit.
In D. Nohlen (Hrsg.), Kleines Lexikon der Politik (S. 168–169).
München: Beck.

Rose, Lotte & Schmauch, Ulrike (2005) (Hrsg.).
Jungen, die neuen Verlierer? Auf den Spuren eines öffentlichen
Stimmungswechsels.
Königstein im Taunus: Helmer.

Scherr, Albert (2002).
Situation und Entwicklungsperspektiven geschlechtsdifferenzierender Jungenarbeit.
In U. Werthmanns-Reppekus & K. Böllert (Hrsg.), Mädchen-
und Jungenarbeit – Eine uneingelöste fachliche Herausforderung.
Der 6. Jugendbericht und zehn Jahre Paragraph 9.3 im Kinder-
und Jugendhilfegesetz, Sachverständigenkommission 11. Kinder-
und Jugendbericht (S. 297–316).
München: Deutsches Jugendinstitut e.V.

Sozialpädagogische Fortbildungsstätte Jagdschloss Glienicke (2005).
„Im Gender-Dschungel". Die Kinder- und Jugendhilfe auf neuen Wegen zur Gleichberechtigung. Eine Handreichung zu Perspektiven von Mädchen- und Jungenarbeit in Zeiten von Gender Mainstreaming und zu aktuellen Gleichberechtigungsanforderungen an die Kinder- und Jugendhilfe.
Berlin: Eigenverlag.

Statistisches Bundesamt (2004 a).
Im Blickpunkt: Frauen in Deutschland.
Stuttgart: Metzler-Poeschel.

Statistisches Bundesamt (2004 b).
Statistik der Kinder- und Jugendhilfe 2002, Einrichtungen und tätige Personen.
Wiesbaden: Eigenverlag.

Stepanek, Brigitte & Krull, Petra (2001).
Gleichstellung und Gender Mainstreaming: Projekt Frauenbildungsnetz Ostsee. Ein Handbuch (2., geringfügig überarbeitete Auflage). Schwerin: Frauen- und Gleichstellungsbeauftragte der Landesregierung Mecklenburg-Vorpommern.

Stürzer, Monika (2005).
Bildung, Ausbildung und Weiterbildung.
In W. Cornelißen (Hrsg.) im Auftrag des Bundesministeriums für Familie, Senioren, Frauen und Jugend, Gender-Datenreport. Kommentierter Datenreport zur Gleichstellung von Frauen und Männern in der Bundesrepublik Deutschland (S. 18–91).
München: Deutsches Jugendinstitut e.V.

Weg, Marianne (2005).
Going Gender für die BürgerInnengesellschaft.
Gender Mainstreaming in zivilgesellschaftlichen Organisationen. Studie für den Arbeitskreis „Bürgergesellschaft und Aktivierender Staat" der Friedrich-Ebert-Stiftung.
Bonn: Friedrich-Ebert-Stiftung.

West, Candace & Zimmerman, Don H. (1987).
Doing Gender. Gender & Society, 1, 125–151.

Wetterer, Angelika (2003).
Rhetorische Modernisierung: Das Verschwinden der Ungleichheit aus dem zeitgenössischen Differenzwissen.
In G.-A. Knapp & A. Wetterer (Hrsg.), Achsen der Differenz. Gesellschaftstheorie und feministische Kritik (S. 286–319).
Münster: Westfälisches Dampfboot.

Wetterer, Angelika (2004).
Konstruktion von Geschlecht: Reproduktionsweisen der Zweigeschlechtlichkeit.
In R. Becker & B. Kortendiek (Hrsg.), Handbuch Frauen- und Geschlechterforschung. Theorie, Methoden, Empirie (S. 122–131).
Wiesbaden: VS Verlag für Sozialwissenschaften.

Winter, Reinhard (2001).
Gender Mainstreaming im Feld der stationären Unterbringung (Heimerziehung).
In G. von Ginsheim & D. Meyer (Hrsg.), Gender Mainstreaming. Neue Perspektiven für die Jugendhilfe (S. 133–143).
Berlin: Stiftung Sozialpädagogisches Institut.

Sabine Handschuck

Die interkulturelle Öffnung der stationären Erziehungshilfen ist überfällig

Bereits 2002 stellte Dieter Filsinger für die Soziale Arbeit fest, dass die interkulturelle Öffnung zu einem neuen Paradigma geworden ist. Konsequent weitergedacht bedeutet dies, dass die stationäre Erziehungshilfe in einer Einwanderungsgesellschaft wie der Bundesrepublik Deutschland selbstverständlich interkulturell auszurichten ist, wenn sie professionelle Unterstützungsangebote machen will.

Im Folgenden werden zunächst einige Erkenntnisse über die Lage von jungen Menschen mit Migrationshintergrund in der stationären Erziehungshilfe zusammengetragen. Daraus lassen sich anschließend Prinzipien für eine professionelle interkulturelle Arbeit ableiten, die sowohl für die strukturelle Einrichtungsebene als auch für das pädagogische Alltagshandeln gelten. Abschließend wird es darum gehen, von den im Tagungsforum unter dem Titel „Interkulturelle Aspekte in der stationären Erziehungshilfe" zusammengetragenen Erfahrungsberichten, Reflexionen und konzeptionellen Ideen zu berichten. Sie unterstreichen die Notwendigkeit einer interkulturellen Öffnung der stationären Erziehungshilfen und reklamieren entsprechenden Handlungsbedarf.

Kinder und Jugendliche aus Migrantenfamilien als Adressaten erzieherischer Hilfen

Die Heimerziehung hat die Aufgabe, so Paragraf 34 SGB VIII, Kinder und Jugendliche durch eine Verbindung von Alltagsleben mit pädagogischen und therapeutischen Angeboten in ihrer Entwicklung zu fördern. Dieses Alltagsleben ist für eine große Zahl von Kindern und Jugendlichen durch eigene Migrationserfahrungen oder durch die ihrer Eltern oder Großeltern bestimmt.

In München kann beispielsweise bei mehr als einem Drittel der Kinder und Jugendlichen von einem Migrationshintergrund ausgegangen werden.

Bei einem Blick auf die Adressatinnen und Adressaten ist zunächst festzustellen, dass Kinder und Jugendliche mit Migrationshintergrund anders von erzieherischen Hilfen betroffen sind als junge Menschen aus der deutschen Mehrheitsgesellschaft. So hat die Jule-Studie (Baur, Finkel, Hamberger und Kühn 1998) im Vergleich herausgearbeitet, dass Heranwachsende aus Migrantenfamilien zu Beginn der Erziehungshilfeleistung im Durchschnitt älter sind, die Hilfen häufiger aus aktuellen Krisensituationen hervorgehen und von kürzerer Dauer sind. Dies gilt insbesondere für Mädchen, die zwar häufiger selbst die Initiative ergreifen und um Erziehungshilfe nachsuchen, die jedoch erzieherische Hilfen oft nur für wenige Monate erhalten. Jungen weisen zudem eine überdurchschnittlich hohe Zahl riskanter Entwicklungsverläufe auf. Die gravierendsten Unterschiede im Vergleich von Kindern und Jugendlichen mit und ohne Migrationshintergrund werden deutlich, wenn es um den Erfolg erzieherischer Hilfen geht: Sie sind bei Heranwachsenden aus Migrantenfamilien von geringerer Wirksamkeit und führen zumeist nicht zur Veränderung ihrer konflikthaften Lebenslagen.

Als Ursachen für diese Unterschiede werden zumeist Nutzungsbarrieren aufseiten der Migrantenfamilien identifiziert, die darauf zurückgehen, dass Migrationszusammenhänge systematisch ausgeblendet bleiben. So ist die interkulturelle Öffnung nicht nur durch unterschiedlich oder vermeintlich unterschiedlich kulturell geprägte Konfliktlösungsstrategien erschwert, sondern vor allem dadurch, dass sozialräumliche und biografische Hintergründe der Adressatinnen und Adressaten nicht ausreichend analysiert und konzeptionell berücksichtigt werden. Es fehlt sowohl an einer differenzierenden Wahrnehmung unterschiedlicher Lebenslagen als auch an ausreichendem Kontakt zu Familien mit Migrationshintergrund.

Die im Zuge des Bundesmodellprogramms zur Fortentwicklung des Hilfeplanverfahrens erstellte Expertise „Interkulturelle Aspekte bei der Durchführung des Hilfeplanverfahrens" (Kappel, Straus und Weiterschan 2004) kommt unter anderem zu dem Ergebnis, dass Fachkräfte der Kinder- und Jugendhilfe bei der

Fallanamnese und -diagnose den Migrationshintergrund allzuoft vernachlässigen, dass sie die Fremdheit der Migrantenkinder und ihrer Familien gegenüber den deutschen Hilfeinstitutionen kaum reflektieren und auch ihr kulturell unterschiedliches Verständnis von Hilfe nicht ausreichend bearbeiten. Somit lautet das Fazit: Die stationäre Erziehungshilfe und das Hilfeplanverfahren sind interkulturell nicht geöffnet. Jedoch führt die Diskussion dieser Befunde und Erkenntnisse allmählich zu ersten vielversprechenden Ansätzen, die die Grundprinzipien interkultureller Arbeit berücksichtigen.

Sich ergänzende Ansätze interkultureller Arbeit

Interkulturelle Arbeit in der stationären Erziehungshilfe soll der Tatsache Rechnung tragen, dass Kinder und Jugendliche verschiedener Ethnien und Kulturen ihren Alltag unterschiedlich leben. Im Alltag sind sie Angehörige so unterschiedlicher Gruppen wie Arbeitsmigranten, asylsuchende Flüchtlinge, osteuropäische Aussiedler oder alteingesessene Minderheiten, wie Sinti und Roma. Für alle Kinder, Jugendlichen und ihre Eltern spielt das Verhältnis zwischen ihrer und der deutschen Mehrheitskultur eine gewichtige Rolle, und die Auseinandersetzung mit ihrer kulturellen Herkunft, ihrer Geschichte, ihren Normen und Werten bestimmt die Bewältigung des Alltagslebens. Die Entwicklungsaufgabe besteht für die jungen Migrantinnen und Migranten darin, sich der eigenen Stärken und Schwächen bewusst zu werden, sie zu reflektieren (Prengel 1995, S. 64 ff.) und damit ihre Identität weiterzuentwickeln. Für die Heimerziehung ist es eine pädagogische Herausforderung, Migrantenkinder und -jugendliche dabei zu unterstützen, gerade weil der Alltag der zentrale Ort pädagogischen Handelns ist. Es gilt, die Vielfalt nicht zu reduzieren, sondern Wege aufzuzeigen, mit ihr umzugehen. Gleichzeitig geht es aber auch darum, stationäre Erziehungshilfen nicht nur pädagogisch, sondern auch strukturell so auszurichten, dass sie allen Kindern, Jugendlichen und ihren Eltern unabhängig von Geschlecht und Herkunft Unterstützung gewähren. Das ist noch nicht der Fall.

Damit rücken zwei unterschiedliche Ansätze in den Blick: Ich unterscheide zwischen einem strukturellen Ansatz der interkulturellen Arbeit, der sich auf die interkulturelle Orientierung und Öffnung von Erziehungseinrichtungen bezieht, und einem pädagogischen Ansatz, der ein migrationssensibles und interkulturell kompetentes Handeln der Fachkräfte beinhaltet. Nach meiner Auffassung ermöglichen beide Ansätze erst in ihrer gegenseitigen Ergänzung interkulturelle Professionalität. Diese Ansätze lassen sich mit den von Georg Auernheimer (2003) benannten zwei Prinzipien konkretisieren, die die Idee einer multikulturellen Gesellschaft tragen: das Prinzip der Gleichheit und das Prinzip der Anerkennung. Sie gelten auch für die interkulturelle Arbeit in der stationären Erziehungshilfe, sind hinsichtlich der beschriebenen Ansätze jedoch unterschiedlich zu gewichten. Beim strukturellen Ansatz der interkulturellen Öffnung steht die Gleichheit von Rechten und Zugangsmöglichkeiten im Vordergrund.

Das Menschenbild der Sozialen Arbeit wird geprägt von den Werteentscheidungen des Grundgesetzes, das – von der Würde des Menschen ausgehend – Grundrechte, wie das Recht auf freie Entfaltung der Persönlichkeit oder die Gleichbehandlung und Gleichberechtigung, festschreibt. Der Sozialstaat hat somit die Aufgabe, in der Verbindung von Gerechtigkeit und Gleichheit soziale Gerechtigkeit zu realisieren (Schröer 2005, S. 281). Interkulturelle Arbeit tritt im Hinblick auf Minderheiten für gleiche Chancen ungeachtet der Herkunft ein. Das setzt Wissen über strukturelle Benachteiligungen voraus, Sensibilität gegenüber sozialen, ökonomischen und kulturellen Lebenslagen sowie eine kritische Reflexivität, die kulturalisierende oder ethnisierende Zuschreibungen vermeidet. Für die erzieherischen Hilfen gilt es, die jeweilige Kultur einer Einrichtung, ihre unbewussten Ausgrenzungsmechanismen und ihre kulturzentristischen Deutungsmuster zu reflektieren. Das Prinzip der Gleichheit verlangt eine Dramatisierung der dargestellten Unterschiede und der Zugangsbarrieren zu Kinder- und Jugendhilfeleistungen für Familien mit Migrationshintergrund. Das ist der erste Schritt zu ihrer Beseitigung.

Beim pädagogischen Ansatz steht hingegen die Anerkennung von Unterschieden im Vordergrund. Erst sie ermöglicht Lebensweltbezug, Ressourcenorientierung und eine partizipative Ausrichtung des Heimalltags. Es geht um das Individuum und seine Identität, um die Entwicklung von Kohärenz. Bei diesem Ansatz ist eine Entdramatisierung von kulturellen Unterschieden angezeigt, um die Vielfalt der in einer Einrichtung lebenden Kinder und Jugendlichen und ihrer jeweiligen Stärken und Schwächen in den Blick zu bekommen, ohne vorschnell kulturelle Zuschreibungen vorzunehmen und ohne die jungen Menschen auf ihre Herkunft zu reduzieren. Eine Grundvoraussetzung dafür ist das Prinzip der Anerkennung.

Interkulturelle Öffnung von Einrichtungen

An dieser Stelle können erste Schritte auf dem Wege zu einer interkulturellen Öffnung von Einrichtungen der stationären Erziehungshilfe nur beispielhaft skizziert werden. Interkulturelle Orientierung und Öffnung sind genauso wie Gender Mainstreaming Strategien zur Durchsetzung von Querschnittspolitiken und damit Führungsaufgaben. Von daher ist es die Aufgabe der Einrichtungsleitung, die Verantwortung für die Verankerung dieser Querschnittsaufgaben im Alltag der Einrichtung zu übernehmen, einen entsprechenden Prozess zu initiieren und umzusetzen. Hierzu gehören die Entwicklung eines interkulturellen Leitbildes für die Einrichtung, bei der das gesamte Personal sowie die Kinder und Jugendlichen zu beteiligen sind, und eine entsprechende Personalpolitk, die interkulturelle Qualifizierungsmaßnahmen zur Verfügung stellt, den Einsatz von Dolmetschern plant und bei Neueinstellungen gezielt um Mitarbeiterinnen und Mitarbeiter mit Migrationshintergrund wirbt. Im Qualitätsentwicklungsverfahren schlägt sich die interkulturelle Öffnung darin nieder, dass die Kinder und Jugendlichen regelmäßig mit migrationssensiblen Verfahren als Nutzerinnen und Nutzer befragt werden und die Beschreibung und Analyse wichtiger Schlüsselprozesse der Dienstleistungserbringung aus einer interkulturellen Perspektive erfolgen. Die interkulturelle Öffnung richtet sich nicht nur nach innen, sondern umfasst selbstverständlich auch die Öffentlichkeitsarbeit, so die Bereitstellung mehrsprachigen Informationsmaterials oder die äußere Gestaltung der Einrichtung, in der die kulturelle Vielfalt ihrer Bewohnerinnen und Bewohner zum Ausdruck kommt.

Anerkennung als Prinzip interkultureller Pädagogik

Im Zentrum pädagogischer Bemühungen der Hilfen zur Erziehung steht bekanntlich die Förderung junger Menschen in ihrer Entwicklung zur eigenverantwortlichen und gemeinschaftsfähigen Persönlichkeit. Damit geht eine Identitätsentwicklung einher, die mit Heiner Keupp und Mitautoren (1999) und Florian Straus (2002) als ein dialogischer, diskontinuierlicher Prozess zu verstehen ist. Prozesshafte Identitätsentwicklung beinhaltet die Auseinandersetzung mit ambivalenten und widersprüchlichen gesellschaftlichen und subjektiven Anforderungen, die an Lebensphasen gebunden sind. Kohärenz und Kontinuität, also innerlich zusammenhängende und fortlaufend aufeinander aufbauende Entwicklungen, werden auch in den modernen Identitätstheorien als wesentlich beurteilt, aber als weniger statisch interpretiert: „Eine kohärente Identität ist nicht eine, die Vielfalt reduziert, sondern die gelernt hat, mit Vielfalt umzugehen" (Straus 2002, S. 160). Die Entwicklung eines Kohärenzgefühls erfolgt nicht stufenweise, sondern offen und fortlaufend. Sie ist letztlich nie abgeschlossen. Voraussetzung für Kohärenz, also für ein stabiles Selbstgefühl, ist ein Kontext von Anerkennung. Anerkennung ist damit eine Grundvoraussetzung dafür, dass Bildung und Selbstbildungsprozesse gelingen. Nach Straus (2002, S. 168 f.) gilt es drei Elemente von Anerkennung zu unterscheiden:

- *Aufmerksamkeit von anderen* im Sinne wohlwollender Wahrnehmung beinhaltet verbale und nonverbale Botschaften, die Kindern und Jugendlichen signalisieren: „Du bedeutest mir etwas, ich sehe und höre dich, ich lasse mir Zeit, dich kennenzulernen, ich habe Interesse an dir." Durch Aufmerksamkeit können sich Kinder und Jugendliche als relevante Subjekte selbst wahrnehmen. Aufmerksamkeit mit negativer Prägung beinhaltet hingegen diskriminierende Praktiken, wie die persönliche Abwertung beispielsweise durch falsch ausgesprochene Namen oder bewusstes wie unbewusstes Übersehen, Überhören oder Fehlinterpretieren von sprachlichen und gestischen Signalen aufgrund interkultureller Kommunikationsschwierigkeiten.

- *Positive Bewertungen* sind verbale oder nonverbale Rückmeldungen, etwa: „Ich finde gut, was du denkst, was du fühlst, was du tust, wie du dich gibst und was du bewirkst." Hier ist es notwendig, die jeweiligen kulturellen Ressourcen von Kindern und Jugendlichen wahrzunehmen. Positive Bewertung ist nicht gleichzusetzen mit Kritikverbot, sondern mit Ressourcenorientierung, durch die persönliche Stärken und individuelle sowie kulturell geprägte Lösungsstrategien in den Mittelpunkt gerückt werden und die den Ausgangspunkt für das pädagogische Handeln bilden. Gerade für Minderheitenangehörige ist entscheidend, ob Pädagoginnen und Pädagogen als Vertreterinnen und Vertreter der Mehrheitsgesellschaft ihnen akzeptable Identitätsangebote machen und inwieweit sie bewusst oder unbewusst integrieren oder ausgrenzen, ab- oder aufwerten.

- *Selbstanerkennung* beinhaltet eine Selbstbewertung, die zunächst davon abhängt, wie ich mich in den Augen anderer sehe: „Das, was andere an mir schätzen, finde ich selbst auch gut an mir." Das Element der Selbstanerkennung verweist auf das Konstrukt der „dominierenden Teilidentität" (Straus 2002, S. 165). Dominierende Teilidentitäten haben in unterschiedlichen Lebensphasen eine höhere Relevanz für die Identitätsarbeit, da sie dem Subjekt aktuell mehr Anerkennung, Selbstachtung, Autonomie und Sicherheit vermitteln als andere Teilidentitäten. Welche Teilidentität dominiert, ist also dadurch bestimmt, in welchem Maß sie Selbstanerkennung ermöglicht. Selbstanerkennung ist wiederum davon beeinflusst, ob über die Zugehörigkeit zu sozialen Gruppen Aufmerksamkeit und positive Bewertung erfahren werden können und ob Vorbilder und Partnerinnen oder Partner für die Realisierung bestimmter Identitätsprojekte gefunden werden. Empfindet sich eine Jugendliche beispielsweise als Außenseiterin und verknüpft sie diese Teilidentität mit ihrer Herkunft als Kurdin, kann dies durchaus positiv konnotiert sein und, als Widerstand gegen eine Anerkennung verweigernde Mehrheit interpretiert, zur Quelle von Selbstanerkennung werden. Eine Auseinandersetzung mit dem je kulturell spezifischen Habitus entwickelt ihr Bildungspotenzial, wenn auf der Grundlage von Selbstanerkennung Veränderungsoptionen erschlossen werden können. In einer sozialen Gruppe, in der eine multikulturelle Zusammensetzung positiv wahrgenommen wird und Anerkennung nicht entlang ethnischer oder kultureller Zuschreibungen gewährt oder verweigert wird, ist es möglich, dass sich die dominierende Teilidentität der Jugendlichen verändert, beispielsweise dadurch, dass die eigene Mehrsprachigkeit als Ressource wahrgenommen wird, die den Zugang zu verschiedenen kulturellen Kontexten erschließt.

Kinder und Jugendliche mit Migrationshintergrund haben mitunter massive Diskriminierungs- und Ausgrenzungserfahrungen zu verarbeiten, die sie selbst oder Angehörige ihres sozialen Umfeldes erfahren haben. Das bringt sie in Loyalitätskonflikte. Die interkulturelle Pädagogik nimmt diese Konflikte sensibel wahr und bewertet Strategien positiv, die Kinder und Jugendliche entwickeln, wenn sie sich mit den eigenen kulturellen Einbettungen auseinandersetzen. Als Beispiel kann die soziale und pädagogische Arbeit im „Atelier La Silhouette" in München genannt werden, ein Projekt der berufsbezogenen Jugendhilfe. Die Arbeit mit jungen Frauen, überwiegend mit Migrations- und Fluchthintergrund, ist geprägt von Wertschätzung und Anerkennung. Pädagogisches Prinzip der Ausbildung in diesem Berufsförderprojekt ist es, die Selbstanerkennung der jungen Frauen zu fördern. Sie werden ermutigt, ihre erlebten Demütigungen, Verletzungen und Traumata zu formulieren. Zugleich werden sie bestätigt in ihren Stärken und dabei unterstützt, diese wahrzunehmen und auszusprechen. In einem 2005 veröffentlichten „Showbook der Kollektion" werden die jungen Frauen nicht nur namentlich genannt. Sie werden vor allem mit ihren jeweiligen Stärken und Differenzierungen vorgestellt, zum Beispiel: „Äthiopischer Herkunft, fröhlich, genau und gut am Zeitgeist" oder „Sri Lankischer Herkunft, gradlinig, Spezialistin in Feinarbeit, besonderer Humor". Dazu gehört, dass regelmäßige positive Feedback-Runden der Ausbilderinnen mit der Gruppe den Entwicklungsprozess der jungen Frauen kontinuierlich begleiten und diese sich mit ihren Stärken und ihrer individuellen Schönheit öffentlich (Modenschau, Showbook) präsentieren.

Ob kulturelle Teilidentitäten kaschiert, verleugnet oder stilisiert werden, hängt in der Regel von sozialen Zuschreibungen und Bewertungen ab, die eine soziale Selbstverortung beeinflussen. „Interkulturelle Pädagogik kann nur verstanden werden als eine Pädagogik, die am Veränderungsprozess von Kultur teil hat, indem sie Kindern und Jugendlichen Raum lässt, sich als Subjekte dieses Prozesses zu fühlen und ihn aktiv mitzugestalten" (Prengel 1995, S. 93).

Erfahrungsberichte, Reflexionen und Ideen

Einerseits ist es stets schwierig, ein so komplexes Thema wie die interkulturelle Öffnung der stationären Erziehungshilfe in einem zeitlich und räumlich stark begrenzten Rahmen, wie er ein Tagungsforum darstellt, zu behandeln. Andererseits liefern gerade solche Zusammenkünfte unterschiedlicher Fachleute unschätzbare Erfahrungsberichte, Reflexionen und Ideen für die Weiterentwicklung des Themas, das ja gleichzeitig ein fachliches Anliegen formuliert und somit auf neue Impulse angewiesen ist.

Gerahmt von interkulturellen Übungen (Handschuck und Klawe 2004) und an die bisherigen Ausführungen anknüpfend, stand die rege Diskussion über die kommunikative Funktion der Verwendung, Umschreibung oder Auslassung von persönlichen Namen im Mittelpunkt des Austausches. Neben der Sensibilisierung für den eigenen Namen und dessen Geschichte konnte beispielhaft verdeutlicht werden, wie mit dem sprachlichen Umgang mit Namen die Vermittlung von Respekt oder Missachtung, Spott oder Anerkennung, Nähe oder Distanz einhergeht. Die interkulturelle Pädagogik findet hier im pädagogischen Alltag einen besonderen Anknüpfungspunkt bei der Neuaufnahme von Kindern und Jugendlichen in die Einrichtung. Vertiefend wurde von einem diagnostischen Zugang berichtet, bei dem durch das Erfragen von Namensgeschichten das Kind zu einer Selbstnarration angeregt wurde. Diese Erzählung ermöglichte der Pädagogin ein Verständnis für das Familiensystem des Kindes. Der kultursensible Umgang mit Namen ist im Alltag mitunter nur sehr mühsam zu bewerkstelligen und umfasst viele Details, die systematisch zu bedenken sind. Ein typisches Beispiel hierfür sind Aussprachsschwierigkeiten bei fremd klingenden Namen, die nur schwer über die Lippen kommen. Hierzu wurde vorgeschlagen, auf Erhebungsbögen Lautschriftvermerke zu notieren, um so im pädagogischen Team eine Verständigung herzustellen.

Das zweite, durch praktische Übungen eingeleitete Thema befasste sich mit den Unterschieden zwischen eher individuellen oder eher kollektiven Konfliktlösungsstrategien. Es wurde diskutiert, wie diese im Heimalltag wahrgenommen und im pädagogischen Handeln berücksichtigt werden können. Der dritte Themenschwerpunkt widmete sich der nonverbalen und verbalen interkulturellen Kommunikation. Unterschiede in Wortbedeutungen wurden ebenso angesprochen wie sich unterscheidende Kommunikationsstile, die Bedeutung von Blickkontakt und Körperabstand und mögliche Unterschiede im Gesprächsaufbau sowie ihre Thematisierung sowohl im pädagogischen Team als auch in der Gruppen- und in der Elternarbeit.

Zum Ende der Arbeit im Forum äußerten die Teilnehmerinnen und Teilnehmer, dass die Beschäftigung mit interkultureller Kommunikation für den pädagogischen Alltag lohnend und sinnvoll ist, dass aber entsprechende Fortbildungsangebote nicht ausreichen oder ganz fehlen. Zudem wurde der Wunsch nach einer Handreichung zu thematisch weiterführenden Publikationen geäußert. Etwa ein Drittel der Teilnehmerinnen und Teilnehmer des Forums arbeiten in der stationären Erziehungshilfe. Ihren Rückmeldungen war zu entnehmen, dass die interkulturelle Öffnung der stationären Erziehungshilfe weiterhin aussteht und überfällig ist. In nur wenigen Einrichtungen ist die interkulturelle Arbeit sowohl auf der pädagogischen als auch auf der strukturellen Ebene verankert. Dem steht gegenüber, dass interkulturelle Aspekte im Alltag stationärer Erziehungshilfe zunehmend an Bedeutung gewinnen.

Literatur

Atelier La Silhouette (Hrsg.) (2005).
Showbook der Kollektion.
München: Eigenverlag.

Auernheimer, Georg (2003).
Einführung in die interkulturelle Pädagogik (3., neu bearbeitete
und erweiterte Auflage).
Darmstadt: Wissenschaftliche Buchgesellschaft.

Baur, Dieter, Finkel, Margarete, Hamberger, Matthias & Kühn,
Axel D. (1998).
Leistungen und Grenzen der Heimerziehung. Ergebnisse einer
Evaluationsstudie stationärer und teilstationärer Erziehungshilfen.
Forschungsprojekt Jule. Schriftenreihe des Bundesministeriums
für Familie, Senioren, Frauen und Jugend, Band 170.
Stuttgart: Kohlhammer.

Filsinger, Dieter (2002).
Interkulturelle Öffnung Sozialer Dienste. Expertise im Auftrag
der Regiestelle E & C.
Saarbrücken: Eigenverlag.

Handschuck, Sabine & Klawe, Willy (2004).
Interkulturelle Verständigung in der sozialen Arbeit. Ein Erfahrungs-,
Lern- und Übungsprogramm zum Erwerb interkultureller Kompetenz.
Weinheim: Juventa.

Kappel, Monika, Straus, Florian & Weiterschan, Walter (2004).
Interkulturelle Aspekte bei der Durchführung des Hilfeplan-
verfahrens. Expertise im Rahmen des Modellprogramms zur
Fortentwicklung des Hilfeplanverfahrens.
München: Deutsches Jugendinstitut e.V.

Keupp, Heiner u.a. (1999).
Identitätskonstruktionen. Das Patchwork der Identitäten in der
Spätmoderne.
Reinbek bei Hamburg: Rowohlt-Taschenbuch-Verlag.

Prengel, Annedore (1995).
Pädagogik der Vielfalt.
Opladen: Leske + Budrich.

Schröer, Hubertus (2005).
Reparaturbetrieb Jugendhilfe? Hohe Erwartungen trotz begrenzter Mittel!
In L. Kolhoff (Hrsg.), Zwischen Ökonomie und sozialer Verantwortung (S. 271–293).
Augsburg: ZIEL-Verlag.

Straus, Florian (2002).
Netzwerkanalysen. Gemeindepsychologische Perspektiven für Forschung und Praxis.
Wiesbaden: Deutscher Universitäts-Verlag.

Nicola Gragert und Mike Seckinger

Die Bedeutung der Resilienzforschung für die stationären Hilfen zur Erziehung

Selbst unter den widrigsten Bedingungen des Aufwachsens schafft es immer noch ein Drittel aller Menschen, große Belastungen und Risiken relativ unbeschadet zu überstehen. Es wird auch in der Kinder- und Jugendhilfe zunehmend diskutiert, warum diese Menschen mit überaus belastenden Situationen zurechtkommen und welche Faktoren es sind, die sie schützen. Das Resilienzkonzept wird in der Kinder- und Jugendhilfe allerdings erst seit einigen Jahren rezipiert. Es wird dabei im Zusammenhang mit der Bedeutung der Bindungstheorie für die frühkindliche Entwicklung und für die Beratungstätigkeit diskutiert sowie vor dem Hintergrund neuerer Untersuchungen über die Auswirkungen von Kindertagesbetreuung im Kleinkindalter. Es scheint sich der Gedanke durchzusetzen, dass es effektiver ist, resilienzfördernde Bedingungen zu schaffen und die „generalisierten Widerstandsressourcen" (Antonovsky 1997) zu fördern, als eine im Prinzip unbeschränkte Anzahl von Copingstrategien für einzelne Risikokonstellationen und Stressoren zu trainieren, obwohl man weiß, dass viele Belastungssituationen gar nicht eintreten werden. Das Besondere an der Idee der Förderung von Resilienz ist also, dass man hofft, durch ein geschicktes Zusammenspiel verschiedener Faktoren die gesunde Entwicklung von Kindern und Erwachsenen zu ermöglichen. In diesem Beitrag wird das Resilienzkonzept zunächst genauer beschrieben, um dann die Bedeutung der Ergebnisse der Resilienzforschung für die Kinder- und Jugendhilfe exemplarisch zu verdeutlichen sowie auch einen kritischen Blick auf die aktuelle Resilienzdebatte zu werfen.

Was Resilienz eigentlich ist, und wie sich das Resilienzkonzept von anderen Ansätzen unterscheidet

Unter dem Begriff „Resilienz" wird die Fähigkeit verstanden, mit Belastungen umgehen zu können und sich trotz vorhandener Risikofaktoren gesund und positiv zu entwickeln. Mit „Vulnerabilität" dagegen wird die besondere Anfälligkeit gegenüber Risiken und negativen Einflussfaktoren bezeichnet. Wer resilient ist, verfügt über Schutzfaktoren (auch protektive Faktoren genannt) und Ressourcen. Einzelne negative Einflussfaktoren auf die Gesundheit und Entwicklung werden Risikofaktoren beziehungsweise Belastungen oder Stressoren genannt. Ohne die Anwesenheit von Stressoren kann nicht entschieden werden, ob jemand über die notwendigen Ressourcen verfügt, belastende Situationen relativ unbeschadet überstehen zu können.

Das theoretische Konzept geht davon aus, dass Resilienz keine stabile, per se vorhandene oder nicht vorhandene Persönlichkeitseigenschaft ist, sondern dass Resilienz wie auch Vulnerabilität sich in Abhängigkeit von konkreten Situationen und Lebensumständen entwickeln. Nur wenn Resilienz – zumindest zu einem großen Teil – das Ergebnis eines Lernprozesses darstellt, kann sinnvollerweise danach gefragt werden, ob und wie durch sozialpädagogisches Handeln ein Beitrag zur Erhöhung der Verfügbarkeit von Schutzfaktoren geleistet werden kann. Bei der Beantwortung dieser Frage muss auch der dem Resilienzkonzept zugrunde liegende Gesundheitsbegriff beachtet werden: Für Aaron Antonovsky (1997) ist Gesundheit ein dynamisches Geschehen, da man sich permanent auf einem Kontinuum zwischen den Polen Gesundheit und Krankheit bewegt (siehe hierzu auch Ergebnisse der Humangenetik, zum Beispiel in Scholten 2004). Während man nach dem pathologischen Denkmodell entweder gesund oder krank ist, befindet man sich in dem salutogenetischen Modell von Antonovsky irgendwo dazwischen. In seinem Modell ist Gesundheit ein eher seltener Zustand, weil man täglich einer großen Anzahl von Stressoren ausgesetzt ist. Das pathologische Modell führt zur „Fatamorgana der Gesundheit", wie es René Dubos (1960) formulierte. Die salutogenetische Perspektive hingegen stellt die Frage nach der optimalen Anpassung an eine Welt voller Stressoren.

Neuere Forschungsergebnisse bestätigen in gewisser Weise die These, dass es wesentlich schwieriger ist, mit der chronischen Einwirkung von Risikofaktoren zurechtzukommen als mit singulären und für sich genommen heftigeren Belastungen (siehe zum Beispiel Scheithauer und Petermann 1999). Der Umkehrschluss, dass einmalige traumatisierende Erfahrungen leicht zu verarbeiten und ohne dauerhafte Folgen wären, ist natürlich falsch. Wie auch in der Stressforschung werden Stressoren im salutogenetischen Modell nicht prinzipiell als negativ begriffen. Wie Stressoren letztendlich wirken, hängt vielmehr von den Ressourcen, den protektiven Faktoren, ab, über die ein Mensch verfügen kann. Diese Ressourcen werden von Antonovsky „generalisierte Widerstandsressourcen" genannt und können personaler, sozialer oder gesellschaftlicher Art sein. Sie wirken unspezifisch, das heißt unabhängig von der konkreten Belastung, und fördern die körperliche, psychische und soziale Gesundheit gleichermaßen.

Das zentrale Konzept von Antonovsky (1997) stellt das Kohärenzgefühl (auch Kohärenzsinn) dar. Es koordiniert den Einsatz von generalisierten Widerstandsressourcen und drückt ein Ausmaß an Vertrauen darauf aus, dass die Reize, die sich im Verlauf des Lebens aus der inneren und äußeren Umgebung ergeben, strukturiert, vorhersehbar und erklärbar sind (Verstehbarkeit), dass einem die Ressourcen zur Verfügung stehen, um den Anforderungen, die diese Reize stellen, zu begegnen (Handhabbarkeit), und dass diese Anforderungen Herausforderungen sind, die Anstrengung und Engagement lohnen (Bedeutsamkeit beziehungsweise Sinnhaftigkeit) (ebd., S. 36).

Wichtig für den Aspekt der Handhabbarkeit ist, dass hier auch Ressourcen eingeschlossen sind, über die man nicht selbst verfügt, die aber durch die Hilfe Dritter verfügbar werden. Und entscheidend ist, sich nicht als Opfer zu fühlen, nicht dem Leben ausgeliefert zu sein, sondern es zumindest in einem gewissen Umfang mitgestalten zu können. Empirisch lässt sich ein enger Zusammenhang zwischen dem Kohärenzgefühl und psychischer Gesundheit zeigen. Andere Zugänge zum Thema Resilienz betonen die Bedeutung der Selbstwirksamkeitserwartung und des subjektiven Wohlbefindens als Schutzfaktoren.

In der Entwicklungspsychologie hat die Resilienzforschung ebenfalls ihren festen Stellenwert. Aus entwicklungspsychologischer

Perspektive kann man dann von einer gesunden, einer positiven Entwicklung sprechen, wenn folgende drei Klassen von Entwicklungsresultaten erreicht wurden (Masten und Reed 2002):

- positive Selbst- und Fremdeinschätzung (zum Beispiel bezüglich Schulleistungen, Sozialverhalten, Lebenszufriedenheit),

- Abwesenheit von Psychopathologie und Risikoverhalten,

- erfolgreiche Bewältigung von Entwicklungsaufgaben.

Aufgrund vielfältiger Operationalisierungsprobleme gibt es in der Entwicklungspsychologie die Tendenz, ausschließlich externale Indikatoren, wie die Schulleistung und die Abwesenheit von dissozialem Verhalten, heranzuziehen. Dies birgt aber die Gefahr, dass Kinder mit emotionalen Auffälligkeiten (zum Beispiel geringes Selbstbewusstsein) als resilient eingestuft werden und ihnen deshalb notwendige Unterstützung vorenthalten wird. Zudem gibt es Schwierigkeiten in der Beantwortung der Frage, ob Entwicklungsaufgaben erfolgreich bewältigt wurden. Dies hängt einerseits mit der Unbestimmtheit der Kriterien zusammen. Andererseits führen theoretische und empirisch gestützte Weiterentwicklungen zur Infragestellung traditioneller Beschreibungen von Entwicklungsaufgaben. Die neuere Identitätsforschung hat inzwischen erhebliche Zweifel an einer stufenförmigen Identitätsentwicklung, wie sie Erik H. Erikson (1973) postuliert (siehe zum Beispiel Keupp, Ahbe und Gmür 1999; Keupp und Höfer 1997). Auch zeigt die Jugendforschung, dass der Übergang vom Jugendlichen zum Erwachsenen inzwischen weit weniger strukturiert und eindeutig verläuft, als dies in den Beschreibungen von Entwicklungsaufgaben vorgesehen ist (Ausbildung, berufliche Etablierung und damit wirtschaftliche Unabhängigkeit, Auszug aus dem Elternhaus und dann Familiengründung) (Achatz, Krüger, Rainer und de Rijke 2000).

Im Unterschied zu dem Konzept der Salutogenese gibt es in der Entwicklungspsychologie bis jetzt noch kein Modell, das versucht, die bisherigen Ergebnisse theoretisch zu integrieren. Aber auch die Ergebnisse entwicklungspsychologischer Resilienzforschung zeigen, dass Resilienzfaktoren veränderbar und damit auch Ziel sozialpädagogischen Handelns sein können.

Schutzfaktoren für die ressourcenbezogene Prävention und Intervention in den stationären Hilfen zur Erziehung

Die im Folgenden dargestellten Ressourcen wurden durch eine inzwischen beachtliche Anzahl von empirischen Studien auf ihre Bedeutung für Resilienz untersucht. Auch wenn es – nicht zuletzt aufgrund der fehlenden theoretischen Integration in ein Modell – bisher nicht gelungen ist, das Ausmaß der Bedeutung aller Faktoren, insbesondere ihr Ineinanderwirken für den Erwerb von Resilienz, empirisch zu belegen, so lassen die bisherigen Ergebnisse doch einen positiven Zusammenhang zwischen Ressourcen und Resilienz plausibel erscheinen. Welche Faktoren bewirken also eine gesunde psychosoziale Entwicklung und stellen somit für ressourcenbezogene Präventions- und Interventionsstrategien erfolgversprechende Ansatzpunkte dar? Zunächst werden die Schutzfaktoren unterteilt in Merkmale der Person selbst, die als interne oder personale Ressourcen bezeichnet werden, und in Faktoren, die von außerhalb auf die Person einwirken und deshalb externe Ressourcen genannt werden. Die internen werden in kindbezogene Faktoren und in personale Ressourcen (erworbene Kompetenzen und Einstellungen) unterschieden. Bei den kindbezogenen Faktoren handelt es sich um relativ oder vollständig angeborene und unveränderliche Merkmale, wie weibliches Geschlecht, erstgeborenes Kind oder überdurchschnittliche Intelligenz. Bisher ist allerdings unklar, inwiefern diese Merkmale tatsächlich eine protektive Wirkung auf die psychische und subjektive Gesundheit entfalten sollen und für welche Lebensabschnitte dies gelten soll. Deshalb wird auf diese Faktoren hier nicht näher eingegangen. Die externen Faktoren können weiter untergliedert werden in familiäre, soziale sowie gesellschaftliche Ressourcen.

Personale Ressourcen

Die als Schutzfaktoren benannten Merkmale sind aus unterschiedlichen theoretischen Zusammenhängen abgeleitet und können, wie insbesondere bei den personalen Ressourcen erkennbar wird, nie völlig getrennt voneinander betrachtet werden.

Als personale Ressourcen werden resilienzfördernde Merkmale oder Faktoren bezeichnet, die in der Person selbst angesiedelt sind und über die das Kind oder der Jugendliche verfügen kann, vorausgesetzt natürlich, dass das Umfeld der Person die Aneignung dieser Ressourcen ermöglicht. Zu den personalen Ressourcen gehören beispielsweise kognitive Fähigkeiten, Persönlichkeitsmerkmale, wie eine positive Wahrnehmung von sich selbst und seiner Umwelt (zum Beispiel Selbstwert, Selbstwirksamkeit, Kohärenzsinn, Kontrollüberzeugung), eine optimistische Lebenseinstellung sowie Temperamentsmerkmale, die den Umgang mit anderen erleichtern (wie Fähigkeit zur emotionalen Selbstregulation oder Humor).

Anhand der Persönlichkeitsmerkmale Selbstwert, Selbstwirksamkeit und Kontrollüberzeugung soll die schützende Wirkung dieser personalen Ressourcen etwas genauer dargestellt werden.

Es gilt als erwiesen, dass Kinder mit positivem Selbstwert, also mit einer positiven Einstellung zu sich selbst oder einer positiven Bewertung ihres Selbstkonzeptes, sich leichter von schädlichen Umwelteinflüssen abgrenzen und sich dadurch resilient entwickeln können. Zudem gilt ein positiver Selbstwert als Indikator für seelische Gesundheit.

Wie sich Kinder selbst wahrnehmen, entwickelt sich aus den Rückmeldungen, die sie von anderen Personen auf das eigene Verhalten bekommen. Die wahrgenommene Anerkennung durch wichtige Bezugspersonen spielt also eine zentrale Rolle bei der Ausprägung des Selbstwertgefühls. Die Selbstkonzeptentwicklung, das heißt der Aufbau von identitätsrelevantem Wissen, beginnt in den ersten intimen Sozialbeziehungen. Der Gesichtsausdruck der Bezugsperson stellt sicherlich die wichtigste selbstbezügliche Informationsquelle in der vorsprachlichen Entwicklungsperiode dar. Säuglinge beherrschen diesen Kommunikationskanal früh, was sich daran zeigt, dass sie bereits in den ersten Wochen den Gesichtsausdruck ihrer Bezugspersonen imitieren können. Es wirkt sich also positiv auf ihr Selbstkonzept aus, wenn die Eltern Freude und Glück über die Anwesenheit des Kindes zeigen und es sich erwünscht, sicher und angenommen fühlen kann (Meltzoff und Moore 1989). Die Entwicklung des Selbstwertgefühls hat aber nicht nur in der Kindheit, sondern insbesondere auch in der Jugend eine große Bedeutung, denn in der Adoleszenz führen viele innere und äußere Prozesse dazu, dass sich Jugendliche mit ihrem Selbstkonzept intensiv auseinandersetzen und es weiterentwickeln. Es finden in der Zeit viele soziale Vergleichsprozesse statt, und die Meinungen anderer beeinflussen zu der Zeit den Selbstwert maßgeblich.

Unter der allgemeinen Selbstwirksamkeitserwartung wird die Überzeugung verstanden, dass es Handlungen gibt, die zum erwünschten Ergebnis führen, und dass man selbst in der Lage ist, diese Handlungen durchzuführen (Schwarzer 1996). Im Gegensatz zum Optimismus (der allgemeinen Zuversicht, dass die Dinge sich positiv entwickeln) ist bei dem Faktor Selbstwirksamkeit das eigene Zutun erforderlich. Der Bereitschaft, sich zur Erreichung von Handlungszielen anzustrengen, liegt die Erfahrung zugrunde, dass man aus eigener Kraft mit Anstrengung erstrebenswerte Ziele auch tatsächlich erreicht. Es geht darum, das Leben auch in der Kindheit und Jugend ein Stück weit in die eigenen Hände zu nehmen und darauf zu vertrauen, die eigene Zukunft mitgestalten zu können. Selbstwirksamkeit zu vermitteln und somit auch Selbstwert zu stärken verlangt also, dem Kind zu helfen, Ziele auszuwählen, die es selbstständig erreichen kann. Personen mit ausgeprägter Selbstwirksamkeit setzen sich höhere Ziele und halten an ihnen fest. Schwirige Aufgaben werden als eine Herausforderung betrachtet. Eine niedrige Selbstwirksamkeit zeigt sich häufig in Ängsten, Depressionen und Hilflosigkeit.

Julian B. Rotter (1966) unterscheidet eine internale Kontrollüberzeugung von einer externalen. Die internale Kontrollüberzeugung besagt, dass die eintretenden Ereignisse vorwiegend als Resultat des eigenen Handelns wahrgenommen werden. Bei einer externalen Kontrollüberzeugung werden die Ereignisse dem Zufall oder dem Einfluss anderer Personen zugeschrieben. In der Resilienzforschung wird im Allgemeinen eine ausgeprägte internale Kontrollüberzeugung für protektiv gehalten, etwa wenn man davon ausgeht, dass durch das eigene Verhalten das Eintreten einer Krankheit verhindert werden kann. Im Gegensatz zur Selbstwirksamkeitserwartung, die sich auf das Erreichen von Zielen aus eigener Kraft bezieht, geht es bei der internalen Kontrollüberzeugung darum, dass man zum richtigen Zeitpunkt weiß, was zu tun ist (zum Beispiel zum Arzt zu gehen). Die interne Kontrollüberzeugung entwickelt sich, wenn Jugendlichen in ihrem sozialen Kontext eine gewisse Autonomie zugestanden und ihnen Möglichkeiten zur Partizipation und Mitgestaltung eingeräumt werden. Für die Jugendlichen wird so die Beeinflussbarkeit der eigenen Lebensumstände deutlich. Sie erfahren, dass sie durch ihr eigenes Handeln etwas bewirken können.

Externe Ressourcen

Wie zuvor deutlich wurde, setzt das Vorhandensein personaler Ressourcen einen Aneignungsprozess voraus, in dessen Rahmen den externen Faktoren, die in die familiären und sozialen Ressourcen unterteilt werden können, eine besondere Bedeutung zukommt. Obwohl sich dieser Beitrag auf die Schutzfaktoren konzentriert, die direkt mit dem Alltag in den stationären Einrichtungen zu tun haben, ist zu erwähnen, dass auch auf der gesamtgesellschaftlichen Ebene Schutzfaktoren angesiedelt sind, etwa Frieden oder Demokratie. Auch wenn diese Faktoren objektiv gegeben sind, bewerten die Menschen sie subjektiv unterschiedlich; zudem haben nicht alle gleichermaßen daran teil (Beispiel Armut in Wohlstandsgesellschaften, unsicherer Rechtsstatus von Flüchtlingskindern).

Familiäre Ressourcen

Die Familie ist als primäre Sozialisationsinstanz von hoher Bedeutung für die Entwicklung des Kindes. Für die Herausbildung resilienter Einstellungen und Verhaltensweisen der in ihr aufwachsenden Kinder und Jugendlichen sind protektive Faktoren in der Familie eine wesentliche Voraussetzung. Diese finden sich zum einen auf der Ebene der Eltern-Kind-Beziehung: enge Bindung zu fürsorglichen Erwachsenen, autoritativer Erziehungsstil, positives Familienklima mit geringen Konflikten zwischen den Eltern. Zum anderen wirkt sich die Resilienz auf der Erwachsenenebene, also die Resilienz der Eltern, positiv auf die Entwicklung von Schutzfaktoren aus: günstige familiäre Lebensverhältnisse, funktionierendes häusliches Umfeld, hohes elterliches Bildungsniveau und hoher sozioökonomischer Status, elterliches Wohlbefinden. Im Folgenden wird die schützende Wirkung von intensiven Bindungserfahrungen, einem autoritativen Erziehungsstil und dem elterlichen Wohlbefinden etwas genauer dargestellt.

Die früheste Entwicklungsaufgabe eines Kindes ist die sichere Bindung an seine primären Bezugspersonen. Zu ihrer Erfüllung tragen Eltern und Kind in der Interaktion bei (Bowlby 1999). Kennzeichen einer sicheren Bindung sind die Zuwendung und Sensitivität vonseiten der Eltern sowie die positive Kontaktaufnahme vonseiten des Kindes und im Ergebnis ein Kind, das in Anwesenheit eines Elternteiles entspannt und beruhigt ist. Das Kind bekommt in der Eltern-Kind-Interaktion Informationen über sich selbst – „ich bin liebenswert, ich werde angenommen, meine Bedürfnisse sind wichtig" – und über seine soziale Umwelt – „ich kann mich auf meine Eltern verlassen und ihnen vertrauen, denn mir wird in schwierigen Situationen geholfen". Unter anderem aus diesen Erfahrungen entwickelt sich das Selbstbild der heranwachsenden Person, und die ersten Bindungserfahrungen werden auf neue Situationen und Beziehungen übertragen. Eine positive frühe Bindungserfahrung erleichtert später im Leben das Gelingen neuer verlässlicher Freundschaften und Partnerbeziehungen.

Über die primäre Bindungserfahrung hinaus stellt die Familie Unterstützungsressourcen für die Belastungsbewältigung bereit. So bietet die Familie einen Rückzugsraum, in dem man sich von Belastungen erholen kann und selbstverständlich Hilfe bekommt. Die familiäre, insbesondere die emotionale Unterstützung, also wenn Kinder ihre Eltern als feinfühlig, wertschätzend und ermutigend erleben, wird als genereller Schutzfaktor für die psychische Entwicklung von Kindern angesehen, der sich später auch positiv auf die soziale Kompetenz und die Schulleistungen auswirkt. Die familiäre Unterstützung hat – nicht nur für Kinder – eine so große Bedeutung, weil die Familie nahezu der einzige gesellschaftliche Ort ist, an dem Gefühlsäußerungen – und zwar nicht nur der Liebe, sondern auch der Angst oder des Hasses – als erlaubt und sogar wünschenswert und nicht etwa als psychische Labilität gelten. Wenn die Familie diese Unterstützungsfunktion bietet, stellt sie für Kinder und Erwachsene einen privaten Ort des Rückzuges dar, wodurch die rasch wechselnden Anforderungen des Lebens leichter zu bewältigen sind.

Der Erziehungsstil kann einen weiteren bedeutenden Beitrag dazu leisten, dass sich Kinder gesund entwickeln und ihre personalen Ressourcen ausbauen können. Als sehr protektiv gilt der autoritative Erziehungsstil. Er zeichnet sich dadurch aus, dass die Eltern sich ihrem Kind zuwenden, auf seine individuellen Bedürfnisse eingehen und ihm Unterstützung entgegenbringen, dabei aber auch die kindliche Autonomie berücksichtigen. Kinder und Jugendliche werden als ernstzunehmende Gesprächspartner mit eigener Meinung betrachtet. Je älter sie werden, desto selbstständiger und eigenverantwortlicher sollen sie handeln. Anleitungen und Hilfestellungen durch die Eltern werden jedoch als unerlässlich angesehen. Das heißt, die Eltern stellen das Kind vor altersgerechte Herausforderungen, wissen über die Handlungen der Kinder Bescheid und achten auch auf die Einhaltung von Regeln.

Im Vergleich zu einem autoritären Erziehungsstil, für den eine starke Kontrolle durch die Eltern kennzeichnend ist, oder zu einem nachgiebigen Erziehungsstil, bei dem verbindliche Regeln für das Kind und die Eltern fehlen, wirkt sich der autoritative Erziehungsstil zum Beispiel positiver auf die psychosoziale Entwicklung, das Selbstkonzept und auch auf die Schulleistungen aus. Auch ist eine geringere Belastung mit Symptomen für emotionale Auffälligkeiten oder Verhaltensstörungen festzustellen.

Es kann davon ausgegangen werden, dass elterliche Gesundheit und elterliches Wohlbefinden wichtige Einflussgrößen für die Gesundheit der Kinder und Jugendlichen darstellen. So gilt eine psychische oder auch eine chronisch körperliche Erkrankung eines Elternteiles als ein gewichtiger Risikofaktor (siehe zum Beispiel Franz 2005; Hoffmann und Egle 1996; Lenz 2005; Romer, Paschen und Haagen 2005). Es ist nur folgerichtig, dass Eltern aufgrund der Verfügbarkeit eigener personaler Ressourcen die Ausprägung entsprechender Ressourcen bei ihren Kindern besser fördern können. Zudem dienen Eltern mit guten Bewältigungskompetenzen auch als Vorbild für ihre Kinder, und die Lebenszufriedenheit der Eltern überträgt sich auf das gesamte Familienklima.

Neben den personalen Ressourcen der einzelnen Familienmitglieder kann aber auch die Familie als Gesamtsystem eine Ressource für die Entwicklung der Kinder darstellen. So ist zum Beispiel die Flexibilität der Familie, bezogen auf die Strukturen, Rollen und Regeln innerhalb der Familie, zu benennen. Diese Idee der Flexibilität oder Anpassungsfähigkeit einer Familie (Schnabel 2001) kann insofern als Gesundheitsressource verstanden werden, als beispielsweise Flexibilität bei der Arbeitsteilung die Funktionsfähigkeit der Familie auch bei unerwarteten Belastungen sicherstellt. Die Anpassungsfähigkeit der Familie verhindert, dass Belastungsrisiken für einzelne Familienmitglieder entstehen. Dies wiederum gelingt umso besser, je belastbarer die einzelnen Familienmitglieder sind. Eine Voraussetzung dafür, dass sich Regeln und Rollen bei Bedarf ändern können, ist eine funktionierende Partnerbeziehung in dem Sinne, dass die Partner aufeinander achten und bereit sind, sich auf Veränderungen einzulassen. Die Mannheimer Risikokinder-Studie zeigt, wie belastend dauerhafter Beziehungsstress zwischen den Eltern für die Kinder ist. Dies führt dazu, dass die Abwesenheit des Vaters sogar zum protektiven Faktor werden kann, obwohl Alleinerziehung ebenfalls einen Risikofaktor für das Kind darstellt (Tress 1986). Man könnte dies pointiert zusammenfassen und sagen: Lieber keinen Vater als einen, der immer mit der Mutter streitet (Dornes 1999, S. 36).

Soziale Ressourcen

Die sozialen Ressourcen als unterstützende Faktoren beziehen sich auf Gleichaltrige sowie auf unterstützende Erwachsene, die dem weiteren Familienkreis oder dem außerfamiliären Umfeld angehören. Die Abgrenzung zwischen den sozialen und familiären Ressourcen ist unscharf, da Familienmitglieder ebenfalls soziale Unterstützung leisten, nur wird diese dann als familiäre Unterstützung und somit als familiäre Ressource bezeichnet. Im Folgenden sollen die sozialen Ressourcen daher hauptsächlich bezogen auf die Gleichaltrigen sowie auf die Erwachsenen im außerfamiliären Umkreis betrachtet werden. Die Berücksichtigung dieser Ressourcen kann für die Fachkräfte der Kinder- und Jugendhilfe sehr gewinnbringend sein.

Die Beziehungen zu Gleichaltrigen haben insbesondere in der Adoleszenz eine besondere Bedeutung, da sie zu dieser Zeit neu definiert werden und von einer größeren Nähe und Vertraulichkeit geprägt sind. Als soziale Ressource kann insbesondere der Kontakt zu Gleichaltrigen mit gutem Sozialverhalten benannt werden. Darüber hinaus ist auch eine enge Beziehung zu Erwachsenen außerhalb der Familie, die kompetent, prosozial und unterstützend ist, als günstige soziale Ressource einzustufen. Beides – Umgang mit Gleichaltrigen und unterstützende Erwachsene – können Kinder und Jugendliche in einem funktionierenden sozialen Netzwerk finden.

Im Folgenden wird erläutert, warum zum Beispiel die Einbindung in vielfältige soziale Netzwerke oder Engagement und Verantwortungsübernahme in der Freizeit als wichtige soziale Ressource bezeichnet werden können.

Spricht man von dem sozialen Netzwerk eines Menschen, meint man damit die Personen, die in verschiedenen Lebenslagen alltagsnahe Hilfe leisten oder bei der emotionalen Bewältigung einer Situation helfen. Stabilen sozialen Netzwerken kommt eine große protektive Bedeutung zu (Otto und Bauer 2005; Röhrle, Sommer und Nestmann 1998). Die verschiedenen Personen in einem sozialen Netzwerk unterscheiden sich unter anderem hinsichtlich der Dimensionen Freiwilligkeit, Machtgefälle, Dauerhaftigkeit und Inhalt. Diese strukturellen Merkmale eines sozialen Netzwerkes haben allerdings im Vergleich zur wahrgenommenen sozialen Unterstützung eine geringe Bedeutung für die psychische Gesundheit und das Wohlbefinden der Kinder: Es kommt weniger darauf an, von wem aus dem sozialen Netzwerk man die Unterstützung erfährt, als darauf, ob man die Unterstützung als Entlastung wahrnimmt. Auch bedeutet ein großes soziales Netzwerk nicht mehr soziale Unterstützung, denn der Aspekt der Qualität sozialer Netzwerke ist wichtiger als der Faktor Quantität.

Ob eine Hilfe aus dem sozialen Netzwerk wirklich als soziale Unterstützung wahrgenommen wird, hängt davon ab, ob sie den Bedürfnissen des Empfängers entspricht. Teilweise werden unterstützend gemeinte Interventionen auch als Entmutigung und Entmündigung erlebt. Unterstützung und Hilfe aus dem sozialen Netzwerk, die nicht als solche wahrgenommen werden, tragen auch nicht zur Erhöhung der Resilienz bei. Unterschiedliche Bezugspersonen liefern spezifische Arten von Unterstützung, die mehr oder weniger gut zu einer bestimmten Belastungssituation passen. Besonders förderlich ist daher ein stabiles Netzwerk mit unterschiedlichen Personen, die zusammen ein möglichst breites Spektrum an Unterstützung bereitstellen. So wirkt sich auch die soziale Unterstützung durch Gleichaltrige positiv auf die psychische Gesundheit aus und ist selbstwertdienlich. Sie kann aber die Unterstützung durch Erwachsene – durch die auch individuelle Kompetenzen gefördert werden können – nicht kompensieren. Es besteht ein gesicherter Zusammenhang zwischen wahrgenommener sozialer Unterstützung und dem Selbstwertgefühl sowie der psychischen Gesundheit von Kindern.

Verschiedene Studien zeigen, dass das Engagement von Kindern und Jugendlichen in Vereinen und Organisationen, also die Übernahme von Verantwortung in der Freizeit, dazu führt, dass Herausforderungen besser bestanden werden. Es ist aber zu vermuten, dass nicht die Tatsache an sich, nämlich Aufgaben für soziale Gruppen zu übernehmen, protektiv wirkt. Vielmehr ist die Bereitschaft dazu wiederum ein Indikator für ein Mindestmaß an Selbstwirksamkeitserwartungen, an Selbstbewusstsein, an sozialer Kompetenz, an Kohärenzsinn, an sozialem Kapital. Wie bei vielen anderen Ressourcen auch gilt: Wer bereits ein bisschen davon hat, der bekommt immer mehr (Matthäus-Effekt).

Kritische Betrachtung der aktuellen Resilienzdebatte

Die Ergebnisse der Resilienzforschung zeigen eindeutig, dass es Ressourcen auf der personalen, familialen, sozialen und damit auch gesellschaftlichen Ebene bedarf, um mit schwierigen Lebenssituationen dauerhaft konstruktiv umgehen zu können. Antonovsky weist ausdrücklich darauf hin, dass Ressourcen auch indirekt verfügbar sein können, nämlich immer dann, wenn sich eine Person auf die Unterstützung anderer verlässt. Das Hawaii-Projekt (1) (Werner und Smith 1992) weist nach, dass Kinder und Jugendliche, die von sich aus ihre sozialen Netze bei dem Umgang mit Stressoren aktivieren können, mit diesen deutlich besser zurechtkommen als andere. Die aktuelle Längsschnittstudie zu Scheidungsfolgen (Walper 2005) zeigt auch, dass Armut für Kinder gravierende Folgen hat, auch dann, wenn sie nur vorübergehend besteht. So steigt beispielsweise der Anteil depressiver Jugendlicher bei zeitweisen oder dauerhaft armen Familien erheblich an. Verursacht wird dies hauptsächlich durch die fehlende Integration in Peergruppen. Mit anderen Worten: Wer einsam und allein ist, hat es schwer, resilient zu sein beziehungsweise zu werden.

Verfolgt man die aktuelle Diskussion, so kann der Eindruck entstehen, dass das Thema Resilienz deswegen so beliebt geworden ist, weil es gut in die „individualisierte Welt" passt. In der Diskussion über die aus der Resilienzforschung zu ziehenden Konsequenzen wird vielfach so getan, als würde es reichen, durch kind- oder familienbezogene Interventionen die Resilienz zu erhöhen. Dabei wird vergessen, dass dieses Unterfangen so lange aussichtslos bleiben wird, wie erstens nicht auch die überfamiliären Ressourcen gefördert werden und zweitens auf gesellschaftlicher und politischer Ebene Risikofaktoren und Stressoren vermindert werden. Auch hierzu ein Ergebnis, das sich in den Längsschnittstudien übereinstimmend findet: Auch noch so resiliente Personen, die in ihrer Kindheit und Jugend mit widrigen Lebensbedingungen zurechtkommen mussten, erreichen im späteren Erwachsenenalter nie die positive Lebenssituation wie Menschen, die solchen Stressoren nicht ausgesetzt waren. Es macht eben keinen Sinn, nur die Fähigkeit des Einzelnen zu trainieren, mit widrigen Umständen zurechtzukommen. Es muss ebenso an der Veränderung widriger Umstände gearbeitet werden, auch wenn dies ab und zu aussichtslos erscheint.

Ansatzpunkte für sozialpädagogisches Handeln in den stationären Hilfen zur Erziehung

Die dargestellten Ergebnisse aus der Resilienzforschung geben Anlass zu Überlegungen, welche Auswirkungen das Wissen über protektive Faktoren für das alltägliche Handeln der Fachkräfte in den stationären Hilfen zur Erziehung haben kann. Es ist nicht zu erwarten, dass sich aus den vorliegenden Ergebnissen so etwas wie Patentrezepte für eine gute Praxis in den Hilfen zur Erziehung ableiten lassen. Aber das Resilienzkonzept bietet viele Anhaltspunkte, die zur Reflexion des fachlichen Handelns anregen und dabei helfen, die eigene Praxis vor dem Hintergrund der konkreten Bedingungen zu sehen und im Sinne der Resilienzförderung zu überdenken. Exemplarisch sollen im Folgenden elf Fragen, die sich im Hinblick auf sozialpädagogisches Handeln ergeben und nicht immer trennscharf voneinander abgrenzbar sind, diskutiert werden und Anregungen für eine gute Praxis in den Hilfen zur Erziehung geben.

Welchen Beitrag kann die Heimerziehung zur Identitätsbildung leisten?

Eine wichtige Entwicklungsaufgabe, die es während der Kindheit und im Jugendalter zu erfüllen gilt, ist die Entwicklung einer eigenen, stabilen und selbstwertdienlichen Identität. Selbstverständlich werden alle stationären Einrichtungen und Settings diese Entwicklungsaufgabe in irgendeiner Form im Blick haben. Die unter Resilienzgesichtspunkten spannende Frage ist: Wie kann unter den Bedingungen der Fremderziehung, also vor dem Hintergrund einer Biografie, die eher von Brüchen als von kontinuierlichen Verläufen geprägt ist, die eher Erinnerungen an Verlassenwerden, Schuld und negative Bewertungen beinhaltet als Erinnerungen an zuverlässige Erwachsene, an Anerkennung und Wertschätzung, eine positive Identität entwickelt werden? Um zu prüfen, ob Kinder und Jugendliche in ihrer Identitätsentwicklung unterstützt werden, können folgende weiter gehende Fragen hilfreich sein:

- Welche Konzepte wurden in den Einrichtungen hierzu entwickelt?

- Wissen die Fachkräfte, was aus der Perspektive der Jugendlichen wichtig ist, um sich ausprobieren zu können?

- Haben die Fachkräfte darüber nachgedacht, welche Bedeutung Gegenstände oder Handlungen für die Identitätsentwicklung von Jugendlichen haben (Handy als Symbol für Autonomie, Kleidung und Schmuck als Ausdruck für die Abgrenzung von Erwachsenen).

- Gibt es genug quasi natürliche, also nicht pädagogisch gestaltete Gesprächsanlässe, zu denen die Jugendlichen entsprechende Rückmeldungen von für sie relevanten Erwachsenen bekommen?

- Können die Jugendlichen in der Einrichtung erleben, dass sie von anderen gebraucht werden?

Welchen Einfluss haben Erziehungsziele und -stile
auf eine positive Entwicklung?

Die Ergebnisse der Längsschnittstudien zur Resilienz zeigen alle, dass ein autoritativer Erziehungsstil protektive Wirkung auf Kinder hat. Der autoritative Erziehungsstil ist einerseits geprägt von einer hohen Responsivität der Bezugspersonen gegenüber dem Kind. Die Bezugspersonen wenden sich also dem Kind zu, gehen sensibel auf seine individuellen Bedürfnisse ein, bringen Wärme und Unterstützung entgegen. Andererseits wird das Kind gefordert, ohne überfordert zu werden. Damit signalisiert die Bezugsperson Zutrauen in die Fähigkeiten des Kindes, was wiederum selbstwertsteigernd ist, und dass sie sich für die Aktivitäten des Kindes interessiert und damit auch darüber Bescheid weiß, was das Kind tut und was ihm wichtig ist. In der Literatur wird dieser Aspekt mit Supervision und Controlling überschrieben. Dabei ist jedoch zu beachten, dass – wie eine schwedische Jugendstudie belegt (Kerr und Stattin 2000) – Controlling am besten gelingt, wenn Jugendliche sich nicht kontrolliert fühlen, sondern aufgrund eines echten Interesses der Eltern und einer vertrauensvollen Beziehung über ihre Aktivitäten berichten. Eltern mit einem ausgeprägten Kontrollbedürfnis wussten weniger über ihre Kinder als andere Eltern. Zum Aspekt des Forderns sind auch die Verdeutlichung von Regeln sowie die Durchsetzung von Regeln zu zählen. Allerdings, und dies ist ein wichtiger Unterschied zu autoritärem Verhalten, Regeln an sich stellen keinen Wert dar. Bezogen auf die stationäre Jugendhilfe ist zu prüfen, inwiefern der erzieherische Alltag in den einzelnen Settings einem autoritativen Erziehungsstil entspricht. Um das herauszufinden, kann wiederum eine Reihe von Fragen hilfreich sein:

- Erfahren alle Kinder und Jugendlichen Zuwendung durch die Mitarbeiterinnen und Mitarbeiter?

- Wird sensibel auf ihre Bedürfnisse eingegangen, oder müssen sie ihre Bedürfnisse institutionellen Logiken anpassen (typische Konflikte hierfür: Essenszeiten versus Zeiten in Gruppen und Vereinen, Bedürfnis nach Nähe versus professionelle Distanz)?

- Gelingt es, die einzelnen Kinder und Jugendlichen ihren Kompetenzen gemäß zu fordern?

- Werden ihnen Aufgaben und Verantwortungsübernahme zugetraut, wohl wissend, dass es nicht immer funktionieren wird?

- Besteht ein sichtbares Interesse für die Aktivitäten der Kinder, das sich zum Beispiel darin ausdrückt, dass die Bezugserzieherin oder der -erzieher zum Elternabend geht, mit dem Ausbilder spricht und eventuell gemeinsam mit den Eltern die Hobbys und Interessen der Kinder unterstützt?

Wie kann das Selbstwertgefühl von Kindern und Jugendlichen gestärkt werden?

Die wahrgenommene Anerkennung durch wichtige Bezugspersonen ist für die Entwicklung eines positiven Selbstkonzeptes wichtig. Deutlich wurde, dass die Vorläufer des kindlichen Selbstwertgefühls in der frühen Eltern-Kind-Interaktion verortet sind. Die Bindungstheorie vermittelt eindrücklich, dass ein sicherer Bindungsstil das kindliche Selbstwertgefühl entscheidend fördert: Die Eltern bieten verlässlichen Schutz und gleichzeitig Unterstützung, die Umwelt zu erkunden und selbstständig zu werden. Auch wenn die frühe Bindung sehr bedeutend ist, darf nicht vergessen werden, dass sich der Selbstwert über die gesamte Lebensspanne hinweg entwickelt und Anerkennung durch andere das gesamte Leben über für das Selbstkonzept von Bedeutung bleibt. Entscheidend vorangetrieben wird die Selbstwertentwicklung, wenn sich die sozialen Beziehungen vom familiären Kontext auch auf Gleichaltrige sowie auf andere Erwachsene ausdehnen. Das in der Familie entwickelte Selbstwertgefühl kann in den erweiterten sozialen Kontexten dann bestätigt oder revidiert werden.

Es gibt also einige Ansatzpunkte und Möglichkeiten für Fachkräfte in den stationären Hilfen zur Erziehung, das Selbstwertgefühl der Kinder und Jugendlichen zu fördern. Mit folgenden Fragen kann man sich entsprechenden Ansätzen nähern:

- Bekommt jedes einzelne Kind die notwendige Anerkennung für seine Leistung beziehungsweise auch angemessene Unterstützung, wenn eine Aufgabe nicht alleine bewältigt werden kann?

- Erleben die Kinder und Jugendlichen im Heimalltag vonseiten der Fachkräfte eine eher optimistische oder eher pessimistische Denkweise?

- Können die Fachkräfte auch mal über sich selber lachen?

- Was können Fachkräfte tun, damit einzelne Kinder und Jugendliche, beispielsweise in Gruppenbesprechungen, nicht bloßgestellt oder ausgelacht werden?

Wie fördert man Selbstwirksamkeit und Autonomie?

Die Förderung des Selbstwertgefühls hängt eng mit der Förderung der Selbstwirksamkeit zusammen. Wie zuvor dargestellt, liegt der Selbstwirksamkeitserwartung die Überzeugung zugrunde, dass man durch sein eigenes Handeln ein Ziel erreichen kann. Diese Überzeugung beruht auf entsprechender Erfahrung. Die Fachkräfte können – zur Förderung der Selbstwirksamkeit und des Selbstwertes – den Kindern und Jugendlichen beispielsweise Tätigkeitsfelder anbieten und zuweisen, ihnen Handlungsressourcen zur Verfügung stellen und nötige Kompetenzen vermitteln. Die Angebote und Ansprüche sollten die Kinder und Jugendlichen jedoch weder deutlich unter- noch überfordern, sondern auf der einen Seite Erfolge sicherstellen und auf der anderen Seite neue Herausforderungen beinhalten. Dabei muss es sich um sinnvolle Aufgaben handeln, denn es ist für Kinder und Jugendliche keine Herausforderung, eine unwichtige Aufgabe eigenverantwortlich zu lösen.

Um sich ein Bild davon zu machen, wie autonomie- und selbstwertfördernd der Alltag in einer stationären Einrichtung organisiert ist, können folgende Fragen helfen:

- Gestalten die Kinder und Jugendlichen die Regeln für das Zusammenleben mit?

- Wer trifft im Alltag Entscheidungen über Essenszeiten, Ziele von Ferienfahrten, Gestaltung und Bedeutung von Ritualen?

- Wird den Kindern geholfen, erreichbare Ziele auszuwählen?

- Wird den Kindern und Jugendlichen in den stationären Einrichtungen zugetraut, Aufgaben oder eigene Ideen eigenverantwortlich auszuführen?

Wie kann die emotionale Entwicklung von Kindern und Jugendlichen gefördert werden?

Die emotionale Entwicklung eines Kindes wird in institutionalisierten Erziehungssettings nicht immer genügend beachtet, obwohl eine gelingende emotionale Entwicklung einen potenten Schutzfaktor für das weitere Leben eines Kindes darstellt. Zur gelingenden emotionalen Entwicklung gehört die Wahrnehmung der eigenen Gefühle und der Gefühle anderer. Es gehört dazu auch die Kompetenz, mit positiven wie negativen Gefühlen angemessen umgehen zu können. Diese Kompetenz zu erlernen, fällt dann leichter, wenn man einerseits geschützt genug ist, seine Gefühle offen zum Ausdruck bringen zu können, und man andererseits entsprechend angemessene Reaktionen darauf erhält. Ebenso wichtig ist es auch, am Beispiel anderer erfahren zu können, wie man mit Gefühlen umgehen kann. Modelllernen spielt hier eine wesentliche Rolle. In institutionellen Settings wird dagegen als Zeichen der eigenen Professionalität häufig darauf geachtet, als Fachkraft so wenig wie möglich emotional involviert zu sein oder zumindest seine Gefühle zu verstecken. Fragen nach Möglichkeiten, wie die emotionale Entwicklung von Kindern gefördert werden kann, können den einen oder anderen Ansatzpunkt für Veränderungen eröffnen:

– Wie kann man als Fachkraft mit heftigen Gefühlsausbrüchen von Kindern und Jugendlichen umgehen, sie einschätzen und angemessen darauf reagieren?

– Wie lauten konkrete Fragen, mit denen Fachkräfte die Gefühlslagen der Kinder und Jugendlichen ermitteln können?

– In welchen Situationen können auch die Fachkräfte ihre Gefühle offen zeigen?

– Wie können die Fachkräfte die Gefühle der Kinder und Jugendlichen ernst nehmen, auch wenn ihnen der Grund für einen Gefühlsausbruch vielleicht verborgen bleibt? Was können die Fachkräfte tun, damit sie Gefühle (Wut, Ängste, Freude) nicht „kleinreden"?

Sind ein gutes Klima im Team und das Wohlbefinden der Fachkräfte wichtige protektive Faktoren?

Das elterliche Wohlbefinden sowie ein positives Familienklima sind schützende Faktoren für die Gesundheit von Kindern. In den stationären Hilfen übernehmen Fachkräfte viele Aufgaben, die sonst von Eltern wahrgenommen werden. Ihr Wohlbefinden und das Klima in der Gruppe entfalten ähnliche protektive Wirkungen wie ein positives Familienklima und das Wohlbefinden der Eltern. Für Fachkräfte in den stationären Hilfen gilt ebenso wie für Eltern, dass die Verfügbarkeit eigener personaler Ressourcen die Förderung entsprechender Ressourcen bei Kindern und Jugendlichen erleichtert. Fachkräfte in den Wohngruppen haben für Kinder und Jugendliche eine Vorbildfunktion, soziale Kompetenzen können am Modell gelernt werden, und der Optimismus oder die Lebenszufriedenheit der Betreuerinnen und Betreuer können wichtige Erfahrungen für Kinder und Jugendliche sein. Zudem wirkt sich die Zufriedenheit der Fachkräfte auf das Klima in der Einrichtung und auf ihre Beziehung zu den Kolleginnen und Kollegen aus. Ebenso wie die Partnerbeziehung einen bedeutenden Einfluss auf das Familienklima hat, kann sich das Klima im Team auch auf die Kinder und Jugendlichen positiv oder negativ auswirken. Wenn es nur wenige verdeckte beziehungsweise destruktiv ausgetragene Konflikte im Team gibt, dann ist dies mit Sicherheit für die Entwicklung der Kinder und Jugendlichen förderlich.

In Teamsitzungen und Gruppenbesprechungen könnten folgende Fragen helfen, ein gemeinsames Bild von dem Klima in der Gruppe herzustellen:

- Haben die Fachkräfte im Team häufig untereinander Konflikte? Wie werden diese bearbeitet?

- Haben die Teammitglieder die gleichen Erziehungsvorstellungen, oder müssen sich die Kinder auf verschiedene Erziehungsstile einstellen, je nachdem, wer gerade Dienst hat?

- Reden die Fachkräfte voneinander mit Wertschätzung?

- Haben die Fachkräfte selbst auch die Möglichkeit, sich über ihre Stärken und Schwächen auszutauschen?

- Entlasten sich die Fachkräfte gegenseitig und ist eine flexible Handhabung der Aufgabenverteilung möglich, wenn eine Mitarbeiterin oder ein Mitarbeiter vor einem Bewältigungsproblem steht?

Wie werden Flexibilität und Anpassungsfähigkeit an neue Situationen gefördert?

Die Anpassungsfähigkeit der Familie ist eine wichtige interne Ressource des Gesamtsystems Familie. Unter Anpassungsfähigkeit wird eine Flexibilität der Strukturen, Rollen und Regeln innerhalb der Familie verstanden. Förderlich sind also Familien, die nicht starr an einmal fixierten Rollen oder definierten Regeln festhalten, sondern solche, denen es gelingt, Regeln und Rollen gegebenenfalls zu verändern. Wenn Kinder und Erwachsene sich in neuen Rollen ausprobieren dürfen, wenn sie Erwartungen zurückweisen dürfen, die sie bisher erfüllt haben, wenn sie für etwas Verantwortung übernehmen, was ihnen bisher nicht zugetraut wurde, wenn die Familie in der internen Arbeitsteilung nicht festgelegt ist, dann hat sie ein hohes Ausmaß an Anpassungsfähigkeit erreicht. Die Relevanz von Flexibilität als Resilienzfaktor wird auch durch das Hawaii-Projekt belegt (Werner und Smith 1992). Ein Ergebnis ist, dass Kinder mit Herausforderungen und schwierigen Lebenssituationen besser zurechtkommen, wenn sie weniger geschlechtsstereotype Verhaltensweisen zeigen.

Anhand folgender beispielhaft aufgeführter Fragen lässt sich klären, ob für die eigene stationäre Einrichtung aus diesem Ergebnis des Hawaii-Projektes die richtigen Konsequenzen gezogen werden:

- Gibt es einen flexiblen Umgang mit Hausordnung und Heimregeln?

- Gibt es eine flexible Handhabung von Aufgabenverteilung und Rollenübernahme, zum Beispiel indem Kinder oder Jugendliche Gruppenbesprechungen leiten?

- Welche geschlechtsstereotypen Verhaltensweisen werden direkt oder indirekt gefördert?

- Ist die Frage nach der Anpassungsfähigkeit beziehungsweise Flexibilität des Systems Gegenstand von Supervision?

Ist Optimismus lernbar?

Empirisch haben die Studien zur Resilienz gezeigt, dass zukunftsoptimistische Menschen besser mit widrigen Umständen zurechtkommen als Pessimisten. Dies erstaunt hinsichtlich der Aussagen zum Kohärenzgefühl nicht. Denn der Aspekt der Handhabbarkeit beschreibt nichts anderes als die Erwartung, mit einer Situation entweder selbst oder durch Hinzunahme von Hilfe durch andere, die ich mir selbst organisieren kann, zurechtzukommen. Es finden sich in der Literatur immer wieder Hinweise darauf, dass Optimismus eine dispositionelle Persönlichkeitseigenschaft sei. Also entweder man ist optimistisch, oder eben nicht. Wäre dem wirklich so, dann könnte man durch noch so viele pädagogische Interventionen daran nichts ändern. Wir haben unsere Zweifel an dieser Vorstellung und sind davon überzeugt, dass durch eine entsprechend fordernde, aber nicht überfordernde, eine schützende, aber nicht abschirmende Umgebung, durch Anerkennung von Leistungen und Vertrauen in die Kompetenz beziehungsweise in die Fähigkeit des jungen Menschen, das Notwendige zu lernen, eine optimistische Einstellung gefördert werden kann.

Leitfragen zur Reflexion, inwiefern die Praxis in der einzelnen Einrichtung eine optimistische Perspektive bei Kindern und Jugendlichen fördert, sind folgende:

– Wird der Alltag der stationären Hilfen regelmäßig auf diese Dimensionen hin (fordernde, aber nicht überfordernde, schützende, aber nicht abschirmende Umgebung, Anerkennung von Leistungen) geprüft?

– Werden die Kinder und Jugendlichen aufgefordert darzulegen, wann sie sich positiv gefordert, wann überfordert und wann unterfordert gefühlt haben?

Haben die Kinder und Jugendlichen positive Perspektiven für sich?

Eng verbunden mit dem Thema Zukunftsoptimismus ist die Frage, wie Jugendliche ihren eigenen Lebensweg einschätzen. Aus Studien mit Hauptschülern weiß man, dass Jugendliche in der Regel trotz aller Träume ein realistisches Bild von erreichbaren beruflichen Perspektiven haben (Gaupp, Hofmann-Lun, Lex,

Mittag und Reißig 2004). Der Umgang mit den Zukunftserwartungen von Kindern und Jugendlichen sowie die Förderung ihres Realitätsbezuges sind wichtige Faktoren zur Resilienzförderung. Die Auseinandersetzung mit folgenden Fragen fördert einen pädagogisch sinnvollen Umgang mit den Zukunftserwartungen von Kindern und Jugendlichen:

- Sind die Erwartungen, die die Kinder und Jugendlichen für sich selbst entwickeln, realistisch und zufriedenstellend?

- Welches Bild von ihrem zukünftigen Lebensweg haben die Kinder und Jugendlichen in den stationären Hilfen?

- Sehen sie sich und ihren Lebensweg realistisch?

- Wie bewerten die Kinder und Jugendlichen, wie die Fachkräfte und wie andere relevante Personen die erreichbaren Lebensperspektiven?

- Was tragen die Fachkräfte dazu bei, dass die Erwartung hinsichtlich des eigenen Lebensweges realistisch und nicht negativ ausfällt?

Wie lernen Kinder und Jugendliche in der Heimerziehung ein angemessenes Gesundheitsverhalten?

Kinder lernen in der Regel am Beispiel ihrer Eltern ein angemessenes Gesundheitsverhalten. Sie lernen zu unterscheiden zwischen gesunden und ungesunden Lebensweisen, sie lernen abzuschätzen, wann eine Selbsttherapie, wann ein Arztbesuch notwendig ist. Das Wissen um Hausmittel und richtige Verhaltensweisen im Krankheitsfall werden im familiären Umfeld erworben. Das subjektive Wohlbefinden und eine realistische Einschätzung des gesundheitlichen Status sind wichtige Schutzfaktoren.

Im Alltag von Einrichtungen, geprägt von Schichtdienst und einer zumindest im Vergleich mit Familien beträchtlichen Fluktuation von Bezugspersonen, kann nicht davon ausgegangen werden, dass all dies – insbesondere vor dem Hintergrund der Lebensgeschichte der Kinder und Jugendlichen – ähnlich wie in Familien nebenbei gelernt wird. Zumindest sollte regelmäßig überdacht werden, wie gut die Chancen von Kindern und Jugendlichen wirklich sind, ein angemessenes Gesundheitsverhalten zu erlernen. Hierbei können folgende Fragen helfen:

- Von wem lernen die Kinder und Jugendlichen in einer stationären Einrichtung ein angemessenes Gesundheitsverhalten?
- Haben Kinder und Jugendliche in Einrichtungen die Chance, ein Gefühl dafür zu entwickeln, wann ein Arztbesuch erforderlich ist?
- Lernen Kinder und Jugendliche, wie man sich selbst hilft, welche Hausmittel wann einzusetzen sind?
- Welches Verständnis von Gesundheit und Krankheit entwickeln Kinder und Jugendliche in den stationären Hilfen?

Wie wird im Rahmen der Heimerziehung mit psychischen Erkrankungen bei Eltern umgegangen?

Die psychische Erkrankung eines Elternteiles erhöht das Risiko für die Kinder, selbst psychisch krank zu werden, um ein Vielfaches. Ursache hierfür sind weniger genetische Faktoren als die Tatsache, dass für Kinder bis heute kaum Angebote im Hinblick auf einen hilfreichen Umgang mit der psychischen Erkrankung der Eltern bestehen. Pointiert könnte man die heute noch fast überall übliche Situation so beschreiben: Wird ein Elternteil psychisch krank und eine stationäre Behandlung notwendig, dann vergessen die behandelnden Ärzte und die Krankenschwestern, dass die Patientin oder der Patient Kinder hat. Die Mitarbeiterinnen und Mitarbeiter der Jugendhilfe fühlen sich von dem etwas anderen Verhalten des psychisch kranken Elternteiles überfordert, und in der Konsequenz kommt das Kind in ein stationäres Setting oder wird im erweiterten familiären Umfeld betreut. Niemand ist da, und niemand besitzt die Kompetenz, dem Kind zu erklären, was mit der Mutter, dem Vater geschieht; die Krankheit wird zum Tabu, zum Mysterium. Im Kind entstehen Schuldgefühle: „Ich habe die Mutter, den Vater im Stich gelassen, obwohl sie mich brauchen", „Ich bin es nicht wert, geliebt zu werden"; oder aber noch schlimmer: „Ich bin schuld, wäre ich anders, dann wäre meine Mutter, mein Vater nicht so komisch." Dies erfordert aktive Reaktionen aufseiten der Kinder- und Jugendhilfe sowie der Erwachsenenpsychiatrie. Es müssen Möglichkeiten gefunden werden, mit dem Kind über die Krankheit zu sprechen. Für die einrichtungsinterne Reflexion ist es hilfreich, sich folgende Fragen zu stellen:

- Welche Konzepte gibt es in der Einrichtung für den Umgang mit Kindern psychisch kranker Eltern?

- Wer von den Kolleginnen und Kollegen in der Einrichtung kennt sich mit psychischen Störungen so gut aus, dass sie oder er erklären kann, warum sich die Mutter, der Vater so anders verhält?

- Wer kann dem Kind helfen, mit seinen Schuldgefühlen, dem Gefühl des Ausgestoßenseins, des Verlassenwerdens zurechtzukommen?

- Wie gut sind die Fachkräfte darauf vorbereitet, Elternarbeit mit psychisch kranken Eltern zu machen?

- Welche Kompetenzen (inklusive Aktivierung von Ressourcen in institutionellen Netzwerken) sind vorhanden, um mit einer sich entwickelnden psychischen Störung bei Kindern umzugehen?

- Gibt es Kooperationen mit Einrichtungen der Erwachsenenpsychiatrie beziehungsweise niedergelassenen Psychiatern?

Ausblick

Der Beitrag hat den möglichen Gewinn, den die stationären Hilfen zur Erziehung aus der Resilienzforschung, insbesondere dem salutogenetischen Ansatz, ziehen können, anhand von Beispielen und Praxisfragen dargestellt. Dabei wurde deutlich, dass es im Alltag eine Reihe von Ansatzpunkten gibt, Kinder und Jugendliche in ihrer Entwicklung zu unterstützen und das pädagogische Handeln auf der Folie des Resilienzkonzeptes zu reflektieren. Es bleibt zu hoffen, dass das Konzept in Zukunft stärker als bisher Eingang in die stationäre Erziehungshilfe findet. Dann würden manche für diesen Bereich typischen Konflikte (zum Beispiel, ob Handys benutzt werden dürfen oder wie weit Beteiligungsformen reichen sollen) in einem anderen Licht erscheinen.

Anmerkung

1
Das Hawaii-Projekt wurde 1955 gestartet (Werner und Smith 1992). Es ist die wohl bekannteste Längsschnittstudie, die der Erforschung von Resilienz gewidmet war.

Literatur

Achatz, Juliane, Krüger, Winfried, Rainer, Manfred & Rijke, Johann de (2000).
Heranwachsen im vereinigten Deutschland: Lebensverhältnisse und private Lebensformen.
In M. Gille & W. Krüger (Hrsg.), Unzufriedene Demokraten. Politische Orientierungen der 16- bis 29-Jährigen im vereinigten Deutschland (S. 33–80).
Opladen: Leske + Budrich.

Antonovsky, Aaron (1997).
Salutogenese. Zur Entmystifizierung der Gesundheit.
Tübingen: dgvt-Verlag.

Bowlby, John (1999).
Bindung: Historische Wurzeln, theoretische Konzepte und klinische Relevanz.
In G. Spangler & P. Zimmermann (Hrsg.), Die Bindungstheorie: Grundlagen, Forschung, Anwendung (3. Auflage) (S. 17–26).
Stuttgart: Klett-Cotta.

Dornes, Martin (1999).
Die Entstehung seelischer Erkrankungen: Risiko-Schutzfaktoren.
In G. J. Suess & W.-K. P. Pfeifer (Hrsg.), Frühe Hilfen. Die Anwendung von Bindungs- und Kleinkindforschung in Erziehung, Beratung, Therapie und Vorbeugung (S. 25–64).
Gießen: Psychosozial-Verlag.

Dubos, René (1960).
Mirage of Health: Utopias, Progress, and Biological Change.
London: Allen & Unwin.

Erikson, Erik H. (1973).
Identität und Lebenszyklus.
Frankfurt am Main: Suhrkamp.

Franz, Michael (2005).
Die Belastungen von Kindern psychisch kranker Eltern. Eine Herausforderung zur interdisziplinären Zusammenarbeit von Jugendhilfe und Erwachsenenpsychiatrie.
Kind-Jugend-Gesellschaft, 3, 82–86.

Gaupp, Nora, Hofmann-Lun, Irene, Lex, Tilly, Mittag, Hartmut & Reißig, Birgit (2004).
Schule – und dann? Erste Ergebnisse einer bundesweiten Erhebung von Hauptschülerinnen und Hauptschülern in Abschlussklassen. Reihe Wissenschaft für alle.
München: Deutsches Jugendinstitut e.V.

Hoffmann, Sven Olaf & Egle, Ulrich Tiber (1996).
Risikofaktoren und protektive Faktoren für die Neurosenentstehung.
Die Bedeutung biographischer Faktoren für die Entstehung psychischer und psychosomatischer Krankheiten. Psychotherapeut, 1, 13–16.

Kerr, Margaret & Stattin, Hakan (2000).
What Parents Know, How They Know it, and Several Forms of Adolescent Adjustment: Further Support for a Reinterpretation of Monitoring. Developmental Psychology, 3, 366–380.

Keupp, Heiner, Ahbe, Thomas & Gmür, Wolfgang (1999).
Identitätskonstruktionen. Das Patchwork der Identitäten in der Spätmoderne.
Reinbek bei Hamburg: Rowohlt-Taschenbuch-Verlag.

Keupp, Heiner & Höfer, Renate (Hrsg.) (1997).
Identitätsarbeit heute. Klassische und aktuelle Perspektiven der Identitätsforschung.
Frankfurt am Main: Suhrkamp.

Lenz, Albert (2005).
Kinder psychisch kranker Eltern.
Göttingen: Hogrefe.

Masten, Ann S. & Reed, Marie-Gabrielle J. (2002).
Resilience in Development.
In C. R. Snyder & S. J. Lopez (Hrsg.), The Handbook of Positive Psychology (S. 74–88).
Oxford: University Press.

Meltzoff, Andrew N. & Moore, M. Keith (1989).
Imitation in Newborn Infants: Exploring the Range of Gestures Imitated and the Underlying Mechanisms. Developmental Psychology, 25, 954–962.

Otto, Ulrich & Bauer, Petra (Hrsg.) (2005).
Mit Netzwerken professionell zusammenarbeiten. Band 1: Soziale Netzwerke in Lebenslauf- und Lebenslagenperspektive.
Tübingen: dgvt-Verlag.

Röhrle, Bernd, Sommer, Gert & Nestmann, Frank (Hrsg.) (1998).
Netzwerkintervention.
Tübingen: dgvt-Verlag.

Romer, Georg, Paschen, Bela & Haagen, Miriam (2005).
Kinder körperlich kranker Eltern. Seelische Gesundheitsvorsorge durch frühzeitige Beratung. Kind-Jugend-Gesellschaft, 3, 87–94.

Rotter, Julian B. (1966).
Generalized Expectancies for Internal versus External Control of Reinforcement. Psychological Monographs 80, No. 609.
Washington, D.C.: American Psychological Association.

Scheithauer, Herbert & Petermann, Franz (1999).
Zur Wirkungsweise von Risiko- und Schutzfaktoren in der Entwicklung von Kindern und Jugendlichen. Kindheit und Entwicklung, 8, 3–14.

Schnabel, Peter-Ernst (2001).
Familie und Gesundheit. Bedingungen, Möglichkeiten und Konzepte der Gesundheitsförderung.
Weinheim: Juventa.

Scholten, Bernhard (2004).
Gentherapie statt Psychotherapie? – Kein Abschied vom Sozialen!
Tübingen: dgvt-Verlag.

Schwarzer, Ralf (1996).
Psychologie des Gesundheitsverhaltens (2., überarbeitete und erweiterte Auflage).
Göttingen: Hogrefe.

Tress, Wolfgang (1986).
Das Rätsel der seelischen Gesundheit. Traumatische Kindheit und früher Schutz gegen psychogene Störungen; eine retrospektive epidemiologische Studie an Risikopersonen.
Göttingen: Verlag für Medizinische Psychologie im Verlag Vandenhoeck & Ruprecht.

Walper, Sabine (2005).
Riskante Lebenslagen als Herausforderung für Eltern, Kinder und Gesellschaft.
Vortrag gehalten auf der wissenschaftlichen Jahrestagung der Bundeskonferenz für Erziehungsberatung e.V. am 30.9.2005.

Werner, Emmy & Smith, Ruth S. (1992).
Overcoming the Odds. High-risk Children from Birth to Adulthood.
Ithaca: Cornell University Press.

Alfred L. Lorenz und Karin Mummenthey

Die Kooperation von stationärer Erziehungshilfe und Psychiatrie – ein Werkstattbericht

In den vergangenen Jahren nahmen die Berührungspunkte der Kinder- und Jugendhilfe mit dem Hilfesystem Psychiatrie deutlich zu. Stationäre Therapien für Kinder und Jugendliche erscheinen als Lösung für Probleme in den Familien, und die Jugendhilfe soll in vielen Fällen im Anschluss an diesen Aufenthalt mit der „geeigneten Hilfemaßnahme" eine langfristige Stabilisierung erreichen. Zwei Hilfesysteme treffen aufeinander: auf der einen Seite die Kinder- und Jugendhilfe mit ihrem Verständnis für die gesellschaftlichen Zusammenhänge von Problemen, ihrem Erziehungsauftrag, ihrer Prozessorientierung, ihrer Individualisierung der Hilfen, ihrer Beteiligungsorientierung und ihren Bemühungen, sich zu professionalisieren, auf der anderen Seite die Kinder- und Jugendpsychiatrie mit ihren psychodynamischen Therapiekonzepten und medizinischen Kategorien, ihrer Ergebnisorientierung, ihrem Verständnis von Behandlungsansätzen und ihrer eigenen Art des hierarchischen Aufbaues innerhalb der Kliniken. Häufig erscheinen den Beteiligten ihre Herangehensweisen wechselseitig als gegensätzlich und die Systeme als unvereinbar. Die fachliche Auseinandersetzung wurde eher gemieden, und Abgrenzung war lange Zeit das Gebot der Stunde, obwohl sich eine klare Grenze zwischen Erziehung und Behandlung im Kindes- und Jugendalter kaum ziehen lässt.

Diese Position können sich diejenigen, die Lobby für junge Menschen und Familien sein wollen, heute nicht mehr leisten. Dennoch ist es längst noch nicht selbstverständlich, zusammenzuarbeiten, Vorannahmen oder gar Vorurteile zu revidieren, sich anderen zu erklären, Koverantwortung zu übernehmen oder sich selbstbewusst wie selbstkritisch auch infrage stellen zu lassen. Um diese Schnittstellen und die unterschiedliche Art und Weise, mit ihnen umzugehen, soll es im Folgenden gehen. Wir als Protagonisten zweier verschiedener Hilfesysteme sind überzeugt, dass eine echte Zusammenarbeit im Sinne unserer Klientinnen und Klienten nötig und möglich ist. Wir möchten anhand der Kooperation in der Stadt Bremen deutlich machen, dass wir zwar manches Mal unterschiedliche Herangehensweisen haben, wir aber nicht aus dem Auge verlieren dürfen, dass wir ein gemeinsames Ziel verfolgen.

Wege der Kooperation zwischen den SOS-Kinder- und Jugendhilfen und der Kinder- und Jugendpsychiatrie in Bremen

Wie groß ist der Überschneidungsbereich, in dem der junge Mensch sowohl mit der stationären Jugendhilfe als auch mit der Psychiatrie zu tun hat? Die Psychiatrie in Bremen kann aus der Versorgungsdokumentation ihrer Klinik aus dem Jahr 2003 mitteilen, dass Fremdplatzierung bei knapp zwanzig Prozent der stationären Behandlungsepisoden geplant war, bei weiteren zehn Prozent angeregt wurde, dass in knapp zehn Prozent der Behandlungsepisoden die jungen Menschen aus der Klinik unmittelbar in eine Jugendhilfeeinrichtung wechselten und in fünfzehn Prozent aus einer Jugendhilfeeinrichtung kamen und dahin zurückkehrten. Das ist der Überschneidungsbereich, er war in den Jahren zuvor nicht viel anders. Aber wer definiert ihn? Nach der Einschätzung des leitenden Psychologen einzig und allein die Psychiatrie, die eine psychiatrische Behandlungsdiagnose zur Grundlage ihrer konkreten Arbeit für einen jungen Menschen macht. Im ambulanten Bereich kann es schnell unübersichtlich werden: Wenn das Jugendamt intern „anordnet", dass Stellungnahmen aus der Psychiatrie zwingend gebraucht werden, bestimmt das Jugendamt die Schnittmenge, nicht mehr die psychische Störung eines jungen Menschen, die ihm Anspruch auf eine psychiatrische Hilfe oder Behandlung gibt.

In der Stadt Bremen sind die Fachkräfte bei der Ausgestaltung gelingender Kooperationsformen schon sehr weit gekommen. Verknüpfungen, Vernetzung und Gemeinsamkeiten haben im Stadtstaat nicht zuletzt wegen der räumlichen Nähe der Institutionen eine lange Tradition. Bei näherer Betrachtung wird aber auch deutlich, dass häufig systematische Wege der Zusammenarbeit fehlen, dass gemeinsame Standards entwickelt werden müssen und dass es durchaus noch einen Bedarf der Weiterentwicklung in der Zusammenarbeit gibt.

SOS-Kinder- und Jugendhilfen Bremen-Diepholz-Verden

Die SOS-Kinder- und Jugendhilfen Bremen-Diepholz-Verden sind eine Einrichtung der Hilfen zur Erziehung mit neun stationären und ambulanten Leistungen, die dezentral an sieben Standorten angeboten werden. Der Schwerpunkt der Hilfen liegt im stationären Bereich für Jugendliche. Es gibt aber auch eine heilpädagogische Kinderwohngruppe, eine therapeutische Wohngruppe für junge Erwachsene und verschiedene ambulante Betreuungsformen. Vierundvierzig pädagogische Fachkräfte begleiten, beraten und betreuen zirka siebzig Kinder, Jugendliche und junge Erwachsene in stationären und ambulanten Angeboten und setzen das Konzept der Sozialpädagogischen Familienhilfe um. Manche der Mitarbeiterinnen und Mitarbeiter haben Berufserfahrung in einer psychiatrischen Institution, viele haben eine therapeutische Zusatzausbildung, und alle werden von einem zweiköpfigen psychologisch-therapeutischen Fachdienst begleitet.

Die Kinder- und Jugendpsychiatrie in Bremen

Seit 1968 gibt es in Bremen eine Klinik für Kinder- und Jugendpsychiatrie und Psychotherapie. Sie hat heute vier Stationen: eine Kinderstation mit dreizehn Behandlungsplätzen in zwei Gruppen, eine Jugendlichenstation mit ebenfalls dreizehn Behandlungsplätzen in zwei Gruppen, eine Psychotherapiestation mit insgesamt dreizehn Behandlungsplätzen, jeweils mit einem der Behandlungsschwerpunkte „Essstörungen" und „Phobisches Vermeidungsverhalten", und eine Tagesklinik für Kinder mit acht Behandlungsplätzen.

Seit 2003 hat die Klinik eine Institutsambulanz, dort werden mittlerweile im Jahr zwischen sechshundert und siebenhundert junge Menschen und ihre Familien und Bezugssysteme betreut und behandelt. Von Anfang an ist diese Ambulanz eine fest vereinbarte Kooperation mit der Kinder- und Jugendpsychiatrischen Beratungsstelle des Sozialpsychiatrischen Dienstes im Gesundheitsamt Bremen eingegangen. Diese Beratungsstelle, im Sprachgebrauch der Stadt die „Kipsy", hat eine lange Tradition und ist nach wie vor ein fester Bestandteil sozialpsychiatrischer

Versorgung von Kindern und Jugendlichen in der Stadtgemeinde Bremen. Seit Jahren ist es dort bereits Praxis, auch im Rahmen psychiatrischer Institutsambulanz abzurechnen. Beide Einrichtungen werden vom Chefarzt der Klinik für Kinder- und Jugendpsychiatrie ärztlich geleitet, und es gibt einen leitenden Psychologen, der beide Einrichtungen fachlich betreut und koordiniert, Überschneidungen des Tätigwerdens kontrolliert und für eine Vereinheitlichung der Arbeitsprozesse sorgt. Kipsy steht mit zirka vierhundert jungen Menschen jährlich in Kontakt.

Die Kooperation der SOS-Einrichtung mit Vertretern der Kinder- und Jugendpsychiatrie bildet sich auf verschiedenen Ebenen ab. Sie umfasst Gespräche mit dem Ziel der konzeptionellen Entwicklung des Kinder- und Jugendhilfeangebotes, die fallbezogene Zusammenarbeit, die Qualifizierung der Mitarbeiterinnen und Mitarbeiter sowie das Engagement in gemeinsamen Arbeitsgruppen.

Kooperation im Rahmen konzeptioneller Entwicklung

Die *SOS-Therapeutische Wohngruppe* war vor zwanzig Jahren das erste SOS-Angebot, das sich der sogenannten Psychiatrieklientel annahm und das sich über die Jahre vor allem in der Betreuung von essgestörten jungen Menschen qualifizierte und profilierte. In enger Zusammenarbeit im Einzelfall und in vielen Gesprächen zwischen Vertretern der Klinik und des SOS-Kinderdorfvereins entstand das aktuelle Konzept der Wohngruppe. Heute werden hier auch junge Menschen mit Borderlinesymptomen, verschiedenen neurotischen Störungen, Angststörungen oder psychiatrischen Mehrfachdiagnosen aufgenommen. Die *SOS-Kinderwohngruppe* wurde vor vier Jahren ebenfalls unter Hinzuziehung der fachlichen Positionen und Bedarfsmeldungen aus der Kinder- und Jugendpsychiatrie konzipiert. Die Qualifikation der Mitarbeiterinnen und Mitarbeiter wurde auf der Grundlage der Gespräche mit Vertretern der Klinik festgelegt und das heilpädagogische Betreuungskonzept, insbesondere der Personaleinsatz und die einrichtungsinterne Unterstützung durch einen Fachdienst, eingeführt.

Die inzwischen routinierte fallbezogene Zusammenarbeit hat an allen Standorten der Einrichtung zur Folge, dass sich die pädagogischen Mitarbeiterinnen und Mitarbeiter offensiv und selbst-

bewusst mit Äußerungen, Empfehlungen und Einschätzungen
der Mitarbeiterinnen und Mitarbeiter der Kinder- und Jugendpsychiatrie befassen, ohne dabei ihre eigenen pädagogischen
Positionen oder Handlungsweisen aufzugeben. Die gegenseitige
Wertschätzung führt zu offenen Diskussionen und zu konzeptionellen Entwicklungen, die ohne diese „Bedarfsmeldungen von
außen" nicht möglich wären.

Kooperation im Einzelfall

In den Anfängen der Zusammenarbeit zwischen der SOS-Einrichtung und der Kinder- und Jugendpsychiatrie erlebten wir immer
wieder, dass die SOS-Mitarbeiterinnen und -Mitarbeiter von den
Mitarbeiterinnen und Mitarbeitern der Psychiatrie eher als Angehörige oder Ersatzeltern betrachtet und entsprechend behandelt
wurden. Sie galten nicht als fachliche Kolleginnen und Kollegen
im weiteren Sinne, sondern als im System verstrickte relevante
Bezugspersonen, die in die Zielsetzung des Behandlungskonzeptes einbezogen werden mussten. Erst nach zahlreichen Gesprächen und Erklärungen und der Verdeutlichung des eigenen Auftrages veränderte sich die Haltung bei den Mitarbeiterinnen und
Mitarbeitern der Klinik, und es kommt seither in vielen Fällen
zu einer offenen und wirksamen Zusammenarbeit zwischen den
verschiedenen Fachkräften. Dabei geht es immer wieder darum,
die Gemeinsamkeiten zu suchen und die Unterschiede anzuerkennen, auch wenn es ein Mindestmaß an Übereinstimmung
geben muss.

Zwischen dem Jugendamt als fallführende Institution, der Kinder- und Jugendpsychiatrie und der Einrichtung findet, wenn es
gut läuft, heute im Einzelfall eine Art Dreieckskontrakt statt,
dessen Ziel es ist, eine geeignete und angemessene Hilfeform für
den jungen Menschen oder die Familie zu entwickeln und umzusetzen. In diesen Gesprächen werden nicht nur die Anamnese
und Diagnose erarbeitet und ausgetauscht, sondern es wird
auch vereinbart, wie die Zusammenarbeit zwischen der Psychiatrie und der SOS-Einrichtung nach der Aufnahme des jungen
Menschen in die Jugendhilfe gestaltet werden soll. Dieses geschieht
natürlich immer unter offensiver Einbeziehung der Eltern und
der Familie.

Die Kooperation führt über den Einzelfall. Wir können zwischen Kooperation als Information, als Austausch oder als Verständigungsprozess unterscheiden. Wichtig ist, dass die Partner von der gegenseitigen Kooperation überzeugt sind, in der Zusammenarbeit die jeweilige Autonomie gewahrt bleibt und die Beteiligten für ihr Handeln etwas hinzugewinnen. Die Teams der SOS-Einrichtung haben aufgrund der unterschiedlichen Altersstruktur ihrer Klienten verschiedene Formen der Zusammenarbeit, immer auf der Basis von Verständigung und gemeinsamem Handeln mit der Klinik, entwickelt.

Die *SOS-Therapeutische Wohngruppe* nimmt ausschließlich junge Erwachsene mit Psychiatrieerfahrung auf und bindet den jungen Menschen im Idealfall bereits schrittweise in das therapeutische Geschehen der Wohngruppe ein, während sie oder er noch in der Psychiatrie stationär behandelt wird. Dieses Vorgehen wird in enger Zusammenarbeit mit den Therapeuten, Ärzten und Psychologen der Klinik umgesetzt. Die SOS-Mitarbeiter suchen den jungen Menschen in der Klinik auf, beteiligen sich dort an Gesprächen und sorgen wenn nötig im Vorfeld für eine ambulante Anschlusstherapie. Ziel ist es, für den jungen Menschen den Übergang fließend zu gestalten und zwischen den Fachkräften eine gute Überleitung zu ermöglichen. Werden im Verlauf der Betreuung doch eine Wiederaufnahme in die Klinik und die Fortsetzung der stationären Behandlung notwendig, gewährleistet die SOS-Wohngruppe die Rückkehrmöglichkeit, und sie wird aktiv in die Behandlung durch die Klinik eingebunden.

Die *SOS-Flexiblen Hilfen* sind ein Projekt der Einzelbetreuung von jungen Erwachsenen mit differenzierten Wohnmöglichkeiten. Diese Begleitung findet im Rahmen insbesondere der Paragrafen 35 und 35a SGB VIII statt, und bei zwei Dritteln der Klientel dient das Angebot als eine Art Nachsorge der Psychiatrie. Das Team hat sich eingangs bei den verschiedenen Stationen der Klinik bekannt gemacht und vereinbart, frühzeitig, also vor der Entlassung des jungen Menschen, eingebunden zu werden. Das Erstgespräch verläuft zwischen dem jungen Menschen und Mitarbeiterinnen und Mitarbeitern der Klinik und des SOS-Teams. Dieser gemeinsame Kontakt mit dem jungen Menschen ist nur sinnvoll, wenn es bereits eine grundsätzliche Entscheidung des Jugendamtes für diese Maßnahme gibt. Die Überleitung wird individuell vereinbart, und häufig wird gemeinsam nach einer ambulanten Therapiemöglichkeit gesucht.

Bei krisenhaften Entwicklungen in der Jugendhilfeeinrichtung gibt es immer die Möglichkeit der Wiederaufnahme in die Klinik, die gleichfalls mit der Sicherheit verbunden ist, in die SOS-Einrichtung zurückkehren zu können. In einigen Fällen wird über diese Option der erneuten Klinikaufnahme noch eine feste Vereinbarung zwischen der Klinikstation, der SOS-Einrichtung und dem jungen Menschen getroffen. Während seines Aufenthaltes in der Klinik halten die SOS-Mitarbeiterinnen und -Mitarbeiter Kontakt zu dem jungen Menschen und führen gemeinsame Gespräche mit ihm und seinen Therapeutinnen und Therapeuten.

Die *SOS-Mädchenwohngemeinschaft* und die *SOS-Jugendwohngruppe* haben sehr kleine Betreuungseinheiten. Das hohe Maß an Tagesstrukturierung, Grenzsetzungen und Versorgung setzt an den Erfahrungen der Mädchen und Jungen in der Klinik an und entspricht mit seinem Setting vielfach den Anforderungen der Jugendämter und Familien. Der Anteil an psychiatrieerfahrenen jungen Menschen in diesen betreuten Wohnformen liegt daher ebenfalls bei drei Viertel. Auch hier wird in Einzelfällen nach einer Überleitung aus der Psychiatrie die Möglichkeit der Fortsetzung der Therapie, zum Beispiel auch in der Institutsambulanz oder durch Mitarbeiterinnen und Mitarbeiter der Kipsy, als Übergangsangebot genutzt, eine Krisenbewältigung vereinbart und eine begrenzte Anzahl von Gesprächen mit den Mitarbeiterinnen und Mitarbeitern zur Reflexion angeboten. Sehr oft werden Mädchen mit Gewalt- und Missbrauchserfahrungen in ambulante Therapien vermittelt.

Die Verständigungsprozesse mit den Mitarbeiterinnen und Mitarbeitern der Klinik führten bei denen der Jugendeinrichtungen zu Haltungsänderungen. Die Angst vor Suizidandrohungen verringerte sich, eine Unterscheidung zwischen Aggression und Wut konnte besser nachvollzogen werden, und die Familienarbeit veränderte sich. Die Mitarbeiterinnen und Mitarbeiter beschäftigten sich verstärkt mit der Dynamik in den Familien, und die Selbstverantwortung der Familien wurde gestärkt.

In die heilpädagogische *SOS-Kinderwohngruppe* sind seit ihrer Gründung drei Kinder direkt aus der stationären oder teilstationären Behandlung der Kinder- und Jugendpsychiatrie aufgenommen worden. Ein Junge hatte zuvor neun Monate in der Klinik gelebt. Die Klinik bot je nach Einzelfall Übergangsgespräche, regelmäßige Gespräche oder eine Krisenintervention an. Das Team stellt außerdem Kinder in der Institutsambulanz mit dem Ziel einer diagnostischen Klärung vor. In jüngster Zeit haben wir es in dieser Kinderwohngruppe oft mit Eltern zu tun, die psychisch erkrankt sind und deren Kinder einer besonderen Betreuung bedürfen.

In der Wohngruppe gibt es Erfahrungen damit, den zuständigen Therapeuten der Klinik in ein Gespräch mit Angehörigen der Schule einzubinden. Ein solches Gespräch trug zum Beispiel dazu bei, einen Jungen in der Schule zu belassen und ihn nicht von dort auszugrenzen. Auch in anderen Fällen können wir uns gut vorstellen, dass Therapeuten der Klinik das Kind oder den Jugendlichen sowie die Mitarbeiterinnen und Mitarbeiter der SOS-Einrichtung gegenüber der Schule unterstützen.

Die *SOS-Sozialpädagogische Familienhilfe* ist ein junges Angebot der Einrichtung und hat ebenfalls vielfach mit psychisch auffälligen Menschen zu tun. Bei sechs der derzeit zehn betreuten Familien war bei einem oder mehreren Kindern ein Aufenthalt in der Kinder- und Jugendpsychiatrie vorausgegangen. In sechs Familien hatten Elternteile selbst einen stationären Aufenthalt in einer psychiatrischen Klinik hinter sich, und in weiteren drei Familien gab es offensichtliche Erscheinungsbilder psychischer Störungen.

In der Zusammenschau zeigen sich verschiedene Möglichkeiten der fallbezogenen Kooperation zwischen den verschiedenen Systemen im Hilfeverlauf. Am Beginn stehen intensive Vorgespräche der Fachkräfte beider Hilfesysteme und die Übergangsbegleitung von einem der Hilfesysteme zum anderen bis hin zu einer Nachsorge. Während der Jugendhilfemaßnahme bis zur Aufnahme einer ambulanten Therapie empfehlen sich von der Psychiatrie geführte therapeutische Gespräche mit dem jungen Menschen oder der Familie. Die Vereinbarung über einen „Notfallkoffer" und das Angebot der gemeinsamen Krisenbewältigung sichern den Hilfeverlauf ebenso wie die Möglichkeit der Wiederaufnahme durch die Klinik bei gleichzeitiger Zusicherung der Rückkehr in die Jugendhilfeeinrichtung.

Kooperation durch vernetzte Qualifizierung

Der Qualifizierung des Fachpersonals kommt bei der Vernetzung von verschiedenen Institutionen und Systemen eine besondere Bedeutung zu. Und nicht nur dies, auch die Persönlichkeit und Lebenserfahrung spielen eine zentrale Rolle.

Von den vierundvierzig pädagogisch tätigen Mitarbeiterinnen und Mitarbeitern der SOS-Einrichtung haben sechzehn eine therapeutische Zusatzausbildung, und vier dieser Fachkräfte sind approbiert zum Kinder- und Jugendlichenpsychotherapeuten. Zwei Mitarbeiter befinden sich aktuell in einer Ausbildung, die die Kinder- und Jugendpsychiatrie in Kooperation mit der Jugendhilfe in Bremen konzipiert hat. Die beruflichen Weiterbildungen und zahlreiche interne Schulungen schaffen in den Teams die Voraussetzung für das Verstehen der Behandlungsprozesse, helfen, die Möglichkeiten und Grenzen der Klinik zu erkennen, und machen es den Mitarbeiterinnen und Mitarbeitern leichter, im eigenen pädagogischen Alltag mit den Störungen umzugehen und bei schwierigen pädagogischen Fragen kompetent und selbstbewusst aufzutreten.

Der SOS-Fachdienst der Einrichtung erweitert das Angebot, indem er die Teams mit einer Familientherapeutin mit Supervisionsausbildung und einem Psychologen mit familientherapeutischer Ausbildung verstärkt. Jedes pädagogische Team entwickelt für sich eine Form der Zusammenarbeit mit diesem Fachdienst und erfährt durch Fachberatung, Unterstützung bei Krisen, eine Intensivierung der Eltern- und Familienarbeit oder ergänzende Projekte fachliche Unterstützung und Qualifizierung. Die Begleitung durch den Fachdienst wirkt auf verschiedenen Ebenen. Sie ermöglicht einen fachlichen Input gerade bei der Vermehrung relevanter Themen, die Erweiterung der Perspektiven, emotionale Entlastung, die Wahrnehmung unterschiedlicher Rollen, bezogen auf einen Fall, oder auch die Aufnahme der Dynamik zwischen Klientin oder Klient und Bezugsperson des Teams. Damit haben die SOS-Mitarbeiterinnen und -Mitarbeiter bereits umfangreiche und in den Alltag integrierte Erfahrungen in der fallbezogenen, teamübergreifenden Zusammenarbeit zwischen verschiedenen Qualifikationen und Professionen.

Ein großer Vorteil ist, dass außerdem Vertreter der Kinder- und Jugendpsychiatrie zu Fallbesprechungen zur Verfügung stehen, auch dann, wenn es zum Beispiel um Probleme bei der Beschulung eines Kindes geht. Diese besondere Art der Fachberatung führt regelmäßig zur Erweiterung des Wissens der Mitarbeiterinnen und Mitarbeiter der Kinder- und Jugendhilfe und zum verbesserten Umgang mit der Dynamik, die von den jungen Menschen ausgeht.

Ein Teil der Mitarbeiterinnen und Mitarbeiter der heilpädagogischen SOS-Kinderwohngruppe hat vor der ersten Aufnahme von Kindern mehrere Wochen in unterschiedlichen Abteilungen der Kinder- und Jugendpsychiatrischen Klinik in Bremen hospitiert. Auf diese Weise konnte die psychiatrische Arbeitsweise des Pflege- und Erziehungsdienstes der Klinik kennengelernt und konnten Arbeitsbeziehungen geknüpft werden. Heute stellt die SOS-Kinderwohngruppe einen Praktikumsplatz für in Ausbildung befindliche Pflege- und Erziehungskräfte der Klinik zur Verfügung.

Kooperation in Arbeitsgruppen

Die SOS-Mitarbeiterinnen und -Mitarbeiter haben wie auch ihre Kolleginnen und Kollegen von anderen Jugendhilfeträgern über die Jahre hinweg ein breites Wissen über die Struktur und Arbeitsweisen der Kinder- und Jugendpsychiatrien erworben. Die Kinder- und Jugendpsychiatrie Bremen ist ebenfalls seit Jahren an einer engen Zusammenarbeit mit der Kinder- und Jugendhilfe in Bremen interessiert, hat sich über die Angebote der verschiedenen Träger informiert, kennt deren Arbeitsstrukturen und Arbeitsweisen und bemüht sich um verschiedene Formen der Begegnung und Zusammenarbeit. Diese gegenseitige Kenntnisnahme und Bereitschaft, sich auf das andere Hilfesystem einzulassen, sind die Voraussetzung für eine konstruktive und zielführende Zusammenarbeit.

Auf dieser Basis und über die direkte fallbezogene Zusammenarbeit hinaus nehmen die SOS-Mitarbeiterinnen und -Mitarbeiter an Arbeitsgruppen teil, die sich mit der Psychiatrieversorgung der Menschen in Bremen befassen. Aktuell sind sie vertreten in der „Arbeitsgruppe Kinder psychisch kranker Eltern", „Arbeitsgruppe Essstörungen", in der Netzwerk-Arbeitsgruppe zum Thema „Junge Menschen mit psychischen Auffälligkeiten und Drogenkonsum", in der „Regionalkonferenz Süd der sozialpsychiatrischen Versorgung" und im Fachausschuss Kinder- und Jugendpsychiatrie der „Zentralen Arbeitsgruppe zur Versorgung psychisch kranker und suchtkranker Menschen in Bremen".

Stadtweite trägerübergreifende Kooperationsformen in Bremen

Die räumliche Nähe der Institutionen und die personelle Kontinuität befördern ein produktives Zusammenwirken in der Stadtgemeinde Bremen. Dieses zeigt sich in der Kommunikation zwischen den Fachkräften der unterschiedlichen Institutionen selbst, in der Arbeit an gemeinsamen Themen und in dem Bemühen um verbindliche Verfahrenswege.

Die Heimkonferenz Bremen

Vor mehr als zwanzig Jahren initiierte ein freier Träger in Bremen die Gründung eines Gremiums, das sich monatlich treffen und aktuelle Themen der Kinder- und Jugendhilfe diskutieren sollte. Möglichst viele Träger sollten sich beteiligen und auch Vertreter des Jugendamtes und der senatorischen Jugendbehörde teilnehmen. Als Ziele wurden damals eine stärkere Verbindung zwischen den Trägern und der Austausch mit dem öffentlichen Träger auf breiter Basis und im Sinne einer erfolgreichen Kinder- und Jugendhilfeplanung formuliert.

Nicht nur das Jugendamt und die senatorische Jugendbehörde sind heute neben siebenundzwanzig Trägern unterschiedlicher Größe Mitglied in dieser Konferenz. Auch zwei Vertreter der Kinder- und Jugendpsychiatrie Bremens nehmen daran teil, punktuell der leitende Arzt oder ein Sozialarbeiter der Klinik und regelmäßig der leitende Psychologe der Institutsambulanz und der Kipsy.

Die Themen der Heimkonferenz beziehen sich auf Fragen des pädagogischen Alltags sowie auf konzeptionelle Belange, aber auch etwa auf das Berichtswesen der Klinik oder die Entwicklung der Institutsambulanz. Auf der Tagesordnung stehen so auch konkrete, fallbezogene Probleme, bei denen in den letzten Jahren wiederholt die Schnittstelle zwischen Jugendhilfe und

Jugendpsychiatrie zum Thema wurde. Es ging unter anderem um Krankheits- und Störungsbilder, um „Drehtürpatienten" der Psychiatrie, um Jugendliche, die bei sexuellen Übergriffen auffällig wurden, um die Inobhutnahme im Krisenfall oder auch um Schulabsentismus und die Möglichkeiten der Behandlung durch die Kinder- und Jugendpsychiatrie. Aktuell geht es vorrangig um Doppeldiagnosen und Drogenkonsum.

Eine Reihe von Beispielen, besonders auch die Analyse von ausgesprochen prekären Fällen (siehe unten) zeigen, dass es der Heimkonferenz seit Jahren gelingt, in einer großen Gruppe von unterschiedlichen Trägern konstruktiv aktuelle Themen aufzugreifen und praxisnah zu bearbeiten. Grundlage hierfür sind die gegenseitige Wertschätzung der Mitglieder, die Abwesenheit von Hierarchien, die Gemeinsamkeit der Interessen und die Fähigkeit, immer wieder neue Mitglieder zu integrieren.

Kooperation bei der Analyse von Fällen

Praxisnähe und alltagstaugliche Kooperation sind zwei Merkmale der Heimkonferenz, die im Sommer 2005 deutlich zum Tragen kamen, als es darum ging, über prekäre Biografien und aktuelle Zustände von Jugendlichen der Stadt zu beraten. Eine informelle Arbeitsgruppe sichtete und analysierte diese sehr kompliziert verlaufenen Fälle zwanzig weiblicher und fünfzehn männlicher Jugendlicher, mit denen es in den damals zurückliegenden zwölf Monaten mehrere unterschiedliche Hilfesysteme gleichzeitig zu tun hatten.

Eine genauere Inspektion der langfristigen Verläufe dieser prekären Fälle ergab, dass im Alter von elf bis dreizehn Jahren bei allen Jugendlichen eine Einrichtung der Kinder- und Jugendpsychiatrie den dringenden Rat zur Fremdplatzierung gegeben hatte, ohne deren Einverständnis oder das der Familie zur Voraussetzung zu machen. Aus unterschiedlichen Gründen wurde der Hilfeempfehlung jedoch nicht gefolgt. Statt eine familiengerichtliche Entscheidung anzustrengen, wurde mehr daran gearbeitet, das Einverständnis dennoch zu erwirken. In der Zwischenzeit wurden ambulante Maßnahmen vorgeschaltet, oft mehrfach hintereinander und mit unterschiedlichem Etikett, zum Beispiel zuerst Sozialpädagogische Familienhilfe, anschließend Erziehungsberatung, auf die eine intensive sozialpädagogische Einzelbetreuung folgte. War dieses Vorgehen innerhalb ein oder zwei Jahren nicht erfolgreich, wurden die Jugendlichen in stationären Einrichtungen untergebracht. Diese entsprachen jedoch nicht immer den besonderen Merkmalen, wie sie zum Beispiel in einer psychiatrischen Stellungnahme aufgeführt waren: eigene Schule, großes Gelände, etwas abseits gelegen.

Zugespitzt, kann bei allen Bemühungen der fallführenden Fachkräfte das ernüchternde Fazit gezogen werden, dass sich das Jugendamt viele extrem prekäre Fälle selbst geschaffen hat, da es sich streng an die eigenen Regeln, „ambulant vor stationär" und „Bremer Kinder bleiben in Bremen", gehalten hat.

Als Konsequenzen aus diesen Fällen und ihrer Analyse entwickelten die Einrichtungen der Kinder- und Jugendpsychiatrie ihre Kompetenz dahingehend weiter, solche potenziell prekären Fälle zuverlässig und früh zu identifizieren. Das Amt für Soziale Dienste führte eine Prozedur ein, bei der in Zusammenarbeit mit den Einrichtungen der Kinder- und Jugendpsychiatrie auch anders als üblich vorgegangen werden kann. Regelungsbedarf besteht in diesen absehbar prekär verlaufenden Fällen beim Umgang mit dem fehlenden Einverständnis der Kinder und Jugendlichen und ihrer Familie, bei der Rangfolge der Maßnahmen, wobei ambulant vor stationär nicht unbedingt gelten muss, bei der Konsequenz und Nachhaltigkeit der Maßnahme, bei der Beständigkeit der entscheidenden Personen, eine einmal getroffene Entscheidung durchzuführen, und bei der Evaluation unter Beteiligung der Einrichtungen der Kinder- und Jugendpsychiatrie.

Kooperationsverträge zwischen Kinder- und Jugendpsychiatrie und freien Trägern der Kinder- und Jugendhilfe

Ende 2003 bot die Institutsambulanz der Kinder- und Jugendpsychiatrie freien Jugendhilfeträgern in Bremen eine verbindliche Kooperation an. In den Kooperationsvereinbarungen hieß es unter anderem:

„Einrichtung und Klinikum planen eine längerfristige Kooperation, die kinder- und jugendpsychiatrische Kompetenz im diagnostischen und beratenden Sinne in die pädagogische Arbeit der Einrichtung integriert und so für die betreuten Kinder und Jugendlichen nutzbar macht. Ziel ist dabei eine auf wechselseitige vertrauensvolle Zusammenarbeit gründende Kultur des übergreifenden Arbeitens der Institutionen und ihrer Berufsgruppen, die sich primär am Entwicklungswohl der Kinder und Jugendlichen orientiert.

Deshalb soll sich die Kooperation nicht allein in der Krisenbewältigung erschöpfen, sondern auch jenen Kindern und Jugendlichen zu Gute kommen, die in einem umfassenderen Sinne in ihren Entwicklungschancen gefährdet sind, ohne im disziplinarischen Sinne das Handeln ihrer Umgebung zu erzwingen. Außerdem gehen Einrichtung und Klinikum davon aus, dass eine solide, fachlich fundierte kontinuierliche Zusammenarbeit mit gemeinsam erarbeiteten inhaltlichen Positionen und einheitlichen Sprachregelungen besonders in Fällen krisenhafter Zuspitzung hilfreich ist."

Nach einem Jahr der Kooperation wurden die gesammelten Erfahrungen in Gesprächen mit den einzelnen Trägern evaluiert. Als Gesamtergebnis wurde festgehalten, dass es einen deutlichen Rückgang hochkritischer Aufnahmen von Jugendlichen aus den beteiligten Jugendhilfeeinrichtungen in die Psychiatrie – und das betraf nicht nur den Freitagnachmittag – zu verzeichnen gab. Die Aufnahmen wurden durchweg geplant, geschahen so in der Regel mit dem Einverständnis der jungen Menschen und wurden nicht als Disziplinierung empfunden. Es zeigte sich, dass in intensiven Beratungen die Mitarbeiterinnen und Mitarbeiter der Jugendhilfeeinrichtungen befähigt wurden, pädagogische Konsequenzen aus psychiatrischen Erkenntnissen zu ziehen und so mit den Jugendlichen und Kindern angemessener, vor allem in Krisen deeskalierend umzugehen.

Ziele der Kooperation

- Abbau von Vorurteilen und Entwicklung einer Kultur gemeinsamen Arbeitens zum Wohl und im Interesse der Kinder und Jugendlichen und ihrer Familien.

- Solide, fachlich fundierte kontinuierliche und vertrauensvolle Kooperation zwischen der Kinder- und Jugendpsychiatrie und dem freien Jugendhilfeträger.

- Frühe Erkennung psychiatrischer Störungen.

- Befähigung der Mitarbeiterinnen und Mitarbeiter der Jugendhilfeeinrichtung, mit jungen Menschen mit psychischen Störungen umzugehen und psychische Störungen besser zu identifizieren.

- Entspannung in kritischen Situationen.

- Vermeidung spektakulärer Krisensituationen.

- Vorbereitung gegebenenfalls erforderlicher stationärer psychiatrischer Behandlung kooperativ mit dem jungen Menschen.

Verfahrensregeln zwischen Kinder- und Jugendpsychiatrie und Jugendamt

Immer wieder werden psychiatrische Einrichtungen angesprochen, wenn es um die Einleitung und Begründung von Jugendhilfemaßnahmen geht. Nicht selten richten Jugendämter Maßnahmen nur noch dann ein, wenn eine Begründung nach Paragraf 35 a SGB VIII vorliegt. Dann ist eine Stellungnahme eines Kinder- und Jugendpsychiaters oder eines Kinder- und Jugendlichenpsychotherapeuten zwingend notwendig. Das Jugendamt müsste niedergelassene Ärzte, Psychotherapeuten und Kliniken formal um Stellungnahmen ansprechen, es besteht aber auch die Möglichkeit, Ämter, bei denen Fachleute nach Paragraf 35 a SGB VIII tätig sind, im Rahmen der Amtshilfe um Stellungnahmen zu bitten. In Bremen gibt es diese Fachleute in der Beratungsstelle des Gesundheitsamtes Kipsy. Im Interesse der Kinder und Jugendlichen ist es jedoch ratsam, dass diejenigen Ärzte und Psychologen Stellung nehmen, die den jungen Menschen aus den Behandlungen kennen.

Als die Kinder- und Jugendpsychiatrie mit dem Amt für Soziale Dienste Bremen über die Zusammenarbeit im Rahmen des Paragrafen 35 a SGB VIII ins Gespräch kam, wurden auf beiden Seiten Vorstellungen von einer guten Kooperation benannt. Gemeinsames Ziel ist es, für die betroffenen jungen Menschen und ihre Familien rasch und unkompliziert Lösungen zu finden. Dafür wurden Verfahrensregeln vereinbart, die auf Grundlage der gegenseitigen Verpflichtung zur Kooperation festlegen, in welchen Fällen, auf welchen Wegen und nach welchen Regeln die gegenseitige Kontaktaufnahme, die Beratung zu den Einzelfällen und der Informationsaustausch zu erfolgen haben. Besonders hervorgehoben wird in den Verfahrensregeln die Wahrung der Zuständigkeit und Kompetenz der jeweils anderen Seite. Für das Fachpersonal der jugendpsychiatrischen Einrichtungen heißt das, sie werden „weder im Kontakt mit Patientinnen und Patienten und deren Bezugspersonen noch gegenüber Mitarbeiter/innen des Sozialdienstes Junge Menschen Empfehlungen für ganz bestimmte Jugendhilfeeinrichtungen aussprechen und werden ihre Empfehlungen für konkrete Maßnahmen beschreiben, ohne sie bestimmten Paragrafen des SGB VIII zuzuordnen." Und für die Mitarbeiterinnen und Mitarbeiter des Sozialdienstes bedeutet diese Regel, dass sie „weder Kindern und Jugendlichen bzw. jungen Erwachsenen (§ 41 SGB VIII) noch deren Bezugspersonen gegenüber die Behandlung in der Klinik für Kinder- und Jugendpsychiatrie ankündigen oder gar androhen, ohne vorher mit einer der kinder- und jugendpsychiatrischen Einrichtungen dieses Vorgehen beraten zu haben."

In den Verfahrensregeln wurden auch die bisherigen Kooperationsprobleme benannt, und sie sind zumindest schon einmal auf dem Papier auch gelöst. Nun muss sich erweisen, ob danach gut gearbeitet werden kann.

QuQuk – eine trägerübergreifende Weiterbildung

In den Betreuungs- und Förderangeboten der Kinder- und Jugendhilfe steigt der Anteil der Klienten mit psychischen und psychiatrischen Störungen. Die pädagogischen Fachkräfte sind in den Ausbildungsstätten auf diese Klientel nicht genügend vorbereitet worden und sehen sich in der Praxis einer Dynamik von einzelnen Kindern, Jugendlichen, Familien und Gruppen gegenüber, für die ihr Handwerkszeug nicht ausreicht oder nicht zielgerichtet einsetzbar ist. Auf dieser Grundlage sind einige Jugendhilfeträger der Stadt Bremen mit dem „Institut für Qualifizierung und Qualitätssicherung in der Kinder- und Jugendpsychiatrie" (QuQuK) eine Kooperation eingegangen.

QuQuK ist das Fortbildungsinstitut eines Kooperationsverbundes von neun norddeutschen kinder- und jugendpsychiatrischen Kliniken mit Sitz in Bremen. Dieses Institut führt in Kooperation mit der Evangelischen Fachhochschule Hannover seit geraumer Zeit erfolgreich eine Weiterbildung zur „Fachkraft für Kinder- und Jugendpsychiatrie" durch, an der Vertreter der Jugendhilfe eine Dozententätigkeit für die Themengebiete wahrnehmen, die eher in der Sozialpädagogik und Erziehungswissenschaft liegen. Eine zweite Weiterbildung mit dem Titel „Förderung und Betreuung psychiatrisch und psychisch auffälliger Kinder und Jugendlicher in der Jugendhilfe" wendet sich in erster Linie an die Jugendhilfeträger und orientiert sich daran, was in der pädagogischen Praxis im Umgang mit psychisch gestörten jungen Menschen notwendig ist. Die Dozenten für einzelne Bausteine der Weiterbildung sind sowohl Therapeuten, Ärzte und Psychologische Psychotherapeuten der Kinder- und Jugendpsychiatrie als auch Fachleute aus der Kinder- und Jugendhilfe. Die Ausbildung erstreckt sich über drei Jahre und wird von einer Gruppe begleitet, die zum Teil an ihrer Planung und Ausgestaltung beteiligt war.

Ausblick und Entwicklungsperspektiven

Die Zusammenarbeit der Jugendhilfe und der Kinder- und Jugendpsychiatrie in Bremen erfolgt nicht mehr zufällig, sondern geht über den einmaligen oder anlassbezogenen Austausch weit hinaus. Die gegenseitige offene und zielführende Information in Einzelfällen und die Beteiligung an relevanten Arbeitsgruppen sind alltäglich und normal geworden, und der oben beschriebenen förmlichen Kooperation sind inzwischen sehr viele freie Jugendhilfeträger beigetreten. Auch das Amt für Soziale Dienste wird zunehmend in diese Kooperation eingebunden. Es gelingt uns auch immer besser, uns zu verständigen, eine gemeinsame Sprache zu finden und unsere Planungen gerade im konkreten Fall aufeinander abzustimmen. Die Zusammenarbeit ist natürlich dennoch verbesserungsfähig, insbesondere dort, wo es um Schnittstellen, Verfahren und Überleitungen geht:

- Durch gegenseitiges Kennenlernen und Verstehen in einem kontinuierlichen Prozess sollten Konkurrenzen und „Hierarchiegefühle" weiter gemildert werden. Es muss allen bewusst sein, dass die Beteiligten der verschiedenen Hilfesysteme zwar mit unterschiedlichen Methoden, Zugängen und Vorgehensweisen arbeiten, aber dennoch ein gemeinsames Ziel haben.

- Es besteht ein wachsender Bedarf an Unterstützung der pädagogischen Teams durch Leitungskräfte, Fachdienste oder externe Fachkräfte bei der Aufnahme und bei möglichen Krisen von jungen Menschen, vor allem wenn sie Psychiatrieerfahrung haben. Hilfreich sind bei krisenhaften Entwicklungen einer Betreuung eine gute fallbezogene Vernetzung der pädagogischen Teams innerhalb der Einrichtung, aber auch einrichtungsübergreifend, und eben auch eine Vernetzung auf unterschiedlichsten Ebenen mit der Kinder- und Jugendpsychiatrie. Stichworte hierzu sind zum Beispiel gegenseitige Transparenz, das Gespräch statt eines schriftlichen Berichtes, die Beteiligung, der psychiatrische Blick als Ergänzung der pädagogischen Sichtweise und die Koverantwortung im Einzelfall.

- Die Kinder- und Jugendhilfe hat sich in den vergangenen Jahren durch eine hohe Flexibilisierung und Differenzierung der Betreuungssettings und Methoden ausgezeichnet. Solche Veränderungen sind aufseiten vieler Psychiatrien ebenfalls vollzogen worden, sodass gemeinsam „unkonventionelle" Settings der Zusammenarbeit entstehen und wirksam werden können. Mit diesen neuen Formen der konkreten fallbezogenen Zusammenarbeit können Krisen in der Jugendhilfeeinrichtung gut begleitet und die Gefahr des „Missbrauches" der Klinik als Abschiebeeinrichtung für junge Menschen durch die Jugendhilfe gemildert werden.

- Um die Qualität der Zusammenarbeit zwischen der Psychiatrie und den freien Trägern der Jugendhilfe zu fördern und zu erhalten, muss das Jugendamt eine Form des Dreieckkontraktes zwischen dem Amt, der Psychiatrie und dem zukünftigen Leistungserbringer entwickeln, der klare Strukturen hat und von allen Beteiligten verbindlich umgesetzt wird. Die qualifizierte Zusammenarbeit darf nicht ausschließlich Ergebnis einer guten persönlichen Arbeitsbeziehung sein.

- Die Hilfe- und Erziehungsplanung, vor allem die Anamnese und die Diagnostik, muss in Zusammenarbeit mit den Jugendämtern gut qualifiziert und früh genug entwickelt sein, um insbesondere die Eingangsphase einer Maßnahme zu verbessern und Überleitungen von einem System in das andere professionell zu gestalten.

- Wenn ein junger Mensch aus der Psychiatrie in die Jugendhilfe wechselt, muss eine Anschlussfähigkeit der Jugendhilfemaßnahme gegeben sein, die verbessert wird beispielsweise durch klare Ansprechpartner auf beiden Seiten, nachvollziehbare Berichte, verbindliche Verfahren, frühzeitige gemeinsame Gespräche mit den Eltern und eine Vereinbarung für eventuell auftretende Krisen.

- Die Kinder- und Jugendhilfe hat – nicht zuletzt wegen der Ausrichtung des Kinder- und Jugendhilfegesetzes (KJHG) – in den letzten Jahren ihre Haltungen gegenüber den leiblichen Eltern verändert und ihre Eltern- und Familienarbeit deutlich qualifiziert. Auch die Psychiatrien haben vielerorts ihre Eltern- und Familienarbeit weiterentwickelt. Eine Abstimmung zwischen den beiden Hilfesystemen in diesem Arbeitsfeld muss so erfolgen, dass die Eltern die verschiedenen Systeme verstehen können und die Koproduktion der Maßnahmen in all ihrer Qualität zugunsten der Familien wirksam werden kann.

Die Mitarbeiterinnen und Mitarbeiter der Kinder- und Jugendhilfe sind angesichts der Probleme der jungen Menschen, für deren Unterstützung sie zuständig und verantwortlich sind, zur Vernetzung mit anderen Institutionen gezwungen. In diesem Netzwerk erhalten die Kompetenzen und Hilfemöglichkeiten der Kinder- und Jugendpsychiatrie eine zunehmende Bedeutung. Dabei lohnt es sich, die Kooperationen systematisch zu gestalten und sich dort, wo es notwendig ist, immer wieder die unterschiedlichen Systeme und Aufträge zu vergegenwärtigen, fachliche Haltungen zu überprüfen und die Basis für eine gegenseitige Wertschätzung zu schaffen. Wir sollten nicht aus den Augen verlieren, dass wir gemeinsame Ziele verfolgen und welche diese sind.

Wolfgang Graßl

Die familienähnliche Betreuung im Angesicht aktueller Herausforderungen

Mit der Zunahme von Ein-Kind-Familien, von alleinerziehenden Elternteilen, von sogenannten Patchwork-Familien und solchen mit binationalen oder Migrationshintergründen hat sich das Bild der Familie auch in Deutschland in den vergangenen Jahrzehnten massiv verändert. Auf diese Wandlungen hat das Jugendhilfesystem mehr oder weniger reagiert. Auch die SOS-Kinderdorffamilie hat sich diesen Herausforderungen gestellt. Von einer Einrichtung mit pädagogischem Ansatz, der auf die Nachkriegsbedingungen mit vielen verwaisten Kindern mit einem Laienkonzept antwortete, hat sich die Kinderdorffamilie zu einem Leistungsangebot entwickelt, das heutigen fachlichen Anforderungen entspricht.

Die Arbeit in der Kinderdorffamilie

Kinderdorffamilien nehmen Kinder auf, die nicht älter als zwölf Jahre sind und die, aus welchen Gründen auch immer, nicht bei ihren Eltern leben können. Da nicht selten mehrere Geschwister aufgenommen werden, kann das Alter im Einzelfall auch höher sein, da es wichtiger erscheint, den Geschwistern ein Leben miteinander zu ermöglichen. Gewöhnlich werden vorrangig jüngere Kinder aufgenommen; das durchschnittliche Aufnahmealter liegt bei sieben Jahren. In den Kinderdorffamilien leben je nach Hausgröße, Geschwisterkonstellationen und fachlichen Einschätzungen bis zu sechs Kinder.

„Kinderdorffamilien verstehen sich als familienähnliche Betreuungsform mit fachlicher Basis" (Graßl, Romer und Vierzigmann 2000, S. 40), in dieser familiären Form leben Kinder, die einen hohen Bedarf an pädagogischer Unterstützung und Förderung haben. Das besondere Kennzeichen einer Kinderdorffamilie macht das Spannungsverhältnis von privatem Lebensrahmen bei gleichzeitigem Status der öffentlichen Erziehung aus. Innerhalb einer Institution der Erziehungshilfe heißt es, intensive persönliche Beziehungen aufzubauen und im Alltag gemeinsam zu leben. Familienähnliche Betreuungssettings „müssen gleichzeitig formale Organisation sein und alltagsorientierte Nichtformalität herstellen" (Merchel 2002, S. 287).

Dieses besondere Strukturmerkmal ist eine Herausforderung für alle in dieser „professionellen Familie" Tätigen, denn die familienähnliche Betreuung muss das nicht aufzulösende Spannungsverhältnis von privatem Erziehungs*rahmen* und öffentlichem Erziehungs*auftrag* stetig reflektieren und in der praktischen Arbeit so damit umgehen, dass sie leistungsfähig bleibt und sich als Einrichtung der Erziehungshilfe ausweisen kann (ebd.). Die Kinderdorfmutter soll familiäre Normalität herstellen, also den Kindern Struktur und Geborgenheit geben (Graßl, Romer und Vierzigmann 2000), und zugleich die Erziehungsprozesse der einzelnen Kinder professionell planen und umsetzen – der Qualitätsstandard „Erziehungsplanung" des SOS-Kinderdorf e.V. ist dabei allgemeingültige und verbindliche Vorgabe.

Im Rahmen der Hilfe- und Erziehungsplanung wird für jedes Kind eine individuelle Zielsetzung erarbeitet und die Individualität eines jeden Kindes beziehungsweise Jugendlichen berücksichtigt. Selbstverständlich heißt das nicht, dass die Kinderdorfmütter lediglich vom Träger definierte Vorgaben zu erfüllen haben. Ganz im Gegenteil, unser Grundansatz ist, dass die Kinderdorfmütter ihre ganz individuellen Vorstellungen mit einbringen können, so wie auch sonst jeder Elternteil seine Vorstellungen vom Leben in einer Familie umsetzt.

Im Laufe der Jahre wurde die personelle Ausstattung der SOS-Kinderdorffamilien deutlich erweitert, sodass die Teams heute mit bis zu dreieinhalb Stellen besetzt sind. Teamleiterin ist die Kinderdorfmutter, die mit den Kindern im Sinne einer Hausgemeinschaft zusammenlebt. In den Kernzeiten am Nachmittag und am frühen Abend ist in der Regel neben der Kinderdorfmutter eine Pädagogin beziehungsweise ein Pädagoge anwesend. Dies ermöglicht eine intensive fachliche Arbeit und erleichtert die Reflexion des pädagogischen Handelns. Angestrebt und umgesetzt wird heute, die Teams aus Frauen und Männern zusammenzusetzen, um die für die Kinder wichtigen weiblichen und männlichen Rollenmodelle erfahrbar zu machen. Derzeit arbeiten in knapp der Hälfte der Kinderdorffamilien Männer mit – mit steigender Tendenz.

Die Teams der Kinderdorffamilien werden in allen SOS-Kinderdörfern durch einen Fachdienst unterstützt. Dieser begleitet sie bei einzelfallbezogenen Fragestellungen, arbeitet pädagogisch oder therapeutisch mit einzelnen Mädchen und Jungen und unterstützt insbesondere die Zusammenarbeit mit Mitgliedern der Herkunftssysteme (meistens Eltern oder Elternteile). Die Teammitglieder der Kinderdorffamilie pflegen zusätzlich die Kontakte zum Jugendamt und zur Schule. Jedes Team kann regelmäßig Team- beziehungsweise Fallsupervision sowie im Rahmen eines bestehenden Budgets Fort- und Weiterbildung in Anspruch nehmen. Zu übergeordneten Fachthemen werden Inhouse-Seminare oder vereinsweit ausgeschriebene Veranstaltungen angeboten.

Die SOS-Kinderdörfer haben sich in den letzten Jahren zu differenzierten Jugendhilfeeinrichtungen entwickelt, die neben Kinderdorffamilien unterschiedliche Hilfeangebote und Leistungen vorhalten. So gibt es in aller Regel weitere stationäre Angebote für kurz- und mittelfristige Betreuung, Clearingstellen, Kindertagesstätten, Kooperationen mit Schulen, Schulsozialarbeit, offene Treffpunkte, Beratungsstellen und anteilig auch Angebote im Bereich der Jugendberufshilfe.

Die Qualität der pädagogischen Leistungen zu sichern und auf der Grundlage aktueller Erkenntnisse weiterzuentwickeln, steht für den Träger in der familienähnlichen Betreuung an oberster Stelle. Für zentrale Schlüsselprozesse werden verbindliche Qualitätsstandards entwickelt, insbesondere zu den Bereichen „Erziehungsplanung", „Zusammenarbeit mit dem Herkunftssystem" und für den „Umgang in und mit Grenzüberschreitungen in der pädagogischen Arbeit". Zudem wurde in allen SOS-Kinderdörfern ein Qualitätsentwicklungs- und -sicherungsverfahren in Anlehnung an das Konzept der Gesellschaft für Ausbildungsforschung und Berufsentwicklung (GAB) eingeführt (siehe Beitrag von Ilona Fuchs in diesem Band), das methodische Hilfestellung zu wichtigen Handlungsbereichen und zur Praxisüberprüfung bietet. Mittels jährlicher „Qualitätstage" wird das Verfahren aktualisiert beziehungsweise fortgeschrieben und damit auch die Qualität der Arbeit in der Kinderdorffamilie weiterentwickelt.

Belegungspraxis

Die Arbeit der Kinderdorffamilien wird aber nicht nur von den einrichtungsinternen Entwicklungen und gesellschaftlichen Rahmenbedingungen geprägt, sondern ganz speziell auch von den Änderungen innerhalb des Kinder- und Jugendhilfesystems, beispielsweise von den veränderten Vorgaben der Jugendämter.

Die Auslastung der SOS-Kinderdorffamilien liegt aktuell zwischen zweiundneunzig und fünfundneunzig Prozent, und es sind bundesweit bislang kaum Belegungseinbrüche zu verzeichnen. Dennoch nahmen in den letzten beiden Jahren die Anfragen nach Plätzen deutlich ab. Damit stellt sich die Frage, ob beziehungsweise ab wann sich die nachlassenden Anfragen auch in einer geringeren Belegung niederschlagen werden. Zudem veränderte sich die Art der Anfragen: War bis vor wenigen Jahren eine Anfrage so gut wie immer mit dem ernsthaften Interesse an einer tatsächlichen Aufnahme verbunden, so fragen Jugendämter inzwischen meistens bei mehreren Trägern gleichzeitig an und vergleichen sehr genau das Leistungsangebot und das verhandelte Entgelt. Das hat ernstzunehmende Folgen: Es wiederholt sich die Erfahrung, dass Plätze für Geschwisterkinder angefragt, doch die Anfragen dann zurückgezogen und die Kinder – nicht selten getrennt voneinander – in Pflegefamilien untergebracht werden. Diese Entwicklungen legen den Schluss nahe, dass solche Entscheidungen mehr mit dem allgemeinen Kostendruck zu tun haben denn mit klientenbezogenen pädagogischen Erfordernissen.

Die Anfragen zur Aufnahme von Geschwistergruppen gehen insgesamt ebenfalls zurück. Dies ist einerseits mit immer weniger vorhandenen größeren Geschwistergruppen in Familien zu erklären. Andererseits ist zu vermuten, dass der Erhalt eines gemeinsamen Lebensmittelpunktes von Geschwisterkindern anscheinend nicht mehr zwingend als Grund für eine gemeinsame Aufnahme gesehen wird. Das Prinzip, Geschwisterkinder gemeinsam aufwachsen zu lassen und damit die Trennung von den Eltern zumindest etwas zu erleichtern, ist somit dem Leitgedanken untergeordnet worden, nur die Kinder in stationäre Betreuung zu geben, die aufgrund ihrer Problematik beziehungsweise ihres Verhaltens nicht in Pflegefamilien untergebracht werden können.

Geändert hat sich zudem, dass die Bearbeitung einer Aufnahmeanfrage sehr viel schneller als bisher umzusetzen ist und damit immer weniger Zeit zur Verfügung steht, individuelle Betreuungssettings zu arrangieren. Die Zeit zwischen der Anfrage und der folgenden Aufnahme soll also möglichst kurz ausfallen.

Gleichzeitig lässt sich beobachten, dass bei der Suche nach geeigneten Hilfen ambulante Settings Priorität haben. Bevor stationäre Unterbringungsformen in Erwägung gezogen werden, werden verfahrensmäßig zunächst andere Möglichkeiten in der Erziehungshilfe ausgeschöpft. Im Sinne der Vorgabe, zuerst mit minimalen Interventionen zu reagieren, ist das sicherlich zweckmäßig. Bei schwerwiegenden Notlagen erleben aber manche Kinder dann nicht nur verschiedene Hilfeformen, auch die Zeit schreitet voran, ohne dass zufriedenstellende Lösungen für die familiäre Problematik gefunden werden. Die Folge ist, dass das Aufnahmealter ansteigt und heute wesentlich häufiger als früher ältere Kinder mit manifesten Störungen und Entwicklungsrückständen in den Kinderdorffamilien untergebracht werden.

Perspektiven für Kinder und Jugendliche

Kommt ein Kind neu in die Kinderdorffamilie, stehen mehrere Aufgaben an, um mit ihm eine positive Entwicklungsperspektive aufzubauen. Da geht es zum einen um das Verstehen der problematischen Ausgangslage inklusive der pädagogischen Herausforderungen sowie um den zügigen Aufbau einer tragfähigen Beziehungsgrundlage und zum anderen darum, dem Kind Sicherheit und mit der Zeit auch eine psychosoziale Stabilität zu geben.

Problemlagen

Auch wenn bereits früher viele Kinder nicht unmittelbar aus ihren Herkunftsfamilien in die Kinderdorffamilie gekommen waren, hat sich dieser Anteil in den letzten Jahren deutlich erhöht. Gut die Hälfte der Kinder hat vor dem Eintritt in die Kinderdorffamilie schon andere stationäre Betreuungsformen, wie Wohngruppen oder die Kinder- und Jugendpsychiatrie, durchlaufen oder lebte bereits in einer oder mehreren Pflegefamilien. Das heißt, dass diese Kinder Institutionenkarrieren hinter sich haben und sich im Laufe der Jahre immer wieder an wechselnde Betreuungspersonen anpassen mussten. Sie wurden somit von professionellen Hilfesystemen geprägt. Bedenkt man, dass sich so manches Kind mit massiven Traumatisierungen zurechtfinden muss, dann wird deutlich, dass hier große Herausforderungen für die Mitarbeiterinnen und Mitarbeiter in der Kinderdorffamilie liegen.

Dies gilt besonders für die Kinder, die direkt aus der Psychiatrie kommen oder früher einmal die Erfahrung eines Psychiatrieaufenthaltes gemacht haben. Ihre Leidensgeschichten und die mit ihnen verbundenen Symptome können Kinderdorffamilien vor erhebliche Zerreißproben stellen. Extreme Aggressivität, selbstverletzendes Verhalten, psychotische Wahrnehmungen oder andere dissoziale Verhaltensweisen erfordern eine Intensität und eine psychologische Fachkompetenz in der Betreuung, die nicht in jeder Kinderdorffamilie zur Verfügung gestellt werden können. Daher kann eine Kinderdorffamilie nicht ungeprüft Kinder mit verschiedenen Problemkonstellationen aufnehmen oder die Anzahl beliebig erhöhen. Vielmehr ist fachlich geboten, die jeweiligen Probleme der Kinder im Einzelfall genau zu betrachten, die Zusammensetzung der Kinderdorffamilie möglichst sensibel zu planen und im Blick zu behalten, welche Belastungen sie jeweils verantwortungsbewusst zu tragen imstande ist.

Zunehmend ist die Zahl der Kinder in den Kinderdörfern, die aus Elternhäusern stammen, in denen ein oder beide Elternteile einen Migrationshintergrund haben. Am deutlichsten zeigt sich dieser Trend in Kinderdörfern, die in Großstädten oder deren Nähe angesiedelt sind. In Kinderdorffamilien, in denen Mädchen und Jungen aus unterschiedlichen Kulturen und Ethnien zusammenleben, ergeben sich im Alltag kulturelle Unterschiede, die nicht immer leicht zu überbrücken sind. Zwar sind die Kinder über die Schule oder über Peers oft weitgehend mit der deutschen Lebensrealität vertraut und sie wünschen sich, integriert zu sein, zugleich haben sie aber die kulturspezifischen Haltungen und Verhaltensweisen ihrer Eltern verinnerlicht oder fühlen sich ihnen meist stark verpflichtet. So kann es passieren, dass sie zwischen unterschiedlichen kulturellen Erwartungen hin und her schwanken und ein inkonsistentes Verhalten voller Irritationen zeigen, das auch zum Beispiel für die soziale Umgebung, die anderen Kinder, das pädagogische Personal, die Lehrer nicht leicht nachvollziehbar ist. Insofern besteht für das Team der Kinderdorffamilie die Notwendigkeit, sich Wissen über kulturspezifische Hintergründe, Riten, religiöse Gebräuche und so weiter anzueignen, um die Verhaltensweisen verstehen und entsprechend darauf reagieren zu können.

Beziehungen aufbauen und gestalten

Bei Kindern mit hohen psychosozialen Auffälligkeiten steht wie bei allen anderen neu aufgenommenen Kindern zunächst die Beziehungsgestaltung im Vordergrund. Ihre Auffälligkeiten sind aufgrund problematischer Beziehungsmuster in der Herkunftsfamilie zum Teil über Jahre entstanden und haben sich verfestigt. Nicht selten finden sich infolge völliger Überforderung der Eltern, durch Vernachlässigung oder auch nach (sexuellem) Missbrauch klinische Symptomatiken. Hier ist es nicht nur erforderlich, dem Kind Unterstützung bei der Bewältigung zu geben, damit es wieder Selbstsicherheit entwickeln kann, sondern durch echte Zuwendung überhaupt erst einmal das Vertrauen in die Erwachsenen wiederherzustellen.

Kinder brauchen „stabile Beziehungsangebote und Verlässlichkeit im Umgang miteinander (Baur, Finkel, Hamberger und Kühn 1998, S. 572). Die familienähnliche Betreuung ist eine beziehungsintensive Form der Pädagogik, die es den Kindern ermöglicht, eine enge, langfristig angelegte Beziehung und Bindung zu mindestens einer zentralen Bezugsperson einzugehen. Die Mitarbeiterinnen und Mitarbeiter bieten dabei „elternähnliche" Rollen an zusätzlich zu denen der leiblichen Eltern. Hierdurch entwickelt sich neben dem weiterhin bestehenden Kontakt zu den Eltern eine auf Vertrauen und Sicherheit basierende Beziehung. Auch nach der offiziell beendeten Jugendhilfemaßnahme und nach dem Auszug aus einer SOS-Kinderdorffamilie bleibt diese Beziehung sehr häufig bestehen, allerdings reduziert auf ein Maß des Kontaktes und des Umganges, wie es zwischen jungen Erwachsenen und ihren Eltern üblich ist.

Die Konzeption der familienähnlichen Betreuung in SOS-Kinderdorffamilien ermöglicht grundsätzlich eine mittel- oder langfristige Begleitung der Kinder bis zum Erwachsenenalter. Das ist eine große Stärke dieser Betreuungsform, da die Kinder hierdurch die Zuversicht entwickeln können, nicht nur punktuell „betreut" oder „versorgt" zu werden (etwa in Krisen), sondern stabile Beziehungen eingehen zu können. Das bedeutet auch, dass das Personal der Kinderdorffamilie eine längerfristige Verantwortung übernimmt und für dieses Beziehungsangebot einsteht.

Die Konsistenz der Beziehung und die zeitliche Perspektive sind tragende Säulen der Konzeption. Es geht darum, den Kindern möglichst früh eine Perspektive und damit Orientierung zu vermitteln. Wenn sie wissen, dass nun ihr Platz in der Kinderdorffamilie ist, fallen ihnen das Ankommen und das Sicheinleben leichter. Die bange Frage, ob sie bald wieder woandershin verbracht werden beziehungsweise nach einer offenen Zukunftsperspektive, schwebt nicht mehr drohend über ihnen. Wir stellen jedoch fest, dass heute die meisten Aufnahmen mit einer Befristung verbunden sind und in der Regel schon von Beginn an die baldige Rückführung ins Elternhaus eingeplant ist. Häufig wird die Befristung später verlängert oder schließlich ganz aufgehoben. Dies bedeutet für viele Kinder in den ersten Jahren eine anhaltende Verunsicherung, die es ihnen erschwert, sich auf den neuen Lebensmittelpunkt einzulassen.

Auch für viele Eltern ist diese ungewisse Situation nicht einfach. Sie hoffen, dass ihre Kinder zu ihnen zurückkehren können, und sehen sich gleichzeitig dem Druck ausgesetzt, ihre Lebenssituation verändern zu müssen. Bei den meisten Eltern ist es erfahrungsgemäß unwahrscheinlich, dass eine solche Veränderung ohne externe Unterstützung mit Erfolg umgesetzt wird. Da im Hilfeverlauf nach wie vor häufig nicht geklärt ist, wer die Eltern bei der Veränderung ihrer Lebensbedingungen unterstützen soll und wird – was eine Voraussetzung für die potenzielle Rückführung der Kinder darstellt –, bleibt es sowohl bei den Kindern als auch bei den Eltern meist bei einer nicht eingelösten Erwartung. Diese Unwägbarkeiten sind zwar letztlich nie ganz aufzuheben, im Einzelfall allerdings wäre eine frühzeitigere und klarere Entscheidung, was die Unterbringungs- beziehungsweise Rückführungsperspektive betrifft, sinnvoller und hilfreicher für die Orientierung des Kindes.

Selbstverständlich können Kinder auch nur für einen Zeitraum von wenigen Jahren in einer Kinderdorffamilie leben und dann in die Herkunftsfamilie zurückgeführt werden, sofern die Bedingungen dafür geeignet sind. Eine mehrjährige Zeit der Ungewissheit und der unterschiedlichen Botschaften, wie es weitergehen wird, ist jedoch für alle Beteiligten nicht hilfreich. Insbesondere für die Kinder bedeutet dies Verunsicherung, zumal für sie bereits ein, zwei oder gar mehrere Jahre schwer einschätzbar sind. Jedes Kind muss für sich eine klare Orientierung haben, wo es aufwachsen kann. Aufgrund der konzeptionellen Ausrichtung der Kinderdorffamilie kann hier nur im Ausnahmefall eine Übergangslösung angeboten werden. Ihr intensives Beziehungsangebot vermittelt dem Kind, dass hier jemand für es da ist, egal was passiert. Das Kind braucht das Gefühl, dass jemand zu ihm steht auch in schwierigen Phasen. Dies lässt sich nur bei einem mittel- oder langfristigen Beziehungsaufbau erreichen. Insofern geht das Grundkonzept der Kinderdorffamilie von einer längerfristigen Betreuung aus, von einem Zeitraum, der für das Kind einen elementaren Teil seiner Kindheit ausmacht. Stetiges Fluktuieren ist hier kontraproduktiv, da ein Kind wissen muss, wohin es gehört, wo es sich zugehörig fühlen, womit es sich identifizieren kann.

Stärkung der elterlichen Erziehungskompetenz

Wenn Kinder in einer stationären Einrichtung untergebracht sind, sollen gemäß Paragraf 34 SGB VIII zeitgleich die Erziehungsbedingungen in der Herkunftsfamilie verbessert werden. Die übergeordnete Zielsetzung ist dabei, die Rückführung eines Kindes zu ermöglichen. Diese Möglichkeit besteht bei sehr vielen Familien nur dann, wenn die Eltern externe Hilfestellungen erhalten. Die Kinderdorffamilie erhebt nicht den Anspruch, die Herkunftsfamilie zu ersetzen oder gar mit ihr zu konkurrieren. Sie ist bestrebt, diese in weiten Teilen bei der Erziehung des Kindes zu unterstützen und ihre Erziehungskompetenz zu stärken.

Eine der wesentlichsten konzeptionellen Änderungen der SOS-Kinderdorfpädagogik in den letzten Jahren betrifft die Zusammenarbeit mit den Eltern beziehungsweise den Sorgeberechtigten auf der Grundlage des Qualitätsstandards „Zusammenarbeit mit dem Herkunftssystem". Für alle SOS-Kinderdörfer wurde eine entsprechende Konzeption für die Zusammenarbeit erarbeitet. Dazu gehören folgende Bausteine:

- die Kontaktaufnahme mit den Eltern vor der Aufnahmeentscheidung,

- das Festlegen einer Ansprechperson für die Eltern,

- regelmäßige Kontakte (wenn nötig begleitet) zwischen Eltern und Kindern,

- eine fortschreitende Verdichtung der Kontakte und Besuche der Kinder im Elternhaus (insbesondere vor einer anstehenden Rückführung).

Die Zusammenarbeit erfolgt mit einer wertschätzenden Haltung den Eltern gegenüber in dem Bewusstsein, dass für jedes Kind die eigenen Eltern ungeachtet früherer Vorkommnisse eine zentrale und hochemotionale Bedeutung haben. Zur Zielsetzung der Arbeit in der Kinderdorffamilie gehört es mithin, die Beziehung zwischen den Kindern und ihren Eltern zu klären, zu verbessern und langfristig tragfähig zu gestalten.

Allein die erzieherische Kompetenz der Eltern zu stärken, reicht jedoch für eine gelingende Rückführung von Kindern nicht aus, wenn darüber hinaus viele andere Probleme bestehen. Fachkräfte in familienähnlichen Betreuungsformen können die Eltern bei deren Bewältigung kaum unterstützen. Existenzielle Bedrohungen, wie Schulden, drohender Wohnungsverlust, Alkoholismus, gewalttätige Ehebeziehungen und Ähnliches, müssen aber gelöst werden, ehe Eltern überhaupt wieder an ihre Erziehungsverantwortung denken können.

Beinahe losgelöst von der ungeklärten elterlichen Konfliktkonstellation, besteht nun erheblicher Druck, Kinder möglichst rasch wieder in ihr Elternhaus zurückzuführen. Die Entwicklung ist geradezu paradox: Die Kinder sollen in möglichst kurzer Zeit stabilisiert werden, während die Hilfeleistung für die Eltern weitgehend ausbleibt. Dieses derzeit nicht auflösbare Dilemma im Hilfesystem belastet alle Beteiligten. Die Mitarbeiterinnen und Mitarbeiter im stationären Bereich müssen diesen Druck aushalten und von den ihnen anvertrauten Mädchen und Jungen möglichst fernhalten – was nicht immer gelingen kann.

Die Kriterien für eine gelingende Rückführung sind genau und individuell zu prüfen. Ausgangspunkt der Prüfung sind jene Problemlagen, die dazu führten, das Kind aus der Familie zu nehmen. Betrachten wir ein nicht seltenes Beispiel, die Alkoholerkrankung einer Mutter. Wenn eine Mutter über einige Wochen hinweg verdeutlichen kann, dass sie dieses Problem im Griff hat, reicht dies als Begründung für eine Rückführung in die Herkunftsfamilie nicht aus. Ebenso wenig genügt die Tatsache, dass ein Elternteil seine Berufstätigkeit wieder aufgenommen hat. Eine positive Entwicklung allein gewährleistet noch nicht, dass sich die Lebensbedingungen für das Kind ausreichend verbessert haben. Die Wohnsituation, die Erwerbstätigkeit, die weiteren sozialen Beziehungen, die Versorgungsgewohnheiten, die medizinische Betreuung, der Umgang mit dem Kind, die Unterstützung im schulischen Bereich und vieles mehr sind zu klären, wenn eine Rückführung verantwortbar sein soll. Sind die familiären Bedingungen weiterhin instabil und bleiben massive Konflikte ungelöst, so hat das für ein Kind meist gravierende Folgen. Häufig ist es dann nur eine Frage der Zeit, wann es erneut aus der Familie herausgenommen und fremduntergebracht werden muss. Instabile Familienverhältnisse können sich durchaus traumatisierend auswirken. Besonders schlimm ist es für Kinder, wenn sie wenige Wochen nach der Rückführung abermals aus der Familie geholt werden müssen. Wünschenswert ist ein langsamer, mittelfristig begleiteter Übergang vom Heim in die Herkunftsfamilie, er bietet Eltern die Chance, nach und nach ihr Leben neu zu organisieren und sich verantwortungsvoll um ihre Kinder zu kümmern.

Die familienähnliche Betreuung innerhalb des Jugendhilfesystems

Die Kinderdorffamilie ist eine stationäre Betreuungsform innerhalb des Jugendhilfesystems und unterliegt folglich den fachlichen und politischen Entwicklungen innerhalb dieses Bereiches. Tendenziell zeigt sich, dass die Bedarfsplanungen für die stationären Erziehungshilfen schwieriger werden, dass die Anforderungen an die Fachkräfte in der Praxis steigen, während förderliche Rahmenbedingungen stetig abgebaut werden, und dass ökonomische Zwänge direkt auf die pädagogische Arbeit einwirken.

Die demografische Entwicklung

Die Zahl der Kinder deutscher Familien ist in den vergangenen Jahrzehnten auf ein bis zwei Kinder gesunken, wobei Bevölkerungswissenschaftler vom Trend zu einem Kind pro Familie ausgehen. In Familien mit nichtdeutscher Herkunft liegen die Kinderzahlen nach wie vor höher. Neben solchen kulturellen und milieubedingten Unterschieden differiert die Bevölkerungsentwicklung auch regional stark.

Um den künftigen Bedarf an stationärer Erziehungshilfe generell einschätzen zu können, muss vor allem der zu erwartende Wandel der Lebenslagen der jungen Menschen und ihrer Familien einbezogen werden. Blickt man zurück, so zeigt sich, dass die Zahlen der Heimunterbringungen nach Paragraf 34 SGB VIII in den letzten Jahren nahezu konstant geblieben sind (Schilling 2003). Insgesamt gesehen kann man davon ausgehen, dass der Bedarf an stationären Hilfen, besonders bezogen auf die jugendlichen Altersgruppen, mittelfristig, also sicher in den nächsten zehn Jahren, gleich bleiben oder sogar ansteigen wird (Bürger 2005; Schilling 2003), weil sozioökonomische Belastungen für Familien nicht weniger werden. Wir gehen also für diesen Zeitraum noch nicht von einem rückläufigen Bedarf aus.

Prognosen für die Bedarfsentwicklung zu stellen, ist schwierig. Fest steht, dass die Unterbringungszahlen nicht immer den tatsächlichen Bedarf widerspiegeln. Es gibt zum Beispiel Hinweise darauf, dass Kommunen, die viel Geld für Leistungen nach „Hartz IV" aufwenden müssen, weniger finanzielle Mittel für die Fremdunterbringung bereitstellen, obwohl der erzieherische Bedarf danach besteht. Die Konsequenz ist, dass mit möglichst kostengünstigen Maßnahmen Probleme mit zunehmendem Schweregrad gelöst werden sollen. Wie oben ausgeführt, wird der Weg zur Fremdunterbringung länger und enthält immer mehr Stationen. Dadurch verbleiben Kinder länger in Belastungssituationen, es kommt vermehrt zu Abbrüchen in verschiedenen Hilfesettings und damit zu „Jugendhilfekarrieren". Heimerziehung wird zur letzten Möglichkeit in der Versorgungskette. Auch in die Kinderdorffamilie kommen die Kinder immer später und zunehmend mit manifesten Störungsbildern. Die Anforderungen an Mitarbeiterinnen und Mitarbeiter steigen.

Als Folge dieser Entwicklung verlangt die Aufnahme von Kindern aus Familien mit vielfältigen Problemstellungen unter Umständen mehr individuelles Eingehen und mehr therapeutische Zusatzleistungen als eine frühzeitige(re) Unterbringung. Die Frage, in welchem Umfang die Kinderdorffamilie Mädchen und Jungen mit hohen psychischen Auffälligkeiten gerecht werden kann, lässt sich nur im Einzelfall entscheiden.

Auch die Schwierigkeiten, die aus multikulturellen Zusammenhängen resultieren, dürfen nicht unterschätzt werden, im Gegenteil: Hier sind neue Herausforderungen gerade an stationäre familienähnliche Betreuungskonzepte zu erwarten. Bislang nehmen Migrantenfamilien stationäre Erziehungshilfe weniger in Anspruch, als es ihrem Bevölkerungsanteil und ihrem erzieherischen Bedarf entspricht (Weiterschan 2005). Den Prognosen zufolge wird sich dies aber quantitativ ändern. Wir gehen davon aus, dass wir künftig in allen unseren Angeboten mehr Migrantenkinder betreuen werden. Dies bildet sich schon jetzt in den zunehmenden Aufnahmeanfragen für diese Kinder ab. Migration wird daher ein zentrales Thema der nächsten Zeit werden, aus dem konzeptionelle wie personelle Konsequenzen zu ziehen sein werden. Der SOS-Kinderdorf e.V. reagiert schon jetzt auf diese Zielgruppenveränderung, indem er vermehrt Mitarbeiterinnen und Mitarbeiter gewinnt, die selbst über einen Migrationshintergrund verfügen. Außerdem wird der Träger vermehrt auf die intensive Zusammenarbeit mit Kulturdolmetschern setzen sowie auf entsprechende Kooperationen mit Beratungseinrichtungen, mit Migrationsdiensten und auf die gezielte Weiterbildung für die Teams in den Kinderdorffamilien.

Sozialraumorientierung

Unter dem Begriff „Sozialraumorientierung" wurden eine Vielzahl von theoretischen und praktischen Konzepten sowie verschiedene Finanzierungsmodelle für die Erziehungshilfen entwickelt und auch erprobt. Die fachliche Bedeutung der Sozialraumorientierung ist insgesamt unumstritten. Im Kern stehen zwei Hauptanliegen: Die jeweiligen Erziehungshilfen sollen auf den individuellen Bedarf der Kinder und Jugendlichen beziehungsweise ihrer Eltern hin maßgeschneidert sein, und sie sollen möglichst lebensweltnah erbracht werden. Für den stationären Bereich heißt das, dass Mädchen und Jungen möglichst in dem bisherigen

Sozialraum untergebracht werden, jedenfalls so nah wie möglich, sofern keine fachlichen Gründe dagegensprechen. Allerdings lässt sich das Konzept nicht flächendeckend generalisieren. So müssen im ländlichen und im kleinstädtischen Raum meistens nicht so viele Kinder untergebracht werden, dass hierfür eine eigene Einrichtung errichtet werden könnte.

Bei den Jugendämtern hat sich in den letzten Jahren immer stärker der Trend durchgesetzt, Kinder und Jugendliche nahe des Wohnortes der Herkunftsfamilie unterzubringen. So sinnvoll und fachlich geboten das auch ist, so zieht dies in der Praxis jedoch erhebliche Konsequenzen nach sich. Bisher gültige Regelungen im Alltag der Kinderdorffamilie, zum Beispiel Besuchsanmeldungen oder begrenzte Besuchszeiten, sind viel leichter zu unterlaufen, wenn Eltern „um die Ecke" wohnen. Die Praxis zeigt bei vielen dieser Besuche, dass Eltern, die sehr häufig ihre Kinder besuchen (wollen), vorrangig über ihre eigenen Problemstellungen sprechen möchten und es ihnen aufgrund ihres eigenen Leidensdruckes weniger um eine Intensivierung der Beziehung zu ihren Kindern geht beziehungsweise gehen kann. Für die Mitarbeiterinnen und Mitarbeiter entsteht dadurch die Schwierigkeit, dass sie einerseits den Anspruch nach guter Elternarbeit im Sinne der Verbesserung der Eltern-Kind-Beziehung einlösen wollen, sie aber andererseits aufgrund des sozialarbeiterischen Unterstützungsbedarfes der Eltern die Kinderbetreuung nicht vernachlässigen dürfen. Dies kann zu konflikthaften Situationen führen und fordert die Fachkräfte heraus, klare Vereinbarungen mit den Eltern zu treffen und diese auch umzusetzen.

Im gewohnten Sozialraum bleiben zu können, bedeutet für Kinder erst einmal Sicherheit. Die vertrauten Bezüge bleiben bestehen, mehr noch, es handelt sich um einen Sozialraum, den auch die Mitarbeitenden selbst gut kennen. Das heißt, alle haben einen ähnlichen Hintergrund und können sich viel schneller an Punkten verständigen, die den Sozialraum betreffen. Die Wege zu allen anderen Hilfesystemen sind kurz. Das sind eindeutige Vorteile. Aber es lassen sich auch Gefahren beschreiben, zum Beispiel wenn ein Kind oder ein Jugendlicher in ein delinquentes Milieu eingebunden ist oder eine enge Verbindung zur Drogenszene hat. Es gibt also durchaus Konstellationen, bei denen Kinder mindestens vorübergehend außerhalb des Sozialraumes untergebracht werden sollten. Dies kann auch vonnöten sein, wenn Eltern gewalttätig sind oder Angehörige sich den Kindern gegenüber sexuell übergriffig verhalten (haben). Hier muss man im Einzelfall also genau prüfen, ob eine stationäre Hilfe im Sozialraum angebracht ist. Und nicht zuletzt sind Kinder oder Jugendliche stärker in Loyalitätskonflikte verstrickt, wenn sie ihre Eltern häufiger sehen und wenn sie die Lebenssituation der Eltern beinah tagtäglich vor Augen haben.

Das Heim, in unserem Fall die Kinderdorffamilie „um die Ecke", bietet viele Vorteile, bringt aber auch enorme Anforderungen und Belastungen für alle Beteiligten mit sich. Der psychosoziale Gewinn für die Mädchen und Jungen, ihre Eltern sowie die Pädagoginnen beziehungsweise Pädagogen birgt gleichzeitig die Gefahr einer Überforderung für die Beteiligten. Kinderdorffamilien im großstädtischen Sozialraum können nur erfolgreich arbeiten, wenn man die Rahmenbedingungen entsprechend anpasst und flexibel handhabt. So kann es erforderlich sein, dass eine bestimmte Kinderdorffamilie im Sozialraum weniger Kinder als üblich aufnimmt. Die Fachkräfte benötigen gezielte Unterstützung und Entlastung, etwa durch den begleitenden Fachdienst, Supervision, Fortbildung oder Freizeitausgleich, um den Anforderungen des Lebens und Arbeitens im Sozialraum gerecht werden zu können. Hilfreich ist außerdem, weitere Hilfen zur Verfügung zu haben, die fußläufig zu erreichen sind, womit die Notwendigkeit einer verstärkten trägerübergreifenden Vernetzung angesprochen ist, bei der Synergieeffekte zum Wohle aller entstehen und genutzt werden können.

Pädagogische Arbeit und ökonomische Zwänge

Obwohl Fremdunterbringung als Ultima Ratio der Hilfen zur Erziehung fachlich gut begründet und konzeptionell durchdacht ist, sieht sie sich zunehmend kritischen Kommentaren und einem wachsenden Legitimationsdruck ausgesetzt. Die Kosten für diese Hilfeform sind gestiegen, obwohl der Anteil der Mädchen und Jungen, die sie in Anspruch nehmen, in etwa gleich geblieben ist. Vor diesem Hintergrund und im Fahrwasser der Finanznöte der Kommunen polarisiert sich die Diskussion über Sinn und Zweck dieser Hilfen einerseits und deren Finanzierbarkeit andererseits. Politische und fiskalische Argumente werden gegen fachliche Begründungen ausgespielt.

Die Auswirkungen dieser Entwicklung spüren alle Beteiligten in der Praxis der Erziehungshilfen. Die Tendenz nimmt zu, dass die Kommunen nur noch jene Hilfeleistungen bewilligen, die billiger sind, auch wenn möglicherweise andere Hilfen angezeigt und langfristig sogar finanziell günstiger wären. Nicht immer werden die fachlich eindeutigen Indikatoren, die für eine stationäre Unterbringung sprechen, berücksichtigt, und bestehende Rechtsansprüche von Sorgeberechtigten werden hinterfragt. Immer wieder sind Bemühungen auf politischer Ebene zu beobachten, die bestehende Rechtslage an finanzielle Steuerungsvorgaben anzupassen.

Wird es schon zunehmend schwerer, den unter Achtzehnjährigen verlässliche Perspektiven zur Verfügung zu stellen, so wird die Finanzierung von stationären Plätzen nach Vollendung des achtzehnten Lebensjahres immer seltener oder gar nicht mehr bewilligt. Für die Träger stationärer Einrichtungen bedeutet dies, dass sie die Verselbstständigung von Jugendlichen bereits sehr frühzeitig erreichen müssen. Dies mag im Einzelfall gelingen, zum Teil müssen junge Erwachsene aber auch aus der Jugendhilfe entlassen werden, ohne dass sie für ein selbstständiges Leben schon die nötige Reife oder die erforderliche Kompetenzausstattung hätten. Hier zeigt sich besonders deutlich, wie sich ökonomische Zwänge direkt auf die pädagogische Arbeit und damit auf die Entwicklung von Kindern und Jugendlichen auswirken. Der zu kurz gegriffene aktuelle Sparzwang der öffentlichen Hand und der individuelle Bedarf der Jugendlichen passen somit nicht zusammen.

Psychosoziale Hilfen für junge Menschen erfordern neben qualifiziertem Personal auch ausreichend zur Verfügung stehende Zeit, weil pädagogisches Handeln insbesondere unter krisenhaften Bedingungen fachlich reflektiert werden muss. Dem stellen sich stationäre Hilfen in ganz besonderer Weise.

Der Wirksamkeit ihrer fachlichen Bemühungen stehen neben den dargestellten Aspekten hauptsächlich zwei Entwicklungen entgegen. Die eine kann mit dem Stichwort „Niveauabsenkung" überschrieben werden, die andere mit „wirkungsorientierte Steuerung". Mit der Begründung, dass die Kommunen an ihren finanziellen Grenzen angelangt seien, wird immer offener davon gesprochen, dass die jahrelang mühsam entwickelten Qualitätsstandards abgesenkt werden müssten, um als Träger überhaupt noch auf dem enger werdenden Markt der stationären Jugendhilfe bestehen zu können. Konkrete Konsequenzen sind hierbei schon auszumachen. Vakante Stellen werden mit weniger gut ausgebildetem Personal besetzt, und für gleichbleibende Leistungspakete sind immer weniger Mitarbeiterinnen und Mitarbeiter vorgesehen. Ein Teil der Träger versucht bereits, sein Personal außertariflich zu vergüten, um dem Diktat des billigsten Anbieters in der Region gerecht zu werden beziehungsweise Belegungsengpässe zu vermeiden.

In einem Bundesland ist eine solche Standardabsenkung kraft einer Verwaltungsvorschrift bereits möglich, abzulesen am Personalschlüssel und an der Qualifizierung der Fachkräfte. So können Mitarbeiterinnen und Mitarbeiter angestellt werden, die über ausreichende Erfahrungen im Umgang mit Kindern verfügen, die bisher übliche Formalqualifikation aber nicht mehr nachweisen müssen. Außerdem kann der Personalschlüssel so weit abgesenkt werden, dass Gruppen von bis zu zwölf Kindern oder Jugendlichen von drei Mitarbeiterinnen beziehungsweise Mitarbeitern betreut werden sollen. Wichtig scheint lediglich zu sein, dass die Vergütung abgesenkt werden kann. Auch in anderen Bundesländern wird ernsthaft darüber nachgedacht, wie sich Standards absenken lassen.

Wirkungsorientierte Steuerung

Die Kritik, dass die Hilfen zur Erziehung bislang zu wenig tun, um die Wirkung ihres Handelns nachzuweisen, ist nicht neu. Neu an der Debatte um die wirkungsorientierte Steuerung ist allerdings, dass die Frage der Wirksamkeit einzelner Maßnahmen von Anfang an mit der Finanzierung dieser Maßnahmen verknüpft werden soll. Völlig offen ist derzeit, wie der Erfolg einer mit einem bestimmten Budget versehenen Maßnahme gemessen werden soll. Die Frage, *ob* ein Jugendlicher im erwünschten Maß sein Verhalten geändert hat, scheint wichtiger zu werden als die Frage danach, *wie* er dazu gekommen ist. Dies schiebt ein eher behavioristisches Verständnis von Pädagogik mit monokausalen Ursache-Wirkung-Zusammenhängen in den Vordergrund, obwohl systemische Erklärungsansätze hinlänglich deutlich gemacht haben, dass das Erziehungsgeschehen von vielen Faktoren abhängt, die miteinander verflochten sind.

Die Hilfen zur Erziehung sollten sich mehr denn je an den Zielen orientieren, die im Hilfeplanverfahren individuell zugeschnitten erarbeitet werden. Die pädagogische Leistung im Sinne eines auf die vereinbarten Ziele ausgerichteten Verhaltens der beteiligten Mitarbeiterinnen und Mitarbeiter ist weiterhin evaluierbar. Die Ergebnisevaluation, bezogen auf das jeweilige Kind oder den Jugendlichen, muss nach wie vor in einer umfassenden interdisziplinären Zusammenschau im Rahmen des Hilfeplanverfahrens erfolgen, da hier viele Einflussgrößen eine Rolle spielen.

Zukunft bedeutet Chancen trotz schwieriger Bedingungen

Ich möchte zum Abschluss drei Aspekte betonen, die sich aus fachlicher Perspektive als bedeutende Aufgaben für eine qualitativ hochwertige stationäre Unterbringung in SOS-Kinderdorffamilien darstellen. Die sozialen Herausforderungen in einer multikulturellen Gesellschaft bei gleichzeitig suboptimalen Integrationskonzepten werden es unumgänglich machen, sich verstärkt Kindern von migrierten Eltern zuzuwenden. Im Vordergrund stehen die Fragen, wie sich das Angebot Kinderdorffamilie stärker als bisher interkulturell öffnen lässt und wie Migrantenkinder und -jugendliche so integriert werden können, dass sie sich selbstverständlich zugehörig und anerkannt fühlen. Ob Einwandererfamilien die Kinderdorffamilie als echte Unterstützung erleben, wird davon abhängen, inwieweit sie dort ihre eigenen Vorstellungen und Wünsche einbringen können und wie sich ihre Bedürfnisse nach einem Status kultureller Besonderheit einerseits und nach Integration in eine Erziehungshilfeeinrichtung in der hiesigen Gesellschaft andererseits ausbalancieren lassen. Grundlegend dafür ist, dass sie die stationäre Unterbringung nicht als Akt der Entfremdung von ihrem Kind oder ihren Kindern empfinden.

Auch wenn es sich künftig bei allen Kindern in der stationären Versorgung um hochbelastete und in ihrem Verhalten um extrem auffällige Kinder handeln wird, sollte unbedingt an dem Prinzip „Normalität" festgehalten werden. Gerade für benachteiligte Mädchen und Jungen, deren bisheriges Aufwachsen in unterschiedlicher Weise durch traumatische Erfahrungen belastet war, ist es Besonderheit genug, nicht bei den eigenen Eltern leben zu können. Meist sehnen sie sich nach familiärer und institutioneller Normalität und danach, mit verlässlichen Bezugspersonen zusammenzuleben, denen sie vertrauen können und bei denen sie sich geborgen fühlen. Trotz schwerwiegender Problemkonstellationen aufseiten der Kinder und ihrer Familien sind keine spezialisierten Kinderdorffamilien vorgesehen, sondern es wird weiterhin auf eine gut gemischte Zusammensetzung dieser familiären Kleingruppen geachtet.

Und schließlich bleibt es unsere Aufgabe, gegenüber der Ökonomisierung der Hilfen mit ihrer stetigen Verknappung von Mitteln jene Rahmenbedingungen, vor allem Zeit, zu reklamieren, die eine gute, langfristig stabile Betreuung von Kindern und Jugendlichen erst ermöglicht. Zeit ist Geld, sagen die Ökonomen. Im Hilfesystem kann der Entzug von Geld in den Entzug von kindlichen Entwicklungsmöglichkeiten umschlagen. Es ist und bleibt die Aufgabe der stationären Erziehungshilfen, benachteiligte Kinder und Jugendliche sozial zu integrieren und ihnen Zukunftschancen zu eröffnen, gerade weil sie in ihrem Leben schwierige Startbedingungen hatten. Dazu werden die SOS-Kinderdorffamilien auch künftig ihren Beitrag leisten.

Literatur

Baur, Dieter, Finkel, Margarete, Hamberger, Matthias & Kühn, Axel D. (1998).
Leistungen und Grenzen von Heimerziehung. Ergebnisse einer Evaluationsstudie stationärer und teilstationärer Erziehungshilfen. Forschungsprojekt Jule. Schriftenreihe des Bundesministeriums für Familie, Senioren, Frauen und Jugend, Band 170.
Stuttgart: Kohlhammer.

Bürger, Ulrich (2005).
Weniger Kinder – weniger Krisen? Die Inanspruchnahme erzieherischer Hilfen im Kontext des demografischen Wandels. Zentralblatt für Jugendrecht, 4, 131–143.

Graßl, Wolfgang, Romer, Reiner & Vierzigmann, Gabriele (2000).
Mit Struktur und Geborgenheit – Kinderdorffamilien aus der Sicht der Kinder.
In Sozialpädagogisches Institut im SOS-Kinderdorf e.V. (Hrsg.), Heimerziehung aus Kindersicht. Autorenband 4 der SPI-Schriftenreihe (S. 40–61).
München: Eigenverlag.

Merchel, Joachim (2002).
„Familienähnlichkeit" als Qualitätsmerkmal? Zur Notwendigkeit eines reflektierten Umganges mit familienanalogen Konzepten.
In Sozialpädagogisches Institut im SOS-Kinderdorf e.V. (Hrsg.), Glücklich an einem fremden Ort? Familienähnliche Betreuung in der Diskussion (S. 277–294).
Weinheim: Juventa.

Schilling, Matthias (2003).
Es ist kein einheitlicher Abwärtstrend zu erkennen. Die Auswirkungen des zukünftigen demographischen Wandels in Deutschland auf die Kinder- und Jugendhilfe. SOZIALEXTRA, 6, 26–30.

Weiterschan, Walter (2005).
Interkulturelle Aspekte im Hilfeplanverfahren.
In Sozialpädagogisches Institut im SOS-Kinderdorf e.V. (Hrsg.), Hilfeplanung – reine Formsache? Dokumentation 4 der SPI-Schriftenreihe (S. 200–215).
München: Eigenverlag.

Liane Pluto und Eric van Santen

Was können wir von anderen lernen? Denkanstöße zur Gestaltung erzieherischer Hilfen aus anderen europäischen Ländern

Im Zuge des europäischen Einigungsprozesses liegt es für staatliche und nichtstaatliche Anbieter sozialer Leistungen in Europa nahe, Ansätze aus dem europäischen Ausland kennenzulernen und sich für neue Anregungen zu öffnen. Bisher steht jedoch – zumindest in Deutschland – nur wenig systematisiertes Wissen über konkrete Hilfeformen für Kinder und Jugendliche und Arbeitsansätze in den jeweiligen Ländern der Europäischen Union und darüber hinaus zur Verfügung (Bendit und Winzen 2002, S. 135). Eine Schwierigkeit, solches Wissen zu generieren, liegt darin, dass sich sowohl die Hilfen für Kinder und Jugendliche als auch die damit befassten Professionen (Kornbeck 2001) in jedem Land unterschiedlich entwickelt haben. Historisch gesehen ist die Soziale Arbeit in Europa von zwei gegensätzlichen Bewegungen gekennzeichnet: Zum einen kann ein Trend zu Vereinheitlichungen von formalen Ausbildungswegen und Arbeitsansätzen festgestellt werden, zum anderen gibt es auch eine konstante Bewegung hin zu mehr Ausdifferenzierung und Spezialisierung (Hessle, Lorenz, Payne und Zaviršek 2001). So differieren zum Beispiel die strukturellen Rahmenbedingungen und damit auch die Verfahren und Strategien in der Praxis sozialer Unterstützungsleistungen für Kinder, Jugendliche und Familien von Land zu Land sehr. Aus diesem Grund sind sie nur schwer miteinander zu vergleichen, obwohl sich die zu bearbeitenden Problemlagen der Kinder und Jugendlichen oft ähneln. Die bisher vorliegenden Strukturvergleiche der Kinder- und Jugendhilfesysteme bewegen sich daher auf einer relativ hohen Abstraktionsebene (van Unen 1995; Bahle und Pfenning 2001; Schulte 2002; Walther u. a. 2002; Arbeitsgemeinschaft für Jugendhilfe 2004; Homfeldt und Brandhorst 2004), sind jugendorientiert, beziehen sich also kaum auf die Unterstützungssysteme selbst (Bendit, Gaiser und Marbach 1999), oder beschränken sich auf spezifische Handlungsfelder (European Commission Directorate General V 1996; Hutten und Kerkstra 1996; Colla, Gabriel, Millham, Müller-Teusler und Winkler 1999; Höynck, Soisson, Trede und Will 2002). Alle geben nur wenig konkrete Hinweise auf praktische Verfahrensabläufe, Handlungsstrategien und sozialpädagogische Grundorientierungen.

Mit dem Fortschreiten der europäischen Einigung wird es nun aber zunehmend wichtiger, auch zentrale Hilfestrukturen in den europäischen Nachbarländern zu betrachten und zu kennen. Denn im Zusammenhang mit der Diskussion um eine Angleichung sozialstaatlicher Unterstützungsleistungen sowie der Diskussion über Fragen der Daseinsvorsorge und deren wettbewerbsrechtlicher Bewertung (Blätter der Wohlfahrtspflege 2002; Schulte 2002) erscheint ein Erhalt des bisher entwickelten Systems in Deutschland und des darin erreichten Standards nicht als selbstverständlich.

Der Beitrag widmet sich deshalb der Frage, welche Aspekte der Praxis erzieherischer Hilfen sich in anderen europäischen Ländern finden lassen, die für die Praxis in der Bundesrepublik Anregungscharakter haben können. Der Beitrag beschäftigt sich dagegen nicht mit unterschiedlichen Inanspruchnahmequoten bestimmter Hilfearten, weil diese unseres Erachtens nicht kontextfrei miteinander verglichen werden können. Einflussfaktoren sind hier etwa die gesetzlichen Regelungen, die Abgrenzung zu anderen Hilfe- oder Sanktionssystemen, wie zum Beispiel dem Gesundheitssystem oder der Justiz, die Zielgruppendefinitionen sowie die möglicherweise unterschiedliche Verweildauer in den Hilfen. Eine detaillierte Rekonstruktion dieser unterschiedlichen Handlungskontexte, die als Hintergrundfolie für die Interpretation von differierenden Inanspruchnahmequoten dienen, würde den Rahmen dieses Beitrages sprengen. Es soll auch nicht darum gehen, die einzelnen Sozial- und Jugendhilfesysteme im Detail darzustellen und vergleichend zu analysieren. Der Beitrag soll vielmehr Anlass geben, auf der Basis von umfangreichem neuerem Forschungsmaterial Informationen zur Praxis der erzieherischen Hilfen in anderen europäischen Ländern zu sichten, um dann Selbstverständlichkeiten des deutschen Jugendhilfesystems zur Diskussion zu stellen, den eigenen Horizont zu erweitern und mit unvoreingenommenem Blick auf andere Länder zu schauen.

Quellen

Für die Zusammenstellung des Anregungspotenzials haben wir auf die folgenden Quellen zurückgegriffen. Die erste Quelle ist ein Forschungsprojekt, das im Rahmen des Projektes „Jugendhilfe und sozialer Wandel – Leistungen und Strukturen" am Deutschen Jugendinstitut durchgeführt wurde und das sich einem Vergleich von Arbeitsansätzen im Bereich der stationären Hilfen in anderen europäischen Ländern mit der deutschen Situation widmet. (1) Um sich der Frage nach konkreten Handlungsstrategien und sozialpädagogischen Ansätzen annähern zu können, wurde für dieses Forschungsprojekt folgender methodischer Zuschnitt entwickelt: Es wurden zwei Fallbeispiele mit einer Beschreibung der Gegebenheiten innerhalb wie außerhalb der familiären Situationen konstruiert, die in jedem europäischen Land vorkommen könnten und die in der Bundesrepublik in die Zuständigkeit der Kinder- und Jugendhilfe fallen würden. Diese Fallbeschreibungen wurden postalisch an die Vertretungen des Internationalen Sozialdienstes in verschiedene europäische Länder verschickt. Zu erwarten war, dass diese Fallbeschreibungen auch in einem anderen europäischen Land in die Zuständigkeit des dortigen Hilfesystems oder mehrerer Hilfesysteme fallen würden und man deshalb entsprechende Informationen über die Reaktionsformen in anderen Ländern erhalten könnte. Anhand der zu den Fallgeschichten gestellten Fragen sollten von den jeweiligen Organisationen die Reaktionen der Hilfe- und Unterstützungssysteme in dem jeweiligen Land beschrieben werden (zum genauen methodischen Vorgehen siehe Mamier, Pluto, van Santen, Seckinger und Zink 2003). Im Zentrum der Auswertung standen nicht die Strukturen und rechtlichen Rahmenbedingungen, da hierzu auch an anderen Stellen bereits Informationen vorliegen (van Unen 1995; IARD 2001; MISSOC 2004), sondern die Folgen und Mitgestaltungsmöglichkeiten sowie die Konsequenzen für die Adressatinnen und Adressaten. Die Antworten wurden nach folgenden Kategorien systematisiert:

– institutionelle Rahmenbedingungen (Verteilung der Zuständigkeiten, die Aufteilung zwischen staatlichen Instanzen und freien Trägern, die Finanzierung sowie die rechtlichen Grundlagen),

- Empfänger der Hilfeleistungen in den geschilderten Fällen,

- Hilfe- und Unterstützungsformen.

Als zweite Quelle wurde ein weiteres Teilprojekt von „Jugendhilfe und sozialer Wandel – Leistungen und Strukturen" herangezogen. Es widmet sich der Beteiligung von Kindern und Jugendlichen in den stationären Hilfen zur Erziehung in Deutschland und recherchiert dafür auch Ansätze in anderen europäischen Ländern, die für die deutsche Praxis Anregungen zur Umsetzung von Partizipation der Adressatinnen und Adressaten und zur Sicherung der rechtlichen Position von Adressatinnen und Adressaten bieten könnten. Von Interesse sind dabei zum einen die Niederlande, wo die Beschwerderegelungen für Kinder und Jugendliche in erzieherischen Hilfen und die Verpflichtung für Einrichtungen, Mitbestimmungsgremien zu etablieren, neu geregelt wurden (siehe dazu genauer van Santen 2006). Zum anderen bietet Irland mit der Einrichtung einer Heimaufsicht interessante Anregungen dazu, was die Absicherung und Überprüfung der Einhaltung der Rechte der Adressatinnen und Adressaten angeht.

Das gewählte Vorgehen ermöglicht es, einen Einblick in die Verfahren der Hilfegewährung für Kinder und Jugendliche in Europa zu gewinnen, auch wenn kein umfassendes Bild der Situation in den einzelnen Ländern gezeichnet wird und an vielen Stellen Fragen offenbleiben. Die Auswertung der Quellen für den vorliegenden Beitrag ergibt jedoch Hinweise darauf, wie groß das Spektrum der Hilfeformen und der Hilfegewährung ist, wie die Hilfen ineinandergreifen, und sie vermittelt einen Eindruck von den verwendeten Verfahren in den jeweiligen Ländern.

Bevor auf die potenziellen Anregungen für die deutsche Kinder- und Jugendhilfepraxis im Einzelnen eingegangen wird, muss auf die mögliche Diskrepanz zwischen Gesetzgebung, Vorschriften und Regelungen auf der einen Seite und deren Umsetzung auf der anderen hingewiesen werden. Auch wenn einige Verfahren im Ausland aus fachlich-theoretischer Sicht als besonders erstrebenswert erscheinen, ist zu bedenken, dass keine Aussagen über die tatsächliche Umsetzung in den jeweiligen Ländern sowie über die Praktikabilität der Verfahren und ihre Übertragbarkeit auf die deutsche Situation möglich sind.

Anregungspotenzial

Die auf der Basis von unterschiedlichem Material gewonnenen Eindrücke und ermittelten Vorgehensweisen in verschiedenen europäischen Ländern bei jeweils gleichen Fallkonstellationen bieten interessante Anregungen für die deutsche Kinder- und Jugendhilfe. Anhand von insgesamt sieben Aspekten, die bei der Analyse als besonders anregend erkannt wurden, soll dies im Folgenden verdeutlicht werden.

Strukturelle Einbindung und Zuständigkeiten

Sehr deutlich wird durch den europäischen Vergleich der Zusammenhang zwischen institutioneller und struktureller Verortung von Problembearbeitungen auf der einen und den Arbeitsansätzen bei der Problembearbeitung auf der anderen Seite. Beispielsweise ist in Italien eine untergeordnete Behörde des nationalen Gesundheitsdienstes für die Beratung von Familien, die Gesundheitsvorsorge und sozialpsychiatrische Angebote gleichermaßen zuständig, es existieren jedoch keine spezialisierten Dienste für Kinder und Jugendliche. Vor diesem Hintergrund erscheint es nur logisch, dass auch die Reaktionen auf die zwei Fallgeschichten stärker therapeutisch orientiert sind als in Deutschland.

In den Niederlanden dagegen arbeiten Kinder- und Jugendhilfe und Schule sehr eng zusammen, wenn es um das Erkennen von Problemfällen und Hilfebedürftigkeit bei Kindern und Jugendlichen und ihren Familien geht. Das Gleiche gilt für die weitere Beratung und Betreuung beziehungsweise die Durchführung von Maßnahmen. Lehrerinnen und Lehrer nehmen hier eine zentrale Stellung ein, sie informieren einerseits die Sozialen Dienste, sorgen aber auch für eine angemessene Unterstützung der Kinder und Jugendlichen während der Unterrichtszeit. Die Zuständigkeit der Schule für die Unterstützung von Kindern in Problemkonstellationen ist für den Grundschulbereich sogar im niederländischen Gesetz verankert. Das heißt, die Beschäftigung mit familiären Problemkonstellationen wird anders als in Deutschland auch als originäre Aufgabe der Schulen betrachtet. Das niederländische Beispiel kann Anregungen für eine engere Verzahnung zwischen Schule und Kinder- und Jugendhilfe in Deutschland liefern.

In den Antworten aus Portugal wurde dagegen eine enge Verknüpfung zwischen „sozialer Sicherheit" und Sozialen Diensten für Kinder, Jugendliche und ihre Familien hergestellt, was bereits an den Bezeichnungen der entsprechenden Behörden erkennbar ist. Diese Verknüpfung lässt sich vor dem gesamtgesellschaftlichen und sozialstaatlichen Hintergrund einordnen: Da es in Portugal offensichtlich kein mit Deutschland vergleichbares Sozialhilfesystem gibt, erscheint es naheliegend, dass bei Krisenintervention die zuständige Instanz sich auch der existenziellen Absicherung der Familie widmet. (Interessant in diesem Zusammenhang wäre es, sowohl die Arbeitsansätze als auch die Effekte eines stärker von monetären und in gewisser Weise umfassenderen Ansatzes bei der Unterstützung von Familien mit dem in Deutschland vorherrschenden Paradigma der strikten Trennung von Geld und sozialpädagogischer Hilfe zu vergleichen.)

Dass in einigen Ländern die Zuständigkeit für Kinder und Jugendliche in den Kontext sozialer Sicherheit gestellt wird, kann zweierlei bedeuten: Einerseits wird damit die Schutzbedürftigkeit der Kinder und Jugendlichen angesprochen, die erzieherische Hilfen benötigen, andererseits kann damit auch ein Schutz der Gesellschaft vor Einzelnen oder Gruppen gemeint sein. Mit Letzterem wird der Bogen zu dem justiziellen Bereich geschlagen, der in Deutschland in bestimmten Fällen ebenfalls eine Schnittstelle zur Kinder- und Jugendhilfe in Deutschland aufweist. Hier gibt es immer wieder Reibungspunkte. Kooperationen zwischen verschiedenen Institutionen können zwar die Durchlässigkeit erhöhen und Reibungspunkte reduzieren, führen aber nicht zu einer vollständigen Integration der verschiedenen Handlungsansätze der Institutionen (siehe auch van Santen und Seckinger 2003). Innerhalb einer Institution gleichen sich Handlungsansätze eher an, auch wenn diese möglicherweise sehr unterschiedlich sind. Die Entscheidung über die strukturelle Einbindung von Problembearbeitungen führt somit – zumindest implizit – auch zu einer Festlegung der zugrunde liegenden Handlungsansätze. Möglicherweise lässt sich von anderen Ländern gerade aufgrund anderer Zuständigkeitsverteilung und damit anderer Kooperationsnotwendigkeiten und Interventionsformen etwas für die Jugendhilfepraxis in Deutschland lernen.

Adressaten der Hilfe

In den einzelnen Ländern richten sich die Hilfen zum Teil an ganz unterschiedliche Adressatinnen und Adressaten. Das entsprechende Hilfespektrum reicht von der reinen „Familienorientierung" bis zur eindeutigen „Kindorientierung". An dem einen Pol kommen die besondere Wertschätzung für die Familie als Keimzelle des Staates und der Gesellschaft und damit auch die besondere Schutzbedürftigkeit des Privaten und der Familie zum Ausdruck (Beispiel Portugal). Am anderen Pol steht eher ein Verständnis von einem Staat als Beschützer für die Schwachen und damit auch für die Minderjährigen im Vordergrund. Mit der Ausrichtung der Hilfen auf die Minderjährigen geht in den betreffenden Ländern jeweils auch eine andere Rechtsposition der Minderjährigen einher. Man ist hier eher bereit, einmal zu oft die Privatsphäre einer Familie zu überschreiten, als Gefahr zu laufen, einmal zu spät für ein gefährdetes Kind eingetreten zu sein (Beispiel Schweden). Wie sich diese Unterschiede auf die quantitative Inanspruchnahme etwa von stationären Unterbringungen auswirken, war, wie eingangs erwähnt, nicht Gegenstand der Untersuchung, stellt aber eine interessante Frage dar. Die Inanspruchnahmequoten der Fremdunterbringung sind zum Beispiel insbesondere im europäischen Mittelmeerraum deutlich geringer als in den anderen europäischen Regionen (Trede 2004, S. 109), was unter anderem darauf hindeuten könnte, dass der Stellenwert der Familie höher eingeschätzt wird als der einzelner Individuen. Dies führt damit auch eher zu Problemlösungsansätzen, die sich auf die Familien konzentrieren, als zur Herausnahme eines Kindes aus der Familie. Auch ist interessant, welche Rechtsposition sich für die Adressatinnen und Adressaten aufgrund unterschiedlicher Wertschätzungen von Familie und Individuen ergeben und wie entsprechende Überlegungen in die deutsche Diskussion eingebracht werden können.

Netzwerkarbeit

Ein anregender Aspekt für die deutsche Diskussion ist die Frage, wie weit der Begriff „Hilfeempfänger" gefasst wird: Meint er nur das Kind, auch die Familie oder auch das Netzwerk der Familie? In Irland werden auch diejenigen Bezugs- und Kontaktpersonen von Kindern und Jugendlichen in die Hilfe einbezogen, die nicht zur Familie gehören, aber dennoch im Alltag der Kinder und

Jugendlichen Unterstützung bieten könnten. Den „Helfern" wiederum wird selbst geholfen, damit sie nah an der Lebenswelt der Kinder und Jugendlichen Hilfe leisten können. So erhalten zum Beispiel Lehrerinnen oder Hausärzte bei Bedarf sozialpädagogische Unterstützung. So kann unter Umständen ein für die Hilfeempfänger oft nicht nachvollziehbarer Wechsel der Helferinnen und Helfer vermieden werden.

Interessant ist auch die aus französischen Unterlagen stammende Aussage, dass zu einem Problemfall Fachkräfte hinzugezogen werden können, die in der Vergangenheit schon einmal mit dem Fall beschäftigt waren. In bestimmten Fällen kann die erneute Einbeziehung nicht nur von Adressatenseite, sondern auch vonseiten der Fachkräfte offensichtlich sinnvoll sein, weil das Wissen über den Fall als Ressource begriffen wird.

Anregungen für die deutsche Situation liefern auch die Beschreibungen der multiprofessionellen Teams in einer Reihe von Länderantworten, deren Mitarbeiterinnen und Mitarbeiter sich über die Situation und die Bedürfnisse der Adressatinnen und Adressaten austauschen. Teilweise zeigen die Beschreibungen eine strukturelle Ähnlichkeit zu dem Kinder- und Jugendhilfeausschuss in Deutschland (Beispiel Irland), in einer Reihe von Ländern existieren jedoch auch auf einer stärker basisbezogenen Ebene Teams unterschiedlicher professioneller Zusammensetzung, die den fachlichen Austausch suchen und Vorschläge für geeignete Hilfen erarbeiten. Hierbei handelt es sich nicht um Gruppen, die einen rechtlich verfassten Status haben; sie sind aber institutionalisiert, was zu einem stärkeren Austausch über fachliche Grenzen hinweg beiträgt, als dies in Deutschland der Fall ist.

Diese starke Netzwerkorientierung ist für unterschiedliche Ebenen der Jugendhilfepraxis eine wichtige Anregung, da aufgrund der vor Ort festgelegten Zuständigkeiten Routinen existieren, die sich nur schwer aufbrechen lassen; die Beispiele aus anderen Ländern könnten hier Wege weisen. Auch die Netzwerke der Adressatinnen und Adressaten als Ressourcen aufzugreifen, ist eine eher neue und lohnenswerte Perspektive (Otto und Bauer 2005).

Rechte der Adressaten

Die Rechtsposition der Adressatinnen und Adressaten erzieherischer Hilfen ist in den verschiedenen europäischen Ländern ganz unterschiedlich geregelt. Ein Beispiel mit Anregungspotenzial für die deutsche Praxis ist etwa das Recht auf Hinzuziehung einer Person ihres Vertrauens (Frankreich). Zwar wird auch in Deutschland den Adressatinnen und Adressaten diese Möglichkeit manchmal eingeräumt, aber erstens in der Regel nur auf Initiative der Betroffenen selbst, und zweitens ist diese Möglichkeit nicht kodifiziert, sodass es letztendlich den Fachkräften überlassen bleibt, ob sie den Adressatinnen und Adressaten diese Möglichkeit einräumen oder nicht.

In Frankreich können Entscheidungen über eine Hilfe nur in Anwesenheit der Eltern zustande kommen. Dies stärkt die Position der Eltern. Auch wenn in Deutschland eine Hilfe in der Regel nicht ohne formale Zustimmung der Eltern erfolgen kann, zwingt die französische Vorgabe doch deutlicher zu einer Prozessbeteiligung der Eltern und geht somit ein ganzes Stück über die formale Zustimmung hinaus. Zudem wird Eltern das Recht eingeräumt, Hilfen vor dem Ende der vereinbarten Laufzeit zu beenden. Auch diese Regelung kann bei den Fachkräften dazu führen, sich vermehrt mit der Perspektive der Eltern auseinanderzusetzen, da ihre Position im Hilfeprozess dadurch relativ stark ist. Eine starke Position kommt auch in dem in Frankreich verankerten Recht zur Akteneinsicht von Eltern, Kindern und Jugendlichen oder der Regelung, dass Adressatinnen und Adressaten automatisch eine Kopie des Hilfeplanes bekommen, zum Ausdruck.

In Portugal ist die Rechtsposition der Jugendlichen im Vergleich zu Deutschland wesentlich stärker, da in Portugal eine Hilfe für Jugendliche ab einem Alter von vierzehn Jahren nicht ohne deren Zustimmung möglich ist. In Deutschland liegt diese Grenze bei achtzehn Jahren. Das heißt, in Portugal wird den Jugendlichen zu einem deutlich früheren Zeitpunkt zugestanden, selbstständig über ihr Leben zu entscheiden.

Die Rechtsposition der Adressatinnen und Adressaten ist in einigen anderen Ländern stärker spezifiziert als in Deutschland. Dies symbolisiert ein größeres Zutrauen und unterstreicht die

Bedeutung, die den Hilfeempfängern und ihren Sorgeberechtigten selbst im Hilfeprozess zugemessen wird.

Heimaufsicht

In Irland wird das Instrument der Heimaufsicht explizit genutzt, um Standards in den stationären Einrichtungen sicherstellen und überprüfen zu können. Die Prüfung wird von der „Social Services Inspectorate" (SSI) durchgeführt. Diese Behörde wurde 1999 ins Leben gerufen, ist dem Ministerium für Gesundheit und Kinder zugeordnet, und ihre Aufgabe beruht auf einer gesetzlichen Grundlage.

Die Behörde hat ein standardisiertes Verfahren zur Überprüfung der Einrichtungen entwickelt, das detailliert beschrieben und öffentlich für jedermann einsehbar ist. Beispielsweise wird transparent dargestellt, welche Personen in den Einrichtungen im Rahmen des festgelegten Verfahrens kontaktiert werden, in welchen Zeiträumen Materialien vonseiten der Heime zur Verfügung gestellt werden sollen, was genau bei der dreitägigen Überprüfung in der Einrichtung passiert und auf welche Weise die Ergebnisse wem zugänglich gemacht werden. Am Ende der Prüfung werden Empfehlungen für die jeweilige Einrichtung ausgesprochen, deren Umsetzung bei der nächsten Überprüfung kontrolliert wird. Das Heimaufsichtsverfahren umfasst ein sehr weites Spektrum an Themen, das von der Infrastruktur und den Ressourcen (wie Gebäude- und Personalausstattung) über die Frage, wie Hilfen beendet werden, bis hin zu Aspekten der Kinderrechte (zum Beispiel Einsicht in Akten, Beschwerdeverfahren für Kinder und Jugendliche) reicht. Kontrolliert wird beispielsweise für die einzelnen Kinder oder Jugendlichen, ob deren Hilfeplan auch in der gesetzlich vorgeschriebenen Zeit überprüft wurde. Geprüft wird auch, ob die Sanktionen, die innerhalb der Einrichtung angewendet wurden, gerechtfertigt waren. So kritisierte die Heimaufsicht beispielsweise an einem Heim, dass die angewandten Sanktionen keinem einheitlichen System folgten, und verfügte, dass dies von der Einrichtung geändert werden müsse.

Interessant für die deutsche Praxis ist nicht nur das sehr viel weiter gehende Aufgabenverständnis der irischen Heimaufsicht im Vergleich zur deutschen, das eben auch die Überprüfung der Einhaltung der Rechte der Einrichtungsbewohnerinnen und

-bewohner und des pädagogischen Handelns einschließt, sondern auch die Tatsache, dass die Prüfberichte über die Einrichtung für jedermann im Internet abrufbar sind. (2) Ein derart transparentes Heimaufsichtsverfahren steht in krassem Gegensatz zur deutschen Praxis, liefert aber gerade deshalb Diskussionsanregungen. Hier wären unterschiedliche Aspekte zu erörtern und auf ihre Übertragbarkeit zu überprüfen. Zum Beispiel ist die Frage nach dem Datenschutz zu stellen: Wie kann man bei einem solchen Verständnis von Heimaufsicht sicherstellen, dass die Anonymität der Personen gerade bei kleinen Einrichtungen gewahrt bleibt? Zum anderen ist zu fragen, welche negativen Effekte eine Veröffentlichung der Prüfungsergebnisse beispielsweise auf die Konkurrenz der Träger untereinander und damit auf die Hilfen selbst hat. Nicht zuletzt ist anzumerken, dass bei einer hohen öffentlichen Transparenz der Bewertungen der Einrichtungen auch sichergestellt werden müsste, dass die Rechte der Einrichtungen gewahrt bleiben. Diese müssten sich gegebenenfalls gegen Fehleinschätzungen der Aufsichtsbehörde wehren und in einem Verfahren Korrekturen erzwingen können.

Hilfeplanung

Das Hilfeplanverfahren folgt in manchen europäischen Ländern deutlich anderen Regelungen als in Deutschland. So werden zum Beispiel in Frankreich die Hilfen maximal für ein Jahr bewilligt. Auch die Fortschreibungsmodalitäten von Hilfeplänen sind in manchen Ländern im Gegensatz zu Deutschland festgelegt, und die Intervalle zwischen den Hilfeplanüberprüfungen sind mitunter viel kürzer (zum Beispiel vierteljährlich oder am Anfang häufiger und später weniger häufig), als dies in Deutschland bislang üblich ist. (3) Die Hilfeplan-Festschreibungsmodalitäten berühren die Frage der Steuerung und des Controllings von Hilfeverläufen. Auch wenn bei den genannten Beispielen die Gefahr einer Übersteuerung besteht, liefern sie doch Anregungen für die Diskussion der Frage, ob eine getroffene Entscheidung über die Art der Hilfen nicht in kürzeren und regelmäßigeren Zeitabständen überprüft werden könnten oder sollten.

Die Beispiele aus den genannten Ländern lieferten auch Hinweise darauf, dass das Themenspektrum und der Konkretisierungsgrad der Ziele der Hilfepläne in Deutschland präziser gefasst werden könnten, damit Hilfepläne stärker die Funktion eines (überprüfbaren) Fahrplanes bekommen und sich nicht in Allgemeinplätzen verlieren. In diesem Zusammenhang ist zu erwähnen, dass in Europa auch Modelle existieren, in denen zwischen einem Hilfeplan und einem Behandlungsplan unterschieden wird. Während im Hilfeplan die Bedürfnisse der Adressatinnen und Adressaten, die Ziele der vereinbarten Hilfen und die Verantwortlichen für die Umsetzung festgelegt werden, beschreibt der Behandlungsplan konkret, wie die Vereinbarungen umgesetzt werden sollen.

An einer der für die Untersuchung des Deutschen Jugendinstitutes e.V. verwendeten Fallgeschichten wurde deutlich, dass, anders als bislang in Deutschland, in manchen europäischen Ländern auch Regelungen existieren, die dritte Personen schützen, die einen Verdacht auf sexuellen Missbrauch gegenüber den zuständigen Behörden äußern. Zum Teil wird auch explizit darauf hingewiesen, dass der Verdacht auf sexuellen Missbrauch den Bruch von gesetzlich festgelegten Schweigepflichten bestimmter Berufsgruppen rechtfertigt. Insgesamt erwecken die Antworten aus den verschiedenen Ländern den Eindruck, dass die Bekämpfung von Missbrauchsfällen sehr ernst genommen wird und hierzu auch spezielle Dienste eingerichtet worden sind. Es wäre eine gründliche Überprüfung wert, inwieweit wir in Deutschland bei einem Verdacht auf sexuellen Missbrauch von einer stärkeren Systematisierung und Institutionalisierung der Reaktionsformen, ähnlich wie sie in anderen europäischen Ländern erfolgten, profitieren könnten.

Beschwerdemanagement und Mitbestimmungsgremien

Ende 1997 wurde in den Niederlanden das Jugendhilfegesetz geändert. Dabei wurden zwei Regelungen aufgenommen, die zum einen die Position der Adressatinnen und Adressaten in der Jugendhilfe stärken und zum anderen die Qualität der Jugendhilfe verbessern sollen. Während die erste Regelung sich auf ein individuelles Beschwerderecht für Kinder und Jugendliche während des Hilfeprozesses bezieht, zielt die zweite auf die kollektive Ebene und regelt die Mitsprache von Hilfeempfängern und ihren Sorgeberechtigten in den Organisationen der Leistungsanbieter der Kinder- und Jugendhilfe. Letztere Regelung verlangt von den Hilfeempfängerinnen und -empfängern, dass sie sich für ihre gemeinsamen Anliegen einsetzen und ihre persönlichen Erfahrungen in breiterer Perspektive sehen. Beide Gesetzesteile, denen jeweils ein eigenes Kapitel im niederländischen Jugendhilfegesetz gewidmet ist, wurden einer Evaluation unterzogen. Deren Ergebnisse haben in dem neuen Jugendhilfegesetz der Niederlande, das am 1. Januar 2005 in Kraft getreten ist (zur Evaluation der Regelungen siehe Holmes und Kriek 2002), ihren Niederschlag gefunden. Die neuformulierten Regelungen werden in der niederländischen Diskussion ausdrücklich als eine Wende der Kinder- und Jugendhilfe von einem angebotsorientierten hin zu einem nachfrageorientierten System betrachtet. Während die Angebotsorientierung durch eine Philosophie gekennzeichnet ist, die davon ausgeht, dass die Fachkräfte aufgrund ihrer Professionalität wissen, was das Beste für die Klientin oder den Klienten ist, stellt die nachfrageorientierte Philosophie die Perspektive der Klientinnen und Klienten in den Vordergrund, also das, was für diese aus ihrer eigenen Sicht erstrebenswert, wichtig und hilfreich ist. Die Rolle der Fachkräfte besteht dabei darin, ihre Professionalität dahingehend einzusetzen, dass so gut wie möglich an den Wünschen und Bedürfnissen der Adressatinnen und Adressaten angeknüpft werden kann. Deren Partizipation wird so zu einer notwendigen Bedingung für passgenaue Hilfe: Ohne die Wünsche und Bedürfnisse der Adressatinnen und Adressaten zu kennen, so die Philosophie, kann man keine „Hilfe-Maßanzüge" anfertigen.

Einen weiteren Unterschied zu der immer noch stark unterentwickelten Diskussion zu institutionalisierten Beteiligungsformen in Deutschland stellt in den Niederlanden der Einbezug von ambulanten Hilfen zur Erziehung dar. Die Diskussion konzentriert sich in Deutschland auf Möglichkeiten der organisierten Beteiligung und Beschwerde der Kinder und Jugendlichen in stationären Einrichtungen der erzieherischen Hilfen. Die Situation der ambulanten Hilfen wird dagegen völlig ausgeblendet, ebenso die Mitbestimmungsmöglichkeiten der Personensorgeberechtigten.

Dass Beschwerdeverfahren und Mitbestimmungsgremien wie in den Niederlanden gesetzlich festgeschrieben werden können, stellt für die deutsche Kinder- und Jugendhilfe eine wichtige Anregung dar, auch wenn die Umsetzung von bestimmten Bedingungen abhängig ist. Die in der Evaluation (Holmes und Kriek 2002) dokumentierten Erfahrungen liefern eine Reihe von Hinweisen, die bei der Einführung ähnlicher Regelungen in Deutschland zu beachten wären. So muss etwa das Beschwerdemanagementverfahren allen Beteiligten bekannt sein, damit es überhaupt angewandt werden kann.

Die Institutionalisierung von Beschwerdeverfahren in den Niederlanden hat zu einer größeren Anzahl von informell geklärten Beschwerdesituationen geführt. Dies wird von allen Beteiligten begrüßt. Zudem bringen die beteiligten Akteure ihre Präferenz für eine informelle Lösung der Probleme zum Ausdruck.

Bei den Beteiligten scheint die Angst vorzuherrschen, die Beziehungsebene nachhaltig negativ zu beeinflussen, wenn ein formales Verfahren eingeleitet wird. Es müsste also von allen Beteiligten erwartet und darauf hingearbeitet werden, dass sie die vorhandene Arbeitsbasis erhalten oder – sofern doch ein formales Beschwerdeverfahren nötig wird – möglichst schnell wieder zu einer vertrauensvollen Beziehung zurückkehren. Wenn dies nicht gewährleistet ist, kann ein Beschwerderecht als ein relativ leicht zur Verfügung stehendes Drohpotenzial missbraucht werden und würde keine Konflikte lösen, sondern sie eher fördern. Ein Beschwerdeverfahren sollte im Idealfall von niemandem zur Ermittlung des „Schuldigen" missbraucht werden, sondern es sollen zukunftsgerichtete Problemlösungen gesucht werden. So betrachtet kann es auch einen wichtigen Baustein und ein Instrument der Qualitätsentwicklung darstellen.

Es hat sich herausgestellt, dass eine partizipationsfreundliche, offene und solidarische Einrichtungskultur unabdingbar ist, wenn das Beschwerdemanagement adäquat umgesetzt werden soll. Ist eine solche Kultur nicht vorhanden, besteht die Gefahr, dass beispielsweise die Beschwerdeverfahren eher der Kontrolle der Mitarbeiterinnen und Mitarbeiter dienen und nicht der tatsächlichen Bearbeitung von Beschwerden oder der Behebung eventueller Missstände.

Bezüglich der Übertragbarkeit der niederländischen Regelungen auf die deutsche Praxis sind verschiedene Aspekte zu berücksichtigen. In den Niederlanden begünstigt – zumindest im Vergleich zu Deutschland – eine Reihe von Faktoren die Institutionalisierung von Beteiligungsformen. Zu nennen sind hier insbesondere die größere Anzahl der Adressatinnen und Adressaten in den einzelnen Jugendamtsbezirken, die wesentlich größeren

Trägerorganisationen sowie die Existenz nationaler Adressatenorganisationen. In Deutschland müssten die Formen der institutionalisierten Beteiligung, wie wir sie aus den Niederlanden kennen, dahingehend modifiziert werden, dass den hiesigen Bedingungen Rechnung getragen wird.

Resümee

Ziel des Beitrages war es, durch die Beschreibungen aus dem europäischen Ausland neue Perspektiven in die innerdeutsche Jugendhilfediskussion einzubringen. So sind in den herausgegriffenen Aspekten (wie Hilfeplanüberprüfung, Status des Hilfeempfängers, Netzwerkorientierung, Heimaufsicht) Denkanstöße enthalten, die jedoch per se noch nichts darüber aussagen, ob die entsprechende Praxis in Deutschland überhaupt sinnvoll und auf hiesige Verhältnisse tatsächlich übertragbar wäre.

Darüber hinaus ist zu sagen, dass die vorliegenden Beschreibungen nicht allein auf mögliche Mankos in der deutschen Kinder- und Jugendhilfe verweisen, sie lassen diese indirekt auch in positivem Licht erscheinen. So zeigen beispielsweise die Beschreibungen des jeweiligen Hilfespektrums einzelner Länder, dass in Deutschland vergleichsweise viele verschiedene Arten von Hilfen angewandt werden, was wiederum darauf hinweist, dass mehr passgenaue und individuell zugeschnittene Hilfen gewährt werden können. Auch die Position freier Träger ist in Deutschland strukturell besonders stark verankert. Dies trägt dem Subsidiaritätsgedanken Rechnung und äußert sich beispielsweise in gesetzlich geregelten Beteiligungsverfahren und in finanzieller Absicherung.

Es bietet sich an, die bisherigen Erkenntnisse weiter auszubauen und die Frage der Übertragbarkeit bestimmter Verfahren und Regelungen auf die deutsche Situation systematisch zu überprüfen. So können bestehende Schwächen im deutschen Kinder- und Jugendhilfesystem behoben werden, ohne dabei vorhandene Stärken abzubauen.

Anmerkungen

1
Informationen zum Projekt „Jugendhilfe und sozialer Wandel – Leistungen und Strukturen" des Deutschen Jugendinstitutes e.V. finden sich unter http://www.dji.de/jhsw.

2
Die Internetadresse der Social Services Inspectorate lautet: http://www.issi.ie.

3
Siehe auch hierzu das Forschungsprojekt „Jugendhilfe und sozialer Wandel – Leistungen und Strukturen" (http://www.dji.de/jhsw).

Literatur

Arbeitsgemeinschaft für Jugendhilfe (Hrsg.) (2004).
Europa – ein Thema für die Jugendhilfe? Dokumentation.
11. AGJ-Gespräch.
Berlin: Eigenverlag.

Bahle, Thomas & Pfenning, Astrid (2001).
Angebotsformen und Trägerstrukturen sozialer Dienste im westeuropäischen Vergleich. Arbeitspapier Nr. 4 des Observatoriums für die Entwicklung der sozialen Dienste in Europa.
Frankfurt am Main: Institut für Sozialarbeit und Sozialpädagogik e.V.

Bendit, René, Gaiser, Wolfgang & Marbach, Jens (Hrsg.) (1999).
Youth and Housing in Germany and the European Union. Data and Trends on Housing: Biographical, Social and Political Aspects.
Opladen: Leske + Budrich.

Bendit, René & Winzen, Gerda (2002).
Opportunities and Limits of European Comparative Social Research on Youth.
In German Youth Institute (Hrsg.), Growing up in Germany. Living Conditions, Problems and Solutions. Research and Development at the German Youth Institute (S. 131–142).
München: Deutsches Jugendinstitut e.V.

Blätter der Wohlfahrtspflege (2002).
Daseinsvorsorge in Europa. Themenheft Nr. 3.

Colla, Herbert E., Gabriel, Thomas, Millham, Spencer, Müller-Teusler, Stefan & Winkler, Michael (Hrsg.) (1999).
Handbook Residential and Foster Care in Europe.
Neuwied: Luchterhand.

European Commission Directorate General V (Hrsg.) (1996).
A Review of Services for Young Children in the European Union 1990–1995.
London: European Commission Network on Childcare and Other Measures to Reconcile Employment and Family Responsibilities.

Hessle, Sven, Lorenz, Walter, Payne, Malcolm & Zaviršek, Darja (Hrsg.) (2001).
International Standard Setting of Higher Social Work Education.
Stockholm Studies in Social Work 17.
Stockholm: Stockholm University, Department of Social Work.

Höynck, Theresia, Soisson, Robert, Trede, Wolfgang & Will, Hans-Dieter (Hrsg.) (2002).
Youth Care – Youth Punishment.
Approaches to Juvenile Delinquency: a European Perspective.
Frankfurt am Main: Internationale Gesellschaft für erzieherische Hilfen.

Holmes, Bernadette & Kriek, Frank (2002).
Evaluatie Klachtrecht en Medezeggenschap in de Jeugdhulpverlening en de jeugdbescherming.
Leiden: Research voor Beleid.

Homfeldt, Hans Günther & Brandhorst, Katrin (Hrsg.) (2004).
International vergleichende soziale Arbeit. Sozialpolitik, Kooperation, Forschung. Grundlagen der sozialen Arbeit Band 10.
Baltmannsweiler: Schneider-Verlag Hohengehren.

Hutten, Jack B. F. & Kerkstra, Ada (Hrsg.) (1996).
Home Care in Europe. A Country-specific Guide to its Organization and Financing.
Aldershot: Arena.

IARD (Hrsg.) (2001).
Study on the State of Young People and Youth Policy in Europe.
Volume 1. Final Reports: Executive Summary and Comparative Reports.
Mailand.
http://ec.europa.eu/youth/doc/studies/iard/summaries_en.pdf
(20.9.2006).

Kornbeck, Jacob (2001).
Sozialpädagogische Inhalte, unterschiedliche Formen. Drei Ansätze zum Standort der Sozialpädagogik in Europa. Standpunkt: sozial, 3, 80–88.
http://www.haw-hamburg.de/sp/standpunkt/heft0301/Kornbeck%203_01.pdf (17.2.2006).

Mamier, Jasmin, Pluto, Liane, van Santen, Eric, Seckinger, Mike & Zink, Gabriela (2003).
Hilfen zur Erziehung im europäischen Vergleich. Eine vergleichende Auswertung sozialstaatlicher Reaktionen auf zwei Fallbeispiele aus der Kinder- und Jugendhilfe.
München: Deutsches Jugendinstitut e.V.

MISSOC (Mutual Information System on Social Protection in the EU Member States and the EEA) (2004).
Soziale Sicherheit in den Mitgliedsstaaten der Europäischen Union, im Europäischen Wirtschaftsraum und in der Schweiz.
http://ec.europa.eu/employment_social/social_protection/missoc_en.htm (20.9.2006).

Otto, Ulrich & Bauer (Hrsg.) (2005).
Mit Netzwerken professionell zusammenarbeiten. Bände 1 und 2.
Tübingen: dgvt-Verlag.

Santen, Eric van (2006).
Beschwerdemanagement und Adressatenräte als institutionelle Formen der Partizipation in den erzieherischen Hilfen – das Beispiel Niederlande.
In M. Seckinger (Hrsg.), Partizipation – ein zentrales Paradigma. Analysen und Berichte aus psychosozialen und medizinischen Handlungsfeldern (S. 173–189).
Tübingen: dgvt-Verlag.

Santen, Eric van & Seckinger, Mike (2003).
Kooperation: Mythos und Realität einer Praxis. Eine empirische Studie zur interinstitutionellen Zusammenarbeit am Beispiel der Kinder- und Jugendhilfe.
München: Deutsches Jugendinstitut e.V.

Schulte, Bernd (2002).
Europäische Probleme der Trägerschaft und der Leistungserbringung in der Kinder- und Jugendhilfe.
In Sachverständigenkommission 11. Kinder- und Jugendbericht (Hrsg.), Migration und die europäische Integration. Herausforderungen für die Kinder- und Jugendhilfe (S. 127–182).
München: Deutsches Jugendinstitut e.V.

Trede, Wolfgang (2004).
Heimerziehung in europäischen Ländern unter besonderer Berücksichtigung des Spannungsfeldes Hilfe – Schutz – Kontrolle.
In H.-G. Homfeldt & K. Brandhorst (Hrsg.), International vergleichende soziale Arbeit. Sozialpolitik, Kooperation, Forschung
(S. 106–121).
Baltmannsweiler: Schneider-Verlag Hohengehren.

Unen, Alice van (1995).
New Legislation on Care for Children and Young People in England, Germany and the Netherlands.
Amsterdam: Defence for Children International.

Walther, Andreas u. a. (Hrsg.) (2002).
Misleading Trajectories. Integration Policies for Young Adults in Europe?
Opladen: Leske + Budrich.

Hubertus Schröer

Stationäre Hilfen zwischen Kindeswohl und Kostendruck aus der Perspektive eines öffentlichen Trägers

Lange habe ich bei der Abfassung dieses Beitrages über die lapidare Formulierung des Themas nachgedacht. Und je länger ich sinnierte, umso mehr Fragen ergaben sich: Geht es um die stationären Hilfen, die zwischen Kindeswohl und Kostendruck aufgerieben werden, oder geht es um den öffentlichen Träger, der zwischen Kindeswohl und Kostendruck eine Gratwanderung vorzunehmen gezwungen ist und jederzeit abstürzen kann? Geht es um die Hilfeverfahren, die zwischen Kindeswohl und Kostendruck ihren Gesetzesauftrag zu verfehlen drohen? Und schließlich: Geht es nicht auch um die sozialpädagogischen Fachkräfte, die zwischen Kindeswohl und Kostendruck an ihrem Auftrag verzweifeln?

All diese Fragen verweisen auf den Widerspruch zweier unterschiedlicher Logiken, denen Soziale Arbeit gegenwärtig mehr denn je unterliegt: Auf der einen Seite besteht ein sozialpädagogisch ausgerichtetes Gesetz, das den Mitarbeiterinnen und Mitarbeitern in den unterschiedlichen Feldern der Kinder- und Jugendhilfe eine deutliche fachliche Orientierung gibt. Auf der anderen Seite erfolgt gerade ein gesellschaftlicher Wandel, der Arbeitslosigkeit, Armut und daraus resultierende soziale Probleme sowie auch das Wegbrechen unserer sozialen Sicherungssysteme und damit eine zunehmende Ökonomisierung und Marktorientierung auch des sozialen Feldes zur Folge hat. Ich will versuchen, im Folgenden auf einige der aufgeworfenen Fragen aus der Sicht eines öffentlichen Trägers der Kinder- und Jugendhilfe kritisch einzugehen. Dafür soll zunächst die Diskrepanz zwischen dem sozialpädagogischen Fachauftrag, den das Kinder- und Jugendhilferecht für die Erziehungshilfen formuliert, und den politisch-fiskalischen Zwängen der Kommunen skizziert werden. Die daraus resultierenden Legitimationsprobleme der Jugendhilfe verlangen nach einer Neuorientierung der Sozialen Arbeit. Vorgeschlagen werden neue Haltungen und Orientierungen, die in Perspektiven für die stationären Erziehungshilfen aus der Sicht eines Großstadtjugendamtes einmünden.

Der Auftrag des Kinder- und Jugendhilfegesetzes

Im Kinder- und Jugendhilfegesetz (KJHG) ist der Rechtsanspruch auf Hilfen zur Erziehung formuliert, ebenso die Festschreibung eines beteiligungsorientierten Hilfeplanverfahrens als ein wesentliches Element für einen erfolgreichen Hilfeprozess. Die Hilfen zur Erziehung genießen durch diese Festschreibung eine hervorgehobene Stellung im Kanon der Kinder- und Jugendhilfe. Mit der Neuordnung der Entgeltfinanzierung hat nun der Gesetzgeber auf die bundesweite Kostenentwicklung reagiert und durch die Instrumente der Leistungs-, Entgelt- und Qualitätsentwicklungsvereinbarung marktwirtschaftliche Rationalitäten in ein Feld eingeführt, das bis dahin im Wesentlichen von fachlichen Erwägungen geprägt war. Spätestens seit diesem Zeitpunkt bewegt sich die Kinder- und Jugendhilfe in einem Spannungsfeld verschiedener Logiken von Fachlichkeit und Wirtschaftlichkeit. Und die Kinder- und Jugendhilfe sieht sich einem zunehmenden Legitimationsdruck ausgesetzt, dies gilt in besonderem Maße für die erzieherischen Hilfen und hier vor allem für die kostenintensiven stationären Hilfen.

Stationäre Hilfen

„Hilfe zur Erziehung in einer Einrichtung über Tag und Nacht (Heimerziehung) oder in einer sonstigen betreuten Wohnform soll Kinder und Jugendliche durch eine Verbindung von Alltagserleben mit pädagogischen und therapeutischen Angeboten in ihrer Entwicklung fördern", formuliert Paragraf 34 SGB VIII als Aufgabe der Heimerziehung. Es wird damit eine dreifache Zielsetzung verfolgt: Heimerziehung soll nämlich – und in dieser Reihenfolge – „1. eine Rückkehr in die Familie zu erreichen versuchen oder 2. die Erziehung in einer anderen Familie vorbereiten oder 3. eine auf längere Zeit angelegte Lebensform bieten und auf ein selbstständiges Leben vorbereiten." Stationäre Hilfen umfassen heute eine Vielzahl verschiedener Einrichtungen und Angebote und bieten somit sehr unterschiedliche Lebensorte.

Trotz dieser vielfältigen Aufgaben und Möglichkeiten scheint das Heim in der Praxis aber zunehmend zum Ort längerfristig angelegter Unterbringung und der Verselbstständigung der Kinder und Jugendlichen geworden zu sein. Noch nicht für alle diese Angebote gelten inzwischen anerkannte Qualitätsmerkmale wie Flexibilität und Durchlässigkeit, also Verbundkonzepte, die ambulante, teilstationäre und stationäre Angebote kombinieren, oder Entspezialisierung und Entdifferenzierung, also Ansätze, die die Ausgrenzung, Stigmatisierung und Desintegration verhindern, sowie beziehungsintensive und familienanaloge Betreuungsformen und intensive Elternarbeit.

Wenn wir die Entwicklung der Kinder- und Jugendhilfe auf die Semantik der Qualitätsdiskussion beziehen, dann waren es zunächst im Wesentlichen Dimensionen der Struktur- und Prozessqualität, die auch bei den Hilfen zur Erziehung im Vordergrund standen. Nicht zuletzt die Kostenentwicklung der vergangenen Jahre hat dann dazu geführt, dass die Frage nach der Ergebnisqualität in den Fokus gerückt ist, also die Frage nach den Wirkungen erzieherischer Hilfen und hier insbesondere der Heimerziehung. Die einschlägigen Ergebnisse verschiedener Studien wie der Jule-Studie zu den „Leistungen und Grenzen von Heimerziehung" (Baur, Finkel, Hamberger und Kühn 1998) sowie die Ergebnisse der „Jugendhilfe-Effekte-Studie" (Schmidt u. a. 2002) werden durch Erhebungen bestätigt, die im Auftrag des Stadtjugendamtes München für den Bereich der stationären Hilfen durchgeführt wurden. Resümierend können wir für München festhalten: „Die vorgelegten Daten zeichnen ein gespaltenes Bild der stationären Hilfen: Stationäre Hilfen sind immer dann erfolgreich, wenn sie lange dauern, wenn sie sich in ihren Zielen zuallererst am Kind/Jugendlichen ausrichten und wenn sie die Verselbstständigung des Kindes anstreben. Sie sind dann weniger erfolgreich, wenn sie es mit Familien und deren Kindern zu tun haben, die das Heim als dauerhaften Lebensort nicht akzeptieren können und wollen, wenn sie für die Eltern unspezifische Ziele der Lebensgestaltung formulieren, ohne diese durch entsprechende Intensität des Kontaktes umzusetzen, und stationäre Hilfen sind dann wenig erfolgreich, wenn sie mit unplanmäßigen Ereignissen konfrontiert werden" (Kurz-Adam, Frick und Köhler 2001, S. 11).

Aber auch das haben unsere Untersuchungen und Erfahrungen in München gezeigt: Dieses ambivalente Ergebnis ist nicht allein der Heimerziehung anzulasten. Der Erfolg stationärer Hilfen ist auch von der Qualität des Hilfeerschließungsverfahrens abhängig, also von der fachlichen Qualifizierung der verantwortlichen Fachkräfte, der Kooperationsqualität in der interdisziplinären Zusammenarbeit oder von der Kenntnis sozialräumlicher Ressourcen. Denn „stationäre Hilfen sind Teil eines Systems fachlicher Entscheidungen, die in einem komplexen Zusammenspiel von Wahrnehmungen und Urteilsmustern der Fachkräfte, individuellen Bedarfslagen, den Gelegenheitsstrukturen vor Ort und von Sachzwängen in das Nadelöhr einer Hilfentscheidung gefädelt werden" (Kurz-Adam, Frick und Köhler 2002, S. 210). Hier scheint mir ein Schlüssel für die fachliche Zukunft stationärer Hilfen zu liegen.

Wohl des Kindes

Das körperliche, geistige und seelische Wohl des Kindes zu schützen und zu fördern, dieser grundlegende Auftrag durchzieht das gesamte Kinder-, Jugend- und Familienrecht. Die sozialpädagogischen Fachkräfte des Jugendamtes unterstehen diesem Auftrag des Gesetzes. Paragraf 27 SGB VIII als zentrale Grundnorm der Leistungsangebote für Familien, Kinder und Jugendliche räumt den Personensorgeberechtigten bei Vorliegen der Tatbestandsmerkmale einen Rechtsanspruch auf Hilfe zur Erziehung ein. Johannes Münder und Mitautoren gestehen den sozialpädagogischen Fachkräften dabei einen sehr weiten Gestaltungsspielraum zu: „Sowohl bei der Voraussetzung (ob) des Rechtsanspruchs als auch bei der Frage nach der konkreten Hilfe zur Erziehung (wie) findet sich eine Anhäufung unbestimmter Rechtsbegriffe. [...] Deswegen kommt der Methodik der Feststellung der Voraussetzungen und der Art und des Umfangs der Hilfe zur Erziehung große Bedeutung zu. Der Gesetzgeber hat diese Aufgabe ausdrücklich dem Jugendamt als sozialpädagogischer Fachbehörde zugeordnet. Für die Rechtsverwirklichung kommt daher der fachlichen sozialpädagogischen Stellungnahme entsprechend qualifizierter Kräfte des Jugendamtes die entscheidende Bedeutung zu. Fachfremde, nicht sozialpädagogische Aspekte und Methoden sind ausgeschlossen" (Münder u.a. 2003, S. 288). Kann man das heute wirklich noch so apodiktisch formulieren? Soll das heißen, dass sozialpolitische Gemeinwohlaspekte und damit auch Kostenfragen im Zusammenhang mit der Frage nach dem Kindeswohl völlig auszuklammern sind?

Das Jugendamt und seine Mitarbeiterinnen und Mitarbeiter haben ohne Zweifel einen klaren fachlichen Auftrag. Zu dessen Erfüllung sind in der Regel Standards entwickelt worden, die den Prozess der Hilfeplanung, die Beteiligung der Betroffenen, die interdisziplinäre Entscheidungsfindung und insbesondere die Qualität der Hilfeleistung selbst und deren regelmäßige Überprüfung festlegen. Sozialpädagogische Fachkräfte tragen ein hohes Maß an Verantwortung, besonders was das Kindeswohl betrifft, und nehmen diese mit großem Engagement wahr. Sie wissen um die Problemlagen ihrer Klientel und kennen die Erfahrungen des Scheiterns. Sozialpädagogische Fachkräfte der öffentlichen wie freien Jugendhilfe sind also nach der Gesetzeslage ebenso wie aufgrund ihrer eigenen fachlichen Ansprüche dem Wohl des Kindes verpflichtet. Im Widerspruch dazu stehen allerdings zunehmend die diffusen öffentlichen Erwartungen an die Kinder- und Jugendhilfe, politische Forderungen und Instrumentalisierungen und insbesondere die mit der Finanznot einhergehenden Restriktionen (Schröer 2005, S. 275).

Die finanzielle Lage der Kommunen

Die finanzielle Entwicklung der öffentlichen Haushalte ist in der vergangenen Zeit ausführlich diskutiert worden. Die Lage vieler Kommunen ist hoffnungslos, selbst für das prosperierende München hat der Oberbürgermeister 2002 spektakulär erklärt: „München ist pleite!" Neben dem Wegbrechen von Steuereinnahmen und den steigenden Abgaben an die übergeordneten Körperschaften ist hierfür auch das Engagement der Städte für die soziale Sicherung verantwortlich.

Wie viele andere Städte auch unterzieht sich München seit langem einem schwierigen Konsolidierungsprozess. Das bedeutet, dass zwischen 2002 und 2006 für den gesamten Sozialbereich 33,72 Millionen Euro, in allen Feldern der Kinder- und Jugendhilfe in München 11,34 Millionen Euro in den genannten Jahren eingespart werden müssen. Allein im Haushalt der Hilfen zur Erziehung, die bundesweit durch kontinuierliche Expansion gekennzeichnet sind, müssen die Kosten jährlich um einen Betrag von 1,3 Millionen Euro reduziert werden. Und trotz gestiegener Gewerbesteuereinnahmen kündigt sich für München die nächste Sparanstrengung an. Gegenwärtig wird das vierte Haushaltskonsolidierungsgesetz für 2007 bis 2011 diskutiert, das einen Konsolidierungsrahmen von etwa einhundert Millionen Euro umfassen soll. Für das Sozialreferat bedeutet das eine weitere Sparleistung von rund zwanzig Millionen Euro, die genaue Verteilung ist politisch noch nicht erfolgt.

Entwicklung der Hilfen zur Erziehung

Einige Schlaglichter auf die Zahlen- und Kostenentwicklung in München sollen den Hintergrund beleuchten, vor dem die Diskussion um die Hilfen zur Erziehung und insbesondere um die stationären Hilfen geführt wird. Die Münchner Entwicklung dürfte dabei im Großen und Ganzen der bundesweiten entsprechen: Ein Rückblick auf die vergangenen fünfzehn Jahre, genauer, ein Zahlenvergleich, bezogen auf den Zeitpunkt des Inkrafttretens des Kinder- und Jugendhilfegesetzes und das Jahr 2004, zeigt eine Fallzahlentwicklung aller Hilfen zur Erziehung von 3.378 (1990) auf 11.547 (2004) auf. Hat München 1990 noch 43,9 Millionen Euro ausgegeben, musste der Stadtrat für 2004 bereits 155 Millionen Euro zur Verfügung stellen. Eine Besonderheit weist die Entwicklung der stationären Hilfen in den letzten sechs Jahren auf: Der – auch bundesweit zu beobachtende – Ausbau der ambulanten und teilstationären Erziehungshilfen hat dazu geführt, dass insbesondere bei den ambulanten Erziehungshilfen ein deutlicher Zuwachs zu verzeichnen ist. Von 1999 bis 2004 wurden die ambulanten Erziehungshilfen um 565 Fälle und damit um über einhundert Prozent gesteigert. Gleichzeitig können wir seit 1999 eine Stagnation beziehungsweise sogar einen Rückgang der stationären Erziehungshilfen um 134 (fast zehn Prozent) beobachten. Gleichwohl sind die Kosten für die stationären Erziehungshilfen im gleichen Zeitraum von 59,9 Millionen Euro auf 73,9 Millionen Euro, also um vierzehn Millionen oder gut dreiundzwanzig Prozent, angestiegen. Dies dürfte nicht allein mit wachsenden Problemlagen bei Kindern, Jugendlichen und Familien zu erklären sein. Zu vermuten ist auch ein Trend bei den Fachkräften, gleich mit hochpreisigen, hochtherapeutischen und hochdifferenzierten stationären Angeboten einzusteigen. So ist in München beispielsweise der Anteil der intensiven sozialpädagogischen Einzelhilfen gemäß Paragraf 35 SGB VIII von 1999 bis 2004 von zwei auf neun

Prozent gestiegen, deren Anteil an den Gesamtkosten der Erziehungshilfen von einem Prozent auf zehn Prozent. Im gleichen Zeitraum ist der Anteil der Heimunterbringungen nach Paragraf 34 SGB VIII von 78 Prozent auf 68 Prozent, die Kostenanteile von 83 Prozent auf 68 Prozent gesunken. Abschließende und überzeugende Erklärungen für diese Entwicklung haben wir noch nicht.

Legitimationsprobleme

Derartige Fallzahl- und Kostensteigerungen sind inzwischen längst zum Politikum geworden. Konnten wir lange Zeit mit gesellschaftspolitischen Veränderungen, hoher Arbeitslosigkeit, wachsender Armut, Bildungsbenachteiligung, Migrationsfolgen und der damit verbundenen Veränderung der Lebenslagen von Kindern und Jugendlichen argumentieren, so verfängt das inzwischen nicht einmal mehr im Kinder- und Jugendhilfeausschuss. Von der Kämmerei über die politischen Spitzen der Kommune bis in den Rat der Stadt hinein wird der Sozialbereich nur noch als Kostenfaktor gesehen, wird insbesondere die Kinder- und Jugendhilfe als Fass ohne Boden verstanden. Trotz verbesserter Kostentransparenz, zunehmend überzeugender Controllingdaten und fachlich schlüssiger Begründungen für den Zusammenhang von gesellschaftlichen Rahmenbedingungen und der Notwendigkeit erzieherischer Hilfen gelingt kein Befreiungsschlag mehr. Die Jugendhilfe gerät in den Ruf eines nicht steuerbaren Feldes, ihre Existenz – zumindest in der gegenwärtigen Form – kommt auf den Prüfstand. Nicht zuletzt die vielfältigen Novellierungsversuche des Kinder- und Jugendhilferechtes sind dafür ein politischer Beleg.

Neuorientierung der Sozialen Arbeit

Angesichts dieser Entwicklung muss man festhalten: Die Organisation des öffentlichen Dienstes hat sich in den vergangenen Jahren zunehmend als dysfunktional erwiesen, die Städte sind fachlich, finanziell und organisatorisch an der Grenze ihrer Leistungsfähigkeit angelangt. Soziale Arbeit und speziell die Kinder- und Jugendhilfe haben darüber hinaus noch selbstgemachte Strukturprobleme. Mit der Differenzierung der Hilfen im Kinder- und Jugendhilfegesetz ging eine Spezialisierung der jeweiligen

Leistungsangebote einher. Für jede neue Hilfe, für jedes neue Problem wurde eine neue Einheit in der Organisation geschaffen. Das galt zum Teil auch für das Stadtjugendamt München. Die Säulen in dieser Struktur sind jeweils zuständig für ihre spezialisierten Leistungen. Die einzelnen Organisationseinheiten wissen nur noch wenig voneinander, die Kooperation ist erschwert, und übergreifende Hilfeansätze sind strukturell fast unmöglich geworden.

Sozialraumorientierung und Regionalisierung

Aufgabenfülle, Leistungsverantwortung und bisherige Organisationsstruktur standen somit in einem deutlichen Missverhältnis zueinander. Die alte bürokratische Organisation war nicht mehr in der Lage, zur gemeinsamen Bewältigung eines komplexen Lebenssachverhaltes beizutragen. An diesen Mängeln hat die Verwaltungsmodernisierung angesetzt. Entstehen soll eine Organisation, die die verschiedenen Hilfen zielorientiert steuern kann.

Wesentliche Reformschwerpunkte sind die Sozialraumorientierung und Regionalisierung der Sozialen Dienste, um das Lebensumfeld der Bürgerinnen und Bürger zum Ausgangspunkt sozialen Handelns zu machen. Die Zusammenführung der Dienste unter einem Dach, möglichst ämterübergreifend und eine Entsäulung und Entspezialisierung fördernd, trägt zu einer kooperativen Qualität der Leistungserbringung bei. Ein ganzheitlicher Ansatz vor Ort führt zu abgestimmten Vorgehensweisen, verknüpft die unterschiedlichen Professionen Verwaltung und Sozialpädagogik und ermöglicht ganzheitliche Problemlösungen auch in komplexen Problemlagen. Abgestimmte Vorgehensweisen sichern die Qualität und Wirtschaftlichkeit der Leistungserbringung und fördern ein stärker kostenbewusstes Handeln (ähnlich Trede 2004, S. 76).

Wir glauben, in München mit der Organisation der Sozialbürgerhäuser Grundstrukturen für ein erfolgreiches ziel-, ergebnis- und wirksamkeitsorientiertes Handeln der sozialen Verwaltung geschaffen zu haben. Damit sind überhaupt erst die strukturellen Voraussetzungen für eine Soziale Arbeit gegeben, die die fachliche Umsetzung etwa der Strukturmaximen des achten Jugendberichtes ermöglichen.

Neue Haltungen und Orientierungen

Soziale Arbeit muss ungeachtet öffentlicher Anfeindungen und politischer Infragestellungen ihren ethisch fundierten und rechtlich normierten Auftrag erfüllen. Zu Recht wird aber eine wirksame Aufgabenerledigung erwartet, die zielorientiertes Handeln und ökonomische Rahmenbedingungen nicht vernachlässigt. Es scheinen ein Perspektivenwechsel in grundlegenden Orientierungen und entsprechende Haltungsänderungen für die sozialpädagogischen Fachkräfte notwendig zu sein (zum Folgenden siehe Schröer 2005, S. 286 f.).

Kinder- und Jugendhilfe muss sich von einer bisher vorherrschenden Angebotsorientierung dahingehend verändern, dass vorrangig an den Bedürfnissen der Leistungsberechtigten angeknüpft wird. Dabei verabschieden wir uns von einer Problem- und Defizitsicht zugunsten einer Berücksichtigung der vorhandenen Ressourcen und von einer eher individualisierenden Sicht auf die Klientinnen und Klienten zugunsten einer systemischen Betrachtung und Netzwerkorientierung. *Beteiligung* und *Befähigung* sind die dafür kennzeichnenden Stichworte. Für diese Orientierung sind einige grundsätzliche Haltungsänderungen notwendig.

Vom Professionalitätsparadigma zum Erfolgsparadigma bedeutet die kritische Prüfung, ob wirklich immer langfristige Betreuungssituationen von professionellen Spezialisten notwendig sind oder ob sich soziale Netzwerke beziehungsweise verlässliche Personen aus dem Umfeld des Kindes in die Lösung von Schwierigkeiten einbeziehen lassen. Gerade Erfahrungen mit niederländischen Hilfeansätzen, die zwar intensiv, aber zeitlich beschränkt, ambulant und unter Einbeziehung von Laienhelfern in lokalen Netzwerken arbeiten, zeigen diese erfolgreiche Richtung auf.

Vom Freiwilligkeitsparadigma zum Verbindlichkeitsparadigma fordert eine selbstkritische sozialpädagogische Reflexion darüber, ob wir das hehre Prinzip der Freiwilligkeit und Offenheit nicht zulasten der Kinder und Jugendlichen und zur Entlastung der Professionellen strapazieren. Mit Hinweis auf die fehlende Mitwirkung kommt eine notwendige Hilfe nicht zustande, weil die nachdrückliche und klare pädagogische Intervention unterbleibt. Soziale Arbeit muss in professioneller Weise Verbindlichkeit herstellen und klare Grenzsetzungen vornehmen und muss insoweit eine Rolle als erwachsener Widerpart gegenüber Kindern und Jugendlichen einnehmen, an dem sie sich auch orientieren und abarbeiten können.

Vom Dienstleistungsparadigma zum Verantwortungsparadigma beinhaltet die kritische Anfrage an uns selbst, ob wir nicht das Wunsch- und Wahlrecht scheinbar dienstleistungsorientiert dahingehend missverstehen, dass die Professionellen ihre Verantwortung für die Hilfeentscheidung und die Auswahl der leistungserbringenden Einrichtung an die Klientinnen und Klienten delegieren. Die jeweilige Verantwortung muss aber klar definiert und ausgefüllt werden. Die professionelle Sozialarbeit muss Klarheit und Eindeutigkeit beim Hilfeangebot vertreten und die eigenen Grenzen aufzeigen. Sie ist nicht omnipotent: Nur im Zusammenwirken aller Beteiligten können Hilfen zur Erziehung erfolgreich sein. Wird diese Kooperation nachhaltig verweigert, muss auch die Jugendhilfe passen. Eltern sollten grundsätzlich dazu angehalten werden, ihren Teil der Verantwortung zu übernehmen und verbindlich im Hilfeprozess mitzuwirken. Für Kinder und Jugendliche gilt gleichfalls, dass sie im Rahmen der Hilfe ihren Teil von Verantwortung wahrzunehmen haben und Verlässlichkeit beweisen, indem sie an der Umsetzung der vereinbarten Ziele mitwirken und beispielsweise Termine einhalten.

Vom Betreuungsparadigma zum Aktivierungsparadigma bezieht sich auf die Vorstellung von Sozialer Arbeit als Koproduktion und geht davon aus, dass Menschen Fähigkeiten und Stärken haben, an denen angeknüpft werden kann, dass Menschen Verantwortung für sich selbst tragen – und darin kann man sie stärken – und dass Menschen selbstständige Wesen sind, die ihren Teil zum Gelingen ihres Lebens beitragen können und müssen.

Umbau statt Ausbau als Modernisierungsstrategie

Im Rahmen des Modernisierungsprozesses der Sozialverwaltung in München stellt das Projekt „Umbau statt Ausbau" einen eigenständigen Reformaspekt dar mit dem Ziel, zu einer Neuorganisation der Erziehungshilfen zu kommen. In einem kooperativen Entwicklungsprozess gemeinsam mit den freien Trägern, eingebettet in die dafür zuständige Facharbeitsgemeinschaft nach Paragraf 78 SGB VIII, werden Schritt für Schritt die erzieherischen Hilfen umgebaut. Dabei werden auf der Basis einer von öffentlichem und freien Trägern gemeinsam verabschiedeten Empfehlung zur Qualitätsentwicklung aller Hilfen zur Erziehung in der Landeshauptstadt München die Ziele Sozialraumorientierung und Flexibilisierung verfolgt (siehe dazu Kurz-Adam und Köhler 2002, S. 27). Es geht also darum, die richtige Hilfe für den individuellen erzieherischen Bedarf zeitnah und lebensweltbezogen einzusetzen. In einem ersten Schritt wurden die ambulanten Erziehungshilfen entspezialisiert und unter einem gemeinsamen Hilfedach zusammengefasst. In einem zweiten Schritt wurden die teilstationären Hilfen sozialräumlich orientiert und flexibler ausgestaltet. Derzeit sind wir dabei, die stationären Hilfen auf die beiden großen Leitziele hin zu orientieren. Für alle drei Hilfeformen wurden jeweils Rahmenkonzeptionen vereinbart. Deutlich wurde, dass der Prozess der Hilfeerschließung eine Schlüsselfunktion für den Erfolg erzieherischer Hilfen hat. Bedarfsfeststellung und Hilfeerschließung erfolgen deshalb in neuorganisierten „regionalen Fachteams", die interdisziplinär, professions- und trägerübergreifend zusammengesetzt sind. Flankierend werden neue Finanzierungsmodelle erprobt und die Controllinginstrumente überarbeitet und fortentwickelt.

Es ist mit allem Nachdruck festzuhalten, dass Reformvorhaben dieser Art, wie sie ja nicht nur in München vorzufinden sind (einen Überblick bieten Budde und Früchtel 2005, S. 292, Fußnote 19), zunächst vorwiegend fachlich bestimmt und lediglich in den erhofften Wirkungen finanziell intendiert waren. Die Tragik des aktuellen Fachdiskurses liegt darin, dass er zunehmend überlagert wird durch politisch vorgegebene Spardiktate, in deren Folge Reformimpuls und Konsolidierungszwang miteinander vermengt werden. Der Legitimationsdruck, Sparerfolge auf der politischen Bühne präsentieren zu können, lässt die fachlichen Erfolge, die wir durchaus vorweisen können, in den Hintergrund treten. Umgekehrt droht die fachliche Legitimation für den ja auch mühsamen und ressourcenintensiven Umbauprozess eines etablierten Hilfesystems verloren zu gehen. Es ist zwar nicht zu leugnen, dass der Druck von außen die häufig divergierenden Interessen differenzierter Trägerlandschaften auch zusammengezwungen hat. Die platte Formel „mehr Qualität für weniger Geld" konterkariert aber ernsthafte Veränderungsbemühungen. Es ist deshalb ebenso notwendig wie schwierig, im lokalen Modernisierungsdiskurs die fachliche Umbaustrategie von einer vordergründigen Sparstrategie zu scheiden und sie jeweils als deutlich voneinander getrennte Logiken zu verfolgen. Es soll aber auch betont werden, dass der Umbau der Erziehungshilfen auf eine fachliche Qualifizierung zielt, die zu einer Konsolidierung der Kostenentwicklung beiträgt, wobei ein wachsendes Kostenbewusstsein zu einem wichtigen Teil von Fachlichkeit der beteiligten Sozialpädagoginnen und Sozialpädagogen werden muss.

Perspektiven für die stationären Erziehungshilfen

Um es gleich zu Beginn zu betonen: Selbstverständlich ist von der Gleichrangigkeit aller Hilfen zur Erziehung auszugehen, es gibt keine Rangfolge, und die stationären Hilfen können nicht im Blick auf die ambulanten und teilstationären Hilfen als Rest- oder Letzthilfen betrachtet werden (so etwa Messmer 2004, S. 51). Zunehmend wächst auch die Kritik an der platten Forderung „ambulant vor stationär", zumal vor dem Hintergrund des zunehmenden Kostendrucks daraus bisweilen trotz anderslautender Indikation ein „ambulant statt stationär" zu werden droht. Aus der Münchner Praxis wird berichtet, dass die ambulante Versorgungsstruktur vor Ort zunehmend mehr als Fachclearing denn der Fallbearbeitung dienen würde, um diagnostische Unsicherheiten im Prozess der Hilfeerschließung aufzufangen. Eine solche Handhabung würde Hilfekarrieren nur verlängern und damit, ganz abgesehen von den negativen Folgen für die jungen Menschen und ihre Familien, die Kosten in die Höhe treiben statt zu senken.

Mit Maria Kurz-Adam, die den Münchner Umbauprozess über Jahre begleitet und wissenschaftlich erforscht hat, lässt sich „auf drei wesentliche Qualitätsparameter der Heimerziehung" hinweisen, „die sich auf übereinstimmende Befunde aus der Inanspruchnahme- und Leistungsforschung zur Heimerziehung stützen (JuLe Studie 1999; JES-Studie 2002; Kurz-Adam et al. 2002). Diese Parameter sind: Transparenz und Rationalität in den Zuweisungsprozessen, hohe Leistungsfähigkeit der Heimerziehung in Krisensituationen und chronischen Familienkrisen und schließlich Qualität der Rückführungsarbeit" (Kurz-Adam 2005, S. 5). Dies lässt sich zuspitzen auf zwei wesentliche fachliche Fundierungen: Es geht um die Qualifizierung des Prozesses der Hilfeerschließung, durch den die notwendige und geeignete Erziehungshilfe herausgefiltert werden soll, und es geht um eine

Qualitätsentwicklung in den stationären Hilfen zur Erziehung, die deren Leistungsfähigkeit in Krisensituationen ebenso wie die Qualität der Elternarbeit zur Aufrechterhaltung der Rückkehrperspektive sichern soll.

Bedarfsfeststellung und Hilfeentscheidung

Unsere Münchner Erfahrungen bestätigen, dass die Qualität der Diagnostik und der richtigen Indikation einen wesentlichen Erfolgsfaktor für jegliche Hilfe zur Erziehung darstellt. Negative Hilfeverläufe lassen sich vielfach auf die unzureichende Qualität des Hilfeplanverfahrens zurückverfolgen. Insbesondere stationäre Hilfen sind Teil eines komplexen Zuweisungs- und Hilfesystems, auf das in diesem Zusammenhang ein besonderes Augenmerk zu richten ist. „Gerade der Ausgestaltung der Schlüsselstellen des Hilfegeschehens – das Einfädeln in die jeweilige Hilfeform – kommt dabei eine besondere Bedeutung zu: In den komplexen Hilfezuweisungs- und Hilfeentscheidungsprozessen vor Ort wird deutlich, wie sehr die unterschiedlichen Hilfen aufeinander angewiesen sind und wie notwendig für eine flexible Ausgestaltung individueller Hilfearrangements hier ein kooperatives Zusammenspiel der Kompetenzen und Leistungen ist" (Kurz-Adam, Frick und Köhler 2002, S. 211).

Damit kommt der Institutionalisierung von Mechanismen eine besondere Bedeutung zu, die gewährleistet, dass fachlich kompetent geklärt wird, ob überhaupt und, wenn ja, welche Hilfe notwendig ist. Zur Bedarfsfeststellung und Hilfeerschließung hat München regionale Fachteams implementiert, wie sie in vergleichbarer Form auch in anderen Städten installiert wurden, die sich einer sozialräumlichen Reform der Erziehungshilfen verschrieben haben. In München sind am regionalen Fachteam Mitarbeiterinnen und Mitarbeiter der öffentlichen Jugendhilfe, der freien Träger der (derzeit nur) ambulanten Erziehungshilfen, der Erziehungsberatungsstellen sowie je nach Bedarf auch weitere Teilnehmer aus Schule, Psychiatrie und anderen Feldern beteiligt. Nach Umsetzung der jeweiligen Rahmenkonzeption sollen auch die teilstationären und stationären Hilfen eingebunden werden. Damit sind kooperative Planungs- und Entscheidungsstrukturen geschaffen, die das Zusammenarbeiten an der Schlüsselstelle der Erschließung und Ausgestaltung des Hilfegeschehens multiperspektivisch, partnerschaftlich, partizipativ und hilfeübergreifend ermöglichen. Die damit verfolgten Ziele sind: eine individuelle und flexible Hilfe zu finden, sozialräumliche Ressourcen zu erschließen und wirtschaftliche Gesichtspunkte zu berücksichtigen. Eine erste Evaluation zeigt, dass die regionalen Fachteams in München ein wesentliches Qualifizierungs- und Qualitätselement darstellen. Dies bestätigt etwa auch ein beteiligter Träger in seinem Tätigkeitsbericht: „Zusammenfassend kann [...] gesagt werden, dass durch das neue Steuerungsinstrument in vielen Fällen eine Plattform für einen intensiven fachlichen Austausch geschaffen wurde, was sich für diese Fälle trotz erheblichem Zeitaufwand bewährt hat" (Koller 2005, S. 26).

Ebenso deutlich wurde aber auch, dass weitere Qualitätsentwicklungsmaßnahmen notwendig sind. Dies gilt einmal für die Diagnosequalität, die noch sehr unterschiedlich ist und immer wieder zu Fehlplatzierungen führt. Hier bereiten wir in München gerade die flächendeckende Weiterbildung aller Fachkräfte mit einem neuen Konzept der „Sozialpädagogischen Diagnose" vor. Das gilt zum anderen für Fragen der Kosteneffektivität. Das Kostenbewusstsein im regionalen Fachteam ist noch sehr unzureichend ausgebildet, und es werden die unterschiedlichsten Strategien entwickelt, um diese Fragen auszuklammern. Das kann nicht so bleiben, Fachlichkeit kann sich nicht mehr allein aus sich selbst heraus begründen, sondern muss Kostenbewusstsein und Wirkungswissen in gleicher Weise einbeziehen. Die Verbindung von sozialpädagogischer und wirtschaftlicher Jugendhilfe ist noch nicht überzeugend gelungen. Überraschend ist deshalb immer wieder, was auch aus anderen Städten berichtet wird, dass Instrumente wie „Kontingentierung" oder „Budgetierung" offensichtlich kostendämmenden Einfluss nehmen, obwohl sie in der Regel als Notmaßnahmen konzipiert sind (siehe etwa Trede 2004, S. 77). Solange das eingeforderte Kostenbewusstsein fehlt, scheinen nur „Zwangsmaßnahmen" zu helfen – ein schlechtes Signal, das die Politik zu falschen Maßnahmen verführen könnte.

Qualitätsentwicklung

Die stationären Hilfen zur Erziehung haben dann eine Perspektive, aus dem Spagat zwischen Kindeswohl und Kostendruck herauszukommen, wenn sie sich an der Neuorientierung der

Sozialen Arbeit beteiligen und ihren Weg der Qualitätsentwicklung finden. Wir haben dafür in München in partnerschaftlicher Zusammenarbeit zwischen dem öffentlichen und den freien Trägern der Kinder- und Jugendhilfe ein entsprechendes Rahmenkonzept für die stationären Hilfen verabschiedet.

Hilfeerschließung und Hilfeverlauf

Stationäre Hilfen müssen ebenso wie teilstationäre und ambulante Hilfen an regionalen Fachteams oder vergleichbaren Einrichtungen kontinuierlich teilnehmen. Im Hilfeplan werden Ziele vereinbart und die für die Umsetzung Verantwortlichen sowie die notwendigen Kooperationen und Ressourcen benannt. Die bedarfs- und zielorientierte Hilfeplanung wird mit einer zeitlichen Perspektive versehen. Eine regelmäßige Hilfeüberprüfung findet statt. Die strukturierte Planung der Rückführung beziehungsweise der Verselbstständigung erfolgt grundsätzlich unter frühzeitigem Einbezug des zukünftigen sozialen Umfeldes.

Sozialraumorientierung

Eine überregionale Versorgung für besonderen Erziehungshilfebedarf wird künftig die Ausnahme sein, eine sozialräumlich orientierte Grundversorgung mit stationären Angeboten so wohnortnah wie möglich die Regel. Das scheint auch möglich, besagt unser Controlling doch, dass schon jetzt siebzig Prozent der stationären Gesamtkosten an Einrichtungen geht, die der Entgeltkommission München unterliegen. Wir schätzen, dass etwa achtzig Prozent der Heimunterbringungen regional erfolgen können. Grundlage dafür sollen verbindliche Kooperationsbeziehungen zwischen Einrichtungen und Jugendamt sein, die den Einrichtungen auch eine gewisse Planungssicherheit im Hinblick auf die Belegung geben. Durch die Einbindung in das regionale Fachteam ist eine frühzeitige Kooperation im Sozialraum gewährleistet. Über diese Einbindung werden zugleich die Kenntnisse der sozialraumbezogenen Einrichtungen für den jeweiligen Einzelfall benutzt. Aufgabe der stationären Einrichtung ist es, einzelfallbezogen die Ressourcen und Kooperationen im jeweiligen Sozialraum für die jungen Menschen und ihre Herkunftsfamilien zu unterstützen.

Flexibilisierung

Anzustreben ist eine höhere Durchlässigkeit zwischen den verschiedenen Hilfeformen der ambulanten, der teilstationären und stationären Angebote, um die jeweilige Beziehungskontinuität zu gewährleisten. Flexible Übergänge zur bedarfsgerechten Betreuung werden durch strukturelle oder einzelfallbezogene Modelle sichergestellt. Hilfeverbünde zwischen verschiedenen Anbietern sind dann anzustreben, wenn sie jeweils einzeln nicht in der Lage sind, bedarfsgerecht zu reagieren.

Kooperative Erziehungsarbeit

Alle einschlägigen Studien belegen, dass der Kooperation der Beteiligten eine herausragende Rolle hinsichtlich des Erfolgs der Hilfen zukommt. „Für den Erfolg im Umfeld ist die tatsächlich erfolgte Mitarbeit der Eltern entscheidend; umgekehrt ist fehlende Kooperation der Eltern der Hauptprädiktor für einen späteren Misserfolg und den Abbruch der Hilfe. Gleichzeitig gilt für den (Mess-)Erfolg beim Kind: Auch hier kommt der Kooperation der Eltern eine entscheidende Bedeutung zu. Noch wichtiger allerdings ist, dass das Kind aktiv kooperiert. Bei fehlender Mitarbeit des Kindes und der Eltern ist mit einem drastischen Anstieg der Misserfolgsquote zu rechnen." Verbindliche Festlegungen im Hilfeplan und klare Verantwortungsabgrenzungen sind deshalb von besonderer Bedeutung (Macsenaere, Klein und Scheiwe 2003, S. 488).

Verweildauer

Die Hilfedauer selbst ist ein zentraler Erfolgsfaktor für stationäre Hilfen, wie die angesprochenen Studien durchwegs belegen. Daraus folgt jedoch nicht, dass je länger der Aufenthalt in einer Einrichtung sich hinzieht, umso erfolgreicher die angebotene Hilfe wirkt. Vielmehr wird die Zeit selbst zu einem wesentlichen Faktor der Hilfeplanung und der Hilfeüberprüfung und muss entsprechend in der Hilfevereinbarung festgelegt werden. Das bedeutet, dass die notwendige Dauer der Unterbringung ein wesentlicher Bestandteil des Aushandlungsprozesses sein muss. Vereinbarte Ziele und zeitliche Dauer hängen eng zusammen. Die Heimunterbringung kann nicht quasi zeitlos oder von der Einschätzung der Einrichtung abhängig sein. Die Hilfedauer ist deshalb regelmäßig zu überprüfen.

Heimkonzeptionen

Ein weiteres Ergebnis der einschlägigen Forschung belegt, dass Alter, Geschlecht und Migrationshintergrund Merkmale für die Inanspruchnahme der Heimerziehung sind. „Jungen kommen früher in die Erziehungshilfen und bleiben länger betreut, Mädchen kommen später in die stationäre Unterbringung und werden dann auch zumeist auf den Weg in die Verselbständigung unterstützt" (Kurz-Adam, Frick und Köhler 2002, S. 206). Eine ähnliche Entwicklung gilt, noch einmal verschärft, für junge Menschen mit Migrationshintergrund, die in den erzieherischen Hilfen eindeutig unterrepräsentiert sind, wobei Mädchen besonders spät in die Hilfen kommen (Macsenaere, Klein und Scheiwe 2003, S. 487; Finkel 2000, S. 62). Dieser Sachverhalt stellt nicht nur Fragen an die Reichweite präventiver Hilfen, die diese jungen Menschen kaum erreichen, weshalb häufig im Rahmen einer Krisenintervention gleich der Einstieg in die stationäre Hilfe erfolgt. Das faktische Alter gerade von Mädchen und jungen Menschen mit Migrationshintergrund verstärkt überdies die Tendenz vieler Einrichtungen, dass sich Heimerziehung vielfach als dauerhafter Lebensort und damit als familienersetzende Hilfe versteht. „Das Alter der Klientel strukturiert sozusagen das Angebot als eines der Verselbständigung, nicht aber der kontinuierlichen Familienorientierung oder gar der von Anfang an geplanten Rückführungsmöglichkeit in die Familie", so wie es das KJHG vorsieht (Kurz-Adam, Frick und Köhler 2002, S. 207). Hier geht es also auch im Hinblick auf die eindeutige Gesetzesformulierung um eine konzeptionelle Neuorientierung.

Elternarbeit

Tatsächlich wird in den stationären Erziehungshilfen vorwiegend noch wenig elternorientiert gearbeitet, sondern vielmehr auf die Verselbststständigung der ihr anvertrauten Kinder und Jugendlichen hingewirkt. Deshalb ist es für eine künftige Qualitätsentwicklung wesentlich, die Eltern- und Angehörigenarbeit beziehungsweise die Arbeit mit dem sozialen Bezugssystem zu einem konzeptionellen Bestandteil jeder stationären Einrichtung zu machen. Grundlage für die Ausgestaltung der Eltern- und Familienarbeit sind die jeweils individuellen Bedarfe und Entwicklungsmöglichkeiten der jungen Menschen und ihrer Familien- und Bezugssysteme. Im Hilfeplan ist deshalb genau festzuhalten, welche Aufgaben die Eltern während der Unterbringung zu übernehmen haben und wie die geplante Rückführung beziehungsweise Verselbstständigung in Kooperation geschehen kann. Hierbei ist sicher die Kooperation mit weiteren Hilfen im Sozialraum möglich und notwendig, eine Nachbetreuung nach der Rückführung ist sicherzustellen. Diese neue Qualität muss allerdings auch in der Finanzierung der Einrichtung Niederschlag finden. Mit einer derartigen Pflege sozialräumlicher Bezüge, der kontinuierlichen Zusammenarbeit während des Hilfeverlaufes und der intensiven Vorbereitung der Rückführung sind qualitative Grundlagen für eine erfolgreiche Hilfe und eine begrenzte Verweildauer gelegt. Wir vom Stadtjugendamt München haben in einem unserer eigenen Heime sehr gute Erfahrungen mit einem Mitarbeiter für Rückführungshilfen gemacht, der die Kinder aus dem Heimalltag kennt und die Familien nach der Rückkehr berät, begleitet und unterstützt. Dazu gehört auch die Nutzung sozialräumlicher Ressourcen oder freizeitpädagogischer Maßnahmen. Erfolgreich verlaufen außerdem während des Heimaufenthaltes gruppenübergreifende Elterngruppen und die kontinuierliche Elternarbeit in den Gruppen.

Ausblick

Eine stärkere sozialräumliche Orientierung der stationären Erziehungshilfen, also die Hinwendung zum Lebensort der Kinder und ihrer Familien, das Einlassen auf deren Lebenswelten, halte ich für eine zukunftsweisende Reaktion auf die Entwicklung der Sozialen Arbeit allgemein und speziell der Kinder- und Jugendhilfe. Das bedeutet keine generelle Absage an Einrichtungen mit sehr speziellem Profil, die es weiterhin geben muss. Und die Entwicklung an einem anderen Ort kann auch weiterhin den Bruch mit der bisherigen Lebenswelt notwendig machen. Das wird aber auf die zu begründenden Ausnahmen beschränkt bleiben müssen.

Abschließend bleibt ein Gefühl der Ambivalenz: Die Soziale Arbeit insgesamt, besonders die Kinder- und Jugendhilfe, stehen unter enormem Druck. Auf die eingangs formulierten Fragen bezogen, kann man festhalten, dass in der Tat die stationären Hilfen sich verstärkt legitimieren müssen. Für den öffentlichen Träger bedeutet das eine neue Herausforderung, sich der politischen

Zumutungen zu erwehren, die rechtlich und fachlich nicht zu rechtfertigen sind. Das ist für die Mitarbeiterinnen und Mitarbeiter eine enorme Belastung. Und die Einrichtungen und Fachkräfte der freien Träger werden vielfach entmutigt und nicht ausreichend wertgeschätzt für ihre Arbeit. Zugleich sehe ich aber auch die Chance, gemeinsam zu einer Neuorientierung zu kommen, berechtigte Kritik konstruktiv aufzugreifen und auf der Grundlage der von mir vorgeschlagenen konzeptionellen Basis gemeinsam Widerstand zu leisten gegen den weiteren Abbau sozialer Leistungen.

Literatur

Baur, Dieter, Finkel, Margarete, Hamberger, Mathias & Kühn, Axel D. (1998).
Leistungen und Grenzen der Heimerziehung. Ergebnisse einer Evaluationsstudie stationärer und teilstationärer Erziehungshilfe. Forschungsprojekt Jule. Schriftenreihe des Bundesministeriums für Familie, Senioren, Frauen und Jugend, Band 170. Stuttgart: Kohlhammer.

Budde, Wolfgang & Früchtel, Frank (2005).
Sozialraumorientierte soziale Arbeit – ein Modell zwischen Lebenswelt und Steuerung. Teil 2. Nachrichtendienst des Deutschen Vereins für öffentliche und private Fürsorge, 8, 287–292.

Finkel, Margarete (2000).
Erziehungshilfen für Mädchen und Jungen aus Migrationsfamilien. Ergebnisse der JuLe-Studie. Migration und Soziale Arbeit, 1, 60–64.

Koller, Reinhard (2005).
Das Regionale Fachteam – eine Rückschau nach eineinhalb Jahren und 100 Fachteams in unserer Region.
In SOS-Beratungs- und Familienzentrum München (Hrsg.), Tätigkeitsbericht 2004 (S. 21–27).
München: Eigenverlag.

Kurz-Adam, Maria (2005).
Sozialräumliche Heimerziehung – von der Notwendigkeit und den Wirkungen der Sozialraumreformen für die stationären Erziehungshilfen. Pädagogischer Rundbrief, 3, 2–7.

Kurz-Adam, Maria, Frick, Ulrich & Köhler, Michael (2001).
Der Hilfserfolg in den stationären Hilfen – Ergebnisse der Studie „Umbau statt Ausbau – Zur Evaluation stationärer Erziehungshilfen in der Landeshauptstadt München". Pädagogischer Rundbrief, 1, 2–12.

Kurz-Adam, Maria, Frick, Ulrich & Köhler, Michael (2002).
Wer steuert die Heimerziehung? Anmerkungen und empirische Befunde zur Qualitätsdiskussion in den Erziehungshilfen. Zentralblatt für Jugendrecht, 6, 201–211.

Kurz-Adam, Maria & Köhler, Michael (2002).
Umbau statt Ausbau. Die sozialräumliche Reform der Erziehungshilfen in München. Sozialmagazin, 5, 24–32.

Macsenaere, Michael, Klein, Wichard & Scheiwe, Norbert (2003).
Jugendhilfe-Effekte-Studie: Was leistet Jugendhilfe? Unsere Jugend, 11, 484–491.

Messmer, Heinz (2004).
Zwischen Qualität und Kosteneffizienz – Entwicklungen in der Heimerziehung in Folge der gesetzlichen Neuregelungen nach §§ 78 a–g SGB VIII aus Sicht der Leistungserbringer. Zentralblatt für Jugendrecht, 2, 50–59.

Münder, Johannes u. a. (2003).
Frankfurter Kommentar zum SGB VIII: Kinder- und Jugendhilfe (4. Auflage).
Weinheim: Juventa.

Schmidt, Martin H. u. a. (2002).
Effekte erzieherischer Hilfen und ihrer Hintergründe. Schriftenreihe des Bundesministeriums für Familie, Senioren, Frauen und Jugend, Band 219.
Stuttgart: Kohlhammer.

Schröer, Hubertus (2005).
Reparaturbetrieb Jugendhilfe? Hohe Erwartungen trotz begrenzter Mittel!
In L. Kolhoff, R. Beck, H. D. Engelhardt, M. Hege & J. Sandmann (Hrsg.), Zwischen Ökonomie und sozialer Verantwortung (S. 271–293).
Augsburg: ZIEL-Verlag.

Trede, Wolfgang (2004).
Erzieherische Hilfen zwischen fachlichen Herausforderungen und begrenzten Ressourcen. Forum Jugendhilfe, 2, 72–78.

Hans-Ullrich Krause

Stationäre Hilfen zwischen Kindeswohl und Kostendruck aus der Perspektive eines freien Trägers

Stationäre Hilfen stehen wie kein anderer Bereich erzieherischer Hilfe, ja der Jugendhilfe insgesamt, im Blickpunkt öffentlicher Kritik. Im Kern geht es dabei zum einen um die hohen Kosten, die die Heimerziehung und andere Formen stationärer Betreuung verursachen. Zum anderen aber auch um Fragen der Effizienz, Nachhaltigkeit, überhaupt um den Sinn derartiger Hilfeformen. Die Kritik hat inzwischen zu erheblichen Effekten geführt, die dringend einer Diskussion bedürfen und auf die in diesem Beitrag eingegangen wird. Zum einen geht es bei diesen Effekten um die erheblichen Sparvorgaben, die in allen Bundesländern deutlich werden. Beispielsweise in Berlin wurden die Fallzahlen im Zeitraum von 2003 bis 2005 um etwa ein Drittel reduziert. Gleichzeitig wurden die Kosten pro Fall deutlich gesenkt. Dies wurde durch pauschale Minderungen der Kostensätze realisiert. (1) Zum anderen haben sich die Hilfen zur Erziehung erheblich verändert. Dies betrifft vor allem die fachliche Weiterentwicklung der Hilfen.

Wider die Mythenbildung

Sparvorhaben gibt es fast überall in Deutschland. Wird vordergründig über die leeren Kassen der Kommunen und das „ausufernde Feld" der Sozialen Arbeit, festgemacht etwa an dem Anstieg der Beschäftigtenzahlen in der Kinder- und Jugendhilfe bis zum Jahr 1999, gesprochen, so wird der sozialpolitische Aspekt der Auswirkungen einer sich durchsetzenden globalpolitischen Sicht – nämlich der des Neoliberalismus – in der Regel ausgeblendet. Otto Speck verweist in diesem Zusammenhang auf Amartya Sen, Nobelpreisträger für Wirtschaftswissenschaften. „Effizienzgesichtspunkte reichen nicht aus, um Optimales für die allgemeine Wirtschaft zu leisten, und zwar vor allem im Hinblick auf die öffentlichen Güter, also auch auf die sozialen Dienstleistungen. Sie bedürfen einer anderen Ergänzung als der des Marktes. [...] Die Wirkungen der Markteffizienz garantieren noch keine Verteilungsgerechtigkeit" (Speck 2004, S. 20). Speck kommt zu dem Schluss, dass der verfassungsmäßig verbürgte Grundsatz, nach dem sich die Gesellschaft um die Schwächeren zu kümmern habe, zugunsten der Position, jeder sei stärker für sich selbst verantwortlich, verändert habe. Dieser Umstand führe dazu, dass gerade auch Hilfen zur Erziehung verstärkt in den Blick aktiver Sparpolitik geraten sind (ebd., S. 22). Ausgeblendet bleibt auch, dass die volkswirtschaftlichen Gewinne in Deutschland im Ganzen nicht gesunken, sondern gestiegen sind. Die zur Verteilung stehenden Mittel sind also nicht gemindert worden, sondern eigentlich angestiegen. Doch die Verteilungskämpfe gehen bekanntermaßen schon immer zuungunsten der Schwächeren aus. Daran änderte auch die in den 1990er-Jahren einsetzende Qualitätsdebatte in den Hilfen zur Erziehung nichts. Im Gegenteil: Vielfach wurde gerade in ihrem Namen dafür gesorgt, dass man Effektivität und Effizienz nur noch in einem ganz bestimmten Sinne verstand, nämlich dass Qualitätsentwicklung und Reduzierung der Kosten als notwendigerweise sich bedingende Faktoren gesehen wurden.

Hans Braun verweist im Hinblick auf Qualitätsorientierung in den Sozialen Diensten darauf, dass die Qualifizierung von Hilfen aktuell oft als Kostenreduzierung gedacht wird. Doch dieser Ansatz ist weder in den Hilfen zur Erziehung noch in der Wirtschaft der richtige. Vielmehr geht es um „Wirtschaftlichkeit als Bezugspunkt" (Braun 2004, S. 33) der Qualifizierung. (2) Wirtschaftlichkeit heißt demnach, dass die aufzuwendenden Mittel in angemessener Weise und dem Auftrag gemäß ausreichend zur Verfügung stehen müssen. Ziel der Qualifizierung von Hilfen ist also nicht ihre Reduzierung, sondern deren Verbesserung im Sinne der Hilfenutzer. Braun meint, dass in einer begrenzten Ressourcenzuordnung Wirtschaftlichkeit als Bezugspunkt der Qualitätsoffensive ein sinnvoller Ansatz wäre, über anstehende Fragen zu diskutieren. Wirtschaftlichkeit heißt hier, dass die zur Verfügung gestellten Mittel im Sinne der Aufgabenerfüllung so effektiv wie möglich eingesetzt werden. Außerdem scheint es notwendig, die Kriterien Effizienz und Effektivität im Zusammenhang sozialer Dienstleistungen, also auch für die Hilfen zur Erziehung beziehungsweise die stationären Hilfen, gemäß den ihnen inneliegenden Anforderungen zu definieren. Braun schlägt in diesem Zusammenhang vor, wie Burkhard Müller „Effektivität" mit der Frage zu koppeln, ob wir die richtigen Dinge tun, und „Effizienz" damit, ob wir die richtigen Dinge richtig tun (Müller 1996, S. 32).

Auch wird davon ausgegangen, dass durch eine verstärkte Konkurrenz der Einrichtungen und Arbeitsfelder am Ende die qualitativ besten automatisch übrig bleiben und damit eine neue Effizienz entstehen könnte. Genau das, so Speck, ist einer der großen Irrtümer. Es wird vielmehr zu einer Polarisierung kommen, und zwar von qualifizierten Anbietern und dem genauen Gegenteil davon, dann wird schließlich der übrig bleiben, der durch Geschick, also durch manipulierende Werbung, gute Beziehungen, gekonnte Verschleierung von Problemen oder nur noch durch niedrige Preise überleben kann – alles nicht unbedingt Qualitätskriterien. Speck spricht im Zusammenhang mit blinder Kostenreduzierung in Sozialen Diensten von einem ideologischen Phantom. Außerdem, so Speck, sind „Kostenreduzierungen [...] kein Wert an sich" (Speck 2004, S. 20). Das allerdings ist eine schwer zu vermittelnde Wahrheit angesichts der Geiz-ist-geil-Mentalität in der Gesellschaft, die auch vor den Türen der Jugendämter nicht Halt gemacht hat.

Neue Widersprüche

Sparen kann man allerdings auch anders. Und zwar darüber, dass die Definition von Hilfebedarf verändert wird. Also warum wird überhaupt geholfen, und ab wann existiert ein anzuerkennender Bedarf? Auch diese Frage wird im Rahmen aktueller Auseinandersetzungen neu und widersprüchlich beantwortet. Die bereits beschriebene Sicht auf die Adressatinnen und Adressaten der Hilfe, nämlich sie grundsätzlich als gesellschaftliche Randgruppe zu betrachten, kommt hierbei zum Tragen. In einer neoliberalen Politik steht Selbsthilfe im Mittelpunkt, der Solidaritätsgedanke wird kleingehalten. „Hilfe zur Selbsthilfe", ein durchaus akzeptierter Grundsatz erfolgreicher Unterstützung und zugleich auch ein demokratischer Ansatz von Hilfe, wird sozusagen neu interpretiert: Selbsthilfe wird vor allem als Einsparfaktor begriffen. Ein Umstand, der in breiten Schichten der

Bevölkerung durchaus akzeptiert und begrüßt wird – nicht zuletzt deshalb, weil der „Missbrauch von Sozialleistungen" über die Medien in der Gesellschaft als grundlegende Tatsache implementiert wurde (und wird). Darüber hinaus bedroht der Neoliberalismus auch (noch) nicht randständige Schichten, deren Angst vor einem sozialen Abstieg sich gegen die Benachteiligteren richtet.

Im Widerspruch zum Diskurs über den angeblichen oder tatsächlichen Missbrauch sozialer Leistungen gerät mit einem sich verändernden Rechtsbewusstsein im Hinblick auf Kinder jedoch auch das Kindeswohl wieder stärker in den Blick. Es sind nicht nur die spektakulären Fälle von Kindesvernachlässigung und Misshandlung, die nach der abebbenden Welle des Missbrauchsthemas wieder stärkere Beachtung finden, sondern auch die Frage, inwieweit der Staat die Einhaltung der Persönlichkeitsrechte von Kindern in deren Familien garantieren muss. Hatte das Sozialgesetzbuch Achtes Buch Kinder- und Jugendhilfe (SGB VIII) vor allem den Schutz und die Unterstützung der Herkunftsfamilien in den Mittelpunkt fachlichen Handelns gerückt, so treten heute zunehmend Fragen des Interessen- und Rechtsschutzes des einzelnen Kindes auf den gesetzlichen Spielplan. Nicht zuletzt deshalb wurde der Paragraf 8 a in das SGB VIII eingefügt. Denn im Zuge der Sparvorgaben und der Nichtrealisierung notwendiger Hilfen dürften Situationen entstehen, die die Gefahrenmomente für Kinder durchaus erhöhen oder sogar erst ermöglichen. Mit dem Paragrafen 8 a SGB VIII wird nun wieder stärker die Pflicht der Gesellschaft, Hilfen nicht an Finanzvorgaben, sondern am konkreten Bedarf zu orientieren, in den Fokus genommen. Diese Aspekte beeinflussen maßgeblich den aktuellen Diskurs über das Verhältnis von Kosten und Aufgaben der Hilfen zur Erziehung.

Doch nun vom aktuellen Stand neoliberaler Mythen und neuer, in ihren Auswirkungen noch nicht ganz erfassbarer Rechtsgrundlagen zu den Veränderungen, welche auf die Entwicklungen stationärer Hilfen und der damit verbundenen Kosten verweisen.

Qualität-Kosten-Zusammenhänge in den Hilfen zur Erziehung

Mit der Einführung des Kinder- und Jugendhilfegesetzes (KJHG), also Anfang der 1990er-Jahre, wurde ein Prozess der Neuorientierung in den Hilfen zur Erziehung angestoßen, der durch die Qualitätsdebatte noch verstärkt wurde. Dabei spielte das Verhältnis von Qualität und Kosten eine zentrale Rolle. Der Vorwurf, dass sich die Hilfen zur Erziehung dem Problem von Kosten beziehungsweise Qualität nicht gestellt hätten, ist in der Praxis allerdings widerlegt. Vielmehr sind erhebliche und progressive Entwicklungen festzustellen.

Partizipation

Stationäre Hilfen zur Erziehung haben sich, von der Öffentlichkeit kaum wahrgenommen, zu einem Aktionsfeld mit hoher Professionalität entwickelt. Hinzu kommt eine Vielfalt unterschiedlicher Angebote, wie Tagesgruppen, kleine Wohneinheiten (verbunden mit der Aufgabe der großen Institutionen), Erziehungsstellen, flexible Hilfen (3), sozialraumorientierte und integrative Ansätze. Sie machen eine breite Palette von stationären Hilfen aus, die individuell zugeschnitten, passgenau und damit effizient sind.

Die stationären Hilfen haben darüber hinaus durch ihre konsequente Öffnung im Sinne ihrer Aufgaben und Aufträge und durch eine zunehmende Demokratisierung und Fallbezogenheit einen weiteren Effekt erzeugt, nämlich den einer höheren Akzeptanz bei den Hilfesuchenden. Hilfen zur Erziehung werden heute eher angenommen, ja geradezu nachgefragt. Nicht nur Tagesgruppen oder Erziehungsstellen, auch Heimerziehung in einer überschaubaren, auch personell gut ausgestatteten Gruppe sind mit der teilweise noch immer vermuteten alten Heimerziehung nicht mehr vergleichbar. Und das war jahrelang gefordert worden. Aber die Folgen sind erheblich: Erfolgreiche, nicht stigmatisierende Hilfen werden jetzt nachgefragt – unter Kostenaspekten allerdings manchmal nicht angeboten. Es gibt Jugendämter, die die Existenz einer Tagesgruppe im Bezirk verleugnen, weil sie Kosten sparen müssen.

Die Erhöhung der Nachfrage konnte sich vor allem deshalb einstellen, weil sich Hilfen zur Erziehung wie Soziale Dienste insgesamt im Rahmen der Qualitätsdebatte immer stärker auch den Nutzerinnen und Nutzern zugewandt haben. Das heißt, es ist nicht allein die Verbesserung der Arbeit der Professionellen oder auch der Organisationen, sondern vor allem die konsequente Einbeziehung der Klienten, der Hilfeteilnehmerinnen und -teilnehmer, die das Verhältnis von Angebot und Nachfrage in den Hilfen zur Erziehung beeinflusst haben. Diese Vorstellungen, welche Hilfe die richtige ist, beeinflussen heute in erheblichem Maße die Praxis in den Hilfen zur Erziehung. Nicht umsonst findet man heute in Veröffentlichungen im Bereich der Sozialen Arbeit ganze Kapitel über das Verhältnis von Qualität und Nutzerinnen beziehungsweise Nutzern. In dem Band „Qualität in der Sozialen Arbeit" (Beckmann, Otto, Richter und Schrödter 2004) bearbeiten die Autorinnen und Autoren Fragen um die „zunehmende Bedeutung der Nutzerbeteiligung", „Partizipation als Merkmal von Dienstleistungsqualität" oder die „Dienstleistungsqualität aus der Perspektive der Bürgerinnen und Bürger". All das ist in der Praxis längst angekommen, wenn auch vielleicht nicht flächendeckend umgesetzt, so ist es doch in modernen, aktiven Organisationen der Jugendhilfe längst ein wichtiger Ansatzpunkt.

Kinder, Jugendliche, aber auch Eltern erleben Hilfen zur Erziehung also ganz anders, als dies noch vor Jahren der Fall war. Moderne Hilfen beziehen Kinder, Jugendliche und Familien mit ein, gestalten die Hilfen gemeinsam mit der Klientel. Die Hilfen haben damit in vielen Fällen nichts Bedrohliches oder Erdrückendes mehr. Man könnte auch sagen: Wenn Heimerziehung oder Tagesgruppen als wichtige, angenehme und hilfreiche Lebensphase erlebt werden, dann wird auch positiv darüber gesprochen. Das wiederum heißt, die Betroffenen selbst sind zu einer Art Werbefaktor geworden, was ebenfalls die Nachfrage erhöht hat. Ein Nebeneffekt, der kostenmäßig zu Buche schlägt, der aber auch auf ein Problem hinweist: In einer sich verkomplizierenden Welt sehen sich Menschen offenbar immer häufiger in einer Situation, in der sie auf Hilfe angewiesen sind, und qualifizierte, zugewandte, nicht stigmatisierende Formen von Hilfen werden dann auch gerne genutzt.

Professionalisierung

Auch bei den Professionellen hat sich ein Wandel vollzogen. Sie sind nicht mehr vordergründig motiviert von einer fragwürdigen

Moral, sich sozusagen für Kinder aufzuopfern. Vielmehr verstehen sie sich als professionelle Fachkräfte und als Partner, Freunde, Ersatzeltern für Kinder und Jugendliche. Damit sind sie freier und selbstbewusster und wie es scheint auch froher und fröhlicher geworden, weil sie die Last des Opfers nicht mehr tragen müssen. Gleichzeitig haben sich die Arbeitsbedingungen deutlich verbessert. Die Wohngruppen sind überschaubarer geworden, fachliche Unterstützung und Supervision entlasten den nicht einfachen Alltag der Fachkräfte. Spezielle Problemkonstellationen werden konstruktiver im Rahmen multiprofessioneller Aktionen angegangen und oft auch gelöst. Damit ist die Arbeit in stationären Settings attraktiver geworden. Das heißt, die Professionellen selber finden sich zunehmend weniger damit ab, Kinder oder Jugendliche einfach zu betreuen (oder schlimmstenfalls zu beaufsichtigen). Sie sind vielmehr daran interessiert, innerhalb des gesamten Hilfeprozesses beteiligt und professionell ernst genommen zu werden. Sie wollen den Prozess erfolgreich und sinnvoll gestalten und den jungen Menschen wirklich effizient helfen. Von daher steigt das Interesse an fachlicher Qualifizierung.

Häufig setzen sich die Teams in stationären Einrichtungen aus Fachkräften mit erheblichem Qualifizierungshintergrund zusammen. Sozialpädagoginnen und Sozialpädagogen mit zusätzlicher psychosozialer Fachqualifikation, Erzieherinnen und Erzieher mit langjährigem Weiterbildungshintergrund sind inzwischen eher die Regel als die Ausnahme. Begriffe wie „Genogrammanalyse" oder „Diagnostik in der Jugendhilfe" stellen für Fachkräfte in den stationären Hilfen heute keine weißen Flecken mehr dar. Unterschiedliche Ansätze erfolgreicher Gruppenpädagogik, der Umgang mit psychisch kranken Eltern oder Mediation verlangen ein hohes Maß an Fach- und Methodenwissen. Entsprechend qualifiziertes Personal wird dringend gebraucht, denn der lebensweltorientierte Charakter der Hilfen nach Paragraf 34 SGB VIII lässt sich nicht mit einer starken, reglementierenden Institution herstellen. Fachkräfte, die heute in dem Feld tätig sind, können sich nicht als Angestellte begreifen, die auf Anweisung arbeiten. Vielmehr braucht es kreative, ideenreiche, offene Mitarbeiterinnen und Mitarbeiter, die engagiert und selbstbewusst handeln. Die Professionellen in den Hilfen zur Erziehung stellen an sich selbst höhere Anforderungen. Das heißt, in diesem Berufsfeld wird der Ruf nach lebenslangem Lernen ernster genommen, Fort- und Weiterbildungen werden breiter genutzt.

Inzwischen gibt es hochwirksame Vernetzungen von Hoch- und Fachschulen mit Praxiseinrichtungen der Hilfen zur Erziehung. Dabei wird gemeinsam geforscht und gelernt. Mit der Zunahme an fachlichem Wissen wächst das Interesse anhaltender fachlicher Qualifizierung, und die will, soll sie den Anforderungen genügen, bezahlt sein.

Management

Die Organisationen der Jugendhilfe, vor allem was das Management und die Verwaltung betrifft, sind zwar im Vergleich zu anderen Wirtschaftsbereichen noch immer der Entwicklung hinterher, aber auch hier gibt es Veränderungen. So wirken sich die fachlich gewünschte Zergliederung der Großeinrichtungen und die damit verbundene Selbstständigkeit einzelner Einrichtungsteile massiv auf das Management aus. Hier sind Führungskompetenzen gefragt, über die noch nicht alle Leitungskräfte selbstverständlich verfügen. Ja, man könnte vielleicht sogar sagen, dass Erkenntnisse aus dem modernen Management erst jetzt in der Jugendhilfe wirklich ankommen. Aber auch das hat seinen Preis.

Modernes Management wird häufig mit Qualitätsmanagement gleichgesetzt. Bei den Hilfen zur Erziehung darf es dabei allerdings nicht darum gehen, zweifelhafte Qualitätsentwicklungs- und Qualitätssicherungsverfahren mit Macht in den Einrichtungen zu implementieren und an die Stelle von notwendigen Qualifizierungsmaßnahmen zu setzen. Es geht vielmehr um die Findung von Formen modernen Leitungs- und Personalmanagements, um dialogische Qualitätsentwicklung unter Einbeziehung aller Hilfebeteiligten und an der Praxis orientierte Evaluationsmethoden, die tatsächlich dazu führen, dass Erfolge wie auch Fehler erkannt und diese Erkenntnisse für die Weiterentwicklung genutzt werden können. (4) Die Qualitätsdebatte hat in den Hilfen zur Erziehung viel breiteren Raum gegriffen als in den meisten anderen Jugendhilfe- und Bildungsbereichen. Joachim Merchel und andere beklagen zwar, dass die von ihnen untersuchten Qualitätsentwicklungsvereinbarungen zwischen freien Trägern und öffentlichen Trägern noch immer nicht den notwendigen Ansprüchen genügen, es wird dabei jedoch ausgeblendet, dass es in diesem Bereich bislang überhaupt keine verlässlichen Standards, Messgrößen oder allgemeine Vereinbarungen gab. (5)

Dennoch, es ist zu erwarten, dass die Debatte um ein stärkeres Kostenbewusstsein einerseits und um die Einführung und Entwicklung eigener moderner Managementverfahren andererseits das professionelle Feld weiter voranbringen wird. Die vorhandenen Ansätze in der Praxis sind vielversprechend, so zum Beispiel in der multiprofessionellen Zusammenarbeit in den Tagesgruppen, in Fallanalyseprozessen und nicht zuletzt in qualifizierten Hilfeplanverfahren.

Zusammenfassung

Wir haben, auch angestoßen durch das KJHG, den partizipatorischen Grundgedanken im Hilfeprozess stark gemacht: Beteiligung gilt als Voraussetzung für gelingende Hilfen. Inzwischen wissen erfolgreiche Institutionen, dass sie mit einer umfassenden Beteiligung der Kinder und Jugendlichen, vor allem aber auch der Eltern, wesentliche Effekte erzielen. Das ist das eine. Das andere ist, dass in einer gelebten Demokratie die Bereitschaft mitzuwirken wächst. Von daher ist es kein Wunder, dass in derlei Institutionen zum Beispiel Eltern sich nicht als ausgegrenzte und beschuldigte Verursacher der Probleme sehen, sondern als Partner, die sich aktiv einbringen, die von und mit den Fachkräften lernen wollen. Ich kann mich an eine Situation in einer Tagesgruppe meiner Einrichtung erinnern, in der ich gemeinsam mit Studentinnen an einem Samstagvormittag unerwartet auf eine Gruppe Mütter stieß, die sich – wie sich herausstellte – jeden Samstag zum Frühstück traf, um über ihre Kinder, deren und die eigene Entwicklung mit den Fachkräften zu sprechen. Die Tagesgruppe, die sich inzwischen Familienzentrum nennt und es auch ist, war sozusagen zu ihrem Projekt geworden. Aber auch Partizipation, soll sie in guter Qualität erfolgen, will als Methode gekonnt gestaltet werden. Mit mal eben ein wenig Mitmachen ist es nicht getan. Also braucht es auch hier aktive, hochqualifizierte, motivierte und entsprechend bezahlte Kolleginnen und Kollegen.

Plädoyer für stationäre Hilfen

Neben diesen Aspekten, die auf die zunehmende Qualifizierung der Hilfen zur Erziehung – insbesondere auch im stationären Bereich – deuten, möchte ich noch auf ein Problem verweisen, das im Verlauf der letzten Jahre leider etwas aus dem Blick geraten ist. Wir haben uns in unserem Arbeitsfeld in der vergangenen Zeit darauf konzentriert, wie wir vor allem die stationären Hilfen effektiver machen, durch Entwicklung neuer Hilfeformen und Professionalisierung der Fachkräfte verkürzen oder gar vermeiden können. Dabei war die Profession wie beschrieben sehr erfolgreich. Es gibt aber dennoch eine Gruppe von Kindern und vor allem Jugendlichen, die länger oder auch sehr lange in stationärer Betreuung verbleiben. Nach eigenen Untersuchungen sind das etwa dreißig bis vierzig Prozent aller Mädchen und Jungen, die stationäre Hilfen zur Erziehung in Anspruch nehmen, also eine relativ große Gruppe. Diese Kinder und Jugendlichen können trotz aller Bemühungen nicht mehr in den elterlichen Haushalt zurückkehren und gegebenenfalls mit ambulanten Hilfen versorgt werden. Sei es, weil es diesen Haushalt nicht mehr gibt, sei es, weil die Eltern schwer krank sind und Heilung nicht erfolgen wird, sei es, weil Eltern jede Kontaktaufnahme verweigern. Für diese jungen Menschen müssen Orte geschaffen und auf Dauer vorgehalten werden. Mir scheint, dass dies vor lauter Einsparungs- und Effektivierungssucht ein wenig in Vergessenheit geraten ist. Es müssen schöne, menschliche, fördernde Orte geschaffen und anhaltend gestaltet werden, um diesen Kindern zugewandte, solidarische, warme Hilfe geben zu können. Das heißt, neben einer modernisierten, also auch auf Kürze ausgerichteten stationären Hilfe mit all ihren hilfreichen Facetten braucht es auch qualifizierte Lebensorte auf Dauer.

Zukunftsaussichten – in welche Richtung soll es gehen?

All diese bewusst von der Politik und der Fachwelt herbeigeführten Veränderungen haben sich – meist positiv – auf die Qualität der Hilfen zur Erziehung insgesamt und der stationären Hilfen ausgewirkt. Aber sie haben einen nicht zu übersehenden Nebeneffekt, sie kosten Geld. Wenn nun gleichzeitig die erheblich angewachsenen Kosten zur Diskussion stehen, so ergeben sich daraus Fragen:

– Wollen wir weiterhin ein differenziertes, auf Sozialraumorientierung, Flexibilität setzendes System der stationären Hilfen?

- Soll sich die Qualitätsoffensive zunehmend mehr entwickeln und die Praxis erfassen und mit allen Konsequenzen verändern?

- Sollen sich die Organisationen der Sozialen Arbeit, also auch die Träger und ihre Heime, an modernen Formen humanen Managements orientieren?

- Soll eine breite Beteiligung in den Hilfen zur Erziehung ausgestaltet werden, sollen nutzerorientierte Einrichtungen entstehen, die sich mit einem hohen Grad an Flexibilität den jeweiligen Anforderungen anpassen können – oder wollen wir die alten Institutionen, in denen von oben festgelegt wird, wie gearbeitet und wie gelebt werden soll?

- Soll sich die Fachpraxis auch im Sinne von Methodenwissen qualifizieren?

- Sollen die Mitarbeiterinnen und Mitarbeiter in den stationären Hilfen erfolgreich und selbstbewusst, fachlich versiert ihre Arbeit tun und dabei eine angemessene Zufriedenheit entwickeln – oder wollen wir in diesem Feld die alten Heimerzieherinnen und -erzieher, die ihre Hauptaufgabe darin sehen, Kinder und Jugendliche für die jeweiligen Institutionen anstatt auf ein selbstständiges Leben hin zu erziehen?

- Wollen wir für jene Kinder, die dauerhaft im Bereich stationärer Hilfe verbleiben, Orte schaffen und erhalten, die Geborgenheit bieten und Zukunftschancen eröffnen – oder werden diese jungen Menschen künftig als dauerhafte Last empfunden, für die nur noch das Nötigste getan wird?

Natürlich könnte man versuchen, die Fragen allein nach pädagogischen Gesichtspunkten zu beantworten, ohne die Kostenseite einzubeziehen. Und manche der anstehenden Veränderungen verbessern die Arbeit ja auch, ohne höhere Kosten zu verursachen. Dennoch spielt das Kostenkalkül eine zentrale Rolle. Die Flexibilisierung von Hilfen kann zum Beispiel eben nur ein Fachpersonal realisieren, das über umfangreiches, abrufbares Wissen verfügt. Organisationen, die flexibel auf den Bedarf ihrer Klientel reagieren sollen, benötigen notwendigerweise ein ausreichend qualifiziertes Management und vieles mehr.

Der vor zehn Jahren durch die Qualitätsdebatte ausgelöste und von allen Seiten, Politik wie Fachwelt, gewollte Qualifizierungsschub ist eben nicht zum Nulltarif zu haben. Und er dient ja letztendlich allen Hilfebeteiligten. Im Hinblick auf die aktuellen Debatten geht es also entweder darum, dass sich die Profession vor das Erreichte – also vor eine moderne, demokratische und qualifizierte Erziehungshilfe – stellt, um es zu verteidigen, oder ob im kleinlichen Konkurrenzkampf Standard für Standard aufgegeben wird, einzig um im rein wirtschaftlichen Kampf bestehen zu können.

Anmerkungen

1
Die Kosten wurden in der Zeit von 2002 bis 2005 um etwa dreißig Prozent reduziert. Die Einsparungen wurden zum einen über die Fallzahlreduzierungen, zum anderen über pauschale Absenkungen aller Entgeltsätze um insgesamt acht Prozent im Jahr 2005 erreicht. Es handelt sich hierbei um eine jährlich gestaffelte Stufenabsenkung um drei, drei und zwei Prozent ab 2003.

Fallzahlen jeweils mit Stand am 31. Dezember 2002 und 30. Juni 2005:
Ambulante Hilfen
(§§ 27 Abs. 3, 29, 30, 31 und 35 SGB VIII)   10.958 / 7.007
Teilstationäre Hilfen   864 /   682
Stationäre Hilfen (§ 33 SGB VIII)   2.209 / 2.738
Stationäre Hilfen (§ 34 SGB VIII)   7.270 / 5.342

2
Hans Braun verweist auf die Relation von Mitteleinsatz und Output. Wirtschaftlich ist eine Hilfeleistung dann, wenn der Mitteleinsatz einen diesem Einsatz adäquate Wirkung erzielt (Braun 2004, S. 31 ff.).

3
Siehe hierzu unter anderem die Veröffentlichungen der Internationalen Gesellschaft für erzieherische Hilfen (IGfH), die insbesondere die Veränderungen in den stationären Hilfen begleitet und in dem Bundesmodellprojekt „INTEGRA" über Handlungsansätze und erfolgreiche Kooperationsgestaltungen in sozialen Räumen berichtet. Besonders interessant erscheint hier das Werkstattbuch INTEGRA (Deutschendorf, Hamberger, Koch, Lenz und Peters 2006).

4
Verwiesen sei hier auf eine Veröffentlichung von Schröer, Schwarzmann, Stark und Straus (2000), die sich mit dem Qualitätsmanagement in der Praxis beschäftigt und auch Fragen zur Lernfähigkeit von Organisationen in der Kinder- und Jugendhilfe nachgeht.

5

In dem von Joachim Merchel (1998) herausgegebenen Buch „Qualität in der Jugendhilfe" beschreiben unterschiedliche Autoren sehr gut Qualitätskriterien und Qualitätsbeurteilung in den Jugendhilfearbeitsfeldern. Hier wird insbesondere deutlich, dass die Qualitätsdebatte in der Jugendhilfe sehr rasch eigene Wege gegangen ist, und zwar unter Nutzung von ISO, TQM, EFQM oder auch bekannter Benchmarking-Verfahren, wie Merchel im Eingangstext selbst bemerkt (ebd., S. 9 ff.).

Literatur

Beckmann, Christof, Otto, Hans-Uwe, Richter, Martina & Schrödter, Mark (Hrsg.) (2004).
Qualität in der Sozialen Arbeit. Zwischen Nutzerinteresse und Kostenkontrolle.
Wiesbaden: VS Verlag für Sozialwissenschaften.

Braun, Hans (2004).
Wirtschaftlichkeit und Qualitätsorientierung in sozialen Diensten.
In F. Peterander & O. Speck (Hrsg.) (2004).
Qualitätsmanagement in sozialen Einrichtungen (2., völlig neu bearbeitete Auflage) (S. 31–43).
München: Ernst Reinhardt.

Cloos, Peter & Züchner, Ivo (2002).
Das Personal der sozialen Arbeit.
In W. Thole (Hrsg.), Grundriss soziale Arbeit (S. 705–724).
Opladen: Leske + Budrich.

Deutschendorf, René, Hamberger, Matthias, Koch, Josef, Lenz, Stefan & Peters, Friedhelm (Hrsg.) (2006).
Werkstattbuch INTEGRA. Grundlagen, Anregungen und Arbeitsmaterialien für integrierte, flexible und sozialräumlich ausgerichtete Erziehungshilfen.
Weinheim: Juventa.

Merchel, Joachim (Hrsg.) (1998).
Qualität in der Jugendhilfe.
Münster: Votum.

Müller, Burkhard (1996).
Qualitätsprodukt Jugendhilfe. Kritische Thesen und praktische Vorschläge.
Freiburg im Breisgau: Lambertus.

Schröer, Hubertus, Schwarzmann, Brigitta, Stark, Wolfgang & Straus, Florian (Hrsg.) (2000).
Qualitätsmanagement in der Praxis.
Freiburg im Breisgau: Lambertus.

Speck, Otto (2004). Marktgesteuerte Qualität – eine neue Sozialphilosophie? In F. Peterander & O. Speck (Hrsg.), Qualitätsmanagement in sozialen Einrichtungen (2., völlig neu bearbeitete Auflage) (S. 15–30). München: Ernst Reinhardt.

Thomas Röttger und Andreas Krämer

Stationäre Erziehungshilfe im Sozialraum

Mit dem Achten Jugendbericht der Bundesregierung und den dort formulierten Forderungen „Flexibilisierung der Hilfen", „Dezentralisierung" und „Regionalisierung", „präventiv vor ambulant", „ambulant vor stationär", „Gemeinwesenorientierung" und „Ressourcenorientierung" setzte Anfang der 1990er-Jahre in der Fachwelt der Kinder- und Jugendhilfe eine intensive Diskussion um sozialraumorientierte Ansätze in den erzieherischen Hilfen ein. Der Jugendbericht fiel in Stuttgart und Celle auf fruchtbaren Boden und setzte verantwortliche Akteure öffentlicher und freier Träger in Bewegung, sich mit sozialraumorientierten Konzepten und Modellen zu befassen. Während in Stuttgart zunächst ein freier Träger daranging, Sozialraumorientierung als Grundkonzept umzusetzen, bildete sich in Celle ein Trägerverbund heraus, der gemeinsam mit dem öffentlichen Träger begann, die Hilfen zur Erziehung umzustrukturieren. Mit der Einführung von Sozialraumbudgets veränderten sich in beiden Kommunen zudem die finanziellen Rahmenbedingungen, wenn auch unterschiedliche Lösungen gefunden wurden. Darüber hinaus nahm die Stadt Celle an der ersten Phase des Modellvorhabens INTEGRA der Internationalen Gesellschaft für erzieherische Hilfen (IGfH) teil, dessen Ziel es war, in fünf Modellregionen die erzieherischen Hilfen mittels einer integrierten, regionalisierten Angebotsstruktur flexibler zu gestalten. Somit hatten die beiden Kommunen bei aller Unterschiedlichkeit Modellcharakter.

Sozialraumorientierte Steuerung der Kinder- und Jugendhilfe am Beispiel der Stadt Celle

Zu Beginn der sozialräumlichen Arbeit in Celle wurden seit 1999 Stadtteilprojekte gegründet, die mit einem Budget für die hilfeplangestützte Arbeit in Einzelfällen und die Arbeit im sozialen Raum ausgestattet waren. Mit der Aufnahme in das Bundesmodellprojekt INTEGRA von 1998 bis 2001 wurde die wissenschaftliche Begleitung der Projekte sichergestellt und durch die Sozialraumbudgetierung ab 2001 die Finanzierung neu vereinbart.

Die fachlichen Prinzipien und entwickelten Kooperationsformen sozialraumorientierter Erziehungshilfe in Celle wurden 1999 zusammengefasst und im Jugendhilfeausschuss als „Leitsätze der Jugendhilfe Celle" verabschiedet. Sie sind heute für alle Kinder- und Jugendhilfeträger in Celle verbindlich. Darin sind Grundaussagen zur Kooperation und Vernetzung, zur wechselseitigen Beteiligung öffentlicher und freier Träger, zu Organisationsformen, zu Entscheidungsstrukturen und zur Institutionalisierung einer zielorientierten Zusammenarbeit festgeschrieben. Sie bilden seit 2001 den Rahmen der Sozialraumbudgetierung und liefern die Richtschnur für die inhaltliche Steuerung und Qualitätsentwicklung der Kinder- und Jugendhilfe.

Vier freie Träger der Kinder- und Jugendhilfe bildeten Ende 2000 einen Trägerverbund, die „Trägerkooperation Celle", die gemeinsam mit der Stadt die neue sozialräumliche Steuerung der Kinder- und Jugendhilfe realisierte. Mit diesem Verbund wurden Rechtsbeziehung, Aufgabenwahrnehmung und Budgetverteilung unter den Trägern vertraglich geregelt. Da die Träger darauf verzichteten, eine gemeinsame rechtsverbindliche Gesellschaft zu gründen, blieben die einzelnen Träger selbstständig, und die Trägerautonomie blieb gewahrt.

Seit 2001 schließlich nimmt die Stadt Celle mit den vier vor Ort tätigen freien Trägern der Kinder- und Jugendhilfe die Finanzierung der niedrigschwelligen, stadtteilorientierten, ambulanten und teilstationären Erziehungshilfe aus einem Budget heraus vor. Von 2002 bis 2005 wurde das Budgetmodell durch das Land Niedersachsen finanziell gefördert. Das Budget umfasst heute zirka zwei Millionen Euro, die Träger der Kinder- und Jugendhilfe erhalten viermal jährlich Abschlagszahlungen für die Durchführung der ambulanten Erziehungshilfen. Der Bereich der stationären Unterbringung wird vom öffentlichen Träger unter Beteiligung der freien Träger weiterhin außerhalb des Sozialraumbudgets gesteuert.

Voraussetzung für die Sozialraumorientierung in Celle war erstens ein bereits vorhandenes Geflecht fallunspezifischer, niederschwelliger Hilfeangebote in Stadtteilprojekten, die schon zuvor über ein Teilbudget finanziert wurden. Unter diesen Voraussetzungen war der nächste Schritt zu einer flächendeckenden Budgetierung im gesamten Stadtgebiet nicht mehr so groß. Zweitens ist der intensive Austausch zwischen öffentlichem und freien Trägern in gemeinsamen Arbeitskreisen zu nennen. Ein dritter wichtiger Faktor war das starke persönliche Engagement der Akteure, insbesondere der Sozialdezernentin, der Jugendamtsleitung und der INTEGRA-Regionalmoderatoren.

Zusammenfassend kann das sozialraumorientierte Steuerungsmodell in Celle folgendermaßen skizziert werden: Öffentlicher und freie Träger übernehmen in Kooperation gemeinsam die Verantwortung für die Kinder- und Jugendhilfe im Stadtgebiet. Die Gesamtverantwortung bleibt beim öffentlichen Träger und die politische Verantwortung in den politischen Gremien der Stadt. Die freien Träger der Kinder- und Jugendhilfe sind aber an der Gesamtverantwortung beteiligt. Die Minimierung der Trägerkonkurrenz durch die Verbundstruktur führt dazu, dass der Wettbewerb und seine positiven Wirkungen, wie Marktorientierung und Dienstleistungsorientierung, nicht über Rivalität, sondern über ein wirksames Controlling und im kritischen Dialog über fachliche Inhalte erfolgt.

Auswirkungen der sozialräumlichen Arbeit auf die stationäre Erziehungshilfe in Celle

Die Steuerung und Finanzierung stationärer Unterbringung geschieht nicht im gemeinsamen, vertraglich festgelegten Budgetrahmen des Trägerverbundes. Dennoch hat sozialräumliches Arbeiten eine positive Auswirkung auch auf diesen Bereich der erzieherischen Hilfen sowohl in Bezug auf ihren Erfolg als auch auf die Verweildauer der Betreuten. Die Unterbringungszeiten und damit auch die Kosten fallen heute niedriger aus, denn die Entscheidung zwischen „Kinder stärken außerhalb des Milieus" und im Gegensatz zu „Kinder und Familien stärken im Milieu" ist zwar in jedem Einzelfall individuell angemessen zu treffen. Die Entscheidung zugunsten eines Verbleibes in der Familie kann jedoch umso häufiger getroffen werden, je erfolgreicher die Rahmenbedingungen im Umfeld funktionieren, je näher die Fachleute den Menschen im Sozialraum sind und je mehr Ressourcen alltagsorientiert aufgeschlossen werden können.

Hier wird der Erfolg sozialräumlichen Handelns auch im Bereich der stationären Erziehungshilfen deutlich: In Celle sind die Heimunterbringungen seit der Einführung des Sozialraumbudgets 2000 um 30 Prozent gesunken. Damit bestätigte sich ein Trend, der sich bereits seit der Einrichtung des ersten Stadtteilprojektes 1994 abzeichnete. Damals erfolgte eine geringe, aber kontinuierliche Reduzierung der Heimunterbringungen zunächst um fünf Prozent von 66 auf 63 Fälle. Mit Einführung des Sozialraumbudgets sank die durchschnittliche Fallzahl nochmals um sieben Prozent, das heißt von 63 auf 59 Fälle. Ende Oktober 2005 waren gerade noch 43 Kinder und Jugendliche stationär untergebracht. Insgesamt kam dem Umbau der Erziehungshilfen in Celle zugute, dass er ohne einen verstärkten äußeren finanziellen Zwang, etwa Maßnahmen zur Konsolidierung des kommunalen Haushaltes, realisiert werden konnte. Eine moderate Kostensteigerung der Celler Kinder- und Jugendhilfe in den letzten zehn Jahren in Höhe von 27 Prozent liegt im Rahmen der allgemeinen Entwicklung der Lebenshaltungskosten.

Im Einzelnen wirken die niederschwelligen sozialräumlichen Angebote durch folgende vier Faktoren auf die Fallzahlen stationärer Hilfen:

– Sie führen dazu, dass viele Kinder rechtzeitig eine Hilfe erhalten (präventiver Effekt), die Hilfe nicht als ausgrenzend erlebt wird und Freundeskreise erhalten bleiben (lebensweltlich unterstützender Effekt).

– Eine sozialräumliche Hilfe, wenn sie als richtige und ausreichende Hilfe entschieden wird, kann die Fremdunterbringung zumindest hinauszögern, was die Heimaufenthalte verkürzt (Verzögerungseffekt).

– Die Einbeziehung von Fachkräften der freien Träger bei Entscheidungen über Fremdunterbringungen führt dazu, dass ein größerer Pool ambulanter Alternativen zur Fremdunterbringung bedacht wird. Die Suche nach solchen Alternativen wird mit großem Ernst betrieben, auch wenn die letztlich beschlossenen Maßnahmen im Einzelfall eine zusätzliche Belastung des Sozialraumbudgets bedeuten können. Da es in diesem Finanzierungssystem für freie Träger keinen finanziellen Anreiz zur Vermeidung von Heimerziehung gibt, sondern allein die fachliche Einschätzung im Einzelfall maßgeblich ist, wird es auch in Zukunft eine Aufgabe sein, im Kinder- und Jugendhilfesystem weitere Alternativen zur Reduzierung der Heimunterbringungen zu installieren.

- Eine wichtige Rolle im Zusammenhang zwischen niederschwelligen sozialraumorientierten Angeboten und sinkenden Unterbringungszahlen im Heimbereich spielt der Celler Familienkrisendienst (CFKD). Er orientiert sich am Modell des Bremer Familienkrisendienstes und fungiert als Clearingstelle vor einer möglichen Fremdunterbringung. Das Konzept sieht vor, familiäre und sozialräumliche Bezüge der Adressatinnen und Adressaten zu erhalten und mit ihnen die anstehende Trennung zu thematisieren und gemeinsam nach Lösungsalternativen zu suchen. Seit 2004 geschieht dies mittels sechswöchiger intensiver Krisenintervention.

Stationäre Erziehungshilfe und Sozialraumorientierung – ein Projektbeispiel aus Celle

Schwangerschaft und die Geburt eines Kindes sind für viele junge Frauen, ob sie nun in ihrer Herkunftsfamilie oder in stationären Einrichtungen erzieherischer Hilfen leben, ein Grund, ihr bisheriges Lebensumfeld zu verlassen. Viele Einrichtungen sind meist nicht darauf vorbereitet, in ihrem Alltag für Säuglinge und Kleinkinder zu sorgen, oder sie trauen sich die Verantwortung für einen Säugling nicht zu. Vielen Familien geht es nicht anders, sie fühlen sich ohne verlässliche Unterstützung in einer solchen Situation häufig überfordert. Für das Jugendamt kommt in diesen Fällen erschwerend die Unsicherheit hinzu, ob das Wohl der Kinder genügend gewährleistet ist.

Junge Frauen befinden sich so in einer doppelten Ausnahmesituation: Sie werden Mütter und müssen gleichzeitig ihr gewohntes Umfeld verlassen. Das Leben in einer klassischen stationären Mutter-Kind-Einrichtung, die den Frauen als Alternative zur Verfügung steht, empfinden viele der Betroffenen als eine Reduktion auf ihr Muttersein. Die vermeintliche Unterstützung gerät dann schnell zu einem Akt der Entmündigung. Darüber hinaus führt diese Art der stationären Hilfe oft zu einer unangemessenen Betonung von vermeintlichen Defiziten der jungen Frauen.

Die flexiblen ambulanten Erziehungshilfen mit angeschlossener Wohngruppe sollen jungen Frauen mit ihren Kindern bessere Lebensbedingungen und bessere Perspektiven bieten. Je nach Bedarf können unterschiedliche Unterstützungsformen mit unterschiedlicher Betreuungsdichte gewählt werden. Auf dieser Grundlage entsteht ein stabiler und sicherer Lebensort, in dem krisenfeste Zukunftsperspektiven entwickelt werden können. Wichtig ist dabei, auch die Kinder mit in die Unterstützungsleistungen einzubeziehen und damit deren Wohl ebenfalls sicherzustellen.

Die Hilfen für „junge Mütter/Väter mit Kind" umfassen nach Paragraf 19 SGB VIII das gesamte Spektrum von der ambulanten Beratung bis hin zur stationären Betreuung für schwangere Frauen sowie für Mütter und Väter mit Kindern. Die Angebote hierzu sind verschiedene Wohnformen, wie sogenannte Außenwohngruppen, intensiv betreutes Einzelwohnen, stundenweise Betreuung und die Beratung und Betreuung bei der Überleitung in eine eigenständige Wohnform. Ziel ist dabei, die Selbstkompetenz der Mütter oder Väter zu stärken und sie zur eigenständigen Lebensführung im eigenen Wohnraum und zum eigenverantwortlichen Umgang mit dem Kind zu befähigen.

Die Stiftung Linerhaus in Celle bietet folgende Wohn- und Betreuungsformen an:

– ambulante Betreuung im Rahmen der Erziehungsbeistandschaft und der Sozialpädagogischen Familienhilfe. Sie umfasst die aufsuchende Unterstützungsarbeit in der Herkunftsfamilie der jungen Mutter oder in ihrer eigenen Wohnung, die sie auf dem freien Wohnungsmarkt gemietet hat. Auch eine Nachbetreuung aus einer anderen Maßnahme heraus ist im Rahmen dieses Betreuungsangebotes möglich;

– intensiv betreutes Einzelwohnen in Mutter-Kind-Appartements der Stiftung Linerhaus. Die Wohneinheiten sind in den Stadtteil Altencelle sozial integriert, bieten aber gleichzeitig den Schutz und die sozialpädagogische Angebotsvielfalt des Einrichtungsgeländes. Die Betreuungsintensität ist tendenziell hoch, aber je nach Festlegung im Einzelfall durch das Hilfeplanverfahren auch individuell verschieden;

– Mutter-Kind-Wohngruppe (für 2007 geplant) mit einem vierundzwanzigstündigen Rund-um-die-Uhr-Betreuungsangebot für die jungen Schwangeren beziehungsweise Frauen und ihre Kinder, die einen engen Betreuungsrahmen zur Versorgung des Kindes benötigen und in die Lage versetzt werden sollen, ihr Leben in der eigenen Wohnung vorzubereiten.

Fazit des Celler Weges

Nach nunmehr fünf Jahren Erfahrung mit dem Budgetmodell haben sich die erhofften Wirkungen zum großen Teil eingestellt. Diese sind insbesondere

– die Flexibilisierung des Erziehungshilfeangebotes,

– die Implementierung sozialräumlicher Arbeitsweisen,

– die Schaffung niederschwelliger Angebote im Vorfeld erzieherischer Hilfen,

– die Einführung einer adressatenorientierten Hilfeplanung,

– die Einführung eines effektiven Controllings mit den vier Modulen Adressatenbefragung, gegenseitige Mitarbeitereinschätzung, Finanzcontrolling und Controlling der Stadtteilprojekte,

– die Einrichtung von sechs Stadtteilprojekten, aus denen heraus lebensweltnah erzieherische Hilfen geleistet werden können,

– eine zielgerichtete Steuerung erzieherischer und infrastruktureller Hilfen und

– der Ausbau gruppenpädagogischer Maßnahmen und gemeinwesenorientierter Ansätze.

Entwicklung der Sozialraumorientierung und der stationären Hilfen in Stuttgart

Der sozialräumliche Umbau der Erziehungshilfe wurde im Sommer 1997 zwischen dem Jugendamt der Stadt Stuttgart und den dortigen Trägern der Erziehungshilfe auf der Grundlage von Qualitätszielen vereinbart. Nach achtjähriger Entwicklungsarbeit wird das Reformprojekt seit dem 1. Januar 2006 als Regelbetrieb geführt. Schlagworte wie „Adressaten- und Lebensweltorientierung", „Empowerment", „Partizipation" und „Flexibilisierung" wurden konkretisiert und in überprüfbare Zielvorhaben übersetzt. Dieser Zielkanon bildet bis heute den Orientierungsrahmen für die Konzeptentwicklung und das Praxishandeln der sozialräumlich orientierten Kinder- und Jugendhilfe.

Ein wesentlicher Schritt auf diesem Weg war 1998 die Aufteilung des Stuttgarter Stadtgebietes in zehn regionale Steuerungsbereiche der Kinder- und Jugendhilfe. Für jeden der zehn Bereiche gibt es bei den Erziehungshilfen sogenannte Schwerpunktträger, die in der Verantwortung stehen, mit ihrem jeweiligen regionalen Budget alle in diesem Gebiet anfallenden Hilfen, auch die stationären, zu gewährleisten. Die Schwerpunktträger der Hilfen zur Erziehung arbeiten nach einem verbindlichen Vertragswerk, das Verfahrensstandards, Budgetsystematik und Qualitätsziele für die Arbeit des freien und öffentlichen Trägers differenziert regelt. Einer der Schwerpunktträger ist die Evangelische Gesellschaft, die seit Beginn am Reformprojekt aktiv beteiligt war. Sie hat gegenwärtig die Verantwortung für zwei regionale Bereiche, in einem weiteren teilt sie sich die Verantwortung mit einem anderen Träger.

Hinsichtlich der Fremdunterbringung stellte sich die Situation in Stuttgart 1997, also vor der sozialraumorientierten Umstrukturierung, folgendermaßen dar: Es gab etwa 1.500 Kinder mit Erziehungshilfebedarf. 380 Hilfen wurden außerhalb Stuttgarts geleistet, im Wesentlichen stationäre. Einerseits entspricht dies empirischen Untersuchungen des Landeswohlfahrtsverbandes Württemberg, nach denen es an wohnortnahen stationären Plätzen mangelt. Andererseits waren die stationären Plätze der Evangelischen Gesellschaft von Jugendämtern außerhalb Stuttgarts belegt. Vor diesem Hintergrund vereinbarten das Jugendamt Stuttgart und die am Umbauprozess maßgeblich beteiligten Träger

Kooperationsvereinbarungen, mit denen die Fremdunterbringungen außerhalb Stuttgarts im Jahr 2004 auf 156 reduziert wurden. Dies entspricht 27 Prozent aller stationären Hilfen.

Das stationäre Angebot „Hilfen über Tag und Nacht" in Stuttgart

Im Stuttgarter Norden, einem Gebiet mit rund 72.000 Einwohnerinnen und Einwohnern, ist die Evangelische Gesellschaft als Schwerpunktträger mit einer traditionsreichen Einrichtung vertreten, dem „Flattichhaus". Hier wurde seit Beginn der sozialräumlichen Umstrukturierung das Konzept „Hilfen über Tag und Nacht" fortlaufend weiterentwickelt. Ausgangspunkt der konzeptionellen Überlegungen war die Frage, wie es möglich ist, nicht nur ambulante, sondern auch stationäre Erziehungshilfen sozialräumlich auszurichten, sie flexibler zu organisieren und an dem jeweiligen Bedarf der Adressatinnen und Adressaten anzupassen, beispielsweise in Form einer unkomplizierten niederschwelligen Aufnahme von Kindern in Krisen.

Seit 2000 wurde die Arbeit der Mitarbeiterinnen und Mitarbeiter in den Wohngruppen des Flattichhauses sehr stark flexibilisiert. Durch eine personelle Aufstockung der Teams, die Aufhebung der strikt voneinander getrennten Arbeitsschwerpunkte „ambulant" und „stationär" sowie die Zuordnung der einzelnen Wohngruppen zu Stadtgebieten entstanden vier „Hilfen über Tag und Nacht".

Ergebnis dieser Umstrukturierung ist, dass sich heute der Großteil der Eltern und Freunde und damit das gesamte Herkunftsumfeld der fremduntergebrachten Kinder in deren Nähe befindet. Trotzdem kommt es derzeit noch vor, dass auch Kinder aus weiter entfernten Stadtbereichen in den Wohngruppen leben. Dies soll mit der Weiterentwicklung des Konzeptes zukünftig vermieden werden.

Seit der Flexibilisierung arbeiten die Mitarbeiterinnen und Mitarbeiter nicht mehr ausschließlich in den Wohngruppen, sondern ein Teil ihrer Fallarbeit wird im Lebensfeld der Familie, in deren Sozialraum erbracht. Hierbei werden alle Benachteiligungen der Familie, nicht nur die des Kindes, in den Blick genommen, und bei der Suche nach Ideen zur Problemlösung werden die Ressourcen des sozialen Umfeldes systematisch berücksichtigt. Meist bewegen sich die Mitarbeiterinnen und Mitarbeiter in den Schnittmengen verschiedener Arbeitsbereiche, die nicht in Konkurrenz zueinander gesehen werden sollten. So sind die pädagogischen Fachkräfte niemals ausschließlich in der Gemeinwesenarbeit, der Fallarbeit oder der fallunspezifischen Arbeit zugange.

Ziele und Leitlinien des Projektes „Hilfen über Tag und Nacht"

Die nach dem Umbau der Erziehungshilfen angebotenen stationären Hilfen sollen möglichst vielen unterschiedlichen Bedarfen im zu versorgenden Sozialraum gerecht werden. Dies erfordert eine gemeinsame Haltung von freien und öffentlichen Trägern sowie deren Mitarbeiterinnen und Mitarbeitern. Die gemeinsame konzeptionelle Ausrichtung wird durch Zielvereinbarungen unterstützt. Ein zentraler Bestandteil der sozialräumlichen Ausrichtung ist zudem eine enge Zusammenarbeit mit den Eltern und dem sozialen Umfeld der betroffenen Kinder.

Im Rahmen der Fremdunterbringung beteiligen sich die Eltern, das soziale Umfeld und Ehrenamtliche von Beginn intensiv an der Gestaltung der Hilfe. Alle Beteiligten haben das eine Anliegen, dass die Kinder so schnell wie möglich wieder zu Hause leben können. Vor der Aufnahme des Kindes in eine stationäre Einrichtung ist zwischen Eltern und Betreuenden ein gemeinsames Verständnis über die Probleme und den erzieherischen Bedarf zu erzielen. Die Veränderungsziele und Absprachen zum Zusammenleben werden entlang einer Checkliste notwendiger Erziehungsaufgaben transparent verhandelt und vertraglich festgelegt. So werden die Eltern zu Vertragspartnern. Sie fordern von den Betreuenden Unterstützung bei der Erreichung ihrer Ziele und wissen, dass im Gegenzug auch Belastungen auf sie zukommen. Zudem erlauben sie den Betreuenden Einblicke in ihr Privatleben. Mit diesem Verfahren wird die einseitige Konzentration der Hilfe auf das Kind ausgeschlossen und die sozialräumliche Ausrichtung der Hilfe sichergestellt.

Klar geregelt sind auch das Verfahren und die Aufgabenverteilung in Kinderschutzfällen. Im Rahmen der Zusammenarbeit zwischen Eltern, Kindern, Umfeld und Fachkräften wendet der

Allgemeine Soziale Dienst (ASD) einen verbindlichen Kriterienkatalog zur Fremdunterbringung im Leistungs-, Überprüfungs- und Gefährdungsbereich an. Die im Unterbringungsfall erforderliche Dokumentation des Falles enthält neben der Problembeschreibung Aussagen zu Veränderungszielen und Handlungsschritten. Ziel ist es, Lösungen stärker zu kommunizieren als Probleme. Die Fachkräfte des ASD und des Trägers beschließen eine verbindliche Aufgabenliste für Eltern, deren Kinder im Rahmen einer Hilfe über Tag und Nacht untergebracht sind. Wenn die Vereinbarungen nicht eingehalten werden, unterrichtet der Träger den ASD. Dieser prüft anschließend, ob die Familie als Kinderschutzfall eingestuft werden muss, und legt fest, welche Aufträge oder Auflagen die Eltern erfüllen müssen, um gegebenenfalls nicht mehr als Kinderschutzfall zu gelten.

Im Modell sozialräumlich ausgerichteter Erziehungshilfe ist es das Ziel, dass Familien zusammen mit ihrem Umfeld eigene Lösungsideen finden. Sie werden von den Fachkräften unterstützt, die Kontexte anbieten, in denen Familien Lösungen für schwierige Situationen üben können. Zudem stellen sie den Eltern Reflexionsmöglichkeiten bereit und koordinieren den Austausch der Eltern untereinander.

Für die Mitarbeiterinnen und Mitarbeiter bedeutet die sozialräumliche Ausrichtung ihrer Arbeit oftmals eine Neuorientierung. Sie sind gefordert, ihre fachliche Haltung zu überdenken, vorrangig Dienstleister für die Versorgung von Kindern zu sein. Das Leitungsteam der Evangelischen Gesellschaft unterstützte die Neuorientierung mit umfangreichen Weiterbildungen und moderierte einen Prozess, in dessen Verlauf sich die berufliche Identität und Haltung der Fachkräfte zu den betreuten Familien im Sinne der Leitlinien und Ziele verändert hat. Heute sehen sich die Fachkräfte als Partner der Familien, die Veränderungsprozesse begleiten und durch waches Beziehungsmanagement Familien beim Erreichen ihrer Ziele unterstützen. Wenn die Bereitschaft der Eltern, an der Hilfe mitzuwirken, nachlässt, nehmen die Mitarbeiterinnen und Mitarbeiter dies zum Anlass, das eigene Handeln und seine Auswirkungen auf die Eltern zu reflektieren.

Die konkrete Arbeit der „Hilfen über Tag und Nacht" in Stuttgart

Das folgende Beispiel verdeutlicht sehr gut die alltägliche Arbeit der Wohngruppenbetreuerinnen und -betreuer sowie ihr Verständnis der drei Arbeitsbereiche Einzelfall, Wohngruppe und Gemeinwesen: Ein Betreuer der Wohngruppe verkauft gemeinsam mit einer Familie, deren Kinder in der Gruppe leben, bei einem Stadtteilfest Waffeln. Er ist zunächst einmal im Rahmen seiner Fallarbeit mit dieser Familie aktiv und wird von weiteren Kindern der Wohngruppe unterstützt. Der Waffelverkauf richtet sich an alle Bürgerinnen und Bürger des Stadtteiles, weshalb diese Aktion dem Gemeinwesen zugutekommt. Gleichzeitig erhalten der Betreuer und die Familie während ihrer Gespräche mit Festteilnehmern genauere Informationen über den Stadtteil, sein soziales Gefüge und seine nachbarschaftlichen Unterstützungsmöglichkeiten, die bei der Suche nach der Lösung ihrer familiären Probleme einfließen können.

Bei dieser Arbeitsweise wird die fallunspezifische Arbeit genutzt, um Ressourcen für den Einzelfall zu gewinnen. Gleichzeitig werden die Betreuten sowie die Mitarbeiterinnen und Mitarbeiter der Wohngruppe zu einem Teil des öffentlichen Lebens, in das sie sich fördernd einbringen. So ergeben sich Möglichkeiten für Win-win-Geschäfte unterschiedlichster Art: Die Wohngruppe beteiligt sich beim Marktcafé an der Bewirtung, die Jugendlichen verdienen Geld hinzu und werden in einem positiven Licht gesehen. Die Betreuerinnen und Betreuer sprechen dort Senioren an, die interessiert sind, ehrenamtlich Nachhilfeunterricht anzubieten.

Damit die Fachkräfte aus den stationären Hilfen auch ambulante Aufgaben übernehmen und sie sich ein breites Wissen über den Sozialraum aneignen können, wurden die Gruppenteams personell aufgestockt und die Dienstpläne dem neuen Konzept angepasst. In der Wohngruppe für Kinder unter dreizehn Jahren (den „Hilfen über Tag und Nacht") sind die Mitarbeiterinnen und Mitarbeiter mit zirka dreißig Prozent ihrer Arbeitszeit flexibel und die restliche Zeit in der Gruppe eingesetzt. In der Wohngruppe für Jugendliche von vierzehn bis achtzehn Jahren liegt der Anteil flexibler Arbeit bei zirka sechzig Prozent. In beiden Gruppen koordiniert ein sogenannter Hausmanager den Plan. Er ist ausschließlich in der Gruppe tätig und sorgt für den geregelten Ablauf, für Rituale und die Atmosphäre und ist für den Informationsfluss in der Gruppe verantwortlich.

Freiere Arbeitszeitgestaltung und die Auflösung der Trennung zwischen ambulantem und stationärem Bereich ermöglichen flexiblere Hilfesettings, bringen für die Arbeit in den Wohngruppen jedoch auch neue Herausforderungen. So sieht sich der Hausmanager vielfach einem Team von entschieden sozialräumlich denkenden Kolleginnen und Kollegen gegenüber, deren Alltag stark von der aufsuchenden Familienarbeit und dem Leben im Stadtteil geprägt ist. Die Anliegen der Gruppe treten bei ihnen vielfach in den Hintergrund oder werden als weniger bedeutsam eingeordnet.

Die Nähe zum Sozialraum ist einerseits eine große Chance, sie birgt jedoch auch Gefahren. Die große Offenheit in den Gruppen für Eltern, Familien und dem näheren sozialen Umfeld steht im Widerspruch zum „Nestcharakter" eines geschützten Gruppenlebens. Vor allem traumatisierte Kinder finden vielfach nicht die Ruhe, die sie benötigen. Einen Schutz- und Schonraum in großer Nähe zum Elternhaus aufzubauen, bedeutet eine besondere Herausforderung. Gelingt sie, ohne eine Gegenwelt zum Elternhaus zu schaffen, ist die Familie einen entscheidenden Schritt weiter. Doch bedeutet die Nähe zu den Umfeldressourcen immer auch die Nähe zu teils schädigendem Milieu. Umso wichtiger ist es, in Kinderschutzfällen die Aufträge des Jugendamtes und die Nachbetreuung im Leistungsbereich offen und konkret zu vereinbaren.

Fazit und Zukunft des Stuttgarter Weges

Aufbauend auf den Erfahrungen mit den Familien, deren Kinder und Jugendliche bereits in den Wohngruppen leben oder aktiv an den Hilfen beteiligt sind, wird das Konzept der „Hilfen über Tag und Nacht" weiterentwickelt. Das Ziel ist die Stärkung der Familien nach dem Prinzip „Eltern unterstützen Eltern". Die Fachkräfte werden dabei zunehmend die Aufgabe haben, zwischen erfahrenen Eltern und solchen, die erst kurz mit der Kinder- und Jugendhilfe zu tun hatten, Kontakte herzustellen und geeignete Orte bereitzuhalten, an denen die Familien voneinander lernen können. In diesem Kreis von Familien, aber auch ehemaligen

Nutzerinnen und Nutzern sollen sich die Betroffenen sicher und angenommen fühlen, sodass sie motiviert sind, an Lösungen bei Problemen mitzuarbeiten. Ein solcher Schritt würde die Selbstkompetenz der Familien stärken, die Effektivität der Erziehungshilfen verbessern und sich damit nahtlos in die Qualitätsziele der bestehenden Projekte einfügen.

Stationäre Erziehungshilfe im Sozialraum – Ausblicke

Die Beispiele sozialräumlicher Ausrichtung der Kinder- und Jugendhilfe aus Celle und Stuttgart unterscheiden sich hinsichtlich der Steuerung und Budgetierung der stationären Erziehungshilfe deutlich. Beide zeigen jedoch, dass ein gut ausgebautes ambulantes und niederschwelliges Angebot im Vorfeld von Heimerziehung dazu beiträgt, Heimaufenthalte zu verhindern oder zu verkürzen. Und auch die anschließende Phase der Verselbstständigung kann durch ein anschlussfähiges Netzwerk ambulanter Hilfen frühzeitig unterstützt werden.

Aus Sicht des öffentlichen Trägers und der freien Träger der Kinder- und Jugendhilfe in Celle ist die Entwicklung im Heimbereich ermutigend und ein Hinweis darauf, dass das realisierte Budgetmodell den positiven Trend der Verringerung von Heimerziehungsleistungen zumindest unterstützt. Die These, dass eine ausschließlich auf ambulante Hilfen beschränkte Budgetierung zu Verdrängungsprozessen in Richtung stationärer Hilfen und damit zu einer Erhöhung der stationären Ausgaben führt, kann aufgrund der Zahlen in Celle nicht bestätigt werden. Nach wie vor ruft aber die Haltung der Stadt Celle, Kinder vorrangig außerhalb Celles stationär zu betreuen, Kritik der freien Träger hervor, die langsam beginnt Wirkung zu zeigen.

Peter Gerull

Qualitätsmanagement im sozialen Sektor – Kontext und Gegenstand einer andauernden Debatte

Die unter den Bezeichnungen „Qualitätsdebatte", „Qualitätsdiskussion" oder „Qualitätsbewegung" erörterten Fragestellungen sind in den meisten Industrieländern zu einem zentralen Thema des zeitgenössischen Modernisierungsdiskurses geworden (Köpp und Neumann 2002). Immer geht es dabei um Fragen der Messung, Standardisierung und Kontrolle, um Effektivität, Effizienz und vor allem um Management – in Bezug auf die systematische Bewirtschaftung von Qualität „Qualitätsmanagement" oder kurz QM genannt. Der in der Kinder- und Jugendhilfe bevorzugte Begriff der „Qualitätsentwicklung" stellt genaugenommen nur eine operative Teilaufgabe des QM dar, wird aber meistens synonym verwendet, um dessen dynamischen, prozess- und dialogorientierten Charakter im Humanbereich zu betonen.

Die Beschäftigung mit Qualität als Maßstab für mehr oder weniger erfüllte Anforderungen ist stets ein Zeichen „kompetitiver Märkte" (Matul und Scharitzer 1997): Kundenseitig verändertes Anspruchsverhalten und verknappte Ressourcen setzen Leistungsanbieter unter verschärften Wettbewerbs- und Legitimationsdruck. Dies gilt in zunehmendem Maße auch für sozialwirtschaftliche oder Nonprofit-Organisationen, denen aufgrund institutioneller Eigenheiten eine besondere Neigung zu Organisationsmängeln nachgesagt wird beziehungsweise wurde.

QM entwickelte sich in der industriellen Praxis und ist ein mittlerweile umfassendes Handlungskonzept, um Organisationsleistungen im Hinblick auf die Erfüllung von (internen und externen) „Kunden"-Anforderungen zu optimieren. Es handelt sich nicht um ein originäres oder gar einheitliches Phänomen, sondern um ein Konglomerat aus Prinzipien der Unternehmensführung, praktischen Instrumenten und Problemlösetechniken.

Eine zentrale Rolle spielen die Kunden- und Teamorientierung, der „Kontinuierliche Verbesserungsprozess" (KVP) und das bereichs- und funktionsübergreifende Prozessmanagement. Promotoren sind vor allem Ingenieure, Arbeitswissenschaftler, Unternehmensberater und Fortbildner.

Die spätestens seit Mitte der zurückliegenden Neunzigerjahre unvermeidliche und breit geführte Diskussion um das QM sozialer Dienstleistungen – zum Beispiel im Hinblick auf Bürgernähe, Preis-Leistungs-Verhältnis, fachliche Standards, Wirksamkeit – ist aufseiten der Praxis mit sehr unterschiedlichen Haltungen verknüpft, nämlich mit gehöriger Skepsis auf der einen und naiver Begeisterung auf der anderen Seite. Sehen die einen in der Inflation neuer Konzepte und Werkzeuge, wie sie namentlich von Vertretern der sogenannten Qualitätslobby propagiert werden, altbekannten Wein in neuen Schläuchen, vermelden andere Quantensprünge an Transparenz und Leistungsfähigkeit durch Neustrukturierung ihrer Geschäftsprozesse nach Maßgabe bestimmter QM-Systeme.

Hinzu kommt, dass fast immer nur von den Potenzialen und Erfolgen berichtet wird. Aufgrund entsprechender Selbstreporte kann jedoch nicht beurteilt werden, ob sich positive Effekte *bei* oder *durch* Einführung von QM eingestellt haben, ob mithin die angebliche oder vermeintliche Wirkung bestimmter Qualitätskonzepte der methodisch geschickten Implementierung und beziehungsweise oder unspezifischen Prozessvariablen – zum Beispiel der gemeinsamen, Wirgefühl produzierenden Anstrengung – zuzurechnen ist. Die interne Validität solcher Experimente wird leider nur sehr selten reflektiert. Der größte Teil der QM-Werbung spielt sich auf der Ebene programmatischer Behauptungen, anekdotischer Fallberichte und empirischer Schlichtdesigns ab.

Ungeachtet der von wissenschaftlicher Seite noch weitgehend unbeantworteten Frage nach der spezifischen Leistungsfähigkeit von QM, haben wir es durchaus mit echten, also nicht nur von Lobbyisten behaupteten Anforderungen an die Organisationspraxis zu tun. Diese Anforderungen können als Kernelemente aller gängigen QM-Systeme wie folgt formuliert werden:

- Kernelement Management: „Verständigen Sie sich auf klare Ziele, entwickeln Sie zielführende Verfahren, und regeln Sie das betriebliche Miteinander."

- Kernelement Prozesse: „Wenden Sie die Verfahren fachlich korrekt beziehungsweise situationsgemäß an, und versuchen Sie, Fehler und Leistungsschwankungen zu vermeiden."

- Kernelement Ressourcen: „Sorgen Sie dafür, dass alle erforderlichen Werkzeuge, Hilfsmittel und Informationen am Arbeitsplatz rechtzeitig und ausreichend verfügbar sind."

- Kernelement Personal: „Achten Sie darauf, dass alle Mitarbeiterinnen und Mitarbeiter wissen, was sie wie zu tun haben, und fördern Sie Verantwortung und unternehmerisches Mitdenken."

- Kernelement Kunden: „Orientieren Sie die Dienstleistung an den Erwartungen der Kundschaft, und stellen Sie sich aktiv auf absehbare Bedürfnisveränderungen ein."

- Kernelement Kontinuierlicher Verbesserungsprozess: „Seien Sie wachsam und kreativ, um auf allen Ebenen des betrieblichen Handelns Verbesserungsmöglichkeiten wahrzunehmen und umzusetzen."

Wenngleich QM in erheblichem Maße aus anderen wissenschaftlichen und praktischen Kontexten Bekanntes und teils Triviales beinhaltet, hat das Konzept durch die Verknüpfung von Managementwerkzeugen mit dem Qualitätsbegriff und der Vergabe von international standardisierten Gütesiegeln einen sehr hohen Aufmerksamkeitswert erlangt. QM kann als Beispiel für organisationsbezogenen Wandel betrachtet werden, im Zuge dessen ewige Fragen der Unternehmensführung in zeitgeistig aktualisierter Weise reformuliert und unter Einsatz spezifischer Hilfsmittel neu konfiguriert werden. Die besondere Leistung und Funktion des Konzeptes besteht weniger darin, originelle Antworten auf neue Fragen zu liefern, als vielmehr darin, die kognitive Landkarte des Handlungsfeldes zu justieren, Aufmerksamkeit zu fokussieren und ein sprachlich vermitteltes Orientierungsgerüst für bestimmte, als notwendig erachtete Aktivitäten der Organisation und ihrer Mitglieder bereitzustellen. QM erzeugt zwar nicht automatisch Qualität, ist aber potenziell hilfreich in unsicheren Zeiten.

Der Organisationssoziologe Stefan Kühl (2000) spricht im Zusammenhang mit dem thematisch verwandten Konzept der Lernenden Organisation vom „Regenmacherphänomen": Wenngleich afrikanische Regenmacher keinen Regen zu erzeugen vermögen, so ist ihr Verhalten dennoch funktional im jeweiligen sozialen Kontext, denn es stiftet Zusammenhalt im Gemeinwesen.

Der QM-Ansatz läuft allerdings Gefahr, sich durch Überschätzung des managerialen Steuerungspotenzials und Überdehnung des Konzeptes im Zuge des „Total Quality Management" (TQM) selbst in Misskredit zu bringen und wie viele Vorgänger im Orkus der Managementmoden zu verschwinden. Die fast rituelle Beschwörung einer verbindenden Organisationskultur, getragen von einer vorbildlich agierenden Führungsebene und der Sogwirkung eines unternehmensweiten Leitbildes, gehört ebenso zum Standardrepertoire der TQM-Propagandisten wie die Pflege der Kunden-, Dienstleistungs- und Verbesserungsrhetorik. Die Abnutzung derartiger Vokabeln ist abzusehen, zumal durchschlagender Erfolg häufig ausbleibt oder erzielte Effekte verpuffen. Der bislang überzeugendste Versuch einer Integration in die Wirtschafts- und Organisationswissenschaften – das St. Galler Konzept des Integrierten QM (Seghezzi 2003) – betrachtet QM daher nur als *ein* Steuerungselement im betriebswirtschaftlichen Spannungsviereck aus Kosten, Zeit, Menge und Qualität. So ist QM weder ein Allheilmittel zur Erzeugung von permanent guter Qualität, noch ist es ohne Kosten zu haben. Qualitätsprobleme der Automobilindustrie, Insolvenzen von vormaligen Qualitätspreisträgern und hohe Misserfolgsquoten von TQM-Projekten zeugen davon.

Aus organisationstheoretischer Sicht lässt sich zudem feststellen, dass QM als positivistisch-rationalistisches Konzept (unter anderem mit Betonung auf Datenbasierung, Zweckrationalität, Steuerbarkeit) einem verengten Denkansatz entspringt. Ernüchternde empirische Ergebnisse verdeutlichen, dass Organisationen sich eben nicht primär als zielorientierte, rational plan- und berechenbare Systeme mit einer objektiv-versachlichten Struktur beschreiben und verändern lassen. Vielmehr stellen sie auch lebensweltlich konstituierte Handlungszusammenhänge mit eigenen spezifischen Kulturen und Subkulturen dar und sind als naturalistische Systeme und politisch-soziale Arenen mit eigener Mikropolitik zu verstehen, in denen organisationale Regeln lediglich Ressourcen und Restriktionen für Machtspiele zur Verfügung stellen (Türk 1992).

Besonderheiten eines Qualitätsmanagements in sozialen Handlungsfeldern

Für soziale Organisationen stellt QM eine „Aneignungsform managerialistischer Rationalitätsmuster" (1) in zunehmend marktförmig gesteuerten Kontexten dar, mithin eine Strategie zur Anpassung an veränderte wirtschaftliche und rechtliche Rahmenbedingungen. Ausdruck dieser Anpassung sind beispielsweise die im Sozialgesetzbuch Achtes Buch Kinder- und Jugendhilfe (SGB VIII) festgeschriebenen Leistungs-, Entgelt- und Qualitätsentwicklungsvereinbarungen, aber auch prospektive Pflegesätze, die Erstellung differenzierter Angebote und Entgelte, die allgemein angestrebte Kostendämpfung, der Wunsch nach erhöhter Planungssicherheit und Angebotstransparenz. Bei aller notwendigen Kritik an einer zu weit gehenden „Vermarktlichung" des Sozialen wird es für möglich gehalten, dass ein sich als qualitätsbezogene Kontextsteuerung verstehendes QM auch für die Herstellung, Sicherung, Messung und Verbesserung sozialer Dienstleistungsqualität im Sinne von zum Beispiel Transparenz, Verbindlichkeit, Korrektheit, Rechenschaftsfähigkeit und Professionalität funktional sein kann. Allerdings muss sich die Dimensionierung des QM am Bedarf und erwartbaren Zusatznutzen orientieren, und die Grenzen rationaler Methodisierbarkeit müssen im Bewusstsein der Akteure bleiben. QM in personennahen Dienstleistungsfeldern kann also nicht einfach Industriekonzepte übernehmen, sondern muss für die speziellen Erfordernisse geeignete Verfahren entwickeln oder anpassen und vor allem anschlussfähig an die Sinnkonstruktionen und Deutungsmuster der Akteure sein, soll es nicht versanden oder zu Widerstand und Zynismus führen. Die Qualität sozialer Dienstleistungen ist ein komplexes Konstrukt, das diskursiv zu verhandeln und nur koproduktiv zu realisieren ist. Eine sozialtechnologische Rezeptur zur Qualitätserzeugung gibt es nicht und wäre wohl auch nur in einem totalitären System erstrebenswert.

Viele Begriffe des QM haben überdies im Sozialbereich eher metaphorische Bedeutung (Kunde, Produkt, KVP) und drohen bei unkritischem Gebrauch die Denkstrukturen der Akteure zu „kolonisieren". Was heißt zum Beispiel kontinuierliche Verbesserung bei einem Produkt wie der sozialen Dienstleistung? Während technische Erzeugnisse in Bezug auf definierbare Kriterien optimiert und in einem standardisierten, Fehler minimierenden Prozess hergestellt werden können, geht es hier primär darum, in offenen und sich ständig wandelnden Situationen angemessen zu agieren – ein entsprechender Qualitätsmaßstab wäre nicht kontextunabhängig bestimmbar und verfahrensgemäß zu sichern. Kulturelle Fortschritte entstehen nicht wie technische durch lineare Substitution. So wird hier nicht ein Produkt durch ein billigeres, besseres, energiesparenderes ersetzt, sondern ein Angebot erfährt aufgrund veränderter Bedarfslage und beziehungsweise oder fachlichen Paradigmenwechsels eine Veränderung, Erweiterung oder Einschränkung. Das Konzept des KVP verleitet zu der Annahme eines stetigen Zuwachses an Qualität, während es im Grunde nur darum geht, wachsam und bei Bedarf innovativ zu sein und nicht in blinder Routine zu verharren, im Übrigen aber Bewährtes zu erhalten und nicht ständig das Kind mit dem Bade auszuschütten, wenn sich fachliche Paradigmen ändern.

QM sollte auch nicht als neue Spezialdisziplin oder Zusatzfunktion betrachtet und „inselförmig" implementiert werden, sondern als Querschnitts- und Daueraufgabe aller am Leistungserstellungsprozess Beteiligten. Der Bezug auf Management drückt zwar die primäre Zuständigkeit der Leitungsebene aus, wenn es um die Gestaltung der internen Kontextbedingungen für qualitätsvolles Handeln geht; Qualität, die den Kunden erreichen soll, wird jedoch uno actu im Klientenkontakt realisiert. Subjektiven Faktoren, wie Verantwortungsbewusstsein, Empathie und dem erlebten Dienstleistungsklima (Nerdinger 1994), kommt dabei entscheidende Bedeutung zu. So besteht in der Fachliteratur entsprechend Einigkeit darüber, dass für eine erfolgreiche Implementierung von QM-Systemen die partizipative Einbindung der Mitarbeiterschaft von zentraler Bedeutung ist. Strittig dürfte sein, ob dies in der Praxis heißt, die Fachkräfte „in jede Sackgasse [...], in die sich die Leitung begibt" (von Spiegel 2000, S. 154), mitzunehmen.

QM steht grundsätzlich in einem potenziellen Spannungsverhältnis zur beruflichen Autonomie der Akteure, wenn professionelles Handeln zum Gegenstand kritischer Reflexion gemacht wird. Konzepte und Instrumente des QM gilt es deshalb so zu dosieren und in das betriebliche Lernsystem einzuspeisen, dass nicht Widerstand, sondern die Bereitschaft ausgelöst wird, die Organisationen immanente Tendenz des Wegdriftens von Zielnormen (Lambach 2004) durch geeignete Formen der Selbststeuerung, Fremdkontrolle und Rechenschaftslegung im Blick zu behalten.

QM verfolgt darüber hinaus keinen Selbstzweck, sondern legitimiert sich primär aus seinem Beitrag zur Bewältigung praktischer Anforderungen; der Bezug zur fachlichen Arbeit muss immer wieder hergestellt werden. Im reflexiven Diskurs über Eckpunkte professionell qualitätsvollen Handelns lassen sich Schwachstellen im Betrieb identifizieren und Möglichkeiten zu ihrer Beseitigung oder Verminderung finden. Dreh- und Angelpunkt eines erfolgreichen QM sind somit die Mitarbeiterinnen und Mitarbeiter, die unter Einbeziehung der Klientinnen und Klienten darüber urteilen können, ob vollzogene Maßnahmen und Vorkehrungen tatsächlich dem Primärprozess zugute kommen.

Ein Resümee zum vorläufigen Stand der Debatte

Befragungen von Mitarbeiterinnen und Mitarbeitern beziehungsweise Leitungskräften zeigen, dass das in seiner wesentlichen Dynamik und mit seinen zentralen Begriffen aus dem Wirtschaftsbereich in soziale Handlungsfelder importierte Thema QM in der sozialen Fachpraxis auf positive Resonanz gestoßen ist (Gerull 2005). Besonders auf Leitungsebene dominiert eine wohlwollende und aufgeschlossene Haltung, gepaart mit hoher Bereitschaft, sich fortzubilden und einschlägige Funktionen zu übernehmen.

Die Diskussion um QM hat im sozialen Bereich insgesamt organisationsstrukturelle und betriebswirtschaftliche Aspekte sowie makroqualitative Dimensionen von Fachlichkeit stärker in den Blick gerückt und die Selbstreflexion der Einrichtungen und Dienste aktiviert. Der Debatte wohnt insofern ein legitimes Kritik- und Innovationspotenzial inne. Mit der Anforderung, zum Beispiel das betriebliche Leistungsgeschehen zu beschreiben, Qualitätsstandards zu definieren, wichtige Stationen der Leistungserstellung zu dokumentieren, Ergebnisse zu ermitteln und zu bewerten sowie den einrichtungsübergreifenden Kontext zu berücksichtigen, ist neben unverkennbaren Auswüchsen einer „Bürokratisierung von Qualität" auch positive Bewegung in das Gesamtsystem der Sozialen Arbeit und insbesondere der Kinder- und Jugendhilfe gekommen.

Fachkräfte der Sozialen Arbeit – und dies ist zusammengefasst ein weiteres Ergebnis eigener empirischer Untersuchungen (Gerull 2005) – sehen offenbar die größte Bedeutung für die Qualifizierung der Leistungsprozesse und Akteure in eher klassischen Maßnahmen, die schon vor Aufkommen der Qualitätsdebatte fachlich en vogue waren, wie Konzeptentwicklung und interne Fallreflexion. Bei aller Wertschätzung auch jener neuen oder wiederentdeckten Instrumente, die im Zuge eines QM thematisiert werden, drückt sich darin auch die Überzeugung aus, dass die Maßstäbe eigener Fachlichkeit und „handwerklicher" Professionalität nicht durch Methodenimporte aus anderen Handlungsfeldern ersetzt werden können oder sollten. Gegen allzu sozialtechnokratische Tendenzen hat sich die Mehrheit der Jugendhilfetheoretiker und -praktiker selbstbewusst und erfolgreich argumentativ behauptet – so jedenfalls mein Eindruck auf der Basis eigener Untersuchungen (ebd.) und der Sichtung von über tausend Beiträgen in der Fachliteratur.

Neben diesem positiven Fazit sind gerade in der Kinder- und Jugendhilfe Entwicklungen auszumachen, die hinsichtlich der Einbettung von QM-Verfahren bedenklich stimmen. So besteht offenbar im Feld der Kinder- und Jugendhilfe eine „Implementationslücke" zwischen öffentlichen und freien Trägern. Empirische Bestandsaufnahmen zeigen, dass vor allem Letztere den gesetzlichen Modernisierungsimpuls als Pflichtaufgabe aufgegriffen haben, während Erstere auch sechs Jahre nach dem Inkrafttreten der Novelle des Kinder- und Jugendhilfegesetzes mehrheitlich Zurückhaltung üben. Es sieht so aus, als habe die Novellierung dazu beigetragen, eine komplementäre Aufgabenverteilung zwischen Jugendämtern und Einrichtungen zu stabilisieren – hier Steuerung und Gewährleistung, Fallmanagement und Controlling, da fachliche Leistungserstellung zu wettbewerbsfähigen Preisen. Wie zum Beispiel die Praxis der Heimerziehung zeigt, gerät dadurch die Leistungserbringung in ein Spannungsfeld divergierender Rationalitäten (Messmer 2004), und die geforderte Qualität droht zunehmend zwischen restriktiven Zuweisungsentscheidungen, betriebswirtschaftlichem Kostendruck und wachsender Arbeitsbelastung der Fachkräfte zerrieben zu werden.

Anmerkung

1
An der Universität Bielefeld wurde im Zeitraum vom Oktober 1999 bis Mai 2004 das von der Deutschen Forschungsgemeinschaft geförderte Forschungsprojekt „Sozialpädagogische Professionalität in marktförmig gesteuerten Organisationskontexten. Formen der Aneignung managerialistischer Rationalitätsmuster in der öffentlichen Jugendhilfe" durchgeführt. Die beteiligten Wissenschaftlerinnen und Wissenschaftler waren Hans-Uwe Otto, Wiebke Horn-Begemann, Heinz Messmer und Stefan Schnurr.

Literatur

Gerull, Peter (2005).
Qualitätsmanagement in der Jugend- und Sozialhilfe – literaturanalytische und empirische Studien. Dissertation.
http://resolver.sub.uni-goettingen.de/purl/?webdoc-1 (28.6.2006).

Köpp, Christina & Neumann, Sascha (2002).
Die Qualitätsdebatte in der Sozialpädagogik. Ein Literaturbericht. Arbeitspapier II-11 des Zentrums für sozialpädagogische Forschung der Universität Trier.
http://www.uni-trier.de/~paeda/pers_abt/abteilungen/pdfs/arbeitspapiere_sp2.pdf (28.6.2006).

Kühl, Stefan (2000).
Das Regenmacher-Phänomen. Widersprüche und Aberglaube im Konzept der lernenden Organisation.
Frankfurt am Main: Campus.

Lambach, Rolf (2004).
Qualitätsmanagement in der Praxis – Erfahrungen aus einer Einrichtung. Blickpunkt Jugendhilfe, 2, 4–10.
Auch: http://www.sgbviii.de/S148.html (28.6.2006).

Matul, Christian & Scharitzer, Dieter (1997).
Qualität der Leistungen in NPOs.
In Ch. Badelt (Hrsg.), Handbuch der Nonprofit Organisation. Strukturen und Management (S. 387–412).
Stuttgart: Schäffer-Poeschel.

Messmer, Heinz (2004).
Zwischen Qualität und Kosteneffizienz – Entwicklungen in der Heimerziehung in Folge der gesetzlichen Neuregelungen nach §§ 78 a–g SGB VIII aus Sicht der Leistungserbringer.
Zeitschrift für Jugendrecht, 2, 50–59.

Nerdinger, Friedemann W. (1994).
Zur Psychologie der Dienstleistung. Theoretische und empirische Studien zu einem wirtschaftspsychologischen Forschungsgebiet.
Stuttgart: Schäffer-Poeschel.

Seghezzi, Hans Dieter (2003).
Integriertes Qualitätsmanagement. Das St. Galler Konzept.
(2., vollständig überarbeitete und erweiterte Auflage).
München: Hanser.

Spiegel, Hiltrud von (2000).
Wie muss Qualitätsentwicklung/Qualitätsmanagement praktisch gestaltet werden, um für AdressatInnen und MitarbeiterInnen einen erkennbaren Nutzen zu stiften? Evangelische Jugendhilfe, 3, 147–157.

Türk, Klaus (1992).
Organisationssoziologie.
In E. Frese (Hrsg.), Handwörterbuch der Organisation (3., völlig neu gestaltete Auflage) (S. 1633–1648).
Stuttgart: Poeschel.

Ilona Fuchs

Qualitätsarbeit im SOS-Kinderdorf e.V.

Bevor ich die Qualitätsarbeit im SOS-Kinderdorf e.v. beschreibe, möchte ich zwei klärende Bemerkungen anbringen. Die erste bezieht sich auf den SOS-Kinderdorf e.v. in Deutschland, der sich bundesweit als freier Träger der Kinder- und Jugendhilfe, der Jugendberufshilfe und der Behindertenhilfe engagiert: Der Verein betreibt insgesamt siebenundvierzig Einrichtungen, die sich auf alle Bundesländer verteilen. Dazu zählen neben den Kinderdörfern auch Jugendhilfeeinrichtungen, Beratungsstellen, Mütterzentren, Berufsausbildungseinrichtungen und Dorfgemeinschaften für Menschen mit geistigen Beeinträchtigungen. Der Schwerpunkt der Angebote liegt allerdings auf den Erziehungshilfen. Die Geschäftsstelle des deutschen SOS-Kinderdorf e.v. ist in München angesiedelt.

Die zweite Vorbemerkung betrifft den Begriff „Qualitätsarbeit". Es handelt sich hierbei nicht um eine zufällige Wortschöpfung, sondern dieser Begriff bildet aus unserer Sicht die Tatsache ab, dass Maßnahmen zur Planung, praktischen Umsetzung, Bewertung und Verbesserung der Qualität von erbrachten Leistungen in der Sozialen Arbeit zum fachlichen Selbstverständnis und professionellen Handeln gehören und damit integraler Bestandteil der alltäglichen pädagogischen Arbeit sind.

Einführung und Verankerung eines Qualitätsentwicklungsverfahrens

Die Entwicklung der Jugendhilfe in den 1990er-Jahren, ausgelöst etwa durch die Einführung neuer kommunaler Steuerungsmodelle und insbesondere durch die Verabschiedung einer Neuordnung der Entgeltfinanzierung mit dem Paragrafen 78 a ff. im

SGB VIII beförderte die Diskussion darüber, wie sich die erbrachten Leistungen der Erziehungshilfen legitimieren lassen und was sie im Einzelnen bewirken. Jugendhilfeträger beziehungsweise -einrichtungen sind seitdem zunehmend gefordert, ihr Handeln an explizit formulierten Qualitätszielen und -kriterien auszurichten und dadurch transparent zu machen. Außerdem haben sie Verfahren zur Bewertung und kontinuierlichen Sicherung und Weiterentwicklung qualitativ hochwertiger Leistungen anzuwenden (Merchel 2000).

Diese allgemeine jugendhilfepolitische Entwicklung sowie die Beteiligung von SOS-Einrichtungen an kommunalen Modellprojekten zur Qualitätssicherung und -entwicklung führten im SOS-Kinderdorf e.V. zu einer intensiven Qualitätsdebatte, die sich auf zwei Fragen zuspitzte: Wie setzen die Einrichtungen des SOS-Kinderdorfvereins Qualitätssicherung und -entwicklung konkret um, und ist es im Sinne von Transparenz und Kontinuität bei der Qualitätssicherung geboten, ein Qualitätsentwicklungsverfahren einzuführen?

Um es kurz zu machen, die vereinsinterne Debatte zeigte, dass das Rad nicht neu erfunden werden muss. Denn strukturelle, konzeptionelle, personelle und reflexive Maßnahmen zur Sicherung der fachlichen Qualität der Leistungen waren schon vor der „Hochzeit" der Qualitätsdiskussion Bestandteil des professionellen Arbeitens in den Jugendhilfeeinrichtungen des SOS-Kinderdorf e.V. In allen SOS-Einrichtungen gab es bereits Bausteine und Maßnahmen der Qualitätssicherung, zum Beispiel eine den jeweiligen Aufgaben entsprechende räumliche, materielle und personelle Ausstattung, die Qualifizierung der Mitarbeiterinnen und Mitarbeiter, ein geordnetes Besprechungswesen, Arbeitskonzepte für verschiedene Tätigkeitsfelder, Fallbesprechungen, Supervision. Im Großen und Ganzen zeigte sich, dass qualitätsvolle Arbeit geleistet wird. Deutlich wurde jedoch auch, dass die vorhandenen Bausteine und Maßnahmen zur Qualitätssicherung und -entwicklung bislang nicht systematisch miteinander verbunden waren und dass es zum Teil an verbindlichen Formen der Qualitätsbewertung und -entwicklung fehlte.

Vor dem Hintergrund dieser Erkenntnisse erteilte der Vorstand des SOS-Kinderdorf e.V. den Auftrag, ein Qualitätsentwicklungskonzept zu erarbeiten beziehungsweise einzuführen, das die

Überprüfung und Weiterentwicklung der Qualität der Arbeit durch verbindliche, institutionalisierte Verfahren sichern sollte. Wesentlich für diese Entscheidung waren neben den vereinsinternen Diskussionsergebnissen die genannten gesetzlichen Anforderungen hinsichtlich der Qualitätssicherung sowie das Wissen um die kommunalen Sparbemühungen im Bereich Jugendhilfe, die einen zunehmenden Wettbewerb zwischen den Trägern der Jugendhilfe befördern würden. Man war sich klar darüber, dass zukünftig die nachweisliche Qualität der erbrachten Leistungen wie auch der effiziente Umgang mit den gegebenen Ressourcen stärker in den Blick genommen und zu einem Kriterium der Maßnahmezuweisung würden.

Ein für den SOS-Kinderdorf e.V. zweckdienliches Qualitätsentwicklungsverfahren sollte folgende Grundsätze berücksichtigen:

– Grundlegend ist ein Verständnis von Qualität, das sich nicht an Mindeststandards oder technokratischen Machbarkeitsvorstellungen orientiert, sondern Qualität ganzheitlich begreift und als gemeinsame Leistung von Betreuer und Betreutem versteht.

– Im Mittelpunkt stehen die Leistungsberechtigten mit ihren Bedürfnissen und ihrem Anspruch auf ein individuell geeignetes Leistungsangebot.

– Die Einrichtungen mit ihren Mitarbeiterinnen und Mitarbeitern werden an der Erarbeitung der Umsetzungskonzepte für Qualitätssicherung und -entwicklung sowie an der Erarbeitung von Qualitätsstandards beteiligt.

– Das Qualitätsentwicklungskonzept soll auf den vorhandenen Maßnahmen der Qualitätssicherung aufbauen, diese ergänzen und für die jeweiligen Aufgabenstellungen der verschiedenen Einrichtungs- beziehungsweise Angebotstypen stimmig sein.

In der Folge wurden in Arbeitsgruppen und auf einer vereinsweiten Tagung unter Einbeziehung externer Berater verschiedene gängige Qualitätsverfahren diskutiert. Ergänzend zu den oben genannten Grundsätzen, wurden weitere Bewertungskriterien entwickelt, an denen sich die vorgestellten Verfahren messen lassen mussten: Der Nutzen des Verfahrens soll für die

Betreuten sowie die Mitarbeiterinnen und Mitarbeiter erkennbar und dessen Philosophie einsichtig und gut zu vermitteln sein. Qualitätsentwicklung und -sicherung soll zu einem gemeinsamen Prozess von der und für die gesamte Mitarbeiterschaft werden. Das Verfahren soll praktikabel sein, das heißt im Arbeitsalltag im Hinblick auf Ressourcen (Personal, Zeit, Kosten) realistisch anzuwenden sein. Das einzuführende Qualitätsverfahren darf keine Inhalte vorgeben, sondern soll den Fachkräften in den Einrichtungen wie bisher weitreichende konzeptionelle Gestaltungsspielräume lassen. Und nicht zuletzt soll das Verfahren in der Sozialen Arbeit anerkannt sein. Diese Gütekriterien spielten sowohl bei der Auswahl als auch bei der Einführung beziehungsweise der Umsetzung des Verfahrens eine wesentliche Rolle.

Am Ende des Sondierungsprozesses fiel die Entscheidung zugunsten des Qualitätsentwicklungskonzeptes der Gesellschaft für Ausbildungsforschung und Berufsentwicklung (GAB). Es sollte fortan die Basis für die systematische Qualitätsarbeit im SOS-Kinderdorf e.V. bilden, war allerdings noch an spezifische Belange des Vereins anzupassen beziehungsweise entsprechend zu ergänzen.

Seit 2002 finden nun Veranstaltungsreihen statt, durch die Qualitätsarbeit nach dem GAB-Qualitätsentwicklungskonzept eingeführt beziehungsweise begleitet wird. Mitarbeiterinnen und Mitarbeiter von etwa zwei Dritteln der SOS-Einrichtungen haben an diesen Schulungs- und Einführungsveranstaltungen bereits teilgenommen. Wir befinden uns also mitten im Umsetzungsprozess. Einige Einrichtungen arbeiten bereits seit drei Jahren nach dem Konzept, andere beginnen gerade mit der Einführung, und für wieder andere stehen die Schulungen sowie der parallele Umsetzungsprozess noch an. Zum jetzigen Zeitpunkt lassen sich also keine abschließenden Erkenntnisse darstellen. Die Auseinandersetzung mit der Qualität in der Sozialen Arbeit ist allerdings ohnehin ein fortlaufender dynamischer und interaktiver Prozess, der nie abgeschlossen ist. Das Konzept der Qualitätsarbeit lebendig zu halten und Maßnahmen zur Qualitätssicherung in die Praxis umzusetzen, sind eine stetige Aufgabe, zu der eine regelmäßige Reflexion darüber gehört, ob die angewandten Vorgehensweisen (noch) stimmig sind oder ob sie modifiziert werden müssen. Schließlich soll das Qualitätsverfahren zur pädagogischen Arbeit passen und nicht umgekehrt die Praxis an das

Verfahren angepasst werden. Deshalb ist es – auch wenn das Verfahren noch nicht vereinsweit eingeführt ist – angebracht, die bisherigen Erfahrungen zusammenzufassen und ein vorläufiges Fazit zu ziehen. Davor stelle ich das Konzept, nach dem wir arbeiten, vor.

Grundannahmen des GAB-Ansatzes

Das GAB-Verfahren wurde von Michael Brater und Anna Maurus (2000) speziell für pädagogische und soziale Organisationen entwickelt, die dadurch charakterisiert sind, dass in diesen Einrichtungen weder das Arbeitsergebnis noch der Arbeitsprozess standardisiert oder normiert werden können. Folgende Grundannahmen (ebd., Vorbemerkung, S. 3–5, Kap. 1, S. 3–7) charakterisieren das Verfahren:

– Qualität in der Sozialen Arbeit entsteht im Tun des Einzelnen.

– Pädagogisches Handeln beruht auf direkter zwischenmenschlicher Kommunikation und hat demzufolge eine dialogische Struktur. Es folgt dabei nicht einem abstrakten Schema, und es entwickelt sich in der situativen Interaktion zwischen Betreuten und Betreuer beziehungsweise Fachkraft. Es ist wahrnehmungs- und gefühlsgeleitet.

– Für die Qualität von pädagogischen Prozessen sind alle verantwortlich; entsprechend sind alle Mitarbeiterinnen und Mitarbeiter in die Qualitätsarbeit eingebunden.

– Qualität ist nicht per se definiert. Es wird also nicht vorgegeben, was „gute" Soziale Arbeit oder „richtiges" pädagogisches Handeln ist. Statt auf Standardisierung von Handlungen und Prozessen wird auf die Verständigung über Werte und Qualitätsziele als sinngebender Rahmen und Handlungsorientierung für die Mitarbeiterinnen und Mitarbeiter gesetzt. Die verbindliche und regelmäßige Bearbeitung von Qualitätsthemen sensibilisiert im Hinblick auf Qualitätsaspekte und schärft das eigene wie das gemeinsame Qualitätsbewusstsein. Darüber lässt sich die Qualität von Erziehungsprozessen innerhalb der Einrichtung verbessern.

- Qualität ist nie etwas Fertiges und auch nicht identisch mit dem Optimum des Erreichbaren. Qualität ist vielmehr ein dynamisches Entwicklungsgeschehen, in dem eine Handlung beziehungsweise ein Prozess dem „gemeinten Sinn" angenähert wird. Im Sinne der „lernenden Organisation" werden Fehler als Entwicklungschancen gesehen und die Mitarbeiterinnen beziehungsweise Mitarbeiter und die Einrichtung dabei unterstützt, aus Fehlern zu lernen und offen für Entwicklungen zu bleiben.

- Das GAB-Verfahren setzt an den vorhandenen Strukturen und Maßnahmen der Qualitätssicherung in einer Einrichtung an, das heißt, vorhandene Gremien und Elemente der Qualitätsarbeit werden genutzt und erweitert. Es bietet Methoden und Arbeitshilfen dazu, wie sich die Qualitätsarbeit systematisch gestalten und in organisatorische Abläufe einbauen lässt. Und zu guter Letzt ist das GAB-Verfahren – sofern gewollt oder erforderlich – prinzipiell über anerkannte Normen (zum Beispiel ISO 9001/2000) zertifizierbar.

Die beschriebenen Grundannahmen und der Ansatz des GAB-Verfahrens stimmen in hohem Maße mit den Kriterien und Anforderungen an ein Qualitätsentwicklungskonzept überein, so wie sie im SOS-Kinderdorfverein formuliert wurden. Dreh- und Angelpunkt ist das ganzheitliche, dialogische Verständnis von Qualität: Zuallererst geht es um die gelungene Gestaltung von Begegnung und Beziehung in der pädagogischen Arbeit. Außerdem ist man im SOS-Kinderdorf e.V. von der ausgeprägten Beteiligungsorientierung des Verfahrens überzeugt, das zudem den Fachkräften vor Ort die konzeptionelle Autonomie für das pädagogische Handeln lässt und bestehende Qualitätssicherungsmaßnahmen nicht negiert, sondern einbaut.

Die Bausteine des GAB-Ansatzes

Im Folgenden wird die Qualitätsarbeit nach GAB im Einzelnen vorgestellt und die Umsetzung in der Praxis beschrieben. Der Ansatz besteht aus sechs Bausteinen, von denen sich drei mit der Frage beschäftigen „Was wollen wir?" und drei mit der Frage „Was erreichen wir tatsächlich?". (1)

Abbildung
Die Bausteine des GAB-Ansatzes

Was wollen wir?   Was erreichen wir tatsächlich?

Leitbild ─────────────┐   ┌───── Praxisüberprüfung

Konzeption ─────── Alle sind verantwortlich und beteiligt ─── Kollegiale Unterstützung

Handlungsleitlinien ──┘   └───── Systematische Evaluation

Leitbild, *Konzeption* und *Handlungsleitlinien* beschreiben auf verschiedenen Abstraktionsebenen die Qualität der Arbeit, die idealerweise erreicht werden soll. Die Leitungskräfte und die Mitarbeiterschaft einer Einrichtung setzen sich intensiv mit der Frage auseinander: „Was wollen wir mit unseren Angeboten beziehungsweise unserer Arbeit erreichen?" Am Ende dieses Auseinandersetzungsprozesses formulieren sie ihre Qualitätsziele. Das vereinsweite Leitbild, das Aussagen zum Selbstverständnis, zur Identität und zu übergeordneten Werten und Zielsetzungen des Trägers beziehungsweise der Einrichtung enthält, ist die tragende Selbstverständigung für alle Beteiligten. Das Leitbild beschreibt die Visionen und Ziele in komprimierter Form und ist daher meist allgemein und kurz gehalten. Damit die Mitarbeiterinnen und Mitarbeiter sich im Alltag daran orientieren können, ist eine „konkretisierende Übersetzung" für die Arbeit in den verschiedenen Tätigkeitsfeldern notwendig. Dies geschieht durch die Erarbeitung von Konzepten für die verschiedenen Angebotsbereiche, in welchen die Inhalte des Leitbildes ausbuchstabiert werden.

Das Leitbild und die Arbeitskonzepte werden schließlich für alle qualitätsrelevanten Situationen und Prozesse in den Handlungsleitlinien konkretisiert. Dabei verständigen sich die Mitarbeiterinnen und Mitarbeiter darüber, welche Bedeutung einer Handlung entsprechend den im Leitbild und den Konzepten formulierten Qualitätszielen zukommt und welchen tieferen Sinn sie mit dieser Handlung verbinden. Nachfolgend ein Beispiel, um dies zu illustrieren.

Als ein Ziel ist im Leitbild des SOS-Kinderdorf e.V. benannt, Lebensräume zu gestalten, in denen sich Menschen angenommen und zugehörig fühlen können. Dies wird in den verschiedenen Einrichtungskonzepten dahingehend konkretisiert, dass beispielsweise den Betreuten mit Wertschätzung und Akzeptanz begegnet wird, der Aufbau und die Entwicklung von tragfähigen Beziehungen zu den Betreuten oder auch eine familienanaloge Gestaltung des Zusammenlebens wesentliche Grundsätze für die alltägliche Arbeit sind. Für die Mitarbeiterinnen und Mitarbeiter etwa einer Wohngruppe stellt sich die Frage, wie sie diesen Anspruch in ihrem pädagogischen Handeln in verschiedenen Alltagssituationen einlösen können. So kann es für die Gestaltung von Mahlzeiten unterschiedliche Sinnbezüge geben. Geht es schlicht um Nahrungsaufnahme, und ist die Qualität dann gut, wenn die Portionen groß sind und es schmeckt? Wenn die Mahlzeit in Ruhe eingenommen wird, oder, gerade im Gegenteil, wenn lebhafte Gespräche zustande kommen? Wenn der Tisch schön gedeckt ist und alle gemeinsam anfangen? Oder sollen sich die Zeiten eher nach den individuellen Wünschen richten? Aus jeder der möglichen Antworten resultieren unterschiedliche Gestaltungsschwerpunkte. Es ist daher erforderlich, dass sich die Mitarbeiterinnen und Mitarbeiter über den Sinnbezug der Mahlzeiten verständigen und klären, welcher der möglichen Sinnbezüge bei der Gestaltung der Mahlzeiten im Vordergrund stehen soll und worauf es ihnen in den relevanten Situationen ankommt (Brater und Maurus 2000, Kap. 6, S. 4). In einem nächsten Schritt erarbeiten die Teams dann, wie sie den Sinnbezug im konkreten Handeln praktisch verwirklichen können. Die Mitarbeiterinnen und Mitarbeiter sind dabei nicht aufgefordert, strenge Handlungsnormen festzulegen, sondern beispielhaft Maßnahmen zu benennen und zu vereinbaren, die dem Sinn der Handlung entsprechen. Diese Handlungsvereinbarungen haben den Charakter eines verbindlichen Orientierungsrahmens für die Gestaltung der jeweiligen Situation, lassen dabei dem Einzelnen jedoch Freiraum, um individuell und situativ im Sinne der Qualitätsziele handeln zu können.

Handlungsleitlinien werden bewusst als das ganze Team verbindende Idealvorstellungen formuliert, die alle Teammitglieder in ihrem konkreten Tun anstreben. Sie beinhalten darüber hinaus auch Prüffragen und Beobachtungskriterien, anhand deren sich die Arbeitsabläufe evaluieren lassen und der Grad der Erreichung von Qualitätszielen abgebildet werden kann (ebd., Kap. 2, S. 49; Kap. 6, S. 4–9).

In der Alltagspraxis wird Qualitätsarbeit fortlaufend durch die Methoden der *Praxisüberprüfung*, Formen der *kollegialen Unterstützung* und *systematischen Evaluation* realisiert. Im Rahmen der Praxisüberprüfung nehmen die Teams regelmäßig die eigenen Arbeitsabläufe und -bedingungen systematisch in den Blick. In einem ersten Schritt analysieren sie den Istzustand und beschreiben die realisierte Qualität einer Handlung, um dann mithilfe der gesammelten Informationen und Beobachtungen zu bewerten, wie nah sie den gemeinsam gesetzten Qualitätszielen in ihrem tatsächlichen Handeln gekommen sind. Weicht die Praxis von der Idealvorstellung ab, entwickeln alle Beteiligten gemeinsam Verbesserungsansätze und vereinbaren diese. Die Praxisüberprüfungen finden in einem festgelegten Rhythmus und nach Möglichkeit im Rahmen der bestehenden Besprechungsstruktur (wie Teamsitzungen) statt. Alle qualitätsrelevanten Situationen und Arbeitsprozesse werden Schritt für Schritt diesem Ablauf unterzogen, jede Handlungsleitlinie beziehungsweise die darin enthaltenen Vereinbarungen werden nach einiger Zeit überprüft. Das Verfahren bringt also einen kontinuierlichen Auseinandersetzungsprozess in Gang, in dem das Selbstverständnis, die handlungsleitenden Werte, die definierten Qualitätsziele sowie der Grad ihrer Erreichung in der alltäglichen Arbeit zum Thema gemacht werden. Auf diesem Weg lässt sich die erreichte Qualität feststellen und weiterentwickeln.

Bei der individuellen Umsetzung der vereinbarten Ziele und Handlungsleitlinien in der alltäglichen Arbeit bestätigen oder korrigieren sich die Mitarbeiterinnen und Mitarbeiter gegenseitig durch Methoden der kollegialen Unterstützung, wie Intervision, Hospitation oder Feedback. Sie greifen damit auf bewährte Reflexionsformen der Sozialen Arbeit zurück. Neu daran ist allenfalls, dass diese nun verbindliche Elemente in einem Qualitätsentwicklungsverfahren sind. Der Einsatz dieser Reflexionsformen, in denen es um das konkrete Handeln der einzelnen Fachkraft geht, signalisiert, dass Qualität im Tun des Einzelnen entsteht, dass also Mitarbeiter die Garanten für die Qualität der Arbeit sind.

Neben der Evaluation von qualitätsrelevanten Handlungssituationen oder Schlüsselprozessen im Rahmen der Praxisüberprüfung ist die systematische Evaluation ein weiterer wichtiger Baustein im GAB-Qualitätsentwicklungsverfahren. Die Evaluation im Rahmen der Praxisüberprüfung drückt die subjektiven Eindrücke und Einschätzungen der jeweils beteiligten Mitarbeiterinnen und Mitarbeiter aus. Bei der systematischen Evaluation werden die Einschätzungen verobjektiviert, indem gezielt Daten erhoben, interpretiert und nach klaren Kriterien bewertet werden und zusätzlich die Einschätzungen von den Personengruppen eingeholt werden, die an den Hilfen beteiligt sind. An dieser Stelle rückt nun die Sicht der Betreuten und der Kooperationspartner in den Mittelpunkt des Interesses. Ihre Einschätzungen zu den erbrachten Hilfeleistungen bieten wesentliche Anhaltspunkte für deren qualitative Weiterentwicklung. Mittels strukturierter Vorgehensweisen, wie leitfragengestützte Gesprächsrunden oder Fragebögen, lässt sich herausfinden, wie sie die erbrachte Leistung (im Nachhinein) bewerten, womit sie im Einzelnen zufrieden waren und wo sie Entwicklungsbedarf sehen.

Beim Abgleich der Evaluationsergebnisse mit den zuvor formulierten Qualitätszielen wird schnell deutlich, wann Handlungsbedarf besteht: nämlich vor allem dann, wenn die erhobenen Rückmeldungen der Betreuten, ihrer Angehörigen, der Kooperationspartner oder auch der Mitarbeiterinnen und Mitarbeiter nicht zu den intendierten Qualitätszielen passen. Aus solchen Diskrepanzen lassen sich konkrete Aufgabenstellungen für die Qualitätsentwicklung ableiten.

Funktionsträger der GAB-Qualitätsarbeit

Ein Qualitätsentwicklungsverfahren, an dem viele Menschen beteiligt sind, ist ein komplexes Geschehen, das sinnvoll gesteuert werden muss. Im GAB-Verfahren sind zwei Funktionen vorgesehen, die die Einrichtungsleitung bei der Steuerung und bei der Umsetzung des Verfahrens unterstützen. Dies sind in der Regel ein Qualitätskoordinator und mehrere Qualitätsmoderatoren. Gemäß dem Grundsatz „Jeder ist für die Qualität seiner Arbeit verantwortlich" tragen die Qualitätskoordinatoren und -moderatoren keine inhaltliche Ergebnisverantwortung, und sie haben keine Kontroll- oder Anweisungsbefugnisse. Ihre Aufgabe und Verantwortung besteht darin, den Gesamtprozess der Qualitätsarbeit in Gang zu setzen und darauf zu achten, dass er lebendig bleibt. Sie unterstützen, begleiten, motivieren und ermutigen die Kolleginnen und Kollegen fortlaufend bei der Umsetzung der Qualitätsarbeit. Sie sind also nicht „Hüter der Qualität", sondern der Qualitätsarbeit.

Der Qualitätskoordinator einer Einrichtung ist Ansprechpartner für alle Fragen zur Qualitätsarbeit, verknüpft die verschiedenen parallellaufenden Prozesse in Sachen Qualitätsarbeit und behält den Gesamtüberblick, er berichtet der Leiterin oder dem Leiter der Einrichtung über den Stand der Dinge und unterstützt und berät die Qualitätsmoderatoren. Die Funktion des Qualitätskoordinators – bei größeren Einrichtungen können dies auch zwei oder drei sein – wird von einem Mitarbeiter und nicht von einer Führungskraft wahrgenommen.

Die Qualitätsmoderatoren einer Einrichtung sorgen dafür, dass ihr jeweiliges Team kontinuierlich im Prozess der Qualitätsarbeit steht. Sie moderieren Gesprächsrunden und Qualitätszirkel, in denen Qualitätsthemen bearbeitet werden, sie klären, ob weitere Themen zur Bearbeitung anstehen, und sie sorgen dafür, dass diese tatsächlich bearbeitet und die Ergebnisse protokolliert werden.

Die Qualitätskoordinatoren und -moderatoren sind in hohem Maß auf die Unterstützung ihrer Einrichtungsleitung angewiesen, wenn sie ihre Aufgaben erfüllen wollen. Sie werden von der Einrichtungsleiterin oder dem -leiter für einen festen Zeitraum in dieses Amt berufen und teilweise von ihren bisherigen Aufgaben entbunden.

Das vielschichtige Engagement um Qualität, so wie es beschrieben wurde, ist jedoch noch keine Gewähr dafür, dass die Qualitätsarbeit fortlaufend systematisch umgesetzt wird und die angestrebten Qualitätsziele tatsächlich erreicht werden. In regelmäßigen Abständen ist es daher nötig, die Wirksamkeit der praktizierten Qualitätsarbeit – des Verfahrens selbst und der erbrachten Leistungen – zu evaluieren. Dies geschieht in sogenannten einrichtungsinternen Reviews, einem zweistufigen Vorgehen, für das die Moderatoren und Koordinatoren verantwortlich zeichnen. In einem ersten Schritt erfassen die Qualitätsmoderatoren in ihren Teams Praxis und Erfahrungen. Dabei greifen sie auf Prüffragen zurück, etwa

- ob das Leitbild und die Arbeitskonzepte noch aktuell sind und wie die Teams damit umgehen,

- ob die Qualitätsziele akzeptiert sind und umgesetzt werden,

- ob Handlungsleitlinien vorhanden sind und sich als Rahmen für die alltägliche Arbeit bewährt haben,

- inwieweit Praxisüberprüfungen durchgeführt worden sind und welche Erfahrungen dabei gesammelt wurden,

- wie mit Rückmeldungen von Betreuten und Angehörigen umgegangen wird oder auch

- wie zufrieden die einzelnen Teammitglieder mit der Qualitätsarbeit sind.

Mithilfe dieser und weiterer Fragen lässt sich die Qualitätsarbeit aller Teams in einer Einrichtung auswerten.

In einem zweiten Schritt fassen der Qualitätskoordinator und die Moderatoren die Evaluationsergebnisse und gemeldeten Handlungsbedarfe aus den einzelnen Teams zusammen und evaluieren den Stand der Qualitätsarbeit für die Gesamteinrichtung. Auf Basis dieser Ergebnisse können dann in Abstimmung mit der Einrichtungsleitung Verbesserungsvorschläge erarbeitet werden. So lässt sich der Stand der Qualitätsarbeit abbilden und auswerten, und aus den Ergebnissen können Verbesserungsvorschläge abgeleitet werden.

Einrichtungsübergreifende Qualitätsarbeit

Zur vereinsweiten Weiterentwicklung und Steuerung der Qualitätsarbeit gilt es, die Ergebnisse der einrichtungsinternen Evaluationen über alle Einrichtungen hinweg aufzunehmen und zu bündeln. Hierzu kommen die Leiterin oder der Leiter der Einrichtung, der Qualitätskoordinator sowie ein Referent der Geschäftsstelle, der die Arbeit der Einrichtung fachlich begleitet, zusammen. Gemeinsam reflektieren sie die Review-Ergebnisse noch einmal und werten diese aus. Die Selbsteinschätzungen einer Einrichtung werden so durch die Wahrnehmung einer Person ergänzt, die nicht unmittelbar zum Einrichtungssystem gehört und die die Trägerperspektive des SOS-Kinderdorfvereins vertritt. Die jeweiligen einrichtungsspezifischen Ergebnisse lassen sich dann zu einem vereinsweiten Überblick zusammenfassen, der Aufschluss über den Umsetzungsstand gibt. Daraus lässt sich der Handlungsbedarf etwa an Schulungen für Koordinatoren und Moderatoren oder an einer Präzisierung des Qualitätsentwicklungsverfahrens ableiten.

Zur einrichtungsübergreifenden Vernetzung der Qualitätsarbeit werden außerdem regelmäßig sogenannte Qualitätstage durchgeführt. Sie bilden ein Forum für den Erfahrungsaustausch unter den Qualitätskoordinatoren und Qualitätsmoderatoren aus den verschiedenen Einrichtungen. Nach dem Motto „voneinander lernen" tauschen sich die Teilnehmerinnen und Teilnehmer der Qualitätstage darüber aus, wie die einzelnen Einrichtungen die Bausteine des GAB-Ansatzes umsetzen beziehungsweise wie sie mit Schwierigkeiten umgehen. Alle Beteiligten erhalten dadurch wertvolle Anregungen für die Qualitätsarbeit in der eigenen Einrichtung. Die Qualitätstage bieten zudem die Möglichkeit, aktuelle Fragen, etwa die nach verschiedenen Formen der Beteiligung von Mitarbeiterinnen und Mitarbeitern bei der Erarbeitung von Handlungsleitlinien in einer großen Einrichtung, im Kollegenkreis zu bearbeiten. Die Referentinnen und Referenten der Geschäftsstelle führen die Qualitätstage durch und tragen auf diesem Weg dazu bei, die Qualitätsarbeit lebendig zu halten. Als Gast nimmt ein Vertreter der Gesellschaft für Ausbildungsforschung und Berufsentwicklung (GAB) teil, um die Einhaltung des Verfahrens zu überprüfen und über konzeptionelle Neuerungen zu informieren.

Darüber hinaus existieren Qualitätsstandards und Rahmenvorgaben des Trägers, die einen werte- und zielebasierten Orientierungsrahmen für die Arbeit in den Einrichtungen geben. Sie betreffen Themenbereiche wie die Zusammenarbeit mit dem Herkunftssystem oder Partizipation. Die Standards werden unter Beteiligung von Einrichtungsvertretern erarbeitet. Die Qualitätsstandards und Rahmenvorgaben lassen Ausgestaltungs- und Handlungsspielräume für die Umsetzung in den verschiedenen Einrichtungen.

Erfahrungen mit der Umsetzung des GAB-Verfahrens im SOS-Kinderdorf e.V.

Qualitätsarbeit im SOS-Kinderdorfverein ist inzwischen weit gediehen. Neben der zentralen Frage, ob sich damit die Qualität der Hilfeleistungen tatsächlich verbessert hat, ist von entscheidendem Interesse, ob das Verfahren praxistauglich ist. Konkret haben wir zu klären, ob und wie das Verfahren den Mitarbeiterinnen und Mitarbeitern zu vermitteln ist, ob sie den intendierten Nutzen des Verfahrens erkennen können und ob es praktikabel im Hinblick auf die vorhandenen Ressourcen ist.

Inwieweit das auf SOS-Gegebenheiten hin abgewandelte GAB-Verfahren diese Kriterien erfüllt, lässt sich heute noch nicht abschließend sagen. Dies wird erst die Erprobung über mehrere Jahre hinweg zeigen. Die bisherigen Erfahrungen stimmen allerdings sehr zuversichtlich. Die Rückmeldungen und Bewertungen vonseiten der beteiligten Mitarbeiterinnen und Mitarbeiter – insbesondere der Qualitätskoordinatoren, der Qualitätsmoderatoren und der Leitungskräfte – ergeben insgesamt ein positives Bild. Gleichwohl handelt es sich hier um subjektive Einschätzungen, die noch nicht die Aussagekraft einer Gesamtevaluation haben.

Vermittelbarkeit

Inwieweit ist es nun also gelungen, die bislang beteiligten Mitarbeiterinnen und Mitarbeiter des SOS-Kinderdorf e.V. für eine systematisierte Qualitätsarbeit auf Basis des GAB-Ansatzes zu motivieren oder gar zu begeistern? Vor der Einführung gab es auf allen Seiten die Befürchtung, dass das Verfahren Formalismus und überflüssige Bürokratie mit sich bringen könnte. Diese Ängste konnten vielfach in den Einführungsveranstaltungen oder aber anschließend durch eigene praktische Erfahrungen bei der Umsetzung zerstreut werden. Bewährt hat sich, ein breites Wissen über den GAB-Ansatz nicht nur theoretisch, sondern durch die Bearbeitung relevanter Qualitätsthemen mittels der verschiedenen Instrumente praxisorientiert zu vermitteln und unterstützende Arbeitshilfen zur Verfügung zu stellen. Die Einführungsveranstaltungen wurden zeitlich auf ein Jahr gestreckt, sodass die Einrichtungen parallel dazu schrittweise das GAB-Verfahren einführen konnten. Bei jeder Schulungsveranstaltung wurde zudem gemeinsam reflektiert, wie sich der bisherige Umsetzungsprozess in den Einrichtungen gestaltet und wie jeweils die nächsten Umsetzungsschritte aussehen und vorbereitet werden können. Neben dem Erwerb grundlegender Kenntnisse konnten die Teilnehmerinnen und Teilnehmer der Schulungen so die Methoden praktisch einüben und die nächsten Schritte planen.

Durch dieses Vorgehen wurde allen Beteiligten schnell deutlich, dass es sich bei der GAB-Qualitätsarbeit nicht um ein formalistisches, sondern im Gegenteil sehr lebendiges Verfahren handelt. Über das praktische Tun konnten die Akzeptanz und das Vertrauen in das Qualitätsentwicklungskonzept aufseiten der Einrichtungsleitungen, Koordinatoren, Moderatoren und der Mitarbeiterinnen und Mitarbeiter in den Einrichtungen entstehen. Besonders bedeutsam ist dabei die Erkenntnis, dass nicht vorgegebene Standards umzusetzen sind, sondern dass selbstverantwortlich zu gestaltende Handlungsspielräume erhalten bleiben, dass alle Mitarbeiterinnen und Mitarbeiter beteiligt und in ihrer Kompetenz gefragt sind und anerkannt werden.

Die beteiligten Fachkräfte wissen in der Regel zu schätzen, dass sie die Qualitätsarbeit selbst thematisch auffüllen können und dass die strukturierenden Vorgehensweisen, wie Handlungsleitlinie oder Praxisüberprüfung, ihnen die qualitätsbezogene Bearbeitung der Themen erleichtern. Diese Erfahrung trägt wesentlich zur Akzeptanz der neuen Methoden bei. Positiv bewertet wurde von den Beteiligten außerdem die Tatsache, dass bereits vorliegende Konzepte und bestehende Reflexionsformen weiter Bestand haben. So steht denn auch folgende Aussage eines Mitarbeiters stellvertretend für die Haltung vieler: „Nach anfänglichen Zweifeln wurde uns Mitarbeitern klar, dass wir einzelne oder vergleichbare Elemente des GAB-Verfahrens bereits nutzen. Dies führte zu einer Erleichterung und trug zum Verständnis der Qualitätsarbeit bei."[1]

Nutzen

Auch den Nutzen der Qualitätsarbeit nach dem GAB-Ansatz schätzen die beteiligten Mitarbeiterinnen und Mitarbeiter überwiegend positiv ein, wie die folgenden Rückmeldungen von Teilnehmerinnen und Teilnehmern der Qualitätstage zeigen.

---

[1] Diese Aussage sowie die folgenden stammen von den Teilnehmerinnen und Teilnehmern der Qualitätstage, die im Oktober 2005 stattfanden.

„Das methodische Vorgehen nach GAB ist hilfreich, um Ergebnisse zu erzielen – am Ende kommt was raus."

„Handlungsleitlinien und Praxisüberprüfung wurden zu hilfreichen Instrumenten, da, wo brennende, konkrete Themen bearbeitet wurden."

„GAB hat die Umsetzung der Konzepte auf der Handlungsebene gefördert."

„Die Auseinandersetzung mit der Qualität der Arbeit findet strukturierter und häufiger statt. Qualität wird mehr wahrgenommen, und die Qualität der eigenen Arbeit wird bewusst. Dies schafft Motivation."

„Es findet mehr Reflexion statt."

„Knackpunkte werden durch den strukturierten Rahmen schneller sichtbar."

„Es gibt mehr Verbindlichkeit im Team."

„Qualitätsarbeit wird jetzt übersichtlicher dokumentiert."

„Die Qualitätsarbeit hat eine einheitliche Struktur bekommen."

„Bessere Überprüfbarkeit der Qualitätsarbeit – Qualitätsüberprüfungen durch GAB-Methoden sind verständlicher."

„Mehr Eigeninitiative und Eigenverantwortung."

„Häufiger grundsätzliche Beschäftigung mit fachlichen Herangehensweisen, Werten und Normen."

>Diese Aussagen machen deutlich, dass die Mitarbeiterinnen und Mitarbeiter den Nutzen der Qualitätsarbeit auf struktureller, personeller und kultureller Ebene erleben. Denn sie sprechen damit die Aufbau- und Ablauforganisation, die verbesserte Zusammenarbeit, die Ergebnisorientierung, die Ausrichtung auf gemeinsame Werte und Ziele sowie die Systematisierung der Qualitätsarbeit an – Bereiche, die allesamt für die Leistungserbrin-

gung wichtig sind. Darin sehen wir Hinweise darauf, dass die so praktizierte Qualitätsarbeit zu einer Professionalisierung und Qualifizierung der fachlichen Arbeit beiträgt, die letztlich auch den betreuten jungen Menschen zugute kommt. Der Nutzen ist mittelbar für die Betreuten zu spüren. Einen direkten Nutzen können sie dann daraus ziehen, wenn sie selbst in Reflexionsgesprächen oder Befragungen zu Wort kommen und ihre Vorstellungen und Bedürfnisse verbindlich in den gemeinsam gestalteten Alltag einfließen.

Ressourcen

Qualität hat bekanntlich ihren Preis – sie bindet Zeitressourcen, die auf der personellen und finanziellen Seite zu Buche schlagen. Das GAB-Verfahren ist ausdrücklich ressourcenschonend ausgerichtet. Die Qualitätsthemen werden nach Möglichkeit im vorhandenen Besprechungswesen bearbeitet, ohne Parallelstrukturen aufzubauen. Zusätzliche Qualitätszirkel oder Sitzungstermine werden nur ausnahmsweise etabliert, etwa wenn Themen mehrere Teams oder verschiedene Bereiche betreffen und in den regulären Besprechungen und Gremien keinen Platz haben. Beispielsweise betrifft die Gestaltung des Aufnahmeprozesses seitens der Einrichtung alle Teams oder verschiedene Angebotsbereiche gleichermaßen. Sofern es im vorhandenen Besprechungswesen kein Gremium gibt, in dem sich Vertreter aus den jeweiligen Teams regulär treffen, ist ein Qualitätszirkel zur Bearbeitung dieses Themas einzuberufen. Ganz ohne zusätzliche Arbeitstreffen lässt sich die systematische Qualitätsentwicklung nicht auf die Beine stellen.

Wenn eine Einrichtung das neue Verfahren einführt, benötigen die beteiligten Fachkräfte außerdem Zeit, sich die Methoden der systematischen Qualitätsarbeit anzueignen. Zum Beispiel Handlungsleitlinien zu entwickeln, will erst einmal gelernt sein. Mit Einführungsschulungen allein ist es noch nicht getan. Will man als Mitarbeiterin oder Mitarbeiter die neuen Vorgehensweisen verinnerlichen und für sich zu einem normalen Bestandteil der eigenen Arbeit machen, muss man sich damit auseinandersetzen und die Methoden gemeinsam mit dem Team einüben. Erst mit der Zeit entwickeln sich neue zeitsparende Routinen, beispielsweise wenn Themen systematisierter und damit letztlich erfolgreicher bearbeitet werden können oder nicht als Dauerbrenner immer wieder auf der Agenda stehen.

Die Qualitätskoordinatorinnen und -koordinatoren sind in der Einführungsphase zeitlich am stärksten beansprucht. Als Multiplikatoren tragen sie bei der Einführung und Umsetzung des Verfahrens besondere Verantwortung. Sie haben ihr Wissen an die Kolleginnen und Kollegen zu vermitteln und die Moderatorinnen beziehungsweise Moderatoren zu unterstützen. Dafür benötigen sie je nach Einrichtungsgröße ein Zeitkontingent von drei bis fünf Stunden pro Woche. Dies lässt sich meistens nur schaffen, wenn ein Teil ihrer bisherigen Aufgaben umverteilt wird. In Zeiten hoher Arbeitsbelastung aller Mitarbeiter klappt das nach unserer Erfahrung nicht immer problemlos. Hier ist die Einrichtungsleiterin oder der -leiter gefordert, den Koordinatoren für ihre Aufgaben den Rücken freizuhalten. Allerdings stößt die Möglichkeit der Umverteilung der Aufgaben ohne zusätzliche Personalressourcen zwangsläufig an eine Grenze.

Und nicht zuletzt beanspruchen der regelmäßige Austausch zum Stand der Umsetzung und der Gedankenaustausch zwischen Qualitätsmoderatoren und Koordinatoren in der eigenen Einrichtung sowie einrichtungsübergreifend bei den Qualitätstagen Zeit und damit Personalkapazitäten.

Abgesehen von dem zum Teil problematischen Thema Zeitaufwand, sehen Mitarbeiterinnen und Mitarbeiter die GAB-Methoden – insbesondere die Handlungsleitlinie und die Praxisüberprüfung – als praktikabel an, das heißt, das GAB-Verfahren ist gut in den Arbeitsalltag zu integrieren. Die einzelnen Bausteine sind flexibel anwendbar und lassen sich organisch in vorhandene Strukturen einbauen.

Hürden

Insgesamt stellt sich das GAB-Verfahren beim jetzigen Zeitpunkt für uns positiv dar. Gleichwohl gilt es bei der Implementierung auch einige Hürden zu nehmen. Das GAB-Verfahren setzt auf die Kompetenz, Eigenverantwortung und Selbstorganisation der Mitarbeiterinnen und Mitarbeiter und der Einrichtungen. Dies ermöglicht eine flexible Umsetzung, schafft Gestaltungsräume und befördert die Akzeptanz und Motivation für den Ansatz aufseiten der Beteiligten. Gleichzeitig erfordert es Klarheit in der Binnenorganisation von Qualitätsarbeit in der Einrichtung. Die Mitarbeiterinnen und Mitarbeiter müssen wissen, welche Qualitätsthemen sie eigenverantwortlich bearbeiten können, welche Handlungsvereinbarungen sie eigenständig in Kraft setzen dürfen und welche übergeordneten Ziele, Werte und Vorgaben sie dabei zu berücksichtigen haben. Wenn den Fachkräften die klare Orientierung fehlt und zum Beispiel ein Team eine Handlungsleitlinie erarbeitet hat, die im Nachhinein von der Leitung gekippt wird, so ist das nicht gerade motivierend. Damit die Lust an der Qualitätsarbeit nicht zum Frust wird, muss die Leiterin oder der Leiter in der Einrichtung die Qualitätsarbeit so managen, dass Klarheit, Transparenz und förderliche Rahmenbedingungen gegeben sind, unter denen sich die einzelnen Teams selbst organisieren und entwickeln können. Angesprochen sind damit klare Rollen-, Aufgaben- und Kompetenzzuschreibungen für die Qualitätskoordinatoren und -moderatoren sowie eine transparente Zusammenarbeit zwischen diesen Funktionsträgern einerseits und mit der Leitungsebene andererseits.

Der GAB-Ansatz baut auf die Philosophie der lernenden Organisation. Ein wertschätzender Umgang miteinander, Fehlerfreundlichkeit und eine vertrauensvolle Basis als Voraussetzung dafür, die eigenen Handlungsweisen immer wieder selbst zu hinterfragen beziehungsweise hinterfragen zu lassen, sind aber nicht selbstverständlich gegeben. Nur wer keine Sanktionen zu befürchten hat, wird Fehler eingestehen oder Kritik äußern, die konstruktive Anregung für weitere Entwicklung sein kann. Dies ist nur in einer Kultur möglich, die dafür offen ist und Mitarbeiter mit ihren Stärken und Schwächen als das eigentliche Kapital der Organisation sieht. Es ist vielfach beschrieben worden, dass die Kultur eines Unternehmens sehr stark von dessen Führungspersonen abhängt. Dies gilt ebenso für Einrichtungen der Sozialen Arbeit. Die Mitarbeiterinnen und Mitarbeiter müssen also erleben, dass ihre Leitung nicht nur verbal zum Leitbild einer lernenden Organisation, den gemeinsam erarbeiteten Qualitätszielen und Handlungsleitlinien steht, sondern dass sie diese Ideen überzeugt in all ihrem Tun mitträgt. Erst dann wird die Einrichtungs- und Vereinskultur im Alltag erfahrbar.

Und nicht zuletzt lädt die Einführung eines Qualitätsentwicklungskonzeptes manchmal dazu ein, alle offenen Fragen oder Konflikte in der Einrichtung damit aus der Welt schaffen zu wollen. Aber nicht alle Probleme sind mit den Instrumenten und Methoden des Qualitätsentwicklungsverfahrens zu lösen. Manche bedürfen einer anderen Form der Bearbeitung, zum Beispiel in der Supervision, oder schlicht einer Entscheidung auf Leitungsebene, etwa im Falle eines nicht auflösbaren Teamkonfliktes, damit das Verfahren nicht überfrachtet wird. Man muss sich immer auch über die Grenzen des Ansatzes im Klaren sein.

Fazit

Nach unseren bisherigen Erfahrungen ist das GAB-Verfahren zur Qualitätssicherung und -entwicklung ein praktikabler Ansatz. Es propagiert nichts grundsätzlich Neues, die methodischen Bausteine lassen sich gut mit den jeweils vorhandenen Maßnahmen zur Qualitätssicherung und -entwicklung verbinden und zu einem System der gezielten planvollen und institutionalisierten Qualitätsarbeit zusammenfügen. Im Vordergrund steht die situative Handlungskompetenz der einzelnen Mitarbeiterinnen und Mitarbeiter durch die regelmäßige Selbstverständigung über Werte und Ziele und über gemeinsam erarbeitete Handlungsleitlinien sowie deren Überprüfung. Der pädagogische Handlungsspielraum für die Gestaltung von Beziehung bleibt den Mitarbeitern vor Ort erhalten. Insofern ist dieser Ansatz für die Soziale Arbeit passend.

Die Prinzipien der Selbstverantwortung, der Beteiligungsorientierung und Selbstorganisation entsprechen einem Verständnis, nach dem Qualität durch das Handeln der einzelnen Mitarbeiterin beziehungsweise des einzelnen Mitarbeiters entsteht. Diese Prämisse gilt im Grundsatz, auch wenn der selbstverantwortlichen Gestaltung des Qualitätssicherungs- und Qualitätsentwicklungsprozesses durch strukturelle und materielle Rahmenbedingungen Grenzen gesetzt sind. Der Bottom-up-Ansatz ist mit einer Top-down-Steuerung in Einklang zu bringen. Auch wenn die Hierarchie möglichst flach sein soll, so ist es doch explizit eine Führungsaufgabe, für förderliche Strukturen und Rahmenbedingungen sowie die strategische Ausrichtung der Einrichtung zu sorgen. Zur strukturellen Verfasstheit des SOS-Kinderdorfvereins gehört darüber hinaus, dass bestimmte Aufgaben und Entscheidungskompetenzen zentral in der Geschäftsstelle beziehungsweise bei der Geschäftsführung angesiedelt sind. Das Verfahren wurde an diese Struktur angepasst. Beispielsweise wurde der Grundsatz der Selbstorganisation und -verantwortung, der es einzelnen Teams oder einer Einrichtung erlaubt, Qualitätsthemen selbst festzulegen, explizit dahingehend ergänzt, dass auch die Leitung den Auftrag zur Bearbeitung eines Qualitätsthemas geben kann oder der Träger einrichtungsübergreifend mittels Qualitätsstandards zu bearbeitende Themen vorgeben kann. Des Weiteren wurden Strukturen geschaffen, um die Bereichsleitungen, die in einigen größeren Einrichtungen tätig sind, in die Qualitätsarbeit einzubinden.

Die Methoden des GAB-Ansatzes zielen insbesondere auf eine interne Sicherung und Weiterentwicklung der Qualität und sind dafür nach unseren bisherigen Erfahrungen auch geeignet. Qualitätssicherung und -entwicklung sind nicht nur gesetzlicher Auftrag, sondern Teil unseres fachlichen Anspruches. Vor dem Hintergrund der jüngeren Entwicklungen in der Kinder- und Jugendhilfe stellt sich uns jedoch die Frage, wie ein hohes Qualitätsniveau der Hilfeleistung, das wir aus fachlicher Überzeugung anstreben, mit den derzeit dominierenden Sparvorgaben zu vereinbaren ist. Die aktuelle Debatte um die Wirksamkeit von Erziehungshilfemaßnahmen fokussiert auf die Ergebnisqualität der erbrachten Leistungen. Auch wenn „Wirkungsmessung" in der Sozialen beziehungsweise pädagogischen Arbeit als problematisch anzusehen ist und konträr diskutiert wird, zeigt diese Entwicklung, dass die Qualität der Leistungen zunehmend mehr in den Blick genommen wird, und unterstreicht damit die Wichtigkeit von Qualitätsarbeit.

Anmerkung

1
Die Abbildung „Bausteine des GAB-Ansatzes" geht auf Materialien der Gesellschaft für Ausbildungsforschung und Berufsentwicklung (GAB) zurück: www.gab-qualitaetssicherung.de/pages/de/anwender/materialien (31.7.2006).

Literatur

Brater, Michael & Maurus, Anna (2000).
Das GAB-Verfahren zur Qualitätssicherung und Qualitätsentwicklung in pädagogischen und sozialen Einrichtungen (2., aktualisierte Auflage).
München: Gesellschaft für Ausbildungsforschung und Berufsentwicklung.

Merchel, Joachim (2000).
Qualitätsentwicklung in der Erziehungshilfe: Anmerkungen zum Stellenwert der Qualitätsdiskussion und zu ihren methodischen Anforderungen.
In J. Merchel (Hrsg.), Qualitätsentwicklung in Einrichtungen und Diensten der Erziehungshilfe (S. 11–39).
Frankfurt am Main: Internationale Gesellschaft für erzieherische Hilfen.

Wolfgang Sierwald und Hans-Georg Weigel

Wirksamkeit stationärer Hilfen überprüfen

In den Hilfen zur Erziehung wird das Thema Wirksamkeit zurzeit intensiv diskutiert. Dies lässt sich nicht zuletzt an dem Modellprogramm „Wirkungsorientierte Qualifizierung der Hilfen zur Erziehung" ablesen, das das Bundesministerium für Familie, Senioren, Frauen und Jugend aufgelegt hat. (1) Mit einer wirkungsorientierten Gestaltung der Hilfen ist eine Reihe von Erwartungen und Befürchtungen verbunden. Befürworter erwarten eine qualitative Verbesserung der Angebote und mehr Transparenz für die Nutzerinnen und Nutzer. Darüber hinaus versprechen sie sich mehr Effektivität und Effizienz für die Hilfeverläufe. Kritiker befürchten hingegen, dass ein wirkungsorientierter Steuerungsansatz die ökonomische Seite zuungunsten der Fachlichkeit überbetont. Außerdem gehen die Befürchtungen dahin, dass verhaltenstheoretische Modelle wieder vermehrt Einzug in die Pädagogik halten, die Kinder und Jugendliche zu Objekten von Veränderungsprogrammen machen und nicht mehr als eigenständige Nutzerinnen und Nutzer von individuell zugeschnittenen Angeboten sehen.

Die Frage, wie die Erziehungshilfen wirken, ist nicht neu, und sie ist in der Vergangenheit sicher nicht ausreichend beantwortet worden. Hier besteht also Nachholbedarf, allen voran im Bereich der stationären Hilfen, um die es in diesem Band geht. In der Fremdunterbringung haben sich in den letzten vierzig Jahren ohne Zweifel enorme fachliche Entwicklungen vollzogen, die sie zu einer ausdifferenzierten Form der Hilfe zur Erziehung haben werden lassen (Wolf 2003). So steht es insgesamt außer Frage, dass die stationären Hilfen mehr positive Veränderungen bewirken denn schädliche Nebenwirkungen hervorrufen (Freigang 2003). Dennoch stehen diese Maßnahmen besonders unter Legitimationsdruck, da sie im Vergleich zu allen anderen Hilfeformen die höchsten Kosten verursachen und am stärksten in das Leben von Kindern und ihren Familien eingreifen. Zugleich kann man häufig nur wenig über ihre konkreten Wirkungen aussagen, auch wenn sich mittlerweile die Datenlage diesbezüglich wesentlich verbessert hat.

Die gegenwärtige Diskussion um die Wirkungsorientierung in den Erziehungshilfen bildet eine Gemengelage verschiedenster Interessen und Machtkonstellationen ab. Ob sie eine neue, von allen Beteiligten getragene Sinnkonstruktion und damit verbundene Zielsetzungen bringen wird, was der Idealfall wäre, bleibt abzuwarten. Inzwischen wurden im Rahmen des Bundesmodellprojektes einige Expertisen zum Thema erstellt, die 2007 erscheinen werden und wichtige Impulse für die fachliche Auseinandersetzung beisteuern (zum Beispiel Gabriel 2006; Merchel 2006; Schrödter und Ziegler 2006; Wolf 2006).

Wir wollen mit diesem Beitrag ebenfalls zur Versachlichung der Debatte beitragen und untersuchen, welche Auswirkungen es haben könnte, wenn die Wirkungsorientierung im Bereich der stationären Hilfen eingeführt wird. Dazu analysieren wir die stationären Hilfen als Wirkungsfeld und skizzieren grundlegende Anforderungen an eine Wirkungsüberprüfung sowie wichtige Ansätze für Wirksamkeitsanalysen.

Stationäre Hilfen als komplexes Wirkungsfeld

Es gibt viele Formen stationärer Erziehungshilfen – von familienähnlichen, langfristig angelegten Betreuungsformen, in die Kinder aufgenommen werden, die nicht bei ihrer Familie aufwachsen können, über Wohngemeinschaften für Jugendliche und Betreutes Einzelwohnen bis hin zu Formen geschlossener Unterbringung. In diesem Spektrum werden Mädchen und Jungen mit sehr unterschiedlichen Fallkonstellationen betreut, beispielsweise Geschwistergruppen, deren Eltern durch Krankheit ausfallen, Kinder mit starken Verhaltensauffälligkeiten, Kinder und Jugendliche mit Missbrauchs- und Gewalterfahrungen, Jugendliche mit Drogenproblemen oder solche, die mit ihren Eltern nicht mehr zurechtkommen.

Die Hilfen nach Paragraf 34 SGB VIII werden häufig als ein homogener Angebotstyp betrachtet. Dabei gibt es gerade in diesem Bereich eine breite, ausdifferenzierte Palette von Angebotsformen. Klaus Wolf (2003) unterscheidet als Haupttypen vor allem Schichtdienstgruppen in einem zentral organisierten Heim, Außenwohngruppen, Erziehungsstellen als professionelles, familiäres Umfeld sowie Betreutes Wohnen. Daneben gibt es weitere Formen, zum Beispiel Kinderdorffamilien, bei denen innewohnende Erzieherinnen oder Erzieher mit den Kindern und Jugendlichen leben und arbeiten, oder die Aufnahme einer gesamten Familie in stationäre Betreuung. Wesentliche strukturelle Unterscheidungsmerkmale sind die Betreuungsintensität und -kontinuität, der mehr oder weniger stark ausgeprägte Institutionscharakter, die Gruppengröße beziehungsweise die Größe der gesamten Einrichtung. Die Einrichtungen arbeiten jeweils vor dem Hintergrund eines bestimmten Selbstverständnisses; sie verstehen sich etwa als „pädagogisches Krankenhaus" oder als „lohnender Lebensort", je nachdem mit welchem Schwerpunkt sie das pädagogische Setting gestalten wollen. Konzeptionell gesehen definieren sie das Verhältnis von Betreuung, Erziehung und Bildung jeweils anders und streben eine unterschiedliche Beziehungsqualität an.

Entsprechend der Angebotsvielfalt werden Mädchen und Jungen in Einrichtungen der Heimerziehung aufgenommen und betreut, die in jeder Hinsicht ganz unterschiedlich sind. Das Aufnahmealter der Kinder und Jugendlichen streut breit. Sie bringen spezifische Erfahrungshintergründe mit und kommen aus ganz unterschiedlichen Familienkonstellationen. Kinder in einer stationär betreuten Gruppe stecken nie in genau derselben Problemsituation, sie befinden sich keineswegs auf ein und demselben Entwicklungsstand, und sie verfügen auch nicht über dieselben Ressourcen für die Bewältigung ihrer Probleme. Die Kinder und Jugendlichen haben also einen individuellen Hilfebedarf, auf den stationäre Maßnahmen flexibel zugeschnitten werden müssen. In Paragraf 34 SGB VIII sind deshalb unterschiedliche Zielsetzungen für die stationäre Unterbringung angesprochen: die Rückführung zu den Eltern, die Hinführung zu Selbstständigkeit oder die Schaffung eines auf Dauer angelegten Betreuungsverhältnisses für jüngere Kinder.

Damit dürfte deutlich geworden sein, dass es eine einheitliche Erfassung und Bewertung der Wirksamkeit stationärer Erziehungshilfen nicht geben kann, da sich diese, was die Angebotstypen selbst, die konzeptionelle Ausrichtung und vor allem die zu betreuende Klientel betrifft, zu stark voneinander unterscheiden.

Stationäre Unterbringung als pädagogisch gestalteter Lern- und Lebensort

Stationäre Hilfen bergen prinzipiell ein hohes Potenzial, Veränderungen auszulösen, das allerdings unterschiedlich verstanden und genutzt werden kann. Klaus Wolf (2003) arbeitet als zwei Hauptströmungen das pädagogische Krankenhaus und den lohnenden Lebensort heraus. In der ersten Entwicklungslinie geht es darum, mithilfe einer umfassenden, klinisch orientierten Diagnostik persönliche Defizite und deren Ursachen festzustellen, die es durch die Unterbringung in einem medizinischen oder verhaltenstherapeutischen Modell zu beseitigen gilt. In diesem Modell werden die Kinder und Jugendlichen als Patienten verstanden, deren als problematisch angesehenen Symptome durch eine geeignete Behandlung abgestellt werden könnten. Darüber hinausgehende Auswirkungen der Unterbringung selbst würden hier eher als unerwünschte Nebenwirkung gelten.

Die zweite Hauptströmung versteht die Heimunterbringung als Gestaltung eines lohnenden Lebensortes. Hier geht es vor allem darum, den Kindern und Jugendlichen Rahmenbedingungen im pädagogischen Alltag zu geben, die ihnen Entwicklungsoptionen eröffnen. Die jungen Menschen sind in hohem Maße daran beteiligt, den Hilfeprozess und die Wirkungen, die damit erreicht werden sollen, mitzugestalten. Auch die Eltern sind intensiv eingebunden. Im Modellprojekt „Familienaktivierende Heimerziehung" (Moos und Schmutz 2006) zum Beispiel wird die Rolle der Eltern als erzieherisch Verantwortliche besonders betont. Die professionellen Erzieherinnen und Erzieher treten als Gestalter der Hilfe noch weiter in den Hintergrund, zugleich vertreten sie die Positionen der Eltern im pädagogischen Alltag.

In den meisten Unterbringungen findet sich eine Mischung der beiden Idealtypen, es handelt sich um pädagogisch gestaltete Lern- und Lebensorte. Erziehungsziele der Erzieherinnen und Erzieher werden mit den Entwicklungsvorstellungen der Kinder und Jugendlichen verbunden. Die Mädchen und Jungen erhalten so einen Rahmen, in dem sie sich in vielfältigen Beziehungssituationen, besonders auch in Konflikten, erfahren beziehungsweise üben können und zugleich lernen, mit Grenzen umzugehen. Dadurch können sie sich als selbstwirksam erleben, und sie entwickeln soziale Kompetenzen.

In einer Wirkungsüberprüfung kann folglich nicht eine Seite allein festlegen, was unter der Wirksamkeit einer Hilfe im Einzelfall zu verstehen ist. Weder die Expertensicht auf Defizite, Ressourcen und Veränderungspotenziale der Kinder reicht allein dafür aus, noch die Zufriedenheit der Kinder und ihrer Eltern mit dem Lebensort und dessen Alltagsgestaltung. Es sind immer beide Perspektiven zu berücksichtigen: Alle Beteiligten verständigen sich auf eine gemeinsame Sichtweise von wirksamer Hilfe oder klären ihre Differenzen, sie definieren Wirkungsziele zusammen und legen Kriterien für deren Überprüfung fest.

Stationäre Unterbringung ist in ein vielfältiges Beziehungssystem eingebunden

Stationäre Unterbringungen lassen sich theoretisch zwar als singuläre Interventionen, als einzelne Maßnahmen mit einem jeweils genau umschriebenen Wirkpotenzial darstellen. Aber eine systemische Sichtweise, wie sie zum Beispiel Uri Bronfenbrenner vertritt (Schneewind 1999), wird der Praxis eher gerecht und macht deutlich, dass jede stationäre Unterbringung in ein vielfältiges Beziehungssystem eingebettet ist, in dem sich Kinder oder Jugendliche entwickeln. Die stationäre Unterbringung erweitert zunächst das Gesamtsystem von Beziehungen, in dem das betreffende Kind lebt, und verändert es zugleich.

Alle Kinder und Jugendlichen, die in einer Einrichtung der stationären Erziehungshilfe aufgenommen werden, können vorübergehend oder langfristig nicht in ihrer Familie leben. Das Familiensystem ist für ihr Aufwachsen dysfunktional geworden, sodass die unmittelbare Alltagsgestaltung und Teile der Erziehungsverantwortung an die Heimeinrichtung übertragen werden. Für die Kinder bedeutet dies, dass sich ihr Lebensort verändert und ihre unmittelbaren Ansprechpartner in Alltagssituationen wechseln. Eltern, Geschwister oder andere Verwandte treten in den Hintergrund, Erzieher und Gruppenmitglieder werden wichtig. Das Familiensystem wird in seiner bisherigen Gestalt eingebunden und zu einem kleineren oder größeren Teil in seinen Funktionen abgelöst durch ein System der öffentlichen Erziehung, es bleibt aber als ein für die Entwicklung wirksames System erhalten.

Andere Bezugssysteme der Kinder oder Jugendlichen können sich durch die Maßnahme unterschiedlich stark verändern. Wird ein Kind in einer Einrichtung in seinem bisherigen Lebensraum untergebracht, so beeinflusst dies seine Beziehungen zu Peers, zur Schule oder zu Vereinen, da diese jetzt im Kontext von Heimerziehung gestaltet und erlebt werden. Bei räumlich entfernten Unterbringungen wird ihr soziales Umfeld vollständig umgestaltet, bisherige Alltagskontakte werden zu Fernkontakten.

Der Wechsel in die stationäre Unterbringung selbst zeigt also schon vor der konkreten sozialpädagogischen Einflussnahme Wirkungen. Er stellt in jedem Fall ein einschneidendes Lebensereignis für Mädchen, Jungen und ihre Familien dar. Je nach Alter und bisherigen Lebensumständen erleben die Kinder den Wechsel ins Heim sehr unterschiedlich. Die einen bewerten ihn positiv, weil sie durch das Leben im Heim vor Gefahren für ihr Wohl geschützt werden, andere hingegen empfinden ihn als traumatisch, weil sie das Gefühl haben, von der eigenen Familie verstoßen zu werden. In vielen Fällen dürften ambivalente Bewertungsmuster anzutreffen sein (Kreher 2002). Wie sich dieser Übergang auswirkt, hängt wesentlich davon ab, ob die Kinder ihn als sinnvoll erleben. Dies ist vor allem durch eine geeignete Hilfeplanung sowie eine bewusste Gestaltung des Überganges zu erreichen, die das Kind oder den Jugendlichen einbeziehen, ihm das Geschehen begreifbar machen und es ihm letztlich ermöglichen, den Übergang in ihre oder seine Biografie zu integrieren.

Wir können davon ausgehen, dass die beobachtbaren Veränderungen, die Kinder und Jugendliche durchmachen, nicht allein auf pädagogische Maßnahmen in der stationären Unterbringung zurückzuführen sind. Sie stehen im Kontext einer komplexen, systemisch eingebundenen Entwicklungsdynamik und sind nur im Rahmen des gesamten Hilfeprozesses zu verstehen, der häufig lange vor der Aufnahme ins Heim, spätestens aber mit der beginnenden Hilfeplanung beim öffentlichen Träger einsetzt. Weiterhin setzt die Unterbringung Veränderungsprozesse in Gang, die möglicherweise über die Unterbringungszeit hinaus wirken oder erst danach überhaupt wirksam werden. Eine vollständige Wirkungsanalyse müsste deshalb gerade bei den stationären Hilfen weit über unmittelbare Ursache-Wirkung-Zusammenhänge während der Unterbringung hinausgehen. Die Wirkungen der stationären Unterbringung lassen sich nicht trennen von den Einflüssen der Gruppe, der Schule und weiterer Bezugspersonen, die im Umfeld der Kinder und Jugendlichen wichtig sind. Die Erzieherinnen und Erzieher können aber die Jugendlichen bei der Gestaltung ihrer Beziehungen unterstützen, sie können diese auch direkt beeinflussen, etwa über Kontaktverbote.

Stationäre Einrichtungen sind immer inszenierte Lebensorte, die die gesamte Lebensführung der Mädchen und Jungen betreffen. Die Kinder oder Jugendlichen erleben den Alltag im Heim als pädagogisch gestaltete Situation, zusätzlich gibt es gezielte Interventionen. Für sie ist entscheidend, ob sie sich in dieser Umgebung als eigenständig und selbstwirksam erleben und ob sie soziale Beziehungen eingehen können.

Was bewirkt stationäre Hilfe?

Bevor sich die Frage, was stationäre Hilfen bewirken, beantworten lässt, ist zu klären, welche Ebenen und welche Formen von Veränderungen in der Wirkungsanalyse berücksichtigt werden müssen.

Ebenen der Wirkung

Wirkungen lassen sich immer an Veränderungen ablesen. Stationäre Hilfen setzen Veränderungen auf ganz unterschiedlichen Ebenen in Gang, die zum Teil als Wirkungen interpretiert werden.

Die Veränderungen der Kinder und Jugendlichen selbst stehen meistens im Mittelpunkt von Wirkungsanalysen. Welche Wirkungen aber auf der individuellen Ebene beobachtet werden, hängt von dem theoretischen Verständnis ab, das der Analyse zugrunde liegt. In einem interventionsorientierten Ansatz zum Beispiel (Macsenaere und Knab 2004) werden Wirkungen als gegeben angesehen, wenn Entwicklungsdefizite, Verhaltensauffälligkeiten oder klinisch-psychologische Störungen abgebaut und persönliche Ressourcen und Stärken aufgebaut werden. Harald Tornow (2006) rückt die Kinderrechte und daraus abgeleitete Bedürfnisse von Kindern und Jugendlichen in den Mittelpunkt und bezieht sich auf den Aspekt des Kinderschutzes. Eine Hilfe wäre in diesem Verständnis dann wirksam, wenn die Rechte des Kindes besser gewährleistet und die für seine Entwicklung förderlichen Bedürfnisse besser erfüllt würden.

Die beiden Beispiele zeigen, dass sich grundlegend verschiedene Veränderungen beobachten lassen, je nachdem worauf man seinen Blick richtet. Die Auswahl der beobachteten Veränderungen ist also immer mit Wertefragen verbunden, und diese müssen deshalb ein zentraler Inhalt in der Diskussion über Wirkungen sein. In jedem Fall ist es eine verkürzte Sichtweise, die individuelle Ebene allein in das Zentrum von Wirkungsanalysen zu rücken und andere Systeme, die an der Entstehung der Problematik beteiligt sind, außer Acht zu lassen.

Die familiale Ebene spielt bei der Problemgenese fast immer eine Rolle, häufig ist die Familie selbst das Problem. Aus der klinischen Literatur ist bekannt, dass Familiensysteme häufig eng mit der Entstehung und Aufrechterhaltung von Symptomatiken, zum Beispiel Magersucht, verbunden sind. Es ist also auch von Interesse, ob in der Familie Veränderungen zu beobachten sind, wenn das Kind in einem Heim lebt. Das Familiensystem wird durch die stationäre Unterbringung eines Kindes in jedem Fall verändert, ob dies auch für die Familiendynamik gilt, lässt sich nur im Einzelfall beobachten. Für das Kind oder den Jugendlichen hat es zentrale Bedeutung, sich mit seiner Familie und seiner Herkunft auseinanderzusetzen. Im Interesse des Kindes sollte deshalb das Familiensystem, inwieweit es sich nun verändert oder nicht, im Blick bleiben, wenn man nachhaltige Veränderungsprozesse gestalten will. Zudem ist zu beachten, wie sich die stationäre Unterbringung für andere Mitglieder des Familiensystems auswirkt. Ein Geschwisterkind kann die Unterbringung als Entlastung oder als Bedrohung erleben, oder es kann im ungünstigen Fall sogar die bisherige Rolle des untergebrachten Kindes im dysfunktionalen System übernehmen und selbst Symptome entwickeln.

In der aktuellen Situation der Heimunterbringung sind die Gruppe und die Institution die zwei wesentlichen Veränderungsebenen. Zum einen rufen sie Veränderungsprozesse unmittelbar hervor, zum anderen werden sie durch jede einzelne Unterbringung verändert. Jedes neu aufgenommene Kind verändert die Dynamik in der Gruppe beziehungsweise im Heim und damit auch die Veränderungsbedingungen für alle in diesem System lebenden Mädchen und Jungen sowie für die dort tätigen Pädagoginnen und Pädagogen. Insofern gestalten die Kinder und Jugendlichen ihre Veränderungsbedingungen immer mit, indem sie sich mit den vorhandenen Strukturen und Prozessen im Heim auseinandersetzen. Dies gilt auch für die Peergroup. Die Unterbringung einer Freundin oder eines Freundes verändert die Freundschaftsbeziehungen. Dies kann sich unterschiedlich auswirken, sowohl der Jugendliche selbst als auch die Peergroup können die neue Situation als entlastend oder belastend erleben.

Die Schule ist eine weitere zentrale Bezugsgröße für die Bewertung der Wirkung, in den meisten Fällen in Form von Noten. Hier steht der Leistungsaspekt im Mittelpunkt. Inwieweit es sich auf eine Klasse oder auch die gesamte Schule auswirkt, wenn eine Schülerin oder ein Schüler im Heim lebt, wird meistens wenig beachtet, höchstens als störende Nebenwirkung.

Die Wirkungen stationärer Unterbringungen auf gesellschaftlicher Ebene werden nur selten thematisiert. Stationäre Unterbringungen erfüllen unterschiedliche gesellschaftliche Funktionen, wie die Übernahme der öffentlichen Verantwortung für das Kindeswohl, die Integration benachteiligter Kinder und Jugendlicher, aber auch den Schutz der Gesellschaft vor schwierigen Jugendlichen. Diese Aspekte der Wirkungen stationärer Unterbringung in die Gesellschaft werden in der Regel nur thematisiert, wenn Fälle eskalieren und entweder, wie im Fall Kevin, eine nicht durchgeführte Heimunterbringung zum Tod eines Kindes führt oder andererseits eine vermeintlich zu wenig rigide Heimerziehung Jugendliche, die als gefährlich eingeschätzt werden, nicht aus dem Verkehr zieht. In diesen Diskussionen wird deutlich, dass jede stationäre Unterbringung im Kontext gesellschaftlich vorherrschender Wertvorstellungen und Bewertungen zu sehen ist, die Diskurse darüber aber zu wenig explizit geführt werden.

In einer umfassenden Wirkungsanalyse von stationären Erziehungshilfen wären alle unterschiedlichen Wirkungsebenen von Belang. In der Praxis ist es allerdings kaum möglich, alle Ebenen gleichermaßen im Blick zu behalten. Somit ist es notwendig, bestimmte Ebenen gezielt auszuwählen, die beobachtet werden sollen. Und wer einzelne Ebenen auswählt, sollte erklären, warum er andere nicht in den Blick nimmt. Die individuelle Ebene aber allein zum Maß aller Dinge zu erheben, also die Wirkung von Heimerziehung zum Beispiel nur anzuerkennen, wenn ein Kind sein Verhalten nachweislich verändert oder seine schulische Leistung steigert, und die Unterbringung entsprechend darauf auszurichten, mag zwar den gesellschaftlichen Erwartungen entsprechen. Ein solcher Ansatz wird aber dem komplexen Wirkungsgefüge von pädagogischen Prozessen in stationären Hilfen nicht annähernd gerecht.

Wirkung als zeitliches Phänomen

Veränderungen, die durch Interventionen ausgelöst werden, sind Phänomene, die sehr unterschiedliche zeitliche Verläufe aufweisen. Thomas Gabriel (2006) weist auf die unterschiedlichen Veränderungsmuster hin, die in Zusammenhang mit Interventionen und Veränderungen auftreten. In den seltensten Fällen handelt es sich um lineare, zeitlich unmittelbar mit dem Input zusammenhängende Veränderungen. Viel häufiger kommt es hingegen vor, dass Hilfen in der ersten Phase keine sofortige Veränderung hervorrufen, sondern dass sie die Klientinnen oder Klienten eher befähigen, selbst Veränderungsprozesse in Gang zu bringen. Die Zielrichtung „Befähigung" sollte sich dann auch in der Hilfeplanung ausdrücken, wenn kurzfristige Handlungsziele im Sinne von Teilschritten vereinbart werden. Mit Blick auf eine Leistungssteigerung in der Schule ließe sich zum Beispiel formulieren: „Im ersten halben Jahr werden von Peter keine Veränderungen seiner schulischen Leistung erwartet, es wird Vertrauen hergestellt und biografische Arbeit betrieben. Nach einem halben Jahr kann der Jugendliche seine eigenen schulischen Ziele formulieren, und er kennt drei Möglichkeiten, sich Unterstützung für die Verbesserung seiner schulischen Leistungen zu holen."

Veränderungsmuster laufen nicht stringent ab. Chaotische Prozesse sind im Vorfeld von Veränderungen eher die Regel als die Ausnahme, besonders wenn es zu einer echten und nachhaltigen Veränderung von Systemdynamiken kommen soll. Anfangserfolge können sich vorübergehend wieder verflüchtigen, aber dennoch eine langfristige Wirkung entfalten. Dieses Phänomen ist vielen Eltern von pubertierenden Kindern bekannt, wenn bisherige Erziehungserfolge außer Kraft gesetzt zu werden scheinen. Ein entscheidender Impuls für die Veränderungsdynamik kann bereits kurzfristig in Kraft treten, ohne dass sich zeitgleich die erwartete Wirkung einstellt oder aber unmittelbar Wirkung entfaltet. Letzteres wäre der Fall, wenn beispielsweise eine stationäre Unterbringung eine Familie so aufrüttelt, dass sie die entsprechenden Veränderungsprozesse einleitet und absichert.

Eine sinnvolle Wirkungsanalyse sollte also ganz unterschiedliche zeitliche Veränderungsstrukturen zulassen und in den Blick nehmen können. Die Beschränkung auf zeitnahe Veränderungsprozesse allein kann ebenso irreführend sein wie die auf rein langfristige Wirkungen, die weit außerhalb des Beobachtungshorizontes der Jugendhilfe stehen.

Wirkungen und pädagogisches Selbstverständnis

In den stationären Erziehungshilfen gibt es verschiedene konzeptionelle Wege, Veränderungen anzustreben und herbeizuführen. Vor allem im Verständnis der stationären Hilfe als „pädagogisches Krankenhaus" finden sich Ansätze, die sich an medizinischen und verhaltenstherapeutischen Modellen orientieren. Auf der Basis einer expertengestützten Diagnostik werden klare, relativ eng umgrenzte Veränderungen angestrebt und mit pädagogischen Programmen herbeigeführt. Wirkungen lassen sich in diesem Modell als Veränderung von Symptomen genau beschreiben und überprüfen, sind aber häufig auf die individuelle Ebene und relativ eng eingeschränkt.

Eher zum Verständnis vom Heim als lohnender Lebensort passen Ansätze, die die Selbstentwicklungsfähigkeiten der Nutzerinnen und Nutzer in den Mittelpunkt stellen. Unter diesen Bedingungen erarbeiten die Kinder und Jugendlichen Entwicklungsoptionen für sich selbst und gestalten den Veränderungsprozess. Diese Form von Veränderung ist prinzipiell ergebnisoffen. Zu Beginn des Hilfeprozesses wird ein Generalziel vorgegeben, wie „der junge Mensch soll in der Lage sein, einen autonomen Lebensentwurf zu verwirklichen und diesen in sozial verträglicher Weise umzusetzen". Damit ist aber nicht gesagt, in welcher Weise er dieses Ziel verwirklichen soll. Wirkungen können in diesem Modell eher über die Erweiterung von Handlungsoptionen, Erreichung selbstgesteckter Ziele und die Veränderung von Selbstwirksamkeit erfasst werden.

In Paragraf 36 SGB VIII ist angelegt, dass die pädagogischen Ansätze in der stationären Erziehungshilfe zwischen den beiden Extremformen liegen. Im Prozess der Hilfeplanung sollten die Fachkräfte der öffentlichen und freien Träger gemeinsam mit den Kindern, Jugendlichen und ihren Eltern zu einer Einschätzung der Lage kommen, die alle teilen. Im Idealfall kommt es so zu einer gemeinsamen Sinnkonstruktion der geplanten Hilfe, in der geeignete Bedingungen für die Arbeit an Entwicklungsoptionen geschaffen werden. In diesem Fall können insbesondere die Teilziele und Indikatoren für deren Erreichung gemeinsam vereinbart werden, die den Kindern und Jugendlichen am meisten Orientierung und Unterstützung geben und die es ihnen erlauben, sich als autonom und selbstwirksam zu erleben. Eine direkte Verhaltensbeeinflussung stößt immer dann an Grenzen, wenn sie ohne die Einwilligung und Mitarbeit der Betroffenen durchgeführt wird.

Bei der Planung von Wirkungsanalysen oder wirkungsorientierten Steuerungsmechanismen muss den Beteiligten klar sein, dass die Erhebung bestimmter Wirkungsformen mit unterschiedlichen Veränderungsmodellen verknüpft ist und deshalb auf die Gestaltung der Heimerziehung rückwirken kann. Eine zu enge und expertenorientierte Definition von zu erzielenden Wirkungen bevorzugt stark beeinflussende Programme, diese stehen dem Generalziel der Selbstwirksamkeit und autonomen Lebensführung aber möglicherweise entgegen.

Wie lässt sich Wirkung nachweisen?

Welche Anforderungen an eine Wirkungsanalyse sind aus wissenschaftstheoretischer Perspektive zu stellen und welche lassen sich realistischerweise im Kontext von Heimerziehung einlösen? Hier wird kein neues Modell zur Wirkungsanalyse vorgeschlagen, sondern die logisch aufeinander aufbauenden Schritte einer Wirkungsanalyse werden theoretisch skizziert, und es wird jeweils überprüft, inwieweit sie in der Praxis der stationären Hilfen angewendet werden können.

Wirkung wird im Sprachgebrauch üblicherweise als durch eine verursachende Kraft ausgelöste Veränderung verstanden. Demnach besteht eine eindeutige Kausalbeziehung zwischen der

Ursache und der Wirkung. Um über die Wirkung der stationären Hilfen etwas sagen zu können, müssten wir herausfinden, für welche Veränderungen die stationäre Hilfe als Ursache infrage kommt.

Der Begriff „Wirkung" wird aber zum Teil auch schwächer gebraucht, zum Beispiel als Untersuchung von Veränderungen, die sich im Kontext der Einführung eines Programmes, der „impacts", ergeben. Diese Verwendung entspricht einer systemischen Sichtweise, nach der sich zwar die genaue Wirkung, also die Veränderung eines Systems, nicht vorhersagen lässt, aber Veränderungen der Systemdynamik durchaus beobachtet werden können. Vor allem ist es mit einer systemischen Betrachtungsweise eher möglich, die Wechselwirkungen zwischen Systemen in die Überlegungen einzubeziehen. Wird ein Kind zum Beispiel aus seiner Familie herausgenommen, verändert sich die Dynamik in dem Familiensystem erheblich. Bei bestimmten Ausgangskonstellationen lassen sich die Folgen für die Familienmitglieder daraus recht gut vorhersagen, in anderen Fällen ist eine Vielzahl von Entwicklungen möglich. Welche davon tatsächlich eintritt, hängt von verschiedenen Einflüssen ab, die sich nicht kontrollieren lassen. Um überhaupt Aussagen über Wirkungszusammenhänge machen zu können, müssen die im Folgenden dargestellten Bedingungen erfüllt werden.

Beteiligte und Betroffene beschreiben

Wenn man eine eindeutige Kausalbeziehung annimmt, gibt es die klare Unterscheidung zwischen verursachenden und beeinflussten Systemen beziehungsweise Systemaspekten. Demnach würde eine Heimunterbringung eine Verbesserung der psychosomatischen Symptome des untergebrachten Kindes und möglicherweise eine Veränderung des Familiensystems bewirken. In der Realität bilden die beteiligten Systeme in der Heimerziehung aber gemeinsam ein größeres System und beeinflussen sich gegenseitig. Nach diesem Verständnis führen die Symptomatik des Kindes und die damit verbundene Familiendynamik dazu, dass sich ein Hilfesystem aus Jugendamt und Wohngruppe bildet und sich mit dem Familiensystem verbindet. In diesem System kann dann möglicherweise das Kind sein Symptom aufgeben und die Familie ihre Dynamik dennoch aufrechterhalten. Das Helfersystem verändert sich im Zusammenhang mit der Familiendynamik.

Im professionellen Handeln wird diese Veränderung reflektiert und gestaltet, um im Weiteren möglicherweise eine Veränderung der Familiendynamik zu erreichen.

Die Abgrenzung und genaue Beschreibung der beteiligten Systeme sind häufig nur schwer möglich, ebenso die zeitliche Abgrenzung des Hilfeprozesses. Häufig wird deshalb eine vereinfachende Sichtweise herangezogen: Die Hilfe beginnt mit Eintritt in die stationäre Unterbringung, das Kind wird als beeinflusstes System, die Hilfe als das verursachende System betrachtet. Diese Vereinfachung entspricht nicht der Komplexität des Geschehens.

Ausgangslagen feststellen und bewerten, Prognosen erstellen

Für die Wirkungsanalyse ist es wesentlich, die Ausgangslage zu bestimmen und zu einer Prognose der weiteren Entwicklung zu kommen. Im kausalen Modell lässt sich das zu beeinflussende System objektiv beschreiben, unabhängig von den Systemen, die dieses beobachten beziehungsweise beeinflussen. Dieses Modell wird in der medizinischen Diagnostik angestrebt. Die daraus entwickelten Prognosen geben darüber Auskunft, wie sich das System entwickeln würde, wenn es keinen weiteren Einflüssen ausgesetzt wäre, um dann davon Entwicklungen unterscheiden zu können, die durch die Behandlung eingetreten sind.

In den erzieherischen Hilfen ist dieses Modell kaum anwendbar. Zu dem Zeitpunkt, an dem die Ausgangslage in einer Familie beobachtet und beschrieben wird, steht sie bereits mit dem Hilfesystem in Verbindung, und erste Veränderungen sind bereits dadurch eingetreten. Auch das beobachtende System, also das Jugendamt, ist Bestandteil des neuen erweiterten Hilfesystems und wird als solches wahrgenommen. Während die Diagnose und Prognose erstellt werden, finden bei allen Beteiligten Veränderungsprozesse statt. Für eine komplette Beschreibung und damit die Ableitung von Wirkungen wäre eine Darstellung des Gesamtsystems notwendig. In der Praxis wird das Hilfesystem aber häufig als stabil angenommen und deshalb nur partiell beschrieben, das Jugendamt und die stationäre Einrichtung bleiben meistens außen vor. Und in der Praxis werden Diagnosen und Prognosen auf unterschiedliche Weise erstellt, das heißt, wer welchen Beitrag zur Beobachtung und zur Erstellung der Diagnose beisteuert, variiert. Je nach Ansatz steht ein eher expertokratisches Vorgehen oder aber die Eigendiagnose der Nutzerinnen und Nutzer im Vordergrund (Strehler und Sierwald 2005).

Angesichts der komplexen, wenig stabilen sozialen Situationen ist es kaum möglich, gesicherte Prognosen im Erziehungshilfekontext zu stellen. Aufgrund bereits eingetretener Entwicklungen lässt sich bestenfalls abschätzen, mit welcher Wahrscheinlichkeit negativ bewertete Entwicklungen, wie Kindeswohlgefährdung, eintreten werden. Es werden also immer nur Wahrscheinlichkeiten für bestimmte Entwicklungsverläufe abgeschätzt und bewertet. Die Wirkung einer erzieherischen Hilfe wäre demnach die Veränderung dieser Wahrscheinlichkeiten. Die Hilfe würde als wirksam gelten, wenn sich die Wahrscheinlichkeit für positiv bewertete Verläufe insgesamt erhöht. Die Festlegung auf nur einen möglichen Entwicklungsverlauf, dessen Eintreten dann die Wirksamkeit der Hilfe im Nachhinein bestätigen würde, ist unter dieser Perspektive unrealistisch.

Wirkungsziele definieren

Ohne Wirkungsziele vor einer Maßnahme festzulegen, lässt sich deren Wirkung nicht überprüfen. Im Idealfall wird beschrieben, welche Wirkungen durch die Hilfe erreicht werden sollen beziehungsweise welcher Endzustand für das System angestrebt wird. Dies kann kleinteilig oder über die Festlegung von Leitzielen geschehen, wobei Leitziele eher angeben, welche möglichen Entwicklungsverläufe positiv bewertet werden. Wenn die Wirkungsziele gemeinsam festgelegt werden, zeigen sich dabei deutlich die unterschiedlichen Interessen der beteiligten Systeme. Kinder, Jugendliche und Eltern haben häufig andere Vorstellungen als die Fachkräfte, die nicht nur fachliche, sondern auch finanzielle Interessen im Auftrag ihres Amtes oder ihrer Einrichtung zu vertreten haben.

Verschiedene Untersuchungen belegen, dass Hilfen vor allem dann wirken, wenn alle Beteiligten diese akzeptieren und wenn die unterschiedlichen Aspekte der Zielsetzung deutlich sind (Pies und Schrapper 2005). Dies erfordert individuelle Lösungen im Einzelfall und einen hohen Verhandlungsaufwand in der Hilfeplanung. Neben den subjektiven Erfordernissen gibt es Ansprüche übergeordneter Systeme, also von Trägern, Kommunen und von der Gesellschaft, die noch andere, wenig individuell abgestimmte

Wirkungen erwarten. Diese übergeordneten Interessen sind legitim, und es sollte überprüft werden, inwieweit die damit verbundenen Erwartungen erfüllt werden. Diese Überprüfung kann sich dann allerdings nur auf überindividuelle Parameter und nicht auf den Einzelfall beziehen.

In vereinfachenden Ansätzen werden Wirkungsziele von einzelnen, häufig hierarchisch übergeordneten Systemen festgelegt und anschließend auf die Einzelfälle übertragen; zum Beispiel sollen alle Jugendlichen aus einer Einrichtung innerhalb eines Jahres ihren Notendurchschnitt in der Schule um eine Notenstufe verbessern. Dabei werden vor allem einfach messbare Wirkungsziele festgelegt. Implizit geschieht dies auch bei standardisierten Evaluationsverfahren, wie dem der „Evaluation erzieherischer Hilfen" (EVAS) (Macsenaere und Knab 2004), oder bei vorgegebenen Kriterienkatalogen. Dabei werden Zielkategorien überindividuell definiert, etwa die Abwesenheit klinischer Symptome, und überprüft. Ein Symptom ist aber nicht immer nur negativ zu bewerten. Im Einzelfall kann es durchaus ein Anzeichen für die intensive Auseinandersetzung mit einem problematischen Umfeld darstellen oder eine hohe kreative Potenz zeigen. Es kann also in der Hilfeplanung nicht darum gehen, von vornherein verkürzte Ziele vorzugeben. Die Kunst besteht vielmehr darin, komplexe Wirkungsziele zu vereinbaren und diese in konkreten Handlungszielen zu fassen. Dafür ist in den letzten Jahren eine Reihe von Ansätzen entwickelt worden (Strehler und Sierwald 2005).

Maßnahmen auswählen, durchführen und dokumentieren

Ausgehend von den Wirkungszielen lassen sich Maßnahmen festlegen und beschreiben, die zur Erreichung der Wirkungsziele führen. Die Maßnahmen werden mal konkreter, mal allgemeiner beschrieben, je nachdem wie komplex die beteiligten Systeme und die Wirkungsziele selbst sind. Stationäre Unterbringungen sind immer komplexe Maßnahmen, da die Aufgaben der Betreuung, Erziehung und Bildung, häufig noch ergänzt durch therapeutische Aufgaben, miteinander zu verbinden sind. Sinnvollerweise wird unterschieden zwischen einerseits selbstverständlichen Wirkungen, wie der Sicherung der Versorgung, des Kindesschutzes oder der Kontaktpflege zur Herkunftsfamilie, und andererseits zusätzlich vereinbarten Wirkungen, zum Beispiel der Reduktion auffälligen Verhaltens oder der Erarbeitung einer biografischen

Identität. In diesem Schritt sollte eine Verständigung darüber erfolgen, inwieweit die vereinbarten Maßnahmen in einem Zusammenhang mit den erwarteten Änderungen stehen in dem Wissen, dass die Maßnahmen nicht sofortig zum Ziel führen müssen, sondern oft erst später Wirkung zeigen. Bei einer eindimensionalen Wirkungsorientierung findet an diesem Punkt zwischen dem öffentlichen und dem freien Träger, also zwischen Auftraggeber und Leistungserbringer, allerdings kein Austausch mehr statt. Die Prozess- und Strukturqualität liegt allein in der Verantwortung des freien Trägers, er hat lediglich über die erzielten Wirkungen, also das Ergebnis, Rechenschaft abzulegen.

Beginn, kontrollierte Durchführung und Beendigung der Maßnahme

Nachdem alle Beteiligten die Ziele verhandelt und vereinbart sowie den eventuell noch bestehenden Dissens festgehalten haben, kann die stationäre Maßnahme beginnen. Alle nun folgenden Bestandteile der durchgeführten Hilfe sind für die spätere Wirkungsanalyse genau zu dokumentieren. Hierbei kommt die Besonderheit stationärer Unterbringungen zum Tragen.

Stationäre Hilfen greifen viel stärker in die Lebensführung von Kindern und Jugendlichen ein, als dies andere Hilfen tun. Man kann sie nicht als eine gezielte Intervention verstehen, die sich auf die Veränderung eines bestimmten Lebensbereiches bezieht. Mit dem Eintritt in die stationäre Hilfe ändern sich viele wesentliche Einflussfaktoren für die Entwicklung eines jungen Menschen, angefangen von der Grundversorgung Essen, Schlafen, Wohnen über die Gestaltung der Kommunikation mit neuen Regeln bis hin zur Gestaltung von schulischen Bedingungen und von Kontakten mit Gleichaltrigen. Hinzu kommt die plötzliche Trennung von Eltern und Geschwistern. Die gleichzeitige Veränderung vieler unterschiedlicher Einflussfaktoren lässt eine genaue Eingrenzung der Wirkung einzelner Maßnahmebestandteile kaum zu. Sie widerspricht sogar der gezielten Veränderung einzelner Parameter, wie sie zu einer exakten Wirkungskontrolle gehören würde.

Wenn die Wirkungen der stationären Unterbringung jedoch von vielfältigen anderen Einflüssen nicht zu trennen sind, dann ist eine genaue Dokumentation des komplexen Betreuungsvorganges schwierig. Sie gäbe dem Kind oder dem Jugendlichen das Gefühl, unter ständiger Beobachtung zu stehen. Ein Leben unter der Lupe zu führen, beeinträchtigt Mädchen und Jungen aber vermutlich darin, einen eigenständigen, autonomen Lebensentwurf und Selbstwirksamkeitserwartungen zu entwickeln. Eine zu detailliert durchgeführte Wirkungskontrolle kann also geradezu verhindern, dass erwünschte Wirkungen eintreten.

Veränderungen zum richtigen Zeitpunkt feststellen

Es ist kontinuierlich zu überprüfen, wie sich die Lebenslage des Jugendlichen verändert hat, insbesondere bei Beendigung der Maßnahme sowie zu den Zeitpunkten, an denen sich Wirkungen zeigen sollten. Wirkungen können sich also zu unterschiedlichen Zeitpunkten einstellen: während der Maßnahme, wenn es um das Erreichen von Teilzielen oder erste Wirkungen geht, am Ende der Hilfe oder sogar lange nachdem die Maßnahme beendet wurde. Die Wirkungen von präventiven Maßnahmen, wie Selbstsicherheitstraining oder biografischer Arbeit, die in der Heimeinrichtung durchgeführt werden, zeigen sich erst nach längerer Zeit, zum Beispiel im Umgang mit Alkohol im jungen Erwachsenenalter oder im Umgang mit Beziehungen und in der Lebensgestaltung als junger Erwachsener. Ähnlich wie in der therapeutischen Arbeit können wir damit rechnen, dass sich Jugendliche in Phasen verändern und neu organisieren und dass diese Phasen zunächst auch chaotisch verlaufen können. Und zu Veränderungen und Entwicklungen gehören auch Rückschläge. Die Wirkung einer Heimunterbringung zeigt sich eher im Umgang mit diesen Krisen als in ihrem Ausbleiben. Wenn man nachhaltige und nicht nur kurzfristige Wirkungen in den Blick nehmen möchte, stellt sich also die Frage, welches der richtige Zeitpunkt für die Veränderungsmessung ist.

Wirkungen analysieren und bewerten

Aus den Daten, die zu Beginn und am Ende der Heimunterbringung erhoben wurden, lassen sich tatsächliche Entwicklungen identifizieren, die anschließend mit den erwarteten Entwicklungen verglichen werden können. Dabei werden zunächst nur Veränderungen festgestellt, der Nachweis einer Wirkung der Maßnahme ist noch nicht erfolgt. Dies ist erst möglich, wenn in einem weiteren Schritt der Abgleich mit den Wirkungszielen geschehen ist. Bei der Auswertung von einzelnen Hilfeverläufen ist zu bedenken, dass Ziele beziehungsweise Entwicklungen mit einer bestimmten Wahrscheinlichkeit eintreten und dass es normal und nicht gleich als erwartungswidrig einzustufen ist, wenn einzelne Ziele nicht wie gedacht eintreten. Es wird also überprüft, inwieweit die vereinbarten Ziele erreicht wurden oder nicht und ob nicht intendierte Veränderungen, man könnte auch Nebenwirkungen sagen, eingetreten sind. Nebenwirkungen sind nicht per se negativ, sie wurden jedoch in den Zielvereinbarungen nicht bedacht. Deshalb liegt kein Konsens zwischen den Beteiligten beziehungsweise Betroffenen vor, was die Bewertung dieser Nebenwirkungen betrifft. Man kann damit rechnen, dass die Bewertung unterschiedlich ausfällt. Und damit nicht genug. Die beteiligten Personen können auch die anfangs vereinbarten Ziele selbst im Verlauf der Maßnahme neu bewerten. Beispielsweise kann das Ziel „Aufnahme in einen Fußballförderkader" aus Sicht des Jugendlichen an Bedeutung verlieren, sei es durch eine Verletzung, durch eine Umorientierung in den Interessen oder durch eine realistische Einschätzung eigener Möglichkeiten. Ob die Ziele erreicht wurden beziehungsweise ob die gewünschten Wirkungen eingetreten sind, lässt sich nur dann umfänglich beurteilen, wenn während der Unterbringung, an ihrem Ende und an einem späteren Zeitpunkt alle Beteiligten die Gelegenheit bekommen, die Maßnahme zu bewerten. Die Bewertung der Heimunterbringung allein bei den Fachkräften anzusiedeln, noch dazu ohne dass sie dabei ihre Bewertungsmaßstäbe transparent zu machen haben, vereinfacht zwar das Vorgehen, dem Zusammenwirken von Kindern, Eltern und Fachkräften in der stationären Erziehungshilfe (Stichwort „Koproduktion") wird dieser verkürzte Ansatz aber in keiner Weise gerecht.

Wirkungen der Maßnahme nachweisen, andere Einflussfaktoren ausschließen

Bei einer echten Wirkungsanalyse steht zuletzt der Schritt an, die eingetretenen Veränderungen – sowohl die vereinbarten Wirkungsziele als auch die nicht beabsichtigten Nebenwirkungen – einzelnen Systemkomponenten zuzuordnen. Um der stationären Maßnahme allein eine Wirkung zuschreiben zu können, müssten andere Einflussfaktoren definitiv ausgeschlossen werden. Dies ist in der Lebensrealität einer Einrichtung praktisch unmöglich, die in aller Regel ein sehr offenes System darstellt. Einflüsse durch die Schule oder durch die Peergroup lassen sich prinzipiell nicht ausschalten.

Dieses Problem lässt sich theoretisch auf zwei Wegen lösen. Stationäre Maßnahmen könnten zu geschlossenen Systemen umfunktioniert werden, in denen alle Systembestandteile kontrollierbar wären. Es versteht sich von selbst, dass dieser Weg für die Praxis aus verschiedenen Gründen nicht infrage kommt. Oder es setzt sich ein Verständnis von Wirkungen durch, das die stationäre Maßnahme als ein unterstützendes System für Selbstorganisationsprozesse mit prinzipiell offenem Ausgang sieht. Dies bedeutet zum Beispiel, dass die Wirkung einer Hilfe nicht daran abzulesen ist, ob Jugendliche immer ihr Zimmer ordentlich aufräumen, sondern ob sie sich für ein individuelles Ordnungsmuster entscheiden können. Sie sollten wissen, wie man ein Zimmer aufräumen kann und welche Vor- und Nachteile unterschiedliche Ordnungssysteme haben. Und sie sollten auch wissen, in welchen Situationen die Gestaltungsmöglichkeiten eingeschränkt sind, etwa wenn sie mit anderen ein Zimmer teilen oder wenn sie ein eigenes Kind haben. Ziel einer Hilfe in diesem Sinne ist also die Erweiterung von Handlungsmöglichkeiten und ein reflektierter Umgang mit diesen.

Ansätze für die Erfassung von Wirksamkeit

Im folgenden Abschnitt werden drei eher als idealtypisch zu verstehende Ansätze zur Überprüfung von Wirksamkeit vorgestellt, und es wird kurz auf deren Möglichkeiten und Grenzen eingegangen. Dies soll dazu beitragen, die in der Praxis verwendeten Verfahren, die häufig gemischte Zugänge verwenden, besser bewerten zu können.

Kriterienorientierte Ansätze

In kriterienorientierten Ansätzen werden fallübergreifend Indikatoren definiert, mit deren Hilfe erfasst werden soll, ob im Zuge der Heimunterbringung die gewünschten Wirkungen eintreten. Die Bewertung nehmen ausschließlich die Fachkräfte vor, ebenso wie es Fachleute sind, die die Indikatoren entwickeln. Ein Beispiel für einen indikatorengestützten Ansatz ist das Evaluationssystem für erzieherische Hilfen EVAS (Macsenaere und Knab 2004), in dem klinisch-psychologische und defizitorientierte Indikatoren, ergänzt durch ressourcenorientierte Anteile, die zentralen Bewertungsmaßstäbe bilden. Ein kriterienorientierter Ansatz müsste theoretisch voraussetzen, dass alle Beteiligten den zugrunde liegenden Ansatz kennen und gutheißen, sofern Auswertungen im Einzelfall stattfinden. Dies mag im konkreten Fall EVAS für die beteiligten Fachkräfte der öffentlichen und freien Träger vielleicht noch zutreffen, sicher aber nicht für die betroffenen Kinder, Jugendlichen und Eltern. Damit eignet sich dieser Ansatz bestenfalls für fallübergreifende Auswertungen. Wenn daraus aber Ziele für den Einzelfall abgeleitet werden, so sollte dies den jeweils betroffenen jungen Menschen und ihren Eltern gegenüber transparent gemacht werden. Sie benötigen Klarheit darüber, welche Ziele der Träger aufgrund seiner Teilnahme an einem bestimmten Evaluationssystem in jedem Fall verfolgt, um seine Wirksamkeit dem Jugendamt gegenüber nachweisen zu können. Diese Transparenz ist mit Blick auf die Betroffenen unbedingt wünschenswert, sie schränkt aber wiederum die Handlungsfähigkeit der Fachkräfte deutlich ein, die Zielsetzungen im Einzelfall individuell und nutzerorientiert zuzuschneiden.

Nutzerorientierte Ansätze

Ohne die Nutzerinnen und Nutzer können stationäre Hilfen nicht wirken, sie müssen sich die von den Professionellen gemachten Angebote aneignen. Sie sind die eigentlichen Produzenten der Wirkungen, die Professionellen sind lediglich Koproduzenten. In diesem dienstleistungsorientierten Ansatz rückt die Perspektive der Adressatinnen für die Gestaltung der Hilfe, aber auch für die Beurteilung der Wirkung, ins Zentrum (Oelerich und Schaarschuch 2005). Die Adressaten werden als diejenigen angesehen, die als Experten ihrer eigenen Situation am besten beurteilen können, ob ihnen eine Hilfe geholfen hat oder nicht. Chantal Munsch (2006) stellt heraus, dass sie dabei unterstützt werden müssen, dass Räume für eine Fallreflexion gegeben sein müssen. Dann kann über die Frage nach der Zufriedenheit hinaus erarbeitet werden, welche Wirkungen die Adressatinnen wahrnehmen und was aus ihrer Sicht am ehesten zum Erfolg der Hilfe beigetragen hat. Dabei wird deutlich, dass es häufig andere Einflüsse als die Hilfe selbst sind, die als entscheidend für die Gestaltung und Veränderung der Lebenslage angesehen werden.

In diesen Ansätzen werden die Interessen und Bewertungen der anderen Beteiligten, insbesondere der Fachkräfte und der Institutionen, nur wenig artikuliert. Dies ist im Sinne einer stärkeren Berücksichtigung der Belange der Nutzerinnen und Nutzer sicher sinnvoll. Es birgt aber die Gefahr, dass diese Interessen und Bewertungen zwar wirksam bleiben, aber nicht allen Beteiligten transparent gemacht werden.

Zielorientierte Evaluation

Die Ansätze einer zielorientierten Evaluation orientieren sich direkt am Einzelfall, es werden primär die in der Hilfeplanung vereinbarten Wirkungsziele überprüft. Dies setzt allerdings voraus, dass die Ziele in geeigneter Weise vereinbart wurden, und damit gewinnt die Aushandlung der Interessen der Beteiligten an Bedeutung. Das Modellprojekt „Hilfeplanung als Kontraktmanagement?" hat gezeigt, dass die wesentlichen Voraussetzungen dafür eine gute Kooperation zwischen öffentlichen und freien Trägern sowie die intensive Beteiligung von Kindern, Jugendlichen und ihren Eltern im Hilfeplanverfahren sind (Strehler und Sierwald 2005). Jugendamt und Einrichtungsträger vereinbaren im Idealfall geeignete Verfahren, die auf einem geteilten Verständnis des Hilfeplanverfahrens und seiner Ziele beruhen. Läuft die Kooperation gut, können die Fachkräfte ihre Kompetenzen in einem unterstützenden Arbeitsklima einbringen. Für die Erarbeitung von Zielen während der Hilfeplanung stehen inzwischen zahlreiche Instrumente zur Verfügung, die sich häufig auf unterschiedliche Zielebenen (Wirkungsziele, Mittlerziele, Handlungsziele), auf die Aushandlung von Zielen zwischen den unterschiedlichen Beteiligten sowie auf die Formulierung von Zielen beziehen. Besonders hat sich die Formulierung von Zielen bewährt, die spezifisch, messbar, akzeptiert und attraktiv, realistisch und terminiert sein sollen, abgekürzt „smart". Die Instrumente allein stellen allerdings nicht sicher, dass geeignete Ziele gefunden werden. Die Fachkräfte müssen die Nutzerinnen und Nutzer unterstützen und sie in die Lage versetzen, sich an der Hilfeplanung intensiv zu beteiligen (siehe auch Schwabe 2005).

In der zielorientierten Evaluation wird genau überprüft, ob die gemeinsam vereinbarten Ziele des Hilfeplanes erreicht wurden oder ob sie angepasst werden müssen. Entsprechend wird der Hilfeplan fortgeschrieben. Die beteiligten Kinder und Eltern sowie die Fachkräfte können in den regelmäßig stattfindenden Hilfeplangesprächen die Wirkungen der Maßnahme gemeinsam bestimmen und analysieren. Die Auswertung der Hilfeplanung ist als kontinuierlicher Prozess zu verstehen. Sie findet zu verschiedenen Zeitpunkten während der laufenden Hilfe und bei beziehungsweise nach Beendigung der Hilfe statt. Die Evaluation der Hilfe wird in der Praxis häufig gar nicht oder nur mit geringem Zeitaufwand und mäßiger Qualität durchgeführt. Dadurch wird zum einen die Chance vertan, zu Aussagen über die Wirkung von Heimerziehung im Einzelfall zu kommen. Zum anderen geht eine Reihe von Anregungen für die Weiterentwicklung der Hilfeplanung und der Hilfen selbst verloren, wenn die systematische Auswertung entfällt. Die Auswertungsergebnisse lassen sich systematischer als bisher für die Planung weiterer Hilfen nutzen.

Mit der zielorientierten Evaluation lässt sich gut abbilden, was in einer einzelnen Hilfemaßnahme erreicht wurde. Mit dem Verfahren ist es allerdings schwierig, zu überindividuellen Bewertungen zu kommen. Dies kann nur im Sinne einer kooperativen Qualitätsentwicklung geschehen, in der öffentlicher und freie Träger Hilfeverläufe gemeinsam bewerten. Der Ansatz macht deutlich, dass die Wirksamkeit einer Hilfe bereits mit der sorgfältigen Erarbeitung des Hilfeplanes beginnt. Eine Evaluation von stationären Hilfen vorzunehmen, ohne den Hilfeplanprozess dabei einzubeziehen, ist aus dieser Sichtweise nicht sinnvoll.

Zum weiteren Umgang mit der Wirksamkeitsfrage – ein Ausblick

Wie lässt sich das Thema Wirkungsorientierung positiv für die erzieherischen Hilfen und besonders für die stationäre Unterbringung nutzen? Und wo sollte die Debatte darüber weitergehen?

Für die erzieherischen Hilfen sollte es selbstverständlich sein, Wirkungen und Veränderungen in den Blick zu nehmen. Ohne diese Perspektive ist eine Qualitätsentwicklung in der Praxis auf Dauer nicht möglich. Dazu braucht es systematisch weiterentwickelte Dokumentationssysteme, die die Arbeit in der stationären Unterbringung tatsächlich unterstützen. Bei der Entwicklung können die Bereiche Forschung und Evaluation Hand in Hand arbeiten.

Die Wissenschaft sollte sich stärker der Frage nach dem Zusammenhang von Handlungen und Wirkungen widmen. Um die Möglichkeiten einer Wirkungsorientierung sinnvoll voranzubringen, gilt es, die wissenschaftlichen Grundlagen dafür weiterzuentwickeln, zum Beispiel in Form von reliablen und validen sowie sozialpädagogisch relevanten Erfassungsinstrumenten. Sie sollen dazu beitragen, dass die Forschung im Gebiet der erzieherischen Hilfen die Komplexität ihres Feldes abbilden kann. Wirkungsanalysen, die strengen wissenschaftlichen Maßstäben entsprechen, werden sich in diesem Bereich nicht eins zu eins umsetzen lassen. Wer künftig ernsthaft Wirkungen nachweisen möchte, sollte deshalb klarstellen, welche Aspekte er dabei in den Mittelpunkt stellt und welche Einschränkungen er in Kauf nimmt.

Das Thema der Wirkungen ist vor allem ein fachliches und kein ökonomisches Thema. Derzeit wird der Wirkungsnachweis mit der Steuerung und der Finanzierung von Hilfen verknüpft. Bei der Frage nach Wirkungen sollte stattdessen aber die kontinuierliche Weiterentwicklung der Hilfen im Einzelfall (Fortschreibungen, Planungen) und auf fallübergreifender Ebene (Evaluation der Hilfe und der Hilfeplanung) im Vordergrund stehen, nicht die Kürzung von Entgelten. Denn Wirkungen lassen sich nicht über Einzelfallentgelte steuern.

Da im Einzelfall Wirkungen auch bei fachlich guter Arbeit nur mit bestimmten Wahrscheinlichkeiten eintreten, müssen nicht erreichte, aber ebenso erreichte Zielsetzungen Nachfragen auslösen: Waren die Grundlagen für die Zielvereinbarung aus heutiger Sicht stimmig? Waren die vereinbarten Ziele angemessen, also mit einer mittleren Wahrscheinlichkeit zu erreichen? Entsprechen die fachlichen Leistungen, mit denen die Ziele erreicht werden sollen, der vereinbarten und fachlich erwartbaren (Struktur- und Prozess-)Qualität? Einzig wenn Letzteres verneint werden muss, wäre dies ein Grund, Entgelte zu kürzen. Dies muss auch dann erfolgen, wenn Ziele mit fachlich nicht vertretbaren Mitteln erreicht werden, Schulerfolge zum Beispiel mit freiheitsentziehenden Maßnahmen erzwungen werden. Wird allerdings das Entgelt mit dem Erreichen beziehungsweise Nichterreichen von Hilfeplanzielen verknüpft, dann haben wir damit zu rechnen, dass diese Ziele in Zukunft nicht mehr nutzergerecht, sondern juristisch überprüfbar formuliert werden, damit freie Träger in Prozessen um etwaige Entgeltkürzungen bestehen können.

Die Hilfeplanung ist ein wesentlicher Bestandteil der gesamten Hilfe, und ohne die dort zu vereinbarenden Ziele ist eine Wirkungsanalyse nicht möglich. Um die Hilfeplanung weiter zu qualifizieren, sollte die kooperative Qualitätsentwicklung von freien und öffentlichen Trägern vorangetrieben werden. Ein reines Auftraggeber-Auftragnehmer-Verhältnis dürfte hierbei kaum hilfreich sein und entspricht im Übrigen nicht der Realität und den gesetzlichen Grundlagen. Öffentliche und freie Träger sitzen in einem Boot und haben sich gemeinsam um die Weiterentwicklung zu kümmern.

Eine wirkungsorientierte Steuerung der Hilfen zur Erziehung ist auf der fallübergreifenden Ebene sinnvoll als Thema der Jugendhilfeplanung und der kooperativen Qualitätsentwicklung. Dokumentierte Veränderungen und plausibilisierte Wirkungen sollten ein wichtiges Thema in den Leistungs- und Entgeltvereinbarungen sein, die Überprüfbarkeit ein wesentlicher Bestandteil von Qualitätsentwicklungsvereinbarungen.

Bei der Weiterentwicklung müssen die unausweichlich entstehenden Dilemmata im Blick bleiben. Jede Messung beeinflusst das System ebenso wie jede Koppelung an ein anderes System. Jede Messung ist eine Standardisierung und Vereinfachung, zugleich droht eine Überlastung durch Dokumentations- und Messverfahren. Die Zielsetzungen der Erhebungen sind deshalb immer genau zu klären und zu verhandeln. Es kann nicht allein darum gehen, einfache Lösungen durchzusetzen.

Die Wirkungsorientierung lässt sich dafür nutzen, die Stellung der Kinder, Jugendlichen und Eltern im Hilfeprozess zu stärken. Ihre systematische und umfängliche Beteiligung und Einbindung sind die wesentliche Voraussetzung für das Gelingen von Hilfen. Wenn die Evaluation danach fragt, welche Verwirklichungschancen die sozialpädagogischen Maßnahmen den Mädchen und Jungen eröffnen, dann wird deutlich, dass es in der Kinder- und Jugendhilfe oft nicht nur um Wirkungen geht, die sich am Verhalten der Betroffenen ablesen lassen, sondern darum, Kindern und Jugendlichen, die am Rand der Gesellschaft stehen, die Teilhabe an gesellschaftlichen Ressourcen zu erschließen. Erst dann werden sie in die Lage versetzt, autonom entscheiden zu können, wie sie ihr Leben gestalten möchten. Die nachhaltigste Wirkung liegt darin, jungen Menschen zu Selbstwirksamkeitserfahrungen und -überzeugungen zu verhelfen und ihnen die Möglichkeit zu geben, eigene Lebensentwürfe zu verwirklichen. Letzteres ist allerdings in der heutigen gesellschaftlichen Lage, in der es um die Teilhabechancen von Jugendlichen nicht gerade gut bestellt ist, schwierig durchzusetzen.

Nicht zuletzt möchten wir auf eine vermeintliche Selbstverständlichkeit für die Soziale Arbeit hinweisen: Jedes Handwerkszeug erfordert Haltungen. Die Frage nach den Wirkungen kann als finanzpolitisches Steuerungsinstrument missbraucht werden. Dies kann allerdings kaum geschehen, wenn sie von Fachkräften der Kinder- und Jugendhilfe gestellt wird, denen es um die Ermöglichung von Teilhabe und von autonomer Lebensgestaltung der Nutzerinnen und Nutzer geht. Mit dieser Haltung sollte die Diskussion um das Handwerkszeug „Wirkungsorientierung" fortgeführt werden.

Anmerkung

1
Umfangreiches Material findet sich auf der Projektseite im Internet, die unter der Adresse http://www.wirkungsorientierte-jugendhilfe.de zu finden ist.

Literatur

Freigang, Werner (2003).
Wirkt Heimerziehung? Heimerziehung im Spiegel empirischer Studien.
In N. Struck, M. Galuske & W. Thole (Hrsg.), Reform der Heimerziehung. Eine Bilanz (S. 37–52).
Opladen: Leske + Budrich.

Gabriel, Thomas (2006).
Wirkungen von Heimerziehung – Perspektiven der Forschung. Expertise im Kontext des Bundesmodellprogramms „Wirkungsorientierte Qualifizierung der Hilfen zur Erziehung".
Unveröffentlichtes Manuskript.

Kreher, Simone (2002).
Sich anpassen und sich behaupten: Wie Kinder Fremduntergebrachtsein verarbeiten.
In Sozialpädagogisches Institut im SOS-Kinderdorf e.V. (Hrsg.), Glücklich an einem fremden Ort? Familienähnliche Betreuung in der Diskussion (S. 137–162).
Weinheim: Juventa.

Macsenaere, Michael & Knab, Eckhart (2004).
Evaluationsstudie erzieherischer Hilfen (EVAS). Eine Einführung.
Freiburg im Breisgau: Lambertus.

Merchel, Joachim (2006).
Zum Umgang mit „Wirkung" in Qualitätsentwicklungsvereinbarungen zur Erziehungshilfe (§ 78 b SGB VIII): Erkenntnisse zur aktuellen Praxis und Gestaltungsperspektiven. Expertise im Kontext des Bundesmodellprogramms „Wirkungsorientierte Qualifizierung der Hilfen zur Erziehung".
Unveröffentlichtes Manuskript.

Moos, Marion & Schmutz, Elisabeth (2006).
Familienaktivierende Heimerziehung. Abschlussbericht der wissenschaftlichen Begleitung zum Projekt „Neue Formen Familienaktivierender Heimerziehung in Rheinland-Pfalz".
Mainz: Institut für Sozialpädagogische Forschung Mainz e.V.

Munsch, Chantal (2006).
Wirkungen erzieherischer Hilfen aus der Sicht der Adressatinnen und Adressaten. Forum Jugendhilfe, 3, 62–67.

Oelerich, Gertrud & Schaarschuch, Andreas (Hrsg.) (2005).
Soziale Dienstleistungen aus Nutzersicht. Zum Gebrauchswert Sozialer Arbeit.
München: Ernst Reinhardt.

Pies, Silke & Schrapper, Christian (2005).
Hilfeplanung als Kontraktmanagement? Ein Bundesmodellprojekt zur Fortentwicklung der Hilfeplanung in der Kinder- und Jugendhilfe.
In Sozialpädagogisches Institut im SOS-Kinderdorf e.V. (Hrsg.), Hilfeplanung – reine Formsache? Dokumentation 4 der SPI-Schriftenreihe (S. 63–81).
München: Eigenverlag.

Schneewind, Klaus A. (1999).
Familienpsychologie (2., überarbeitete Auflage).
Stuttgart: Kohlhammer.

Schrödter, Mark & Ziegler, Holger (2006).
Was wirkt in der Kinder- und Jugendhilfe? Internationaler Überblick und Entwurf eines Indikatorensystems von Verwirklichungschancen.
Unveröffentlichtes Manuskript.

Schwabe, Matthias (2005).
Methoden der Hilfeplanung. Zielentwicklung, Moderation und Aushandlung.
Frankfurt am Main: Internationale Gesellschaft für erzieherische Hilfen.

Strehler, Marion & Sierwald, Wolfgang (2005).
Ziele gemeinsam setzen – Zielfindung und Zielformulierung als kooperativer Prozess.
In Sozialpädagogisches Institut im SOS-Kinderdorf e.V. (Hrsg.), Hilfeplanung – reine Formsache? Dokumentation 4 der SPI-Schriftenreihe (S. 133–162).
München: Eigenverlag.

Tornow, Harald (2006).
Wirkungsevaluation von Hilfen zur Erziehung mit WIMES.
EREV-Schriftenreihe, 3, 37–55.

Wolf, Klaus (2003).
Und sie verändert sich immer noch: Entwicklungsprozess in der Heimerziehung.
In N. Struck, M. Galuske & W. Thole (Hrsg.), Reform der Heimerziehung. Eine Bilanz (S. 19–36).
Opladen: Leske + Budrich.

Wolf, Klaus (2006).
Metaanalysen von Fallstudien erzieherischer Hilfen hinsichtlich von Wirkungen und „wirkmächtigen" Faktoren aus Nutzersicht.
Expertise im Kontext des Bundesmodellprogramms „Wirkungsorientierte Qualifizierung der Hilfen zur Erziehung".
Unveröffentlichtes Manuskript.

Mechthild Wolff

Zwischen Fürsorge und Eigenverantwortung – Überlegungen zu einem pädagogischen Spannungsfeld der stationären Erziehungshilfe

Der Titel dieses Beitrages enthält zwei Begriffe, die in einem Spannungsverhältnis zueinander stehen, die Diskrepanzen in sich bergen und nicht zusammenzupassen scheinen: „Fürsorge" und „Eigenverantwortung". Das Dilemma, das die beiden Begriffe beschreiben, ist im Jugendhilfebereich auf mehreren Ebenen und für unterschiedliche beteiligte Personengruppen und Organisationen relevant. Es zeigt sich zum Beispiel in folgenden Gegensätzen:

- Fürsorgepflicht des Staates versus Eigenverantwortlichkeit der Kommunen angesichts leerer Kassen,

- Fürsorgepflicht der Gesellschaft gegenüber Benachteiligten versus Eigenverantwortlichkeit des Gemeinwesens zur Integration sozial ausgegrenzter Personengruppen,

- Fürsorgepflicht der Jugendämter zur Sicherstellung von Fachlichkeit versus Eigenverantwortung der Träger zur Erbringung von Qualität,

- Fürsorgepflicht der Jugendämter versus Eigenverantwortung der Eltern.

Die Gegensätze und damit die Spannungsverhältnisse beziehen sich auf organisatorische, strukturelle, konzeptionelle oder finanzielle Aspekte. Träger, Behörden, Kommunen, Landkreise und Fachkräfte müssen im Rahmen dieser Spannungsverhältnisse arbeiten, ohne sich in ihren jeweiligen Gestaltungsspielräumen einengen zu lassen.

Das Spannungsfeld zwischen Fürsorge und Verantwortung findet sich aber auch auf pädagogischer Ebene und zeigt sich zum Beispiel als Gegensatz von Fürsorgepflicht der Eltern versus Eigenverantwortlichkeit der Kinder.

In diesem Zusammenhang scheint sich zunehmend eine Verunsicherung unter den Erziehungsberechtigten breitzumachen. So war im Magazin der Süddeutschen Zeitung diesbezüglich im letzten Jahr zu lesen, dass in Deutschland jährlich insgesamt 750 Millionen Euro für Erziehungsratgeber ausgegeben wurden – ein Betrag, der alle bisherigen Rekorde gebrochen hat. In den Erziehungsberatungsstellen und bei Sorgentelefonen hat sich die Zahl der Elternkontakte verdoppelt. Beleg für die Unsicherheit von Eltern ist zudem der Umstand, dass die Medien beim Verkauf zweifelhaften Expertenwissens zu Erziehungsfragen große finanzielle Erfolge erzielen. In der Serie „Super Nanny" etwa wird gezielt pädagogisch interveniert, indem der Wille von Kindern vielfach massiv gebrochen wird. Der Deutsche Kinderschutzbund hat dies reklamiert und kritisiert. In seiner Stellungnahme heißt es: „Die Serie ‚Die Super Nanny' wird jedoch weder in ihrer Form noch in ihren Inhalten diesem Anspruch [nach Unterstützung und Hinweisen für den Erziehungsalltag, M.W.] unter Beachtung der Kinderrechte und der Menschenwürde gerecht" (Deutscher Kinderschutzbund Landesverband Nordrhein-Westfalen e.V. 2004).

Meine weiteren Ausführungen werden sich auf die pädagogische Ebene des Themas „Zwischen Fürsorge und Eigenverantwortung" beziehen, hier allerdings nicht auf die Probleme der innerfamiliären Erziehung, sondern auf den jugendhilferelevanten Aspekt Fürsorge von Professionellen versus Eigenverantwortung von Kindern und Jugendlichen.

Ich möchte fragen: Was passiert eigentlich, wenn ich als Professionelle gegenüber einem Kind oder einem Jugendlichen nicht konstruktiv mit dem Spannungsfeld zwischen Fürsorge und Selbstverantwortung umgehen kann? Was ist, wenn ich mich ganz oder zu stark auf eine Seite schlage? Wenn ich überfürsorglich bin oder wenn ich die Eigenverantwortung des Kindes oder Jugendlichen nicht sehe, nicht einsehe, nicht achte oder nicht fördere? Was ist, wenn ich die Autonomie, das Selbstdefinitionsrecht des Kindes oder Jugendlichen nicht anerkenne?

Dieser Fragenkomplex führt unweigerlich zu dem Thema: Wie komme ich zu einer Haltung, aus der heraus ich Kindern oder Jugendlichen Eigenverantwortung zugestehe? Lässt sich eine solche Haltung herstellen, oder kann ich davon ausgehen, dass Fachkräfte sie bereits in ihren Beruf mitbringen sollten? Und was passiert, wenn diese Haltung bei Fachkräften gar nicht vorhanden ist, wenn sie die Eigenverantwortung von Kindern und Jugendlichen missachten? Es geht um heikle Fragen, und gerade deshalb ist es wichtig, sie offen und mit Nachdruck zu verfolgen.

Die Nichtachtung von Eigenverantwortung hat viele Gesichter

Die Nichtachtung von Eigenverantwortung, von Autonomie, von Selbstdefinition kann viele Gesichter und Formen annehmen und sich in ihrer Intensität stark unterscheiden. Sie kann sich in kurzen (auch belanglos scheinenden) Alltagssituationen zeigen, etwa indem ich Kinder zu etwas auffordere, was sie nicht wollen, oder wenn ich die Privatsphäre von Klientinnen und Klienten nicht achte und zum Beispiel in ein Badezimmer trete, ohne vorher anzuklopfen. Nichtachtung kann sich auch in Form des Unterlassens von notwendigen Reaktionen ausdrücken, etwa wenn ich dem Kind meine Aufmerksamkeit und Zuwendung entziehe. Auch Taschengeldentzug als pädagogische Sanktion muss in diesem Zusammenhang gesehen werden; und selbstverständlich gehören auch die Missachtung des Selbstbestimmungsrechtes und die Zerstörung der persönlichen Integrität bei sexuellem Missbrauch zu diesem Themenkomplex (zum Aspekt der Macht in stationären Settings siehe Wolf 1999).

Wir wissen, dass Hilfesettings, in denen hohe Abhängigkeitsverhältnisse zwischen Klientinnen oder Klienten und Helferinnen oder Helfern bestehen, besonders anfällig für derartige Konfliktsituationen sind. Gerade Hilfeleistungen, die sich auf die Intimsphäre von Klientinnen und Klienten beziehen, können oft einer Gratwanderung gleichkommen, etwa wenn Personen sich selbst nicht (mehr) helfen können und beispielsweise gewaschen werden müssen. Schlechter Personalstand, hohe Arbeitsbelastung und Burn-out-Symptome sind Faktoren, die forcierend hinzukommen und potenzielle Konflikte noch befördern können. Die Gefahren übergriffiger Verhaltensweisen sind demnach im Tätigkeitsprofil von beziehungsintensiven Hilfesettings und damit auch im Bereich der stationären Erziehungshilfe angelegt.

Um zu verdeutlichen, worum es bei dem Spannungsfeld zwischen Fürsorge und Eigenverantwortung ganz konkret gehen kann, stelle ich im Folgenden zwei Fallbeispiele (1) dar, auf die ich im Rahmen meiner derzeitigen beruflichen Tätigkeit in einer Ausbildungseinrichtung aufmerksam geworden bin. Sicher handelt es sich um extreme Beispiele, aber wenn man diesen Aufmerksamkeit schenkt, wird die Problematik offenkundig.

Problematische Grundhaltungen in der Ausbildung

Als Hochschuldozentin bin ich selbst oder als Beobachterin mit einigen aus meiner Sicht riskanten Grenzsituationen konfrontiert, die für mich die Frage aufwerfen, wie wir als Verantwortliche in der Ausbildung mit angehenden Fachkräften umgehen, bei denen die Gefahr besteht, dass sie aufgrund ihrer Haltung oder Orientierung nicht die nötige professionelle Distanz zu Klientinnen und Klienten wahren können, übergriffige Verhaltensweisen aufweisen oder sich in ihrem Verhalten von unreflektierten Vorurteilen leiten lassen (Wolff 2005).

Erstes Fallbeispiel: Eine Studentin schreibt eine Hausarbeit, in der sie offen ihre positive Einstellung und Bewunderung für einige Jugendbands äußert, die für ihre Songs mit fremden-, behinderten- und frauenfeindlichen Inhalten bekannt sind. Sie geht auf einige Liedtexte ein und stimmt den Inhalten ohne Einschränkung zu. Auf solide Weise setzt sie sich wissenschaftlich mit jugendkulturellen Szenen auseinander, verwendet einschlägige jugendsoziologische Literatur und zitiert aus aktuellen Studien der Jugendforschung. Die Hausarbeit wird mit der Note fünf bewertet. Die Studentin legt Widerspruch gegen die Beurteilung ein. Eine weitere inhaltliche Begutachtung ergibt, dass die Note gerechtfertigt ist. Es werden mehrere Gespräche mit der Studentin geführt, und sie erhält die Auflage, eine neue Arbeit mit einem neuen Thema zu verfassen. Ihre Praxissemester möchte sie in der offenen Jugendarbeit ableisten und schaut sich bereits nach entsprechenden Stellen um.

Zweites Fallbeispiel: In einer praxisbegleitenden Kleingruppe wird in Fallbesprechungen deutlich, dass ein Student ein intensives Interesse für jüngere Kinder entwickelt. Sein Interesse ist dabei nicht nur professioneller Art. In Besprechungen zeigt er wenig Einsicht für den Umstand, dass Beziehungen zwischen Erwachsenen und Kindern einem Machtgefälle unterliegen. Er räumt lediglich ein, dass eine mögliche emotionale und erotische Beziehung zu einem Kind dem Willen des Kindes folgen muss. Dass es hierbei um eine strafbare Handlung gehen könnte, negiert er gänzlich. In den intensiven Kleingruppendiskussionen wie auch in weiteren Gesprächen ändert der Student seine Haltung nicht. Der Student setzt sein Praktikum fort.

Moralische Dilemmasituationen und ethische Werthaltungen von Fachkräften (wie auch von Klientinnen und Klienten) sind Bestandteil der Praxis Sozialer Arbeit und gehören zum Alltagsgeschäft. Auch im Studium an Fachhochschulen wird der Auseinandersetzung mit Werten und Normen und der Auf- und Verarbeitung von Grenzsituationen viel Raum gegeben. Die Reflexion ethischer Werthaltungen ist curricularer Gegenstand in Seminaren. Es gibt viele Lernsettings, in denen sich Studierende an den Fachhochschulen in praktischer Hinsicht mit ihren eigenen Werthaltungen, aber auch ihren persönlichen Grenzen auseinandersetzen können. Orte, an denen dies stattfindet, sind beispielsweise Praxisprojekte, Selbsterfahrungsworkshops, Lernwerkstätten, Fallbesprechungen und -seminare oder praxisbegleitende Kleingruppen.

Die oben angeführten Situationen im Ausbildungsbereich weisen auf eine komplizierte Gemengelage hin. In beiden Fällen handelt es sich um Haltungen, von denen niemand genau weiß, welche Wirkung sie in der Folge haben können. Keine Instanz kann prognostisch bestimmen, ob eine Haltung auch in ein reales Verhalten überführt werden wird. In beiden Fällen könnte jedoch eine gravierende Schädigung und Irritation für die Klientinnen und Klienten Sozialer Arbeit die Folge sein, wenn Haltungen zu massivem Ausgrenzungsverhalten, zu Stigmatisierungen oder gar zu missbräuchlichem Verhalten mit strafrechtlichem Charakter werden. Des Weiteren kann niemand mit Gewissheit sagen, ob diese Haltungen „nur" eine dynamische Funktion im Kontext einer Gruppe oder in dem Verhältnis zwischen Studierenden und Lehrenden haben. Folgende unterschiedliche Hypothesen wären diesbezüglich denkbar: Die vorgebrachte Haltung

- ist einer gruppendynamischen Situation geschuldet, das heißt, Studierende möchten Aufmerksamkeit in einer Gruppe erlangen;

- ist das Resultat aus vorangegangenen Interaktionen zwischen der oder dem Studierenden und der Dozentin oder dem Dozenten, beispielsweise wenn es um die Inszenierung von Protest oder um Provokation geht;

- hat die Funktion eines Hilferufes, weil die Studentin oder der Student selbst Opfer von vergleichbarem Verhalten geworden ist und sie oder er nach Wegen der Verarbeitung sucht;

- ist Ausdruck einer Orientierung, die mit therapeutischen Mitteln bearbeitet werden muss, weil es um eine massive Persönlichkeitsproblematik geht.

Grundhaltungen als Frage der persönlichen Eignung

Die Beispiele haben gezeigt, dass es um grundlegende ethische Haltungen, um Normen und Werte geht, die Voraussetzung für professionelles Verhalten in der Sozialen Arbeit sind. Solche Situationen fordern darum dem Professionellen eine individuelle Eignung ab. Er muss geeignet sein, um im Interesse der Klientin beziehungsweise des Klienten handeln und positiv wirksam sein zu können.

Wer bestimmt aber, was zur Eignung von sozialpädagogischen Fachkräften zählt? Die in den Hypothesen aufgezeigte Gemengelage kommt in verschiedenen Lern- und Lehrkontexten potenziell zum Vorschein. Nun könnte man zweifellos argumentieren, dass es doch gerade gut und wichtig ist, wenn solche Haltungen und Orientierungen zum Gegenstand in der Ausbildung werden, weil sie nur dann zu bearbeiten sind. Man müsste sogar noch weiter gehen, sie müssen zum Gegenstand werden, weil wir in der Ausbildung entscheidende Weichen für die Praxis stellen. Wir bilden Personen aus, denen wir zutrauen sollten, dass sie in fachlicher Hinsicht auf die Tätigkeit in der Sozialen Arbeit vorbereitet sind und dass sie nicht eine Belastung für die Praxis darstellen. Es wäre fatal, wenn wir in der Ausbildung keine Verantwortung für konflikthafte Orientierungen übernehmen, die bereits im Verlauf des Studiums zum Ausdruck gekommen sind, sondern davon ausgehen würden, dass die Praxis sie schon formen wird nach dem Motto: Es sind nur Episoden während des Studienverlaufes, Orientierungen und Grundhaltungen werden sich in der Praxis schon abschleifen. Wenn aber die Verantwortung für vertretbare Einstellungen in der Fachkräfteausbildung übernommen wird, so fehlt es hier dennoch an Kriterien, die an die Eignung von Studierenden beziehungsweise angehenden Fachkräften anzulegen wären. Zu fragen ist: Wer weiß mit Gewissheit, wann eine Orientierung, wann ein Verhalten vertretbar und wann es gegebenenfalls nicht mehr zu tolerieren ist? Zudem fehlt es an diagnostischen Kriterien für das Erkennen problematischer Haltungen. Es fehlt aber auch an einer klaren Aufgabenbestimmung für das Studium, denn derzeit werden im Rahmen der Ausbildung an Hochschulen Leistungen abgefragt, aber keine Eignungen. Vielen Lehrenden fehlt auch die Ausbildung, um in schwierigen Fällen therapeutisch notwendige Arbeit mit den Studierenden zu leisten; zudem ist es zweifelhaft, ob dies vonseiten der Lehrenden in ihrer Rolle überhaupt geleistet werden sollte.

Was passiert, wenn die Eignung von Studierenden infrage steht? Studierende müssen in Form von Leistungsnachweisen unter Beweis stellen, ob sie in der Lage sind, Themen wissenschaftlich aufzuarbeiten, ob sie Problemstellungen systematisch, reflektiert und unter Anwendung wissenschaftlicher Kriterien erkennen und diskutieren können. Solche Leistungen werden benotet. Lehrende können somit via Noten Aussagen über die wissenschaftlich-fachliche Eignung der Studierenden treffen, die Noten sind aber kein Beleg für die persönliche Eignung – beispielsweise für die Eignung zur Arbeit mit speziellen Zielgruppen. Da diese Frage zu keinem Zeitpunkt des Studiums gestellt wird, fragt auch niemand danach, ob Studierende eine Eignung besitzen beziehungsweise ob sie eine solche während des Studiums entwickeln. Wir Lehrkräfte lernen viele Studierende in verschiedenen Lernsettings näher und besser kennen und können darum ihre Haltungen und Orientierungen einschätzen, und wer sich die Mühe macht, mit Kolleginnen und Kollegen ins Gespräch zu kommen, der weiß, dass es brisante Fälle gibt, wo die Eignung infrage stehen könnte. Ein geregeltes Verfahren, in dem beispielsweise problematische Lernverläufe reflektiert und Einschätzungen von Lehrenden ausgetauscht werden, gibt es meines Wissens nicht. Es gibt auch kein Verfahren, durch das einer Studentin oder einem Studenten eine Praktikumsstelle verweigert werden könnte, weil sie oder er in einer Hausarbeit (siehe erstes Fallbeispiel) oder auch in Redebeiträgen problematische Inhalte präsentiert hat.

Die Frage der Eignung als Herausforderung für Ausbildung und Praxis

Dringend nötig ist aus meiner Sicht ein Diskurs zwischen Ausbildungsstätten, Berufsverbänden, Trägern und Behörden über Kriterien der Eignung, denn was als professionelle Haltung angesehen wird, bleibt ungewiss und ist vielfach eher eine Frage von persönlichen Vorlieben von Lehrenden beziehungsweise Verantwortlichen in sozialen Einrichtungen. Ein solcher Diskurs ist vor allem deshalb notwendig, weil gerade im Rahmen der stationären Erziehungshilfen viele prekäre Situationen im alltäglichen Zusammenleben entstehen können, die anhand von Standards Handlungssicherheit für alle Beteiligten geben könnten.

Wir haben bereits die gesetzliche Vorgabe, dass in der Kinder- und Jugendhilfe nur Personen eingestellt werden dürfen, die über die nötige Eignung verfügen. Der deutsche Gesetzgeber hat mit seiner gerade kürzlich für die Kinder- und Jugendhilfe in Kraft getretenen Reform einen noch stärkeren Akzent auf die Sicherstellung des staatlichen Wächteramtes gelegt. In diesem Zusammenhang wurden Jugendämter unter anderem durch die Ergänzung des Paragrafen 8 a SGB VIII an ihre Garantenpflicht bei der Sicherstellung des Kindeswohles erinnert. Im ergänzten Paragrafen 72 a SGB VIII wird die explizite Anforderung an öffentliche und freie Träger gestellt, sich von ihren Mitarbeiterinnen und Mitarbeitern zu Beginn eines Arbeitsverhältnisses und danach in regelmäßigen Abständen polizeiliche Führungszeugnisse vorlegen zu lassen, um sicherzustellen, dass sie keine Personen beschäftigen, die wegen Verstoßes gegen die sexuelle Selbstbestimmung rechtskräftig verurteilt wurden. Erstaunlich ist jedoch, dass die im Laufe des Gesetzgebungsverfahrens mehrfach genannte Anforderung an die Behörden und Träger, den Schutzauftrag auch aufseiten der Professionellen einzulösen, in den neueren Kommentaren und Empfehlungen – wenn überhaupt – geradezu randständig Erwähnung findet. Die Tatsache, dass Kinder auch in Hilfen und Maßnahmen, die unter anderem zum Kinderschutz eingeleitet werden, (erneut) gefährdet sind, fällt dabei zunehmend unter den Tisch (Fegert und Wolff 2002). Diese Norm, ein polizeiliches Führungszeugnis einzuholen, kann auch nur als Minimalforderung und erster Schritt angesehen werden, denn Verdachtsfälle oder eingestellte Verfahren können auf diese Weise gar nicht festgestellt werden, und gerade diese

Fälle beziehungsweise die entsprechenden Personen sind in der Praxis zumeist das größere Problem.

Fälle von massivem, strafrechtlich relevantem Fehlverhalten stellen zweifellos unter der hier behandelten Thematik ein Extrem dar und zeigen somit am deutlichsten das Dilemma auf. Angesichts der Sachlage bleibt offen, was in Fällen geschieht, in denen fragwürdige Haltungen von Fachkräften hinsichtlich einer professionellen Balance von Fürsorge und Eigenverantwortung bestehen oder in denen die Eignung infrage gestellt werden muss.

Ein weiterer Aspekt hinsichtlich der Eignung für sozialpädagogische Berufe scheint mir wesentlich: Will man Eignung definieren, so kommt man an den Sichtweisen von Kindern und Jugendlichen nicht vorbei. Im Rahmen des vom SOS-Kinderdorfverein geförderten Projektes „Beteiligung als Qualitätsstandard in der Heimerziehung" an der Fachhochschule Landshut haben wir gelernt, dass Kinder beziehungsweise Jugendliche auf der einen und Professionelle auf der anderen Seite unterschiedliche Auffassungen von Beteiligung haben. Gefordert ist ein hermeneutisches Verstehen, wie Kinder die Begriffe in Sachen Beteiligung definieren, welche konkreten Situationen sie assoziieren und welche eigenen Bezüge sie zu ihrem Alltag herstellen. „Betroffenenbeteiligung" wurde zwar bereits im Achten Jugendbericht (Der Bundesminister für Jugend, Familie, Frauen und Gesundheit 1990) als Strukturmaxime ausformuliert – und auch die Kinderrechtskonvention der Vereinten Nationen fordert die Praxis nachhaltig dazu auf –, die Realität zeigt aber noch einen hohen Entwicklungsbedarf. Dringend muss darum herausgearbeitet werden, auf welche Art und Weise die Sichtweisen der Nutzerinnen und Nutzer Berücksichtigung finden können. Erst jetzt formiert sich offenbar eine wirklich ernstzunehmende Debatte über Nutzerorientierung (Oelerich und Schaarschuch 2005), wahrscheinlich deshalb, weil mittlerweile ein grundsätzliches Umdenken in der Kinder- und Jugendhilfe stattgefunden hat.

Viel häufiger als in allen anderen Bereichen der Erziehungshilfen müssten gerade in der stationären Erziehungshilfe kontinuierliche Nutzerbefragungen im Hinblick auf die Umsetzung von pädagogischen Alltagsvollzügen durchgeführt werden. Denn es geht hier um Orte des Zusammenlebens, in denen sich sehr viele alltägliche pädagogische Schlüsselprozesse finden, die auf Zufriedenheit oder Unzufriedenheit bei den Nutzerinnen und Nutzern stoßen können – und hier ist die Einlösung oder Nichteinlösung von Beteiligungsrechten von Kindern nur ein Aspekt. Befragungen dienen dabei sowohl der Dokumentation der eigenen Arbeit nach innen und außen als auch der Verbesserung der pädagogischen Praxis.

Nutzerbefragungen müssten so gestaltet werden, dass ihre Ergebnisse mit der Zeit die empirischen Lücken füllen, die sich insbesondere im Bereich der Heimerziehung zeigen. Es fehlt gerade in diesem Arbeitsfeld an verlässlichen Statistiken über die Zufriedenheit der Kinder und Jugendlichen mit der Leistungserbringung. Bislang liegen zudem wenige Konzepte oder Praxisbeispiele von Beschwerdeverfahren in den Erziehungshilfen vor (Wolff 2004). Das Wissen über die Zufriedenheit oder mögliche Beschwerden von Kindern und Jugendlichen müsste auch für die Einrichtungen selbst von Interesse sein. Nur so können sie Erkenntnisse über eine unprofessionelle Behandlung durch Fachkräfte und somit über deren Eignung erlangen. Nur mit diesem Wissen können konkrete Veränderungsprozesse eingeleitet werden.

Statistiken und empirisches Wissen können einerseits von großen, ausgewiesenen Instituten und angesehenen Forscherinnen und Forschern für Einrichtungen erstellt und generiert werden. Viel zu wenig scheinen mir regionale Vernetzungssysteme zwischen Trägern und Fachhochschulen genutzt zu werden, um beispielsweise Evaluationen, regelmäßige Nutzerbefragungen oder Auswertungen von Beschwerdeverfahren vorzunehmen. Synergien könnten gerade an den Standorten mit Ausbildungsstätten erzeugt werden. Die Integration von Studierenden würde zudem bereits im Verlauf des Studiums einen intensiven Praxisbezug ermöglichen, und Studierende wären an Prozessen von Praxisentwicklung aktiv beteiligt. Insbesondere durch die derzeitige Umorientierung der Fachhochschulen ergeben sich neue Möglichkeiten für Kooperationsbündnisse, zumal die Fachhochschulen im Rahmen von Bachelor-Studiengängen nach Möglichkeiten suchen, Praxisforschung an den Hochschulen stärker zu verankern und Studierende beispielsweise in Evaluationsprojekte zu integrieren.

Will man mit einer nutzerorientierten stationären Jugendhilfe Ernst machen, muss man sich auch über die Folgen im Klaren sein: Was passiert, wenn die Kinder und Jugendlichen tatsächlich unzufrieden sind? Was geschieht, wenn sie mit der Behandlung durch eine Sozialpädagogin oder einen Sozialpädagogen nicht zufrieden sind und diese berechtigterweise in ihrem Vorgehen kritisieren? In der Konsequenz müsste man dahin kommen, Kinder und Jugendliche in der Heimerziehung in wichtigen Personalentscheidungen, die sie selbst betreffen, zu beteiligen. Das würde auch heißen, dass Kinder und Jugendliche darüber mitentscheiden müssten, wenn sie mit einer Betreuerin oder einem Betreuer nicht mehr arbeiten möchten. Im Rahmen eines Workshops mit sechzehn Jugendlichen zum Thema „Beteiligung im Heim" haben wir über Formen der Mitentscheidung bei Personalfragen gesprochen und einige interessante Beispiele erfahren. Sicher kann man zu diesem Punkt arbeitsrechtliche wie auch viele pädagogische Bedenken anmelden. Dennoch müsste gerade in diesem Zusammenhang eine ernsthafte Nutzerperspektive ansetzen, und es sollten arbeitsrechtliche Änderungen geschaffen werden, die es ermöglichen, dass sich Kinder und Jugendliche ihre Betreuerinnen und Betreuer selbst aussuchen können. Kinder und Jugendliche sollten bei Einstellungsverfahren, aber auch bei potenziellen Kündigungen ein Mitspracherecht erhalten.

Zwei zusammenfassende Schlussthesen

Angesichts des grundlegenden Spannungsfeldes zwischen Fürsorge und Eigenverantwortung ergeben sich hinsichtlich der gesetzlich geforderten und pädagogisch sinnvollen Fortentwicklung der stationären Erziehungshilfen zwei Thesen:

- Stationäre Erziehungshilfen zwischen Fürsorge und Eigenverantwortung benötigen einen offenen Diskurs über die Frage der Eignung von Fachkräften, an dem auch die Kinder und Jugendlichen beteiligt werden müssen.

- Stationäre Erziehungshilfen zwischen Fürsorge und Eigenverantwortung benötigen in allen Angelegenheiten die Einschätzungen und Selbstdefinitionen von Kindern und Jugendlichen und darum Nutzerbefragungen in vielerlei Hinsicht.

Anmerkung

1
Die Fallbeispiele wurden aus datenschutzrechtlichen Gründen für diesen Beitrag konstruiert, sie entsprechen aber in abgewandelter Form tatsächlichen Ereignissen.

Literatur

Der Bundesminister für Jugend, Familie, Frauen und Gesundheit (Hrsg.) (1990).
Achter Jugendbericht. Bericht über die Bestrebungen und Leistungen der Jugendhilfe.
Bonn: Bundestagsdrucksache 11/6576.

Deutscher Kinderschutzbund Landesverband Nordrhein-Westfalen e.V. (2004).
Stellungnahme des Deutschen Kinderschutzbundes zur neuen Realityserie „Die Super Nanny" bei RTL.
http://www.kinderschutzbund-nrw.de/StellungnahmeSuperNanny.htm (2.3.2006).

Fegert, Jörg M. & Wolff, Mechthild (Hrsg.) (2002).
Sexueller Missbrauch durch Professionelle in Institutionen. Prävention und Intervention. Ein Werkbuch (überarbeitete Neuauflage in Druck).
Münster: Votum.

Oelerich, Gertrud & Schaarschuch, Andreas (Hrsg.) (2005).
Soziale Dienstleistungen aus Nutzersicht. Zum Gebrauchswert Sozialer Arbeit.
München: Ernst Reinhardt.

Wolf, Klaus (1999).
Machtprozesse in der Heimerziehung. Eine qualitative Studie über ein Setting klassischer Heimerziehung.
Münster: Votum.

Wolff, Mechthild (2004).
Beschwerdemanagement in der Kinder- und Jugendhilfe – nicht nur eine Frage der Rechte von Kindern und Jugendlichen!
In Arbeitsgemeinschaft für Erziehungshilfe e.V. (AFET) (Hrsg.), Gewalt gegen Kinder und Jugendliche in Institutionen. Umgang mit Fehlverhalten von Fachkräften in Einrichtungen der Erziehungshilfe (S. 105–115).
Hannover: Eigenverlag.

Wolff, Mechthild (2005).
Vom Umgang mit Tabus an Hochschulen. Riskante Haltungen und Orientierungen von Studierenden der Sozialen Arbeit.
In C. Engelfried (Hrsg.), Soziale Organisationen im Wandel (S. 259–269).
Frankfurt am Main: Campus.

Johannes Münder

„Zukunft braucht Herkunft" – 50 Jahre SOS-Kinderdorf e.V.

Hermann Gmeiner, der Initiator und Motor der SOS-Kinderdörfer, antwortete vor fünfzig Jahren mit seinem pädagogischen Konzept auf Bedingungen des Aufwachsens von Kindern und Jugendlichen in der damaligen Nachkriegszeit: Kindern, die ihre Eltern verloren hatten oder nicht bei ihren Eltern leben konnten, sollte ein sozialer Rahmen gegeben werden, um ihre Integration in die Gesellschaft zu ermöglichen. Sie sollten nicht in traditionellen Großheimen aufwachsen, sondern in einem SOS-Kinderdorf, in einem Haus, in verlässlichen Beziehungen, gemeinsam mit Geschwistern, betreut und erzogen von einer Kinderdorfmutter. Es war im Sinne der Terminologie der gegenwärtigen Innovationsforschung eine radikale Innovation, die mit vielem gebrochen hat, was damals gang und gäbe war. Die zentralen Begriffe dieser Innovation waren „Mutter, Geschwister, Haus, Dorf".

In Gesellschaften, die davon ausgehen, dass sie sich in der zweiten Modernisierung befinden, erscheinen diese Begriffe der Gmeiner'schen „Viererkette" als etwas veraltete, überholte Begriffe. Hierzu gilt es jedoch zunächst zu bedenken, dass der deutsche SOS-Kinderdorfverein mit etwa einem Drittel seiner Mittel – und seine Schwesterorganisation, der Hermann-Gmeiner-Fonds Deutschland, ausschließlich – die internationale Arbeit in hundertzweiunddreißig Ländern der Welt zu über sechzig Prozent finanziert. In der Mehrzahl dieser Länder arbeitet SOS-Kinderdorf gegen existenzielle Betreuungs- und Bildungsnöte, wie beispielsweise in Malawi, einem der ärmsten Länder der Welt. Angesichts der vergleichsweise sehr niedrigen Lebenserwartung der Menschen dort, der hohen Kindersterblichkeit und einer Analphabetenquote von mehr als vierzig Prozent der Bevölkerung erlangen die Begriffe „Mutter, Geschwister, Haus, Dorf" eine ganz konkrete, oft lebenswichtige Bedeutung.

Aber auch in Deutschland gelten diese Begriffe noch. Sie weisen jedoch über ihren ursprünglichen Zusammenhang hinaus und stehen heute symbolisch für zentrale Merkmale einer modernen Leistung der Kinder- und Jugendhilfe. Der Begriff „Mutter" verweist auf eine Person, die verlässlich und geduldig ihre Unterstützung anbietet und mit Frustrationstoleranz auch in den Situationen zur Verfügung steht, in denen sie von den Kindern enttäuscht ist. Der Begriff „Geschwister" bedeutet für die Kinder nicht nur, dass sie mit weiteren aufwachsen, sondern beinhaltet auch die Chance, sich gemeinsam oft besser gegen Erwachsene durchsetzen zu können, auch gegen die Kinderdorfmutter, und dass man sich wechselweise erzieht, bildet und unterstützt. Der Begriff „Haus" verweist auf einen geschützten Raum, in dem die Kinder leben, wo sie Fehler machen dürfen, ohne sofort sanktioniert zu werden, wie dies im öffentlichen Raum bisweilen der Fall ist. Und der Begriff „Dorf", der am ehesten mit „Sozialraum" übersetzt werden kann, bedeutet, dass dies alles in einer überschaubaren Gemeinschaft stattfindet, in einer Gemeinschaft, die Kindern zugänglich und auch offen für ihre Gestaltung ist. In dieser erweiterten Bedeutung verweist die Viererkette auch heute auf zentrale Grundelemente der Pädagogik in SOS-Kinderdörfern.

Gesellschaftliche Veränderungen

Seit der Gründung des SOS-Kinderdorfvereins sind nun fünfzig Jahre vergangen, in denen es immer wieder gesellschaftliche Veränderungen gegeben hat. Auch aktuell stehen wir mitten in einem gravierenden Änderungsprozess. Das Stichwort dazu lautet neutral formuliert „Veränderung des Sozialstaates". Obwohl darüber gestritten wird, ob später von einem Umbau des Sozialstaates oder von seinem Abbau zu sprechen sein wird, bezweifelt heute niemand, dass massive Veränderungen bevorstehen.

Wodurch sind diese gekennzeichnet? Ohne allzu sehr in die einzelnen Details und ihre Begründungen gehen zu können, ist die Grundlinie offensichtlich: Die Kosten der Arbeitskraft sollen gesenkt werden, wobei gern auf die Notwendigkeit hingewiesen wird, mit der Globalisierung Schritt halten zu müssen. Für die deutsche Sozialstaatlichkeit bedeutet das die Reduzierung von Sozialleistungen, die an Arbeit anknüpfen, und dass ehemals gesellschaftlich oder solidarisch getragene Risikolagen nun privat und individuell zu tragen sind. Der Staat und die Gesellschaft erklären sich als nicht mehr dafür zuständig, Lebensrisiken abzufedern, seien es die Risiken, die mit dem Alter verbunden sind, das Risiko der Krankheit, der Pflegebedürftigkeit oder auch das, in Armut zu geraten und in ihr leben zu müssen. Zwar ist diese Entwicklung nicht zwangsläufig eindimensional, aber dass sich der Staat mit dem Tagesbetreuungsausbaugesetz (TAG) im Bereich der frühkindlichen Betreuung gegen den gesellschaftspolitischen Mainstream durchaus wieder in die Pflicht nehmen ließ, dürfte eine rühmliche Ausnahme bleiben.

Ich bin mir noch nicht sicher, ob sich hinter den Veränderungen insgesamt auch der sozialstaatliche Paradigmenwechsel verbirgt, der zuletzt im Konzept der „Hartz IV"-Reformen zum Vorschein kam: „fordern und fördern". Es beruht auf dem Prinzip von Leistung und Gegenleistung: Du bekommst nur Leistungen, wenn du selbst Leistungen erbringst.

Das Sozialstaatskonzept in Deutschland nach dem Zweiten Weltkrieg war ein anderes. Es war ein Sozialstaatskonzept, das an der Menschenwürde angeknüpft hat. Etwas pathetisch gesagt, meint es: Jedes Wesen, das ein menschliches Antlitz trägt, erhält deswegen, weil es dieses menschliche Antlitz trägt, Sozialleistungen. Es wird nicht nach dem Grund dafür gefragt, dass der einzelne Mensch hilfebedürftig ist, sondern der Hilfebedürftige bekommt Leistungen wegen seiner Menschenwürde. Von Bedeutung ist dies insbesondere dort, wo es um die am niedrigsten hängenden sozialen Netze geht, sei es im Bereich der materiellen Armut oder sei es im Bereich der Kinder- und Jugendhilfe, insbesondere der erzieherischen Hilfe.

Eine weitere gesellschaftliche Veränderung spielt eine beträchtliche Rolle, wenn man die gegenwärtige Situation beschreiben will. Es ist die Diskontinuität familialer Konstellationen, die Veränderungen der familialen Lebenszusammenhänge, die mit den drei Schlagworten „Deinstitutionalisierung, Pluralisierung, Individualisierung familialer Lebensbezüge" soziologisch beschrieben werden können. Für mich hat es Ulrich Beck vor jetzt schon fast zwanzig Jahren immer noch am besten auf den Punkt gebracht: „[...] es ist nicht mehr klar, ob man heiratet, wann man heiratet, ob man zusammenlebt und nicht heiratet, heiratet und nicht zusammenlebt, ob man das Kind innerhalb oder außerhalb der Familie empfängt oder aufzieht, mit dem, mit dem man zusammenlebt oder mit dem, den man liebt, der aber mit einem anderen zusammenlebt, vor oder nach der Karriere oder mittendrin, wie dies alles kurzfristig, langfristig oder vorübergehend, mit den Zwängen und Ambitionen der Versorgungssicherung oder Karriere des Berufs aller Beteiligten vereinbar ist" (Beck 1986, S. 163). Das Zitat spricht für sich, es macht deutlich, wie verwirrend die familiaren Verhältnisse geworden sind.

Die Kinder- und Jugendhilfe gehört zum Sozialbereich, der besonders durch einen dynamischen, aktivistischen oder, wie einmal formuliert wurde, durch einen motorisierten Gesetzgeber geprägt ist. Das Sozialgesetzbuch Achtes Buch Kinder- und Jugendhilfe (SGB VIII) steht nicht so sehr im Zentrum des Sozialleistungsbereiches, und auch die Kinder- und Jugendhilfe ist, quantitativ gesehen, eher ein Randbereich der sozialstaatlichen Sicherungssysteme. Das hat mitunter Vorteile. Veränderungen, wenn sie bei der Kinder- und Jugendhilfe ankommen, haben sich vielleicht in anderen Bereichen bereits als gar nicht so erfolgreich erwiesen, und man kann etwas gelassener auf sie reagieren. Dennoch, auch die Kinder- und Jugendhilfe und ihre Rahmenbedingungen haben sich in den letzten Jahrzehnten massiv verändert: die Einführung marktwirtschaftlicher Elemente in das SGB VIII mit den Leistungsvereinbarungen, die gestiegene Bedeutung des Europäischen Wirtschafts- und Wettbewerbsrechts, die Föderalismusreform, deren Auswirkungen noch nicht abgesehen werden können. Und schließlich wären hier die aktuellsten Stichworte unmittelbar zum Kinder- und Jugendhilfegesetz zu nennen, das Gesetz zur Weiterentwicklung der Kinder- und Jugendhilfe (KICK), das am 1. Oktober 2005 in Kraft getreten ist, von vielen begrüßt, von manchen wohl auch deswegen, weil Schlimmeres, das Kommunalentlastungsgesetz (KEG), verhindert worden war, und schließlich das zum 1. Januar 2005 in Kraft getretene Tagesbetreuungsausbaugesetz.

Es ist in diesem Zusammenhang interessant, ein paar Jahre zurückzublicken: Politiker und Bildungsplaner, die Begriffe wie „Ganztagsschule" oder „Ganztagskindergärten" gemieden haben wie ehedem der Teufel das Weihwasser, haben auf den schon länger abzusehenden Reformbedarf endlich reagiert und engagieren sich nun in diesem Bereich der Familien- und Bildungsförderung. Bisweilen haben Krisen, wie etwa die PISA-Krise, etwas Hilfreiches, man muss ihnen nur, wie Max Frisch es einmal formuliert hat, den Beigeschmack der Katastrophe nehmen.

Der SOS-Kinderdorfverein heute und morgen

Wo steht SOS-Kinderdorf e.V. heute in diesen Zusammenhängen, und wo sind die Zukunftsperspektiven für den SOS-Kinderdorfverein auszumachen? Drei Punkte sind für mich wichtig.

Verlässliche Beziehungen

Zum Ersten geht es um die Beibehaltung des spezifischen Profils von SOS-Kinderdorf als eines Trägers, der langfristig und verlässlich verbindliche Beziehungen mit Kindern und Jugendlichen eingeht und garantiert, dass diese Beziehungen so lange bestehen bleiben, wie Kinder und Jugendliche sie benötigen. Das ist der Kernbereich unserer Arbeit. Die Situation hat sich verändert, aber weiterhin gilt, dass entsprechende Angebote notwendig sind. Damit befinden wir uns auch inmitten der Diskussion zur Weiterentwicklung der Kinder- und Jugendhilfe, zu der nicht zuletzt der zwölfte Kinder- und Jugendbericht beiträgt. Er betont die Bedeutung kontinuierlicher Entwicklungs- und Bildungsverläufe von Kindern, und dass diese Verläufe im hohen Maße von fürsorglichen, pflegenden und betreuenden Beziehungen in verlässlichen, emotional sicheren und beschützenden Settings zu wenigen erwachsenen Bezugspersonen abhängig sind. Die im Bericht empirisch abgeleiteten und differenzierten Bedingungen für das Gelingen realisierter Elternschaft gelten auch für die Betreuung, Erziehung und Bildung in öffentlicher Verantwortung. Ihre emotionale Bedeutung und die kindorientierte Perspektive finden sich nach wie vor in der eingangs zitierten Gmeiner'schen Viererkette versinnbildlicht. Sie werden die Arbeit von SOS-Kinderdorf auch zukünftig prägen.

Diese Grundsätze werden auch in der Öffentlichkeit positiv wahrgenommen. Der SOS-Kinderdorf e.V. ist ein Verein, der in nicht unerheblichem Umfang Spenden und damit eine maßgebliche gesellschaftliche Unterstützung erfährt, weil sein zentrales Versprechen, Kindern und Jugendlichen langfristige und verlässliche Beziehungen so lange zu ermöglichen, wie sie diese für ihre erfolgreiche Entwicklung benötigen, überzeugt. Die Spenderinnen und Spender wissen, wie wichtig dies für Kinder und Jugendliche ist. Hier realisiert sich auch – um nur kurz auf eine aktuelle Diskussion einzugehen – bürgerliches Engagement in millionenfacher Weise.

Lebensweltorientierung

Ein Zweites ist wichtig, um den derzeitigen Stand des Vereins und seinen Stellenwert in der Gesellschaft im Allgemeinen und in der Kinder- und Jugendhilfe im Besonderen darzustellen. SOS-Kinderdorf hat sich in den fünfzig Jahren seines Bestehens weiterentwickelt. Die aktuelle Broschüre des Sozialpädagogischen Instituts im SOS-Kinderdorfverein zeigt, welche Einrichtungen und Angebote er im Jahr 2005 zur Verfügung stellt: Es sind insgesamt siebenundvierzig Einrichtungen, verteilt auf den stationären Bereich, den ambulanten Bereich und die flexiblen Hilfen, den Beratungsbereich, den offenen Bereich unserer Kinder-, Jugend- und Familienarbeit, die Kindertagesbetreuung, die Ausbildungs- und Beschäftigungsprojekte und die Dorfgemeinschaften für behinderte Menschen.

Was vordergründig wie die bloße Aufzählung einer bunten Vielheit verschiedener Angebotsformen erscheinen mag, ist weit mehr. Hinter dieser Entwicklung steht ein wesentlicher Wandlungsprozess: Das auf die SOS-Kinderdörfer begrenzte Konzept der Fünfzigerjahre des letzten Jahrhunderts lag zwar, was diese Betreuungsform anbelangt, außerhalb des Mainstreams der damaligen Fachdiskussion, aber es lag, was den pädagogischen Ort dieser Einrichtungen anbelangt, im Mainstream der pädagogischen Diskussion der Fünfziger- und Sechzigerjahre. Es war letztlich ein von Pestalozzi herrührendes Konzept der pädagogischen Provinz, das, verkürzt gesagt, optimale Bedingungen für das Aufwachsen schafft, indem es die Kinder von den sie gefährdenden Orten wegbringt hin zu solchen, die außerhalb der destruktiven Einwirkungen liegen. Dieses segregierende pädagogische Verständnis der früheren Fürsorge setzte darauf, bewusst Verbindungen zu kappen, anstatt vernetzte Angebote zu schaffen. Es war ein institutionelles und kein an der Nachfrage orientiertes Konzept, das mit der Haltung des scheinbar überlegenen und allwissenden Pädagogen definierte, was für Kinder und Jugendliche das Beste zu sein hat.

An zwei Beispielen möchte ich deutlich machen, dass der SOS-Kinderdorfverein sich von diesem segregierenden Verständnis gelöst hat und mit seinen pädagogischen Bemühungen nun dort ansetzt, wo die Probleme entstehen. Ein fast schon traditionelles Angebot, es ist knapp fünfundzwanzig Jahre alt, sind die SOS-Mütterzentren. Sie bieten Familienmitgliedern aller Altersstufen einen architektonischen und sozialen Raum, Gestaltungsmöglichkeiten und ein umfassendes Dienstleistungsangebot, das auf Familien vor Ort und deren Alltagssituation abgestimmt ist. Die Mütterzentren sind ein Paradebeispiel für die lebendige Umsetzung aktuell hoch im Kurs stehender Qualitätsmerkmale Sozialer Arbeit, wie regionale Verankerung, Vernetzung, Förderung der Hilfe zur Selbsthilfe, Arbeitsprinzip, Laien-mit-Laien-Arbeit, nachfrageorientierte Konzepte, sozialraumaktivierend, bis hin zu Öffnungszeiten, die den Nutzerinnen und Nutzern entsprechen und nicht in erster Linie den Arbeitszeiten von hauptamtlich Beschäftigten.

Ein zweites innovatives Beispiel ist das SOS-Kinderdorf Berlin-Moabit. Dort können im Rahmen eines Projektes Eltern zeitweilig in der Einrichtung mit ihren stationär untergebrachten Kindern leben. Das Projekt bietet Eltern die Chance, in einer geschützten Atmosphäre sich und ihre Beziehung zu den Kindern weiterzuentwickeln und zu lernen, wie sie mit ihnen besser umgehen können, ohne Sanktionen fürchten zu müssen. Ziel ist es natürlich, dass die gestärkten und durch die Beratungsprozesse angeleiteten Eltern mit ihren Kindern und Jugendlichen wieder zusammenleben können. Damit findet die Arbeit des SOS-Kinderdorfvereins dort statt, wo der Lebensbezug dieser Kinder, Jugendlichen und ihrer Familien ist. Sie ist lokal und regional ausgerichtet, die Kinder werden nicht vom gefährdenden Sozialisationsort entfernt, Lebensverhältnisse werden nicht segregiert, sondern die Leistung und Hilfe werden dort erbracht, wo die Probleme entstanden sind. Und vielleicht gelingt so etwas, was der Kinder- und Jugendhilfe bislang versagt blieb. Im Erleben, in der Wahrnehmung der Eltern, aber auch in der Wahrnehmung mancher Fachkräfte hat die Trennung der Kinder von ihren Eltern nicht vorrangig das positive Image von Hilfe, sondern eher das negative von Intervention. Wenn das Aufwachsen der Kinder in öffentlicher Verantwortung jedoch an den Lebensorten der betroffenen Heranwachsenden und Eltern stattfindet, kann diese Spaltung zwischen Hilfe und Intervention möglicherweise aufgehoben werden.

Dies alles erfordert insbesondere von den Mitarbeiterinnen und Mitarbeitern in den Einrichtungen hohe Flexibilität, große Bereitschaft, sich auf veränderte und sich weiter verändernde Bedingungen einzulassen. Es erfordert Fachkräfte, denen es nicht primär um den Verein oder um die Einrichtungen geht, sondern in erster Linie um die Kinder und Jugendlichen. An ihnen haben sich die Mitarbeiterinnen und Mitarbeiter, haben sich die Einrichtungen, hat sich der Verein insgesamt auszurichten.

Einmischung

Ein Drittes: Der SOS-Kinderdorfverein ist mit seinen Angeboten, die ich vorhin stichwortartig genannt habe, ein sozialwirtschaftlicher Leistungserbringer, er ist keine Lobbyorganisation. Glücklicherweise gibt es in Deutschland andere Organisationen, die zum Teil ausschließlich eine Lobbyfunktion für Kinder und Jugendliche wahrnehmen. Dennoch ist der SOS-Kinderdorfverein den Kindern und Jugendlichen gegenüber besonders verpflichtet. Entsprechend hat er sich in der Vergangenheit geäußert, wenn Lebenslagen und Interessen der Kinder und Jugendlichen von gesellschaftlichen Entwicklungen betroffen sind. Er wird sich auch in Zukunft wohlüberlegt und gut dosiert zu Wort melden und seine Haltung zum Ausdruck bringen in dem Wissen, dass seine Äußerungen ein besonderes Gewicht haben, dass sie ernst genommen werden.

An einem anderen Beispiel will ich zeigen, dass die Einmischung des SOS-Kinderdorfvereins nicht auf die verbale Ebene beschränkt bleibt: Er richtet die Schwerpunkte seiner Arbeit darauf aus, Kinder, Jugendliche und ihre Eltern zu erreichen, die in besonderem Maße von der Armutsproblematik betroffen sind. Er will damit auch seinen Beitrag zu einer sozial gerechten Gesellschaft leisten. Der zweite Reichtums- und Armutsbericht der Bundesrepublik belegt, wie groß die soziale Kluft zwischen Arm und Reich in unserer Gesellschaft inzwischen geworden ist, wie weit wir uns von einer sozial gerechten Gesellschaftsordnung entfernt haben.

Barbara Stolterfoht hat dazu in ihrem Redebeitrag auf dieser Tagung die Überlegungen des griechischen Philosophen Platon in Bezug zur heutigen Realität gesetzt. Platon hat als Maßstab einer gerechten Gesellschaft definiert, dass niemand mehr als das Vierfache dessen besitzen dürfe, was ein anderer besitzt. Er konnte sich damals sicherlich nicht vorstellen, dass ein einzelner Unternehmensmanager eine Abfindung von sechzig Millionen Euro erhalten kann, nicht für seine Arbeit wohlgemerkt, sondern dafür, dass er sie gerade nicht mehr ausübt. Um dieselbe Summe zusammenzubekommen, muss ein Facharbeiter seinen Monatsverdienst von über tausend Jahren ansparen. Ich denke, damit wird der Finger in eine offene gesellschaftliche Wunde gelegt, und der Patient schreit danach, dass wir uns theoretisch wie praktisch mit dem Thema soziale Gerechtigkeit befassen.

Neuerliche Innovationen

Diese drei Punkte – verlässliche Beziehungen, Lebensweltorientierung, Einmischung – werden auch in Zukunft das Profil des Leistungsträgers SOS-Kinderdorf e.V. bestimmen: Wir werden weiterhin unsere Arbeit darauf ausrichten, dass verlässliche Hilfen für Kinder und Jugendliche, die oft sozial schwer benachteiligt sind, zur Verfügung stehen und dass sie den Heranwachsenden so lange zur Verfügung stehen, wie es für ihre Entwicklung nötig ist. Wir engagieren uns als Akteur der Sozialen Arbeit mehr und mehr direkt in den Lebenswelten von Menschen, die in besonderer Weise unserer Unterstützung bedürfen. Und wir vertreten dort, wo es fachlich und menschlich geboten ist, die Interessen von Kindern und Jugendlichen in der Öffentlichkeit.

Um dies leisten zu können, bedarf es der Fähigkeit zur fachlichen Erneuerung, so wie damals vor über fünfzig Jahren Hermann Gmeiner die Fähigkeit zu einer radikalen Innovation besaß. Gesellschaftlich befinden wir uns gegenwärtig in einem Prozess der erneuten Modernisierung. Der SOS-Kinderdorfverein wird diesen Prozess verfolgen, kritisch begleiten und mit seinen Innovationen auf die sich ergebenden Herausforderungen Antworten finden. Die Grundformel bleibt weiterhin gültig und wird wichtiger denn je: Modernität und Innovation brauchen Menschlichkeit. Hierfür wurde in den letzten fünfzig Jahren ein hervorragendes Fundament gelegt, sodass hinzugefügt werden kann: Zukunft braucht Herkunft.

Literatur

Beck, Ulrich (1986).
Risikogesellschaft. Auf dem Weg in eine andere Moderne.
Frankfurt am Main: Suhrkamp.

Die Autorinnen und Autoren

Dr. phil. Ulrich Bürger

Jahrgang 1954, Diplompädagoge; wissenschaftlicher Mitarbeiter beim Kommunalverband für Jugend und Soziales Baden-Württemberg/Landesjugendamt Stuttgart. Arbeitsschwerpunkte: Entwicklungsfragen, Planung und Evaluationsforschung in der Jugendhilfe, insbesondere Hilfen zur Erziehung.

Ilona Fuchs

Jahrgang 1961, Diplompsychologin, Heilerziehungspflegerin; Weiterbildung in Organisationsberatung und -entwicklung und zur Qualitätskoordinatorin, Referentin im SOS-Kinderdorf e.V., Fachbereich Personal und Pädagogik. Arbeitsschwerpunkte: Beratung und Begleitung von pädagogischen Einrichtungen des Trägers in fachlichen Fragen sowie in der Qualitäts- und Personalarbeit.

Dr. disc. pol. Peter Gerull

Jahrgang 1949, Diplompsychologe, langjähriger Leiter einer Jugendhilfeverbundeinrichtung. Tätigkeit als Hausmann, Fachautor und freiberuflicher Referent für Qualitätsentwicklung.

Nicola Gragert

Jahrgang 1975, Diplompädagogin, wissenschaftliche Referentin im Projekt „Jugendhilfe und sozialer Wandel" am Deutschen

Jugendinstitut e.V. Arbeitsschwerpunkte: Elternarbeit in den (teil-)stationären Hilfen, Strukturen und Leistungen der offenen und freien Kinder- und Jugendhilfe, Institutionenforschung, Kompetenz und Qualifikation in den Arbeitsfeldern der Kinder- und Jugendhilfe, Hilfen zur Erziehung.

Wolfgang Graßl

Jahrgang 1956, Diplompädagoge, Diplomsozialpädagoge (FH), Systemischer Familientherapeut; seit 1989 Referent und heute Abteilungsleiter im Geschäftsbereich Personal & Pädagogik des SOS-Kinderdorf e.V. Arbeitsschwerpunkte: Steuerung und Planung von SOS-Einrichtungen in personellen und konzeptionellen Bereichen sowie die qualitative Weiterentwicklung insbesondere der familienanalogen Betreuungssettings.

Sabine Handschuck

Jahrgang 1955, Diplomsozialpädagogin und Theaterpädagogin; Beauftragte für interkulturelle Arbeit bei der Landeshauptstadt München. Arbeitsschwerpunkte: Trainerin für interkulturelle Verständigung, interkulturelle Öffnung der Erziehungshilfen, interkulturelle Qualitätsentwicklung.

Sabine Hartig

Jahrgang 1961, Diplomsozialpädagogin (FH), wissenschaftliche Mitarbeiterin im Forschungsprojekt „Beteiligung – Qualitätsstandard für Kinder und Jugendliche in der Heimerziehung" an der Fachhochschule Landshut, Fachbereich Soziale Arbeit. Arbeitsschwerpunkte: Prävention im Jugendalter, Team- und Organisationsentwicklung sozialer Einrichtungen sowie Ehrenamt in Sozialen Diensten.

Andreas Krämer

Jahrgang 1970, Jugend- und Heimerzieher und Diplomheilpädagoge; langjährig tätig im Bereich der Hilfen zur Erziehung in Tagesgruppen, der ambulanten Familienhilfe und der stationären Heimerziehung; seit 1998 Bereichsleiter für sozialräumliche Hilfen zur Erziehung bei der Evangelischen Gesellschaft Stuttgart e.V.

Dr. phil. Hans-Ullrich Krause

Jahrgang 1954, Diplompädagoge, Lehrbeauftragter, Buch- und Drehbuchautor; Leiter des Kinderhauses Berlin-Mark Brandenburg e.V., Vorsitzender der Internationalen Gesellschaft für erzieherische Hilfen und Vorstandsmitglied des Kronberger Kreises für Qualitätsentwicklung e.V. Arbeitsschwerpunkte: erzieherische Hilfen, Partizipation, Organisations- und Qualitätsentwicklung, Methoden der Sozialen Arbeit.

Dr. phil. Alfred L. Lorenz

Jahrgang 1946, Diplompsychologe, Kinder- und Jugendlichenpsychotherapeut; langjährige Tätigkeit in der Kinder- und Jugendpsychiatrie, seit 2004 Leitender Psychologe der Institutsambulanz der Klinik für Kinder- und Jugendpsychiatrie im Klinikum Bremen-Ost und zugleich der Kinder- und Jugendpsychiatrischen Beratungsstelle im Gesundheitsamt Bremen.

Prof. Dr. jur. Johannes Münder

Jahrgang 1944, Jurist, nach Tätigkeiten am Zentrum für interdisziplinäre Forschung (Universität Bielefeld) Stationen beim Bundesministerium für Arbeit, an der Fachhochschule Wiesbaden, an der Pädagogischen Hochschule Berlin; seit 1980 Professor an der Technischen Universität Berlin für Sozialrecht und Zivilrecht. Vorstandsvorsitzender des SOS-Kinderdorf e.V. Arbeitsschwerpunkte: Sozial- und Zivilrecht, Kinder- und Jugendhilferecht, Grundsicherung, Sozialhilferecht, Familienrecht.

Karin Mummenthey

Jahrgang 1956, Diplompädagogin, Supervisorin und Organisationsberaterin (Systemische Gesellschaft), Ausbildung in Moderation und in Qualitätsmanagement; langjährige Mitarbeiterin einer SOS-Jugendwohngemeinschaft, von 1989 bis 1999 Referentin im Fachbereich Pädagogik der Geschäftsstelle des SOS-Kinderdorf e.V., seit 1999 Leiterin der SOS-Kinder- und Jugendhilfen Bremen-Diepholz-Verden.

Liane Pluto

Jahrgang 1973, M.A., Pädagogin; wissenschaftliche Referentin am Deutschen Jugendinstitut e.V. Arbeitsschwerpunkte: Strukturen und Leistungen öffentlicher und freier Jugendhilfe, Institutionenforschung, Hilfen zur Erziehung, Partizipation.

Prof. Dr. rer. soc. Thomas Rauschenbach

Jahrgang 1952, Vorstand und Direktor des Deutschen Jugendinstitutes e.V., Professor für Sozialpädagogik an der Universität Dortmund. Forschungsschwerpunkte: Bildung im Kindes- und Jugendalter, Jugendarbeit, Ausbildung und Arbeitsmarkt für soziale Berufe, Ehrenamt, Freiwilligendienste und Zivildienst, Verbändeforschung, Theorie der Sozialen Arbeit.

Thomas Röttger

Jahrgang 1959, Diplomsozialpädagoge und Supervisor; mehrjährige Erfahrung in den Bereichen Beratung und berufliche Bildung Jugendlicher und Menschen mit Behinderung, seit 1991 pädagogischer Leiter der Stiftung Linerhaus, einer diakonischen Einrichtung der Kinder- und Jugendhilfe, beruflichen Bildung und Behindertenhilfe; Regionalmoderator im INTEGRA-Modellprojekt und Mitverantwortlicher für den Umbau der Kinder- und Jugendhilfe in Celle; seit 2003 Sprecher der Fachgruppe „Integrierte flexible Hilfen" der Internationalen Gesellschaft für erzieherische Hilfen.

Dr. phil. Eric van Santen

Jahrgang 1961, Diplomsoziologe; wissenschaftlicher Referent am Deutschen Jugendinstitut e.v. Arbeitsschwerpunkte: Strukturen und Leistungen öffentlicher und freier Jugendhilfe, interinstitutionelle Kooperationsbeziehungen, Kinder- und Jugendhilfestatistik, Methoden der empirischen Sozialforschung, Institutionenforschung.

Dr. phil. Reinhild Schäfer

Jahrgang 1958, Soziologin, wissenschaftliche Referentin am Deutschen Jugendinstitut e.v. im Projekt „Gender Mainstreaming in der Kinder- und Jugendhilfe". Arbeitsschwerpunkte: Frauen- und Geschlechterforschung.

Dr. jur. Hubertus Schröer

Jahrgang 1945, Jurist, ehemaliger Leiter des Stadtjugendamtes München; Geschäftsführer des Institutes Interkulturelle Qualitätsentwicklung München. Arbeitsschwerpunkte: Kinder- und Jugendhilfe, Organisations- und Personalentwicklung, Qualitätsentwicklung, Migration und Integration, Interkulturelle Arbeit.

Dr. phil. Mike Seckinger

Jahrgang 1965, Diplompsychologe, wissenschaftlicher Referent im Projekt „Jugendhilfe und sozialer Wandel" am Deutschen Jugendinstitut e.v. Arbeitsschwerpunkte: Strukturen und Leistungen öffentlicher und freier Jugendhilfe, interinstitutionelle Kooperationsbeziehungen, Gemeindepsychologie, Methoden der empirischen Sozialforschung, Partizipation in der Kinder- und Jugendhilfe.

Dr. phil. Wolfgang Sierwald

Jahrgang 1958, Psychologe, wissenschaftlicher Mitarbeiter am Sozialpädagogischen Institut im SOS-Kinderdorf e.V., zuvor tätig in Lehre und familienpsychologischer und pädagogisch-psychologischer Forschung. Arbeitsschwerpunkt: Praxisforschung in der Kinder- und Jugendhilfe, zuletzt im Bundesmodellprojekt „Hilfeplanung als Kontraktmanagement?".

Hans-Georg Weigel

Jahrgang 1950, Diplompädagoge, Direktor des Instituts für Sozialarbeit und Sozialpädagogik (ISS) in Frankfurt am Main. Arbeitsschwerpunkte: Beratung und Begleitung Sozialer Dienste, Europäische Sozialpolitik, Wohlfahrtsstaatliche Entwicklung.

Prof. Dr. phil. Mechthild Wolff

Jahrgang 1962, Studium der Erziehungswissenschaft, Theologie sowie der Kinder- und Jugendpsychiatrie; Fachhochschulprofessorin für Pädagogik an der Fachhochschule Landshut, Fachbereich Soziale Arbeit, Projektleiterin des Forschungsprojektes „Beteiligung – Qualitätsstandard für Kinder und Jugendliche in der Heimerziehung". Stellvertretende Vorsitzende des Bundesverbandes Internationale Gesellschaft für erzieherische Hilfen e.V. (IGfH) in Frankfurt am Main.

Sozialpädagogisches Institut im SOS-Kinderdorf e.V.

Das Sozialpädagogische Institut (SPI) gehört zum Geschäftsbereich Personal & Pädagogik des SOS-Kinderdorfvereins und ist sozialwissenschaftlich und beratend tätig. Zu seinen Arbeitsschwerpunkten zählen Fachpublikationen, Fachveranstaltungen, praxisbegleitende Forschungsprojekte und Projekte zur Strategischen Vereinsentwicklung. Eine Aufgabe des Institutes ist es, die Praxis der SOS-Einrichtungen im Kontext aktueller jugendhilfe- und sozialpolitischer Entwicklungen zur Diskussion zu stellen.

SPI-Publikationen

Zu unseren Publikationen gehören das Fachmagazin „SOS-Dialog", die „SPI-Schriftenreihe" und die Materialienbände „Außer der Reihe". In unregelmäßigen Abständen initiieren wir Buchprojekte und geben sie in Zusammenarbeit mit renommierten Verlagen heraus. Über unsere Veröffentlichungen informieren Sie unser Publikationsprospekt beziehungsweise unsere Internetseiten (www.sos-kinderdorf.de/spi).

Das Fachmagazin „SOS-Dialog" erscheint jährlich. In jedem Heft wird unter der Rubrik „Forum" ein thematischer Schwerpunkt behandelt. In weiteren Rubriken finden Sie Beiträge zu aktuellen Themen und Fragen der Jugendhilfe sowie praxisbezogene Beiträge aus der Arbeit von SOS-Einrichtungen. SOS-Dialog wird derzeit kostenfrei abgegeben. Wir nehmen Sie gerne in unseren Verteiler auf.

In der SPI-Schriftenreihe geben wir jährlich etwa zwei Bände heraus. Wir unterscheiden dabei:

- Autorenbände, in denen Autorinnen und Autoren zu einem aktuellen Thema Position beziehen,
- Praxisbände, in denen wir Themen aus der Praxis von SOS-Einrichtungen aufgreifen,
- Dokumentationen von Fachtagungen, sofern das Tagungsthema für die breite Fachöffentlichkeit von Interesse ist.

Diese Publikationen können kostenpflichtig direkt über das SPI bezogen werden. Für die ab 2002 erscheinenden Bände der SPI-Schriftenreihe erheben wir eine Beteiligung an den Herstellungskosten in Höhe von 3,50 Euro zuzüglich Versandkosten.

Wenn Sie sich in den Verteiler der SPI-Schriftenreihe aufnehmen lassen, senden wir Ihnen die Bände jeweils automatisch zu.

Fachmagazin SOS-Dialog

Elternarbeit, Heft 1993
Ausbilden statt Ausgrenzen, Heft 1995
Perspektiven von Beratung, Heft 1996
Jungenarbeit, Heft 1998
Kinderarmut in Deutschland, Heft 1999
Hilfeplanung, Heft 2000
Jung und chancenlos?, Heft 2001
Selbstbestimmt leben! Aber wie?, Heft 2002
Mütter stärken, Heft 2003
Jugendliche zwischen Aufbruch und Anpassung, Heft 2007

SPI-Schriftenreihe

Autorenbände

„Qualitätsmanagement in der Jugendhilfe.
Erfahrungen und Positionen zur Qualitätsdebatte"
Mit Beiträgen von Norbert Struck; Klaus Münstermann; Elfriede Seus-Seberich
Autorenband 1, 1999, Eigenverlag

Ulrich Bürger
„Erziehungshilfen im Umbruch.
Entwicklungserfordernisse und Entwicklungsbedingungen
im Feld der Hilfen zur Erziehung"
Autorenband 2, 1999, Eigenverlag

Heiner Keupp
„Eine Gesellschaft der Ichlinge?
Zum bürgerschaftlichen Engagement von Heranwachsenden"
Autorenband 3, 2000, Eigenverlag

„Heimerziehung aus Kindersicht"
Mit Beiträgen von Klaus Wolf; Wolfgang Graßl, Reiner Romer,
Gabriele Vierzigmann; Norbert Wieland
Autorenband 4, 2000, Eigenverlag
(vergriffen, als Download verfügbar)

„Jugendämter zwischen Hilfe und Kontrolle"
Mit Beiträgen von Dieter Greese; Ludwig Salgo; Thomas
Mörsberger; Reinhold Schone; Johannes Münder, Barbara Mutke
Autorenband 5, 2001, Eigenverlag
(vergriffen, als Download verfügbar)

„Migrantenkinder in der Jugendhilfe"
Mit Beiträgen von Franz Hamburger; Ursula Boos-Nünning,
Yasemin Karakaşoğlu; Christel Sperlich; Kristin Teuber;
Karin Haubrich, Kerstin Frank
Autorenband 6, 2002, Eigenverlag (Schutzgebühr 3,50 €)

„Die Gesellschaft umbauen. Perspektiven bürgerschaftlichen
Engagements"
Gastherausgeber Gerd Mutz. Mit Beiträgen von Warnfried
Dettling; Rupert Graf Strachwitz; Gerd Mutz; Heiner Keupp;
Susanne Korfmacher, Gerd Mutz; Susanne Korfmacher,
Gina Roberts; Robert J. Schout
Autorenband 7, 2003, Eigenverlag (Schutzgebühr 3,50 €)

„Fortschritt durch Recht"
Festschrift für Johannes Münder
Mit Beiträgen von 22 namhaften Autoren
Autorenband 8, 2004, Eigenverlag (Schutzgebühr 3,50 €)

Praxisbände

„Alles unter einem Dach"
Einblicke in das SOS-Mütterzentrum Salzgitter
Mit Beiträgen von Gabriele Vierzigmann; Hannelore Weskamp
Praxisband 1, 2000, Eigenverlag

„Zurück zu den Eltern?"
Erfahrungen mit systemischer Familienarbeit in Haus Leuchtturm, einer heilpädagogischen Kinderwohngruppe mit Sozialtherapie, SOS-Kinderdorf Ammersee
Mit Beiträgen von Kathrin Taube, Gabriele Vierzigmann; Kathrin Taube; Manfred Spindler
Praxisband 2, 2000, Eigenverlag

„Erziehen lernen"
Die Teilzeitausbildung zur Jugend- und Heimerzieherin an der Fachschule der Sophienpflege in Tübingen
Mit Beiträgen von Rudolf Günther, Bernd A. Ruoff; Bernd A. Ruoff, Barbara Gollwitzer; Doris Kraux; Kordula Briemle; Eckhard Thiel; Karin Schäfer
Praxisband 3, 2002, Eigenverlag (Schutzgebühr 3,50 €)

Dokumentationen

„Sozialraumorientierung auf dem Prüfstand"
Rechtliche und sozialpädagogische Bewertungen zu einem Reformprojekt in der Jugendhilfe.
Rechtsgutachten und Dokumentation zur Fachtagung
„Sozialraumorientierung in der Jugendhilfe auf dem Prüfstand",
21. Mai 2001, Frankfurt am Main
Mit Beiträgen von Johannes Münder; Wolfgang Hinte; Hubertus Schröer; Reinhard Wiesner; Burkhard Hintzsche; Bernd Hemker; Peter Schmid
Dokumentation 1, 2001, Eigenverlag

„Qualitätsentwicklung und Qualitätswettbewerb in der stationären Erziehungshilfe"
Dokumentation zur Fachtagung „Qualitätsentwicklung und Qualitätswettbewerb in der stationären Erziehungshilfe",
7. und 8. November 2002, Berlin
Mit Beiträgen von Reinhard Wiesner; Rainer Kröger; Karin Böllert; Joachim Merchel; Karl-Heinz Struzyna; Brigitte Berauer, Karin Mummenthey; Rolf Lambach; Peter Hansbauer
Dokumentation 2, 2003, Eigenverlag (Schutzgebühr 3,50 €)

„Herkunftsfamilien in der Kinder- und Jugendhilfe – Perspektiven für eine partnerschaftliche Zusammenarbeit"
Dokumentation zur Fachtagung „Herkunftsfamilien in der Kinder- und Jugendhilfe – Perspektiven für eine partnerschaftliche Zusammenarbeit", 10. bis 12. Februar 2003, Frankfurt am Main
Mit Beiträgen von Jürgen Blandow; Carsten Lehmann; Josef Faltermeier; Klaus D. Müller; Reinhard Wiesner; Nanina Sefzig; Wolfgang Graßl, Wilhelm Wellessen; Lothar Unzner; Silvia Dunkel; Werner Schefold; Christian Schrapper
Dokumentation 3, 2004, Eigenverlag (Schutzgebühr 3,50 €)

„Hilfeplanung – reine Formsache?"
Dokumentation zur Fachtagung „Hilfeplanung – reine Formsache?", 11. bis 12. November 2004, Berlin
Mit Beiträgen von Reinhard Wiesner; Johannes Münder; Hans-Ullrich Krause, Reinhart Wolff; Silke Pies, Christian Schrapper; Silke Pies; Marion Moos, Heinz Müller; Hans Leitner, Karin Troscheit-Gajewski; Marion Strehler, Wolfgang Sierwald; Christian Schrapper; Luise Hartwig, Martina Kriener; Walter Weiterschan; Mathias Schwabe; Ulrike Urban
Dokumentation 4, 2005, Eigenverlag (Schutzgebühr 3,50 €)

Außer der Reihe

Johannes Münder
„Sozialraumorientierung und das Kinder- und Jugendhilferecht"
Rechtsgutachten im Auftrag von IGfH und SOS-Kinderdorf e.V.
Materialien 1, 2001, Eigenverlag (vergriffen, in Dokumentation 1 „Sozialraumorientierung auf dem Prüfstand" enthalten)

„Jugendhilfe als soziale Dienstleistung – Chancen und Probleme praktischen Handelns"
Dokumentation zur Fachtagung des SOS-Kinderdorf e.V., 16. und 17. November 2000, Berlin
Mit Beiträgen von Johannes Münder; Kristin Teuber; Hans Thiersch; Ullrich Gintzel; Margit Seidenstücker; Inge Göbbel, Martin Kühn; Ilse Wehrmann
Materialien 2, 2002, Eigenverlag (Schutzgebühr 2,50 €)

„Beteiligung ernst nehmen"
Dokumentation zur Fachtagung des SOS-Kinderdorf e.V., 1. bis 3. November 2001, Immenreuth
Mit Beiträgen von Ullrich Gintzel; Ullrich Gintzel, Kristin Teuber; Kristin Teuber, Wolfgang Sierwald; Andreas Tonke; Liane Pluto, Mike Seckinger
Materialien 3, 2003, Eigenverlag (Schutzgebühr 2,50 €)

„Hilfeplanung als Kontraktmanagement? Gemeinsam Hilfe planen und Ziele entwickeln"
Dokumentation, Ergebnisse und Materialien des Modellstandortes Nürnberg–Fürth–Erlangen aus dem Bundesmodellprojekt zur Hilfeplanung
Wolfgang Sierwald, Marion Strehler
Materialien 4, 2005, Eigenverlag (Schutzgebühr 2,50 €)

SPI-Buchprojekte

Sozialpädagogisches Institut im SOS-Kinderdorf e.V. (Hrsg.) (2000)
„Die Rückkehr des Lebens in die Öffentlichkeit: zur Aktualität von Mütterzentren"
Neuwied: Hermann Luchterhand Verlag
(Restexemplare über das SPI zu beziehen. Schutzgebühr 5,00 €)

Kristin Teuber, Sigrid Stiemert-Strecker & Mike Seckinger (Hrsg.) (2000)
„Qualität durch Partizipation und Empowerment – Einmischungen in die Qualitätsdebatte"
Tübingen: dgvt-Verlag

Sozialpädagogisches Institut im SOS-Kinderdorf e.V. (Hrsg.) (2002)
„Glücklich an einem fremden Ort? Familienähnliche Betreuung in der Diskussion"
Weinheim: Juventa

SPI-Fachartikel in Fachmedien

Gabriele Vierzigmann & Reinhard Rudeck (2006)
„Wie können Kinder auf eine Fremderziehung vorbereitet werden?"
In H. Kindler, S. Lillig, H. Blüml & A. Werner (Hrsg.), Handbuch „Kindeswohlgefährdung nach § 1666 BGB und Allgemeiner Sozialer Dienst (ASD)"
München: Deutsches Jugendinstitut
http://213.133.108.158/asd/96.htm

Gabriele Vierzigmann (2006)
„Wie können Eltern auf eine Fremderziehung ihres Kindes vorbereitet werden?"
In H. Kindler, S. Lillig, H. Blüml & A. Werner (Hrsg.), Handbuch „Kindeswohlgefährdung nach § 1666 BGB und Allgemeiner Sozialer Dienst (ASD)"
München: Deutsches Jugendinstitut
http://213.133.108.158/asd/97.htm

Gabriele Vierzigmann & Reinhard Rudeck (2006)
„Welche fachliche Begleitung ist für ein Kind während einer Fremderziehung notwendig und geeignet?"
In H. Kindler, S. Lillig, H. Blüml & A. Werner (Hrsg.), Handbuch „Kindeswohlgefährdung nach § 1666 BGB und Allgemeiner Sozialer Dienst (ASD)"
München: Deutsches Jugendinstitut
http://213.133.108.158/asd/98.htm

Gabriele Vierzigmann (2006)
„Wie können Eltern während der Fremderziehung ihres Kindes unterstützt und wie kann mit ihnen zusammengearbeitet werden?"
In H. Kindler, S. Lillig, H. Blüml & A. Werner (Hrsg.),
Handbuch „Kindeswohlgefährdung nach § 1666 BGB und Allgemeiner Sozialer Dienst (ASD)"
München: Deutsches Jugendinstitut
http://213.133.108.158/asd/99.htm

Kirsten Spiewack & Reinhard Rudeck (2005)
„Lebenskompetenz als Bildungsziel. Vernetzung und systemisches Handeln im SOS-Kinder- und Familienzentrum Berlin-Moabit."
Blätter der Wohlfahrtspflege, 2, 61–64

Kristin Teuber (2005)
„Interkulturelle Kompetenz – ein migrationsspezifisches Konzept für die Soziale Arbeit?"
Forum Erziehungshilfen, 1, 8–13

SOS-Kinderdorf e.V.

In der Bundesrepublik Deutschland bietet der SOS-Kinderdorfverein ein vielfältiges Spektrum ambulanter, teilstationärer und stationärer Leistungen an. Er unterhält 46 Einrichtungen mit differenzierten Leistungsangeboten: Kinderdörfer, Jugendeinrichtungen, Mütterzentren, Beratungsstellen, Berufsausbildungszentren, Dorfgemeinschaften für Menschen mit Behinderungen (Stand 1/2007).